Buch-führung
leicht gemacht

Detlef Machenheimer/Reinhold Kersten

Buchführung
leicht gemacht

Bassermann

ISBN 3 8094 1552 9

© 2004 by Bassermann Verlag, einem Unternehmen der
Verlagsgruppe Random House GmbH, 81673 München
© der Originalausgabe by Falken Verlag, einem Unternehmen
der Verlagsgruppe Random House GmbH, 81673 München
Die Verwertung der Texte und Bilder, auch auszugsweise, ist
ohne Zustimmung des Verlags urheberrechtswidrig und strafbar.
Dies gilt auch für Vervielfältigungen, Übersetzungen,
Mikroverfilmung und für die Verarbeitung in elektronischen
Systemen.

Umschlaggestaltung: Soldan Advertising, München
Redaktion: Anja Halveland

Die Ratschläge in diesem Buch sind von den Autoren und vom
Verlag sorgfältig erwogen und geprüft, dennoch kann eine
Garantie nicht übernommen werden. Eine Haftung der Autoren
bzw. des Verlags und seiner Beauftragten für Personen-, Sach-
und Vermögensschäden ist ausgeschlossen.

Druck: Těšínská Tiskárna, Český Těšín

Printed in the Czech Republic

073860300X817 2635 4453 6271

Inhalt

- 9 **1. Kapitel: Grundlagen der Buchführung**
- 10 Teilgebiete und Aufgaben des Rechnungswesens
- 12 Gesetzliche Grundlagen
- 12   Handelsrechtliche Vorschriften
- 12   Steuerrechtliche Vorschriften
- 13   Grundsätze ordnungsmäßiger Buchführung
- 14   Überblick
- 14   Aufgaben
- 15 Einführung in die doppelte Buchführung
- 15   Inventur – Inventar
- 17   Bilanz
- 20   Überblick
- 21   Aufgaben
- 22   Wertbewegungen in der Bilanz
- 25   Buchungen auf Konten
- 29   Überblick
- 30   Aufgaben
- 31   Erfolgskonten und deren Abschluss
- 33   Organisation der doppelten Buchführung
- 38   Überblick
- 39   Aufgaben

- 41 **2. Kapitel: Die Buchführung des Großhandels**
- 42 Kontenrahmen des Großhandels
- 45 Warenkonten im Großhandel
- 46   Wareneingangs- und Warenverkaufskonto
- 46   Abschluss der Warenkonten
- 48   Umsatzsteuer
- 53   Überblick
- 55   Aufgaben
- 56 Unterkonten der Warenkonten
- 56   Warenbezugs- und Warennebenkonten
- 57   Rücksendungen an Lieferer und Gutschriften von Lieferern
- 57   Nebenkosten beim Warenverkauf
- 58   Rücksendungen von Kunden und Gutschriften an Kunden
- 59 Rabatte, Boni und Skonti
- 62   Überblick
- 64   Aufgaben
- 64 Privatkonto
- 67   Überblick
- 68   Aufgaben
- 68 Sachliche Abgrenzung der Aufwendungen und Erträge

72 Überblick
72 Aufgaben
73 Buchungen im Wechselverkehr
78 Überblick
79 Aufgaben
79 Buchungen im Personalbereich
84 Überblick
84 Aufgaben
85 Buchung der Steuern
86 Aufgaben

87 **3. Kapitel: Jahresabschluss der Unternehmung**
89 Zeitliche Abgrenzung des Jahreserfolges
90   Sonstige Forderungen und sonstige Verbindlichkeiten
93   Rechnungsabgrenzungsposten
95   Überblick
96   Aufgaben
97 Rückstellungen
99   Überblick
99   Aufgaben
100 Gewinnverteilung bei verschiedenen Unternehmensformen
100   Gewinnverteilung bei der Einzelunternehmung
100   Gewinnverteilung bei der Offenen Handelsgesellschaft (OHG)
101   Gewinnverteilung bei der Kommanditgesellschaft (KG)
102   Gewinnverteilung bei der Aktiengesellschaft (AG)
107   Gewinnverteilung bei der GmbH
107   Überblick: Gewinnverteilung
108   Aufgaben
108 Bewertungsprobleme in der Bilanz
109   Bewertungsgrundsätze
111   Wertansätze in der Bilanz
112   Überblick
113   Aufgaben
114   Bewertung der Aktiva
115   Abschreibung auf Sachanlagen
127   Abschreibung auf Forderungen
132   Bewertung der Passiva
133   Überblick
135   Aufgaben
137 Betriebsübersicht
138 Zusammenfassendes Beispiel (mit Grundbuch, Hauptbuch und Betriebsübersicht)

149	**4. Kapitel: Die Buchführung der Industrie**
151	Besonderheiten der Industriebuchführung
152	Kosten im Industriebetrieb
153	Leistungen im Industriebetrieb
153	Buchung von Kosten und Leistungen
156	Überblick
158	Aufgaben
159	Der Industriekontenrahmen (IKR)
160	Aufbau des Industriekontenrahmens
166	Inhalt, Eigenart und Zweck der Kontenklassen des IKR
168	Überblick
169	Aufgaben
170	Buchungen im Beschaffungsbereich
170	Buchungen im Einkaufsbereich
170	Bezugskosten
171	Rücksendungen an Lieferer und Gutschriften
172	Nachlässe durch den Lieferer
174	Überblick
176	Aufgaben
177	Buchungen im Sachanlagenbereich
177	Anschaffungen von Anlagegütern
178	Erfassung der Anlagen im Bau
179	Geringwertige Wirtschaftsgüter (GWG)
180	Verkauf von Anlagegütern
181	Überblick
183	Aufgaben
184	Buchungen im Zahlungsbereich
184	Geleistete Anzahlungen
185	Erhaltene Anzahlungen
185	Anzahlungen auf Anlagen
186	Überblick
187	Aufgaben
187	Wertpapiere
187	Kauf von Wertpapieren
189	Verkauf von Wertpapieren
190	Bewertung von Wertpapieren
190	Überblick
191	Aufgaben
191	Buchungen im Leistungsbereich
192	Buchungen im Verkaufsbereich
192	Nebenkosten für Transport und Verpackung
192	Rücksendungen von Kunden
193	Nachlässe an Kunden
195	Handelswaren

197	Überblick
198	Aufgaben
199	Lagerleistungen
199	Bestandsmehrung
200	Bestandsminderung
201	Überblick
202	Aufgaben
203	Innerbetriebliche Eigenleistungen
204	Abgrenzungsrechnung
204	Aufgabe der Abgrenzungsrechnung
206	Unternehmensbezogene Abgrenzungen
211	Überblick
214	Bewertung zum Jahresabschluss
215	Bewertung der Vorräte
217	**5. Kapitel: Buchen nach Belegen (Industrie)**
218	Belegarten und Belegbearbeitung
219	Beleggeschäftsgang
228	Lösung
233	**6. Kapitel: Auswertung des Jahresabschlusses**
234	Phasen des finanziellen Kreislaufs im Unternehmen
235	Bilanzanalyse und -kritik
235	Beurteilung der Finanzierung (Mittelherkunft)
236	Beurteilung der Konstitution (Mittelverwendung)
237	Beurteilung der Anlagendeckung
237	Beurteilung der Liquidität (Zahlungsfähigkeit)
238	Analyse und Kritik der Erfolgsrechnung
239	Beurteilung der Rentabilität
239	Cashflow-Analyse
240	Überblick
241	Aufgabe
243	**7. Kapitel: EDV-gestützte Buchführung**
244	Konventionelle Buchführung
245	Buchführung per Computer
246	Dateneingabe – Datenverarbeitung – Datenausgabe
247	Finanzbuchhaltungsprogramme
250	Bereiche der Finanzbuchhaltung und Datenfluss
253	Computergestützte Warenwirtschaftssysteme
254	Überblick
255	**Anhang (Lösungen)**
272	**Register**

1. Kapitel

Grundlagen der Buchführung

Teilgebiete und Aufgaben der Buchführung

Ein gut organisiertes betriebliches **Rechnungswesen** ist notwendiges Abbild des betrieblichen Leistungsprozesses durch die lückenlose Aufzeichnung aller Vorgänge, welche den Unternehmenserfolg bestimmen. Es liefert Gesellschaftern, Gläubigern, den Finanzbehörden sowie der interessierten Öffentlichkeit Informationen über die Vermögens- und Ertragslage des Unternehmens.
Hinsichtlich ihrer unterschiedlichen Aufgabenstellungen können die folgenden vier Teilbereiche des betrieblichen Rechnungswesens unterschieden werden:

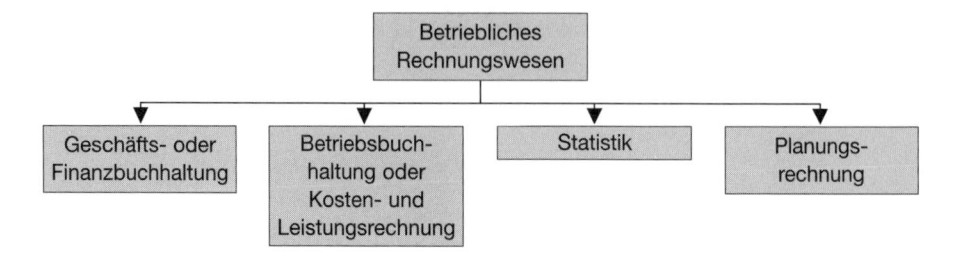

```
                    Betriebliches
                   Rechnungswesen
        ┌──────────────┼──────────────┬──────────────┐
  Geschäfts- oder   Betriebsbuch-    Statistik     Planungs-
  Finanzbuchhaltung haltung oder                   rechnung
                    Kosten- und
                    Leistungsrechnung
```

- **Geschäftsbuchhaltung**

Hierzu gehören die **Bilanz** und die **Gewinn- und Verlustrechnung**. Dieser Teil des Rechnungswesens ist als Finanzbuchhaltung nach **außen** gerichtet und bietet dem Kaufmann die einzige Möglichkeit, die Richtigkeit des ausgewiesenen Gewinnes nachzuweisen. Als **Zeitrechnung** erfasst die Geschäftsbuchhaltung die Bestände und Bestandsveränderungen von Vermögen und Schulden sowie alle Erfolgsvorgänge auf Grund von Belegen. Dabei ist die Erfassung der Vorgänge lückenlos, zeitlich und sachlich geordnet, vorzunehmen.
Es können die folgenden Aufgaben unterschieden werden:
1. Feststellung des Standes des Vermögens und der Schulden,
2. Aufzeichnung aller Veränderungen von Vermögen und Schulden durch die laufenden Geschäftsfälle,
3. Ermittlung des Unternehmenserfolges (Gewinn oder Verlust) durch Erfassung aller Aufwendungen und Erträge der jeweiligen Abrechnungsperiode (Geschäftsjahr),
4. Ermittlung von Zahlenmaterial zur weiteren Verwendung für die Zwecke der Kosten- und Leistungsrechnung, Statistik und Planungsrechnung, d. h. Einsatz des betrieblichen Rechnungswesens als Dispositionsinstrument im Rahmen unternehmerischer Entscheidungsfindung sowie
5. Schutz der Gläubiger durch realistische Darstellung der Vermögenslage und Beweismittel bei Rechtsstreitigkeiten mit Lieferern, Kunden, Behörden und Kreditinstituten.

- **Betriebsbuchhaltung**
Im Gegensatz zur externen Geschäftsbuchhaltung ist die Kosten- und Leistungsrechnung nach **innen** orientiert und dient der Unternehmensführung als Dispositionsinstrument für betriebliche Entscheidungen in allen Phasen des Umsatzprozesses. Dieser Zielsetzung, Informationen zum Zwecke der Steuerung, Planung und Kontrolle des Betriebsablaufs bereitzustellen, können die aus der Geschäftsbuchhaltung gewonnenen Größen nicht gerecht werden.
Während für die Besteuerung der gesamte Werteverzehr **(Aufwendungen)** sowie der gesamte Wertzuwachs **(Erträge)** erfasst werden, kommt es im Rahmen der Betriebsbuchhaltung nur auf deren betriebsbedingte, periodengerechte Anteile an. Nur durch deren sachliche Abgrenzung kann die wirtschaftliche Leistungsfähigkeit eines Betriebes beurteilt werden. Dies gilt auch für eine Preiskalkulation, welche langfristig die Substanzerhaltung des Betriebes sichern soll. Die durch eine Abgrenzungsrechnung ermittelten **Kosten** werden im Rahmen der **Kostenartenrechnung** gesammelt und zum Zwecke einer weiteren Verrechnung aufbereitet, um dann mittels der **Kostenstellenrechnung** jenen betrieblichen Einheiten zugeordnet zu werden, in denen sie verursachungsgemäß entstehen. Schließlich werden die Kosten innerhalb der **Kostenträgerrechnung** den Leistungen einer Zeitperiode gegenübergestellt und stückbezogen kalkuliert.

- **Betriebsstatistik**
Mit zunehmender Sättigung der Märkte und damit verbundener wachsender Konkurrenz in fast allen wirtschaftlichen Bereichen können unternehmerische Entscheidungen weniger denn je von Augenblickseingebungen oder „Fingerspitzengefühl" abhängig gemacht werden. Vielmehr kann nur die möglichst exakte Kenntnis zuverlässiger Zahlen vor möglichen Fehlentscheidungen bewahren.
Zu diesem Zweck werden auf der Grundlage der Zahlenwerte aus der Geschäfts- und Betriebsbuchhaltung durch die Betriebsstatistik betriebliche Vorgänge und Zusammenhänge erfasst, um als Entscheidungshilfe die Rentabilität der Leistungserstellung zu verbessern.

- **Planungsrechnung**
Als zukunftsorientierte **Vorschaurechnung** liefert die Planungsrechnung Orientierungsdaten für alle betrieblichen Teilbereiche: Einkauf, Verkauf, Finanzierung, Produktion und Personalwesen. Sie ist damit ein wesentliches Hilfsmittel zur Erhöhung der Rentabilität der Leistungserstellung in allen Phasen des betrieblichen Umsatzprozesses.

Betrieb

Gesetzliche Grundlagen

HANDELSRECHTLICHE VORSCHRIFTEN

Das Handelsgesetzbuch (HGB) verpflichtet jeden Kaufmann, Bücher zu führen und in diesen seine Handelsgeschäfte und die Lage seines Vermögens nach den Grundsätzen ordnungsmäßiger Buchführung ersichtlich zu machen (§ 238 HGB). Hierzu gehören: Istkaufmann (§ 1); Kannkaufmann (§ 2), nach notwendiger Eintragung; Kannkaufmann (§ 3), Land- und Forstwirtschaft, nach notwendiger Eintragung; Kaufmann kraft Eintragung (§ 5) sowie Formkaufmann (§ 6), Handelsgesellschaften.

Die handelsrechtlichen Vorschriften zu Buchführung und Jahresabschluss stehen im 3. Buch des HGB „Handelsbücher". Die für alle Kaufleute anzuwendenden grundlegenden Vorschriften enthält der 1. Abschnitt (§§ 238–263 HGB). Hierzu zählen die Buchführungspflicht, die Führung von Handelsbüchern, das Inventar u.a.m. Spezielle Vorschriften für alle Kapitalgesellschaften enthält der 2. Abschnitt (§§ 264–335 HGB), so z. B. über Gliederung, Prüfung und Veröffentlichung des Jahresabschlusses. Darüber hinaus enthält der 3. Abschnitt (§§ 336–339 HGB) für eingetragene Genossenschaften geltende Regeln. Hinzu kommen rechtsformspezifische Besonderheiten für die jeweilige Unternehmensform im Aktiengesetz (AktG), GmbH-Gesetz (GmbHG) und Genossenschaftsgesetz (GenG).

STEUERRECHTLICHE VORSCHRIFTEN

Die Buchführung dokumentiert sachlich geordnet und lückenlos das gesamte Unternehmensgeschehen. Hierzu verpflichten Handels- und Steuerrecht. Die außersteuerlichen Buchführungsvorschriften bestehen für alle im Handelsregister eingetragenen Kaufleute mit den Firmenzusätzen e.K., e. Kfr., e.Kfm., OHG, KG, GmbH und AG auch zum Zwecke der Besteuerung (**abgeleitete** Buchführungspflicht).

„Wer nach anderen Gesetzen als den Steuergesetzen Bücher und Aufzeichnungen zu führen hat, die für die Besteuerung von Bedeutung sind, hat die Verpflichtungen, die ihm nach den anderen Gesetzen obliegen, auch für die Besteuerung zu erfüllen" (§ 140 Abgabenordnung).

Darüber hinaus ist jeder andere gewerbliche Unternehmer, auch der Nichtkaufmann, sowie Land- und Forstwirte zur Buchführung verpflichtet im Sinne einer gerechten Besteuerung (§ 141 AO). Zu diesem Zweck muss die Finanzbehörde eine der folgenden Voraussetzungen feststellen (**originäre** Buchführungspflicht):

1. Ein Jahresumsatz von mehr als 350.000,– EUR bei gewerblichen Unternehmern sowie Land- und Forstwirten,
2. ein Wirtschaftswert von mehr als 25.000,– EUR bei Land- und Forstwirten, oder
3. ein Jahresgewinn von mehr als 30.000,– EUR bei gewerblichen Unternehmern sowie Land- und Forstwirten.

Besondere steuerrechtliche Buchführungsvorschriften sind in den folgenden Gesetzen vorhanden:

- Abgabenordnung (AO)
- Einkommensteuergesetz (EStG)
- Gewerbesteuergesetz (GewStG)
- Körperschaftsteuergesetz (KStG)
- Umsatzsteuergesetz (UStG)

Ergänzend zu den Gesetzen gelten Durchführungsverordnungen und Richtlinien.

GRUNDSÄTZE ORDNUNGSMÄSSIGER BUCHFÜHRUNG

Die Ordnungsmäßigkeit der Buchführung ist dann gegeben, wenn sie so beschaffen ist, dass sich ein sachverständiger Dritter in angemessener Zeit einen Überblick über die Geschäftsfälle und die Lage des Unternehmens verschaffen kann. Sie muss daher den „Grundsätzen ordnungsmäßiger Buchführung (GoB)" entsprechen, welche sich durch die Buchführungspraxis, Gesetze und Rechtsprechung entwickelt haben. Hierzu gehören als wichtigste Grundsätze von HGB und AO:

1. Die Buchführung muss klar und übersichtlich sein.
2. Alle Geschäftsfälle sind ordnungsmäßig zu erfassen, d. h. fortlaufend und vollständig, richtig und zeitgerecht sowie sachlich geordnet zu buchen.
3. Keine Buchung darf ohne Beleg erfolgen.
4. Die Buchführungsunterlagen sind ordnungsmäßig aufzubewahren, mit Ausnahme von Eröffnungsbilanz und Jahresabschluss auch auf einem Bildträger oder einem anderen Datenträger. Die gespeicherten Daten müssen jedoch jederzeit durch Bildschirm oder Ausdruck lesbar zu machen sein („Grundsatz ordnungsmäßiger DV-gestützter Buchführungssysteme (GoBS)".

Alle Buchungsbelege, Buchungsprogramme, Konten, Bücher, Inventare, Eröffnungsbilanzen und Jahresabschlüsse sind zehn Jahre geordnet aufzubewahren. Bei Verstößen gegen die GoB können die Besteuerungsgrundlagen durch die Finanzbehörden geschätzt werden (§ 162 AO).

Grundlagen der Buchführung

ÜBERBLICK

Teilgebiet	Inhalt	Interessenten	Zweck
Finanzbuchhaltung (handelsrechtlich bzw. steuerrechtlich vorgeschrieben)	• Lückenlose Erfassung aller Geschäftsfälle • Bilanz und GuV-Rechnung*	• Unternehmer • Gläubiger • Finanzbehörden	• Erfolgskontrolle • Kontrolle der Kreditwürdigkeit • Besteuerung
Betriebs-buchhaltung	• Feststellung des betrieblichen Erfolges	• Unternehmer	• Wirtschaftlichkeitskontrolle • Kalkulation
Statistik	• Aufbereitung und Auswertung der Zahlen der Buchhaltung	• Unternehmer	• Steuerung und Erfolgskontrolle
Planungsrechnung	• Vorschaurechnung	• Unternehmer	• Entscheidungsfindung

Handelsrechtliche Vorschriften: §§ 238 ff HGB zum Schutz der Gläubiger vor Vermögensnachteilen.

Steuerrechtliche Vorschriften: § 140 AO abgeleitete Buchführungspflicht § 141 AO originäre Buchführungspflicht.

* Kapitalgesellschaften müssen neben Bilanz und GuV-Rechnung einen **Anhang** (detaillierte Erläuterungen) und einen **Lagebericht** erstellen.

AUFGABEN

1. Ordnen Sie die folgenden Aufgaben:
   a) der Geschäftsbuchhaltung und
   b) der Betriebsbuchhaltung zu:

   a) Ermittlung einer Preisuntergrenze
   b) Feststellung einer kostendeckenden Absatzmenge
   c) Führung von Kundenkonten
   d) Gegenüberstellung aller Aufwendungen und Erträge
   e) Ermittlung der Selbstkosten aller Erzeugnisse

2. Welche der folgenden natürlichen und juristischen Personen sind nach dem HGB buchführungspflichtig?
   a) eingetragener Verein
   b) Rechtsanwalt
   c) Aktiengesellschaft
   d) Einzelhandelsgeschäft als e.Kfm.
   e) Landwirt, der sich in das Handelsregister eintragen lässt
   f) Arzt

Einführung in die doppelte Buchführung

Die **doppelte** Buchführung ist ein Buchführungssystem, das durch die folgenden Merkmale gekennzeichnet ist:
1. Doppelte Art der Gewinnermittlung durch Vergleich des Betriebsvermögens am Anfang und am Ende des Wirtschaftsjahres sowie durch die Gewinn- und Verlustrechnung durch Gegenüberstellung der Aufwendungen und Erträge.
2. Doppelbuchungen auf einem Konto im Soll, einem oder mehreren Konten im Haben oder umgekehrt.

INVENTUR – INVENTAR

Sowohl Handelsrecht (§ 240 HGB) als auch Steuerrecht (§ 140 AO, § 141 Abs. 1 AO) verpflichten den Kaufmann,
1. bei Gründung oder Übernahme eines Unternehmens,
2. am Ende eines jeden Geschäftsjahres und
3. bei Auflösung oder Veräußerung des Unternehmens
sein Vermögen und seine Schulden festzustellen.

Die **mengen-** und **wertmäßige** Bestandsaufnahme aller Vermögenswerte und Schulden durch Messen, Zählen, Wiegen oder Schätzen sowie Bewerten nennt man **Inventur**.

Dabei sind zu unterscheiden die **körperliche** Inventur bei Beständen (bewegliches Anlagevermögen und Vorratsvermögen) und die **Buchinventur** bei Forderungen und Schulden. Hinsichtlich der Durchführung sieht das Gesetz die **Stichtagsinventur** als zeitnahe körperliche Bestandsaufnahme vor (Inventurtag = Bilanzstichtag) ± 10 Tage).

Inventurvereinfachungsverfahren
(nach § 241 HGB)

Stichprobeninventur (Bestandsermittlung mit Hilfe mathematisch-statistischer Methoden) § 241 Abs. 1 HGB	**permanente** Inventur (buchmäßige Bestandsaufnahme – Buchinventur durch Lagerkartei mit körperlicher Inventur einmal im Geschäftsjahr). Kein Inventar auf den Bilanzstichtag. Inventurtag ≠ Bilanzstichtag § 241 Abs. 2 HGB	**verlegte** Inventur (vor- oder nachverlegte körperliche Bestandsaufnahme) Kein Inventar auf den Bilanzstichtag. Inventurtag ≠ Bilanzstichtag, drei Monate **vor** (Wertfortschreibung) oder bis zu zwei Monate **nach** dem Bilanzstichtag (Wertrückrechnung). § 241 Abs. 3 HGB

In einem zweiten Schritt werden die Ergebnisse der Inventur in einem dafür bestimmten Verzeichnis übersichtlich geordnet zusammengefasst, dem **Inventar** (§ 240 HGB).

> **Inventar** ist die Aufzeichnung der Vermögensgegenstände und Schulden unter Angabe ihrer Werte durch den Kaufmann.

Das Inventar besteht aus drei Teilen:
1. Teil: **Vermögens- und Besitzteile**
   1. Langfristig genutztes Vermögen, z. B. Grundstücke, Maschinen = **Anlagevermögen**
   2. kurzfristige, im Betrieb umlaufende Vermögensteile, z. B. Kassenbestand, Bankguthaben, Warenbestände = **Umlaufvermögen**
2. Teil: **Schulden**
   1. Langfristige Schulden, z. B. Darlehen
   2. Kurzfristige Schulden, z. B. Lieferantenverbindlichkeiten
3. Teil: **Reinvermögen oder Eigenkapital**

Vermögen – Schulden

Der Erfolg des Unternehmens kann durch Eigenkapitalvergleich (Betriebsvermögensvergleich) ermittelt werden (§ 4 Abs. 1 EStG und § 5 EStG):

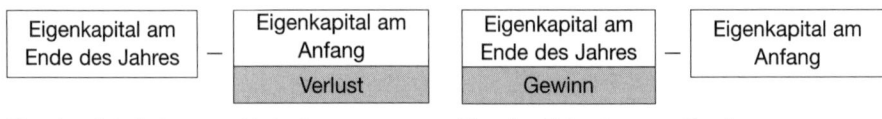

Eigenkapital am Ende des Jahres	−	Eigenkapital am Anfang		Eigenkapital am Ende des Jahres	−	Eigenkapital am Anfang
		Verlust				**Gewinn**

Eigenkapitalminderung = Verlust   Eigenkapitalmehrung = Gewinn

Danach ist der Gewinn/Verlust der Unterschiedsbetrag zwischen dem Betriebsvermögen am Schluss des Geschäftsjahres und dem Betriebsvermögen am Schluss des vorangegangenen Geschäftsjahres, vermehrt um den Wert der Entnahmen (Privatentnahmen) und vermindert um den Wert der Einlagen (Privateinlagen).

```
Betriebsvermögen    31.12. d. J. ........................... EUR
− Betriebsvermögen  31.12. v. J. ............................EUR
────────────────────────────────────────────────────────────────
= Zunahme                        ........................... EUR
+ Privatentnahmen                ........................... EUR
− Privateinlagen                 ........................... EUR
────────────────────────────────────────────────────────────────
= Gewinn aus Gewerbebetrieb      ............................EUR
```

Steuerpflichtige, die nicht zur Buchführung verpflichtet sind, freiwillig auch keine Bücher führen und regelmäßig Abschlüsse machen, können als Gewinn den Überschuss der **Betriebseinnahmen** über die **Betriebsausgaben** ansetzen.

BEISPIEL 1

Inventar der Fahrradgroßhandlung Emil Müller e.Kfm., Wiesbaden, zum 31. Dez. 20…

		EUR	EUR
I.	Vermögen		
	1. Bebaute Grundstücke		135.000,–
	2. Geschäftsausstattung lt. besonderem Verzeichnis		18.000,–
	3. Warenbestände lt. besonderem Verzeichnis		
	Sporträder	65.000,–	
	Tourenräder	40.000,–	
	Kinderräder	34.000,–	
	Zubehör	32.000,–	171.000,–
	4. Forderungen aus Warenlieferungen und Leistungen		
	Kurt Krause e.K., Frankfurt	17.000,–	
	Willi Schmidt e.K., Wiesbaden	12.000,–	29.000,–
	5. Bankguthaben		
	Wiesbadener Bank		8.000,–
	6. Kassenbestand		1.500,–
	Summe des Vermögens		362.500,–
II.	Schulden		
	1. Darlehen der Wiesbadener Bank		120.000,–
	2. Verbindlichkeiten aus Warenlieferungen und Leistungen		
	Klinger OHG, Wiesbaden	21.000,–	
	Schulze & Co. KG, Mainz	13.000,–	34.000,–
	Summe der Schulden		154.000,–
III.	Ermittlung des Reinvermögens		
	Summe des Vermögens		362.500,–
–	Summe der Schulden		154.000,–
=	Reinvermögen (Eigenkapital)		208.500,–

BILANZ

Nach der Erstellung des Inventars ist der Kaufmann gemäß § 242 Abs. 1 HGB verpflichtet, eine Bilanz aufzustellen.

„Der Kaufmann hat zu Beginn seines Handelsgewerbes und für den Schluss eines jeden Geschäftsjahres einen das Verhältnis seines Vermögens und seiner Schulden darstellenden Abschluss (Bilanz) aufzustellen."

Im Unterschied zu dem Inventar handelt es sich bei dieser Art der Aufstellung um eine **Gegenüberstellung** von Vermögen auf der einen Seite **(Aktivseite)**, Schulden und Eigenkapital auf der anderen Seite **(Passivseite)**.
Bei der Aufstellung der Bilanz sind die für alle Kaufleute verbindlichen **allgemeinen Bewertungsgrundsätze** (§ 252 Abs. 1 HGB) zu beachten. Hierzu gehören insbesondere:
- **Bilanzidentität (Bilanzgleichheit):** Die Positionen der Schlussbilanz eines Geschäftsjahres müssen wertmäßig mit den Positionen der Eröffnungsbilanz des folgenden Geschäftsjahres völlig übereinstimmen.
- **Einzelbewertung:** Alle Vermögensgegenstände und Schulden sind zum Abschlussstichtag grundsätzlich einzeln zu bewerten.
- **Vorsichtsprinzip:** Bei der Bewertung sind alle vorhersehbaren Risiken und Verluste zu berücksichtigen, die bis zum Abschlussstichtag entstanden sind oder drohen.
- **Bilanzkontinuität (Bewertungsstetigkeit):** Einmal gewählte Bewertungs- und Abschreibungsmethoden sind grundsätzlich beizubehalten.
- **Unternehmensfortführung:** Bei der Bewertung ist von der Fortführung der Unternehmenstätigkeit auszugehen, sofern dem nicht tatsächliche oder rechtliche Gegebenheiten entgegenstehen.

Die Werte der Bilanz können in der Form einer zweischaligen Waage gegenübergestellt werden, die sich im Gleichgewicht befindet:

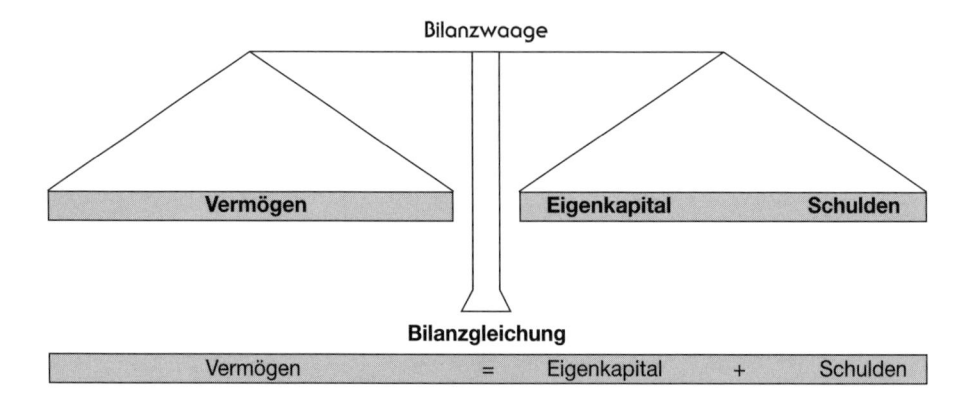

Bilanzwaage

| Vermögen | Eigenkapital | Schulden |

Bilanzgleichung

| Vermögen | = | Eigenkapital | + | Schulden |

Das Eigenkapital ist jener Betrag, um den die Aktivseite der Bilanz die Schulden (s. S. 19 oben) übersteigt bzw. umgekehrt.

Die Bilanz dient im Wesentlichen den folgenen Zwecken:
1. Darlegung der Zusammensetzung von Vermögen und Schulden am Bilanzstichtag,
2. Ausweis des Jahreserfolges und
3. Aufzeichnung der für den Erfolg maßgeblichen Veränderungen einzelner Vermögens- und Schuldpositionen.

Die formale Gliederung der Bilanz sollte entsprechend § 266 HGB vorgenommen werden, wonach die Vermögenswerte nach der Flüssigkeit und die Kapitalpositionen nach der Fälligkeit zu ordnen sind.
Aus der Bilanz können insbesondere die folgenden Informationen abgeleitet werden:

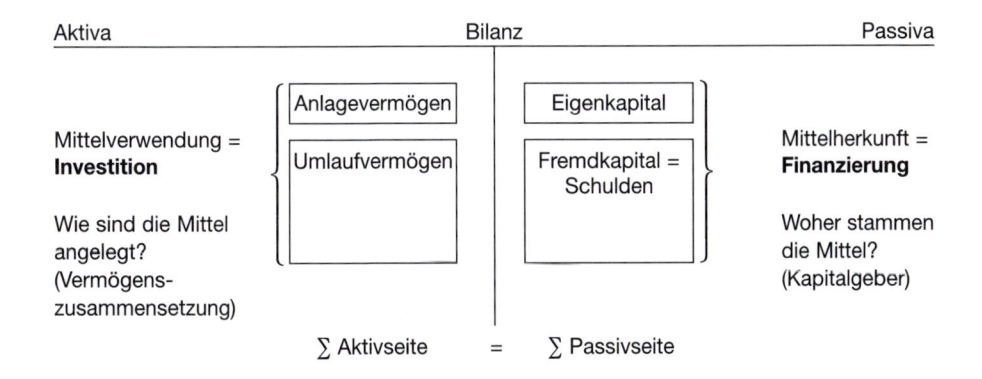

Aktiva		Bilanz		Passiva
Mittelverwendung = **Investition**	{	Anlagevermögen	Eigenkapital	}	Mittelherkunft = **Finanzierung**
		Umlaufvermögen	Fremdkapital = Schulden		
Wie sind die Mittel angelegt? (Vermögenszusammensetzung)					Woher stammen die Mittel? (Kapitalgeber)

∑ Aktivseite = ∑ Passivseite

Aus dem Inventar (Beispiel 1) kann somit die folgende Bilanz entwickelt werden, wobei zu beachten ist:
1. Die Bilanz ist vom Geschäftsinhaber zu unterschreiben,
2. Die freien Räume sind durch eine Buchhalternase zu entwerten.
3. Die Endsummen sind doppelt zu unterstreichen.

BEISPIEL 2

Aktiva	Bilanz zum 31.12.20 …		Passiva
I Anlagevermögen		I Eigenkapital	208.500,-
1. Bebaute Grundstücke	135.000,-	II Fremdkapital	
2. Geschäftsausstattung	18.000,-	1. Darlehen	120.000,-
II Umlaufvermögen		2. Verbindlichkeiten	34.000,-
1. Waren	171.000,-		
2. Forderungen	29.000,-		
3. Bank	8.000,-		
4. Kasse	1.500,-		
	362.500,-		362.500,-

Wiesbaden, den 2.1.20 …   Emil Müller

ÜBERBLICK

```
Inventur
```

- körperliche oder buchmäßige Erfassung und Bewertung der Bestände entweder als:

  Stichtagsinventur,
  permanente Inventur,
  verlegte Inventur oder
  Stichprobeninventur

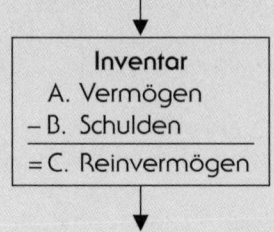

```
Inventar
A. Vermögen
– B. Schulden
= C. Reinvermögen
```

- kurze, wertmäßige Gegenüberstellung von Vermögen und Kapital in Kontenform

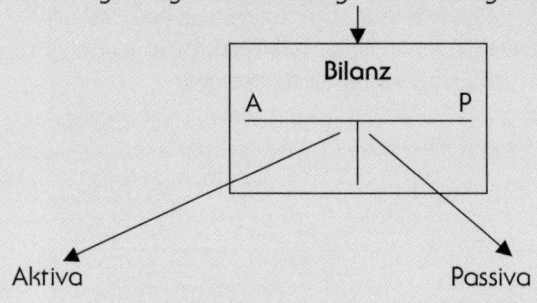

```
       Bilanz
A              P
```

Aktiva

- langfristige Vermögenswerte
  = **Anlagevermögen**

- kurzfristige Vermögenswerte
  = **Umlaufvermögen**

Passiva

- langfristiges Kapital
  = **Eigenkapital**
     langfristiges Fremdkapital

- kurzfristiges Kapital
  = **kurzfristiges Fremdkapital**

Bilanzgleichung

Vermögenswerte   <=>   Vermögensquellen

AUFGABEN

3. Kreuzen Sie an:

	Vorgang	Verzeichnis	drei Teile
Inventur			
Inventar			

4. Auf welcher Bilanzseite stehen   Aktiva | Passiva

   a) Bankschulden
   b) Einlagen der Gesellschafter
   c) Maschinen, maschinelle Anlagen
   d) Beteiligungen
   e) Verbindlichkeiten aus Warenlieferungen
      und Leistungen?

5. Erstellen Sie nach den Angaben   a) ein Inventar
                                         b) eine Bilanz

Geschäftsausstattung	198.000,–	Bank	14.000,–
Waren	160.000,–	Kasse	8.000,–
Forderungen	54.000,–	Hypothekendarlehen	250.000,–
Postbankkonto	13.000,–	Verbindlichkeiten	89.000,–

                                          Eigenkapital?

6. Stellen Sie die Bilanzgleichung mit den Zahlen der Aufgabe 5 entsprechend um.

Vermögen	=	Eigenkapital	+	Fremdkapital
.... EUR		.... EUR		.... EUR
Eigenkapital	=	☐	–	☐
.... EUR		.... EUR		.... EUR
Fremdkapital	=	☐	–	☐
.... EUR		.... EUR		.... EUR

WERTBEWEGUNGEN IN DER BILANZ

Als Abschlussrechnung gibt die Bilanz den Stand des Vermögens und der Schulden zu einem bestimmten **Zeitpunkt** an. Diese Werte ändern sich jedoch ständig durch die laufenden Geschäftsfälle.
Auch sie muss der Kaufmann nach § 238 HGB aufzeichnen. Buchführung ist somit eine **fortgesetzte, bewegte** Bilanz, wobei jede Änderung einer Bilanzposition die Änderung einer anderen bewirkt.
Dabei sind die folgenden vier Fälle denkbar:

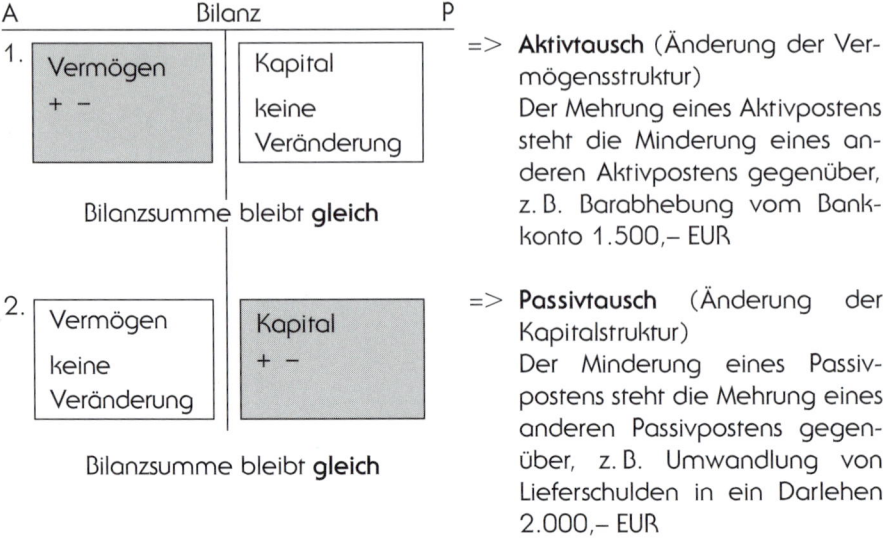

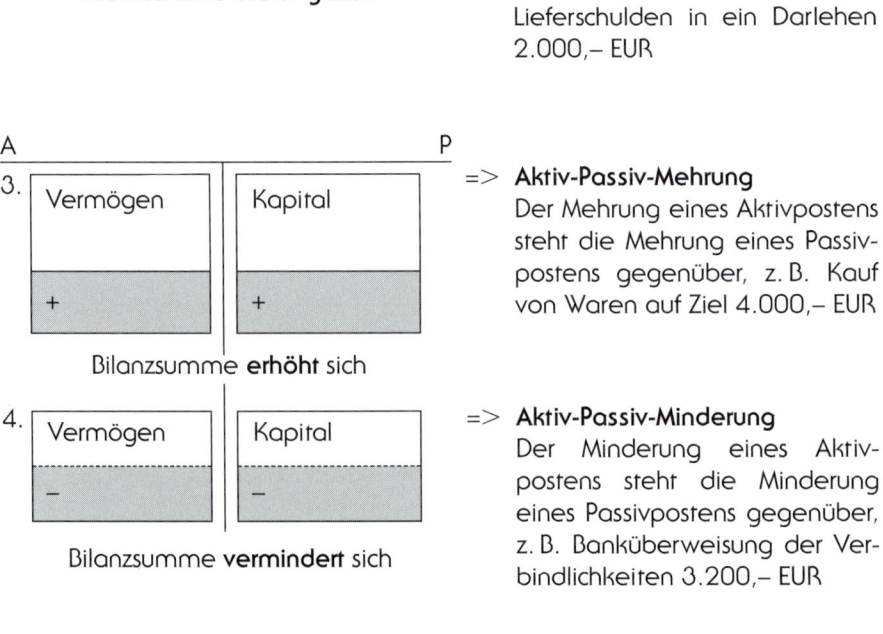

	A	Bilanz	P	
1.	Vermögen +−		Kapital keine Veränderung	=> **Aktivtausch** (Änderung der Vermögensstruktur) Der Mehrung eines Aktivpostens steht die Minderung eines anderen Aktivpostens gegenüber, z. B. Barabhebung vom Bankkonto 1.500,− EUR
	Bilanzsumme bleibt **gleich**			
2.	Vermögen keine Veränderung		Kapital +−	=> **Passivtausch** (Änderung der Kapitalstruktur) Der Minderung eines Passivpostens steht die Mehrung eines anderen Passivpostens gegenüber, z. B. Umwandlung von Lieferschulden in ein Darlehen 2.000,− EUR
	Bilanzsumme bleibt **gleich**			

	A		P	
3.	Vermögen +		Kapital +	=> **Aktiv-Passiv-Mehrung** Der Mehrung eines Aktivpostens steht die Mehrung eines Passivpostens gegenüber, z. B. Kauf von Waren auf Ziel 4.000,− EUR
	Bilanzsumme **erhöht** sich			
4.	Vermögen −		Kapital −	=> **Aktiv-Passiv-Minderung** Der Minderung eines Aktivpostens steht die Minderung eines Passivpostens gegenüber, z. B. Banküberweisung der Verbindlichkeiten 3.200,− EUR
	Bilanzsumme **vermindert** sich			

Einführung in die doppelte Buchführung

BEISPIEL 3

Bezogen auf die Ausgangsbilanz (Beispiel 2) wirken sich die vier Geschäftsfälle wie folgt aus:

Aktiva Vermögen	A	P	A	P	A	P	Passiva Kapital
Bebaute Grundstücke	135.000,–	208.500,–	135.000,–	208.500,–	135.000,–	208.500,–	Eigenkapital
Geschäftsausstattung	18.000,–	120.000,–	18.000,–	120.000,–	18.000,–	**122.000,–**	Darlehen
Waren	171.000,–	34.000,–	171.000,–	34.000,–	171.000,–	**32.000,–**	Verbindlichkeiten
Forderungen	29.000,–		29.000,–		29.000,–		
Bank	8.000,–		**6.500,–**		6.500,–		
Kasse	1.500,–		**3.000,–**		3.000,–		
	362.500,–	362.500,–	362.500,–	362.500,–	362.500,–	362.500,–	

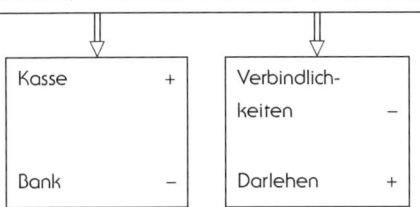

```
Kasse         +        Verbindlichkeiten  –
Bank          –        Darlehen           +
```

Aktiva Vermögen	A	P	A	P	Passiva Kapital
Bebaute Grundstücke	135.000,–	208.500,–	135.000,–	208.500,–	Eigenkapital
Geschäftsausstattung	18.000,–	**122.000,–**	18.000,–	122.000,–	Darlehen
Waren	**175.000,–**	**36.000,–**	175.000,–	**32.800,–**	Verbindlichkeiten
Forderungen	29.000,–		29.000,–		
Bank	6.500,–		**3.300,–**		
Kasse	3.000,–		3.000,–		
	366.500,–	366.500,–	363.300,–	363.300,–	

```
Waren              +        Verbindlichkeiten  –
Verbindlichkeiten  +        Bank               –
```

In der Praxis ist es allerdings unmöglich, nach jedem Geschäftsfall eine neue, entsprechend geänderte Bilanz zu erstellen. Vielmehr wird die Bilanz in **Konten** aufgelöst, die jeweils eine Einzelrechnung für die Vermögens- und Schuldenteile darstellen.
Man unterscheidet dabei entsprechend dem Bilanzgliederungsschema **aktive Bestandskonten** (Vermögenskonten) und **passive Bestandskonten** (Kapitalkonten).
Nach den Zahlen aus Beispiel 2 wären die folgenden Konten einzurichten:

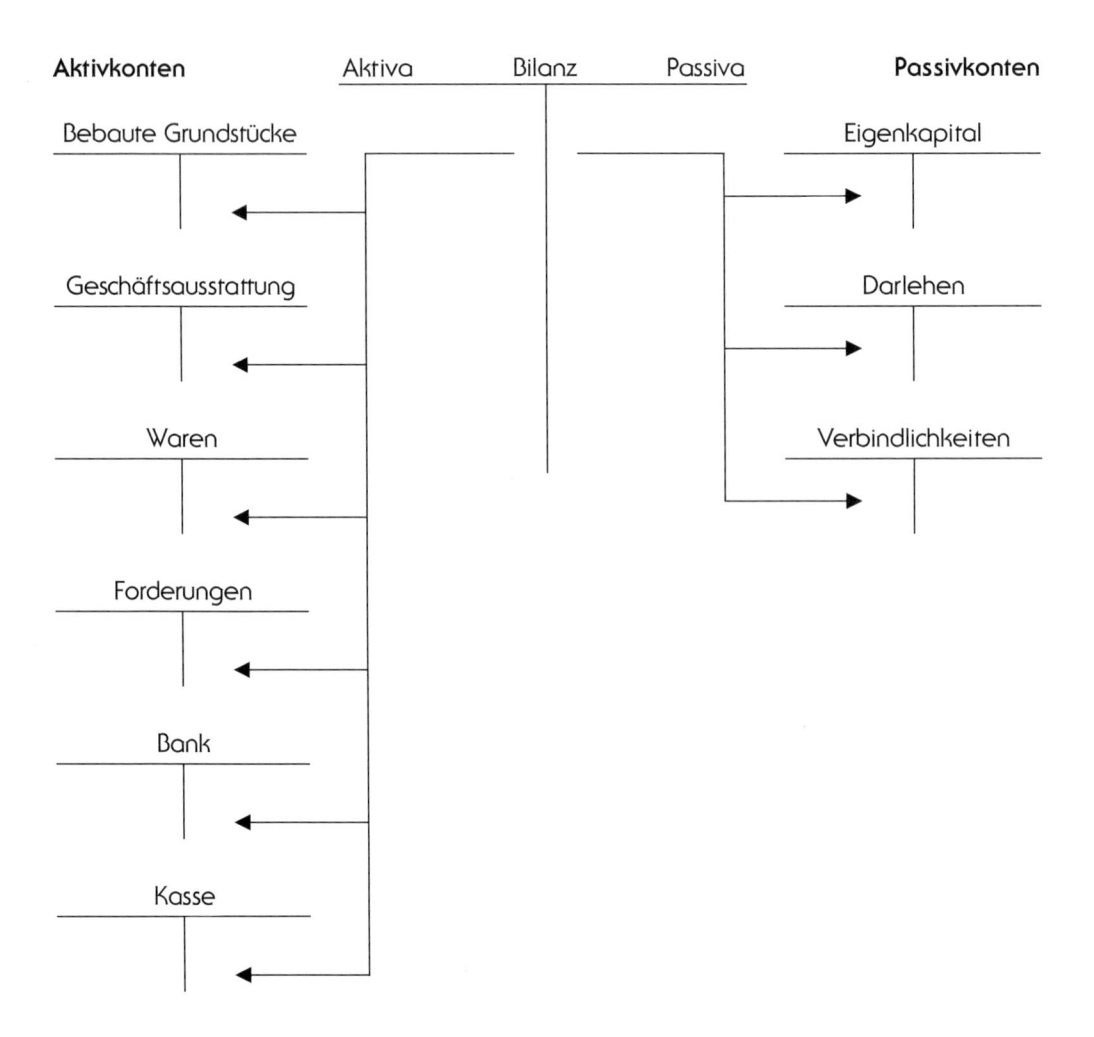

Aktivkonten   Aktiva   Bilanz   Passiva   **Passivkonten**

Bebaute Grundstücke   Eigenkapital

Geschäftsausstattung   Darlehen

Waren   Verbindlichkeiten

Forderungen

Bank

Kasse

Bei der Einrichtung der Konten auf der Grundlage der Bilanz ist zu berücksichtigen, dass die **Vermögenskonten** (Aktivkonten) mit ihren Beständen auf der linken Kontenseite **(Soll)** und die **Kapitalkonten** (Passivkonten) auf der rechten Kontenseite **(Haben)** zu eröffnen sind.

BUCHUNGEN AUF KONTEN (BESTANDSVORGÄNGE)

Für die Buchungen der Geschäftsvorfälle auf den entsprechenden Konten lassen sich die folgenden allgemeinen Regeln aufstellen:

1. **Eröffnung** der Konten mit dem jeweiligen Anfangsbestand laut Eröffnungsbilanz:

   Aktivkonten (z. B. Bankkonto)

   Passivkonten (z. B. Verbindlichkeiten)

   Aktivkonten → **Soll**

   ```
   S        Bank        H
   AB 12.000,-
   ```

   Passivkonten → **Haben**

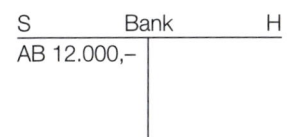

   ```
   S    Verbindlichkeiten    H
                        AB 30.000,-
   ```

2. Buchung der laufenden Geschäftsfälle:

   Aktivkonten
   Zugänge → **Soll**
   Abgänge → **Haben**

   ```
   S        Bank        H
   AB 12.000,-  AG 4.000,-
   ZG  6.000,-
   ```

   Passivkonten
   Zugänge → **Haben**
   Abgänge → **Soll**

   ```
   S    Verbindlichkeiten    H
   AG  7.000,-  AB 30.000,-
                ZG 15.000,-
   ```

3. **Kontenabschluss:**
   – Feststellen, welche Seite wertmäßig größer ist.
   – Auf der schwächeren Seite eine Zeile frei lassen.
   – Differenz (Saldo) hier einsetzen.
   – Summen ermitteln und, wenn nötig, Leerraum durch Buchhalternase entwerten.

Der Saldo der Bestandskonten ist der jeweilige Endbestand:

Aktivkonten → **Haben**

```
S        Bank        H
AB 12.000,-  AG  4.000,-
ZG  6.000,-  EB 14.000,-
   18.000,-     18.000,-
```

Passivkonten → **Soll**

```
S    Verbindlichkeiten    H
AG  7.000,-  AB 30.000,-
EB 38.000,-  ZG 15.000,-
   45.000,-     45.000,-
```

Die aufgezeigten vier Fälle der Veränderung von Bilanzpositionen auf Grund von Geschäftsfällen lösen somit die folgenden Wertänderungen auf den entsprechenden Konten aus:

	Akivkonten		Passivkonten	
	Soll	Haben	Soll	Haben
1. Aktivtausch	+ Kasse	– Bank	–	–
2. Passivtausch	–	–	– Verbindlichkeiten	+ Darlehen
3. Aktiv-Passiv-Mehrung	+ Waren	–	–	+ Verbindlichkeiten
4. Aktiv-Passiv-Minderung	–	– Bank	– Verbindlichkeiten	–

Löst man die Bilanz des Ausgangsbeispiels in Konten auf und verbucht auf ihnen die vier Geschäftsfälle, so ergeben sich die folgenden Buchungen:
Zunächst sind jeweils die folgenden Fragen zu beantworten:
1. Welche Konten sind durch den Geschäftsfall betroffen?
2. Auf welchem Konto ergibt sich ein Zugang, auf welchem Konto eine Minderung des Bestandes?
3. Auf welchem Konto ist im **Soll**, auf welchem ist im **Haben** zu buchen?

BEISPIEL 4

Frage 1:

1. Kasse, Bank

2. Verbindlichkeiten, Darlehen

3. Waren, Verbindlichkeiten

4. Verbindlichkeiten, Bank

Frage 2:

1. Kasse   + 1.500,–
   Bank   – 1.500,–

2. Verbindl. – 2.000,–
   Darlehen+ 2.000,–

3. Waren   + 4.000,–
   Verbindl. + 4.000,–

4. Verbindl. – 3.200,–
   Bank   – 3.200,–

Frage 3:

Soll	Haben
1. Kasse	Bank
2. Verbindl.	Darlehen
3. Waren	Verbindl.
4. Verbindl.	Bank

Einführung in die doppelte Buchführung

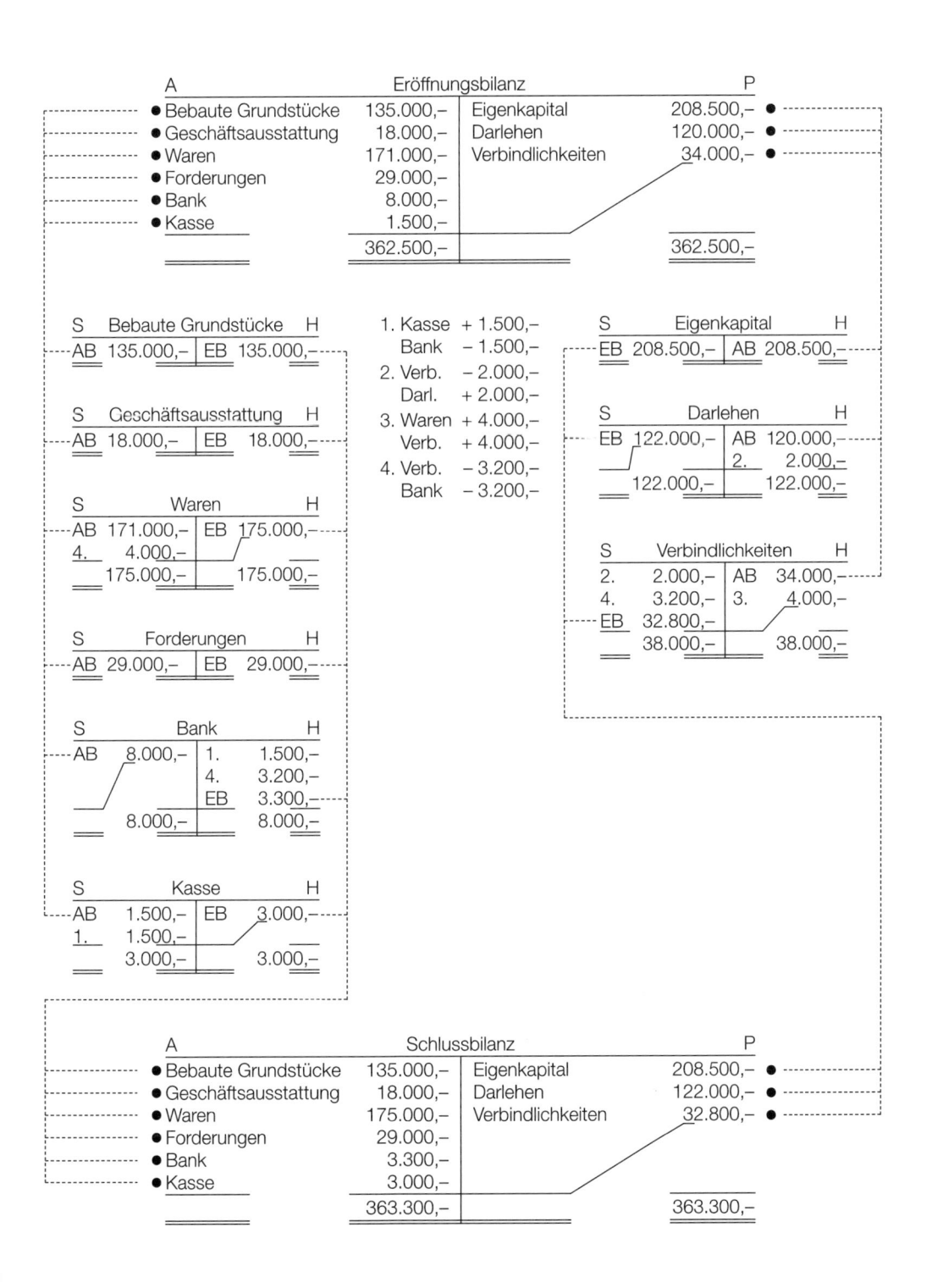

A	Eröffnungsbilanz		P
• Bebaute Grundstücke	135.000,–	Eigenkapital	208.500,– •
• Geschäftsausstattung	18.000,–	Darlehen	120.000,– •
• Waren	171.000,–	Verbindlichkeiten	34.000,– •
• Forderungen	29.000,–		
• Bank	8.000,–		
• Kasse	1.500,–		
	362.500,–		362.500,–

```
S   Bebaute Grundstücke   H
AB  135.000,– | EB 135.000,–

S   Geschäftsausstattung   H
AB  18.000,– | EB 18.000,–

S        Waren           H
AB  171.000,– | EB 175.000,–
4.    4.000,– |
    175.000,– |   175.000,–

S       Forderungen       H
AB  29.000,– | EB 29.000,–

S         Bank           H
AB   8.000,– | 1.   1.500,–
             | 4.   3.200,–
             | EB   3.300,–
     8.000,– |      8.000,–

S         Kasse          H
AB   1.500,– | EB   3.000,–
1.   1.500,– |
     3.000,– |      3.000,–
```

```
1. Kasse  + 1.500,–
   Bank   – 1.500,–
2. Verb.  – 2.000,–
   Darl.  + 2.000,–
3. Waren  + 4.000,–
   Verb.  + 4.000,–
4. Verb.  – 3.200,–
   Bank   – 3.200,–
```

```
S      Eigenkapital       H
EB 208.500,– | AB 208.500,–

S         Darlehen        H
EB 122.000,– | AB 120.000,–
             | 2.   2.000,–
   122.000,– |    122.000,–

S     Verbindlichkeiten    H
2.   2.000,– | AB 34.000,–
4.   3.200,– | 3.  4.000,–
EB  32.800,– |
    38.000,– |    38.000,–
```

A	Schlussbilanz		P
• Bebaute Grundstücke	135.000,–	Eigenkapital	208.500,– •
• Geschäftsausstattung	18.000,–	Darlehen	122.000,– •
• Waren	175.000,–	Verbindlichkeiten	32.800,– •
• Forderungen	29.000,–		
• Bank	3.300,–		
• Kasse	3.000,–		
	363.300,–		363.300,–

Entsprechend dem Wesen der doppelten Buchführung führte jeder Geschäftsfall zu einer Buchung im Soll eines Kontos und im Haben eines anderen Kontos. Gibt man zuerst das Konto an, bei dem im Soll gebucht wird, und dann das Konto, bei dem im Haben gebucht wird, und verbindet beide Konten mit dem Wörtchen „an", so erhält man einen **einfachen** Buchungssatz, der in der allgemeinen Form lautet:

> SOLL an HABEN

Für die Ausgangsfälle lauten damit die Buchungen in der Form von Buchungssätzen:

BEISPIEL 5

1. Kasse	1.500,– an Bank	1.500,–
2. Verbindlichkeiten	2.000,– an Darlehen	2.000,–
3. Waren	4.000,– an Verbindlichkeiten	4.000,–
4. Verbindlichkeiten	3.200,– an Bank	3.200,–

Bei **zusammengesetzten** Buchungssätzen werden mehr als zwei Konten berührt:

BEISPIEL 6

Wareneinkauf bar 6.000,– und auf Ziel 20.000,–
Buchung: Waren 26.000,– an Kasse   6.000,–
                    Verbindlichkeiten 20.000,–

In allen möglichen Fällen gilt jedoch die Bedingung:

> Summe der Sollbuchungen = Summe der Habenbuchungen
> 10.700,– EUR = 10.700,– EUR
> (Zahlen aus Beispiel 5)

ÜBERBLICK

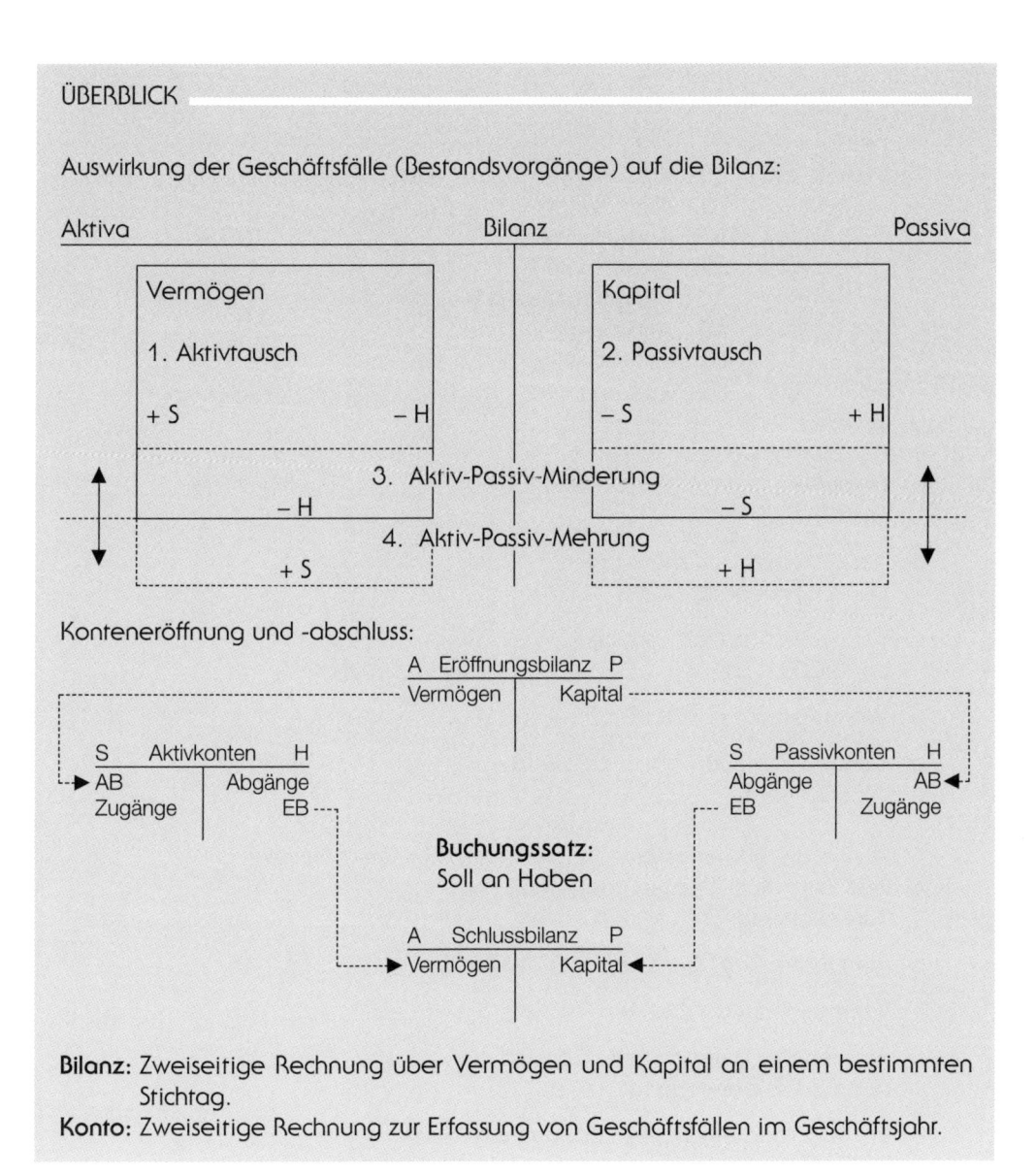

Auswirkung der Geschäftsfälle (Bestandsvorgänge) auf die Bilanz:

Aktiva	Bilanz	Passiva

```
┌─────────────────────────┐   ┌─────────────────────────┐
│ Vermögen                │   │ Kapital                 │
│                         │   │                         │
│ 1. Aktivtausch          │   │ 2. Passivtausch         │
│                         │   │                         │
│ + S            – H      │   │ – S            + H      │
├─────────────────────────┤   ├─────────────────────────┤
│       3. Aktiv-Passiv-Minderung                       │
│         – H                    – S                    │
├─────────────────────────┤   ├─────────────────────────┤
│       4. Aktiv-Passiv-Mehrung                         │
│         + S                    + H                    │
└─────────────────────────┘   └─────────────────────────┘
```

Konteneröffnung und -abschluss:

```
                     A   Eröffnungsbilanz   P
               ┌─── Vermögen  │  Kapital ───┐
               │              │             │
  S  Aktivkonten  H           │      S  Passivkonten  H
  AB       │  Abgänge         │      Abgänge   │   AB
  Zugänge  │  EB ──┐          │      ┌── EB    │  Zugänge
                   │  Buchungssatz:  │
                   │  Soll an Haben  │
                   │                 │
                   │ A  Schlussbilanz P
                   └─► Vermögen │ Kapital ◄───
```

Bilanz: Zweiseitige Rechnung über Vermögen und Kapital an einem bestimmten Stichtag.
Konto: Zweiseitige Rechnung zur Erfassung von Geschäftsfällen im Geschäftsjahr.

AUFGABEN

7. Ordnen Sie zu: AB Passivkonten
                  ZG Aktivkonten
                  AG Aktivkonten
                  EB Passivkonten
                  AG Passivkonten
                  AB Aktivkonten
                  EB Aktivkonten
                  ZG Passivkonten

        Soll | Haben

8. Buchen Sie auf Konten.
   a) Barabhebung vom Postbankkonto 2.000,– EUR
   b) Tilgung eines Darlehens durch Banküberweisung 5.000,– EUR
   c) Kauf einer Schreibmaschine bar 3.000,– EUR
   d) Warenverkauf auf Ziel 8.000,– EUR
   e) Kunde zahlt durch Banküberweisung 15.000,– EUR

9. Bilden Sie die Buchungssätze für die folgenden Geschäftsfälle.
   a) Eröffnung eines Bankkontos durch Bareinzahlung   _____ an _____
   b) Aufnahme eines Darlehens bei der Bank   _____ an _____
   c) Wareneinkauf auf Ziel   _____ an _____
   d) Zahlung der Lieferschulden bar und durch Banküberweisung   _____ an _____
   e) Umwandlung einer Lieferschuld in ein Darlehen   _____ an _____
   f) Bareinlage des Inhabers   _____ an _____

10. Welche Geschäftsfälle liegen den folgenden Buchungssätzen zugrunde?
    a) Forderungen an Waren
    b) Darlehen an Bank
    c) Waren an Verbindlichkeiten
    d) Geschäftsausstattung an Bank
    e) Bank an Eigenkapital
    f) Kasse an Forderungen
    g) Darlehen an Postbank

ERFOLGSKONTEN UND DEREN ABSCHLUSS

Allen bisherigen Geschäftsfällen war gemeinsam, dass der Mehrung oder Minderung eines Vermögenspostens die Minderung oder Mehrung eines anderen Vermögenspostens oder die Mehrung oder Minderung einer Schuld gegenübersteht. Einer **einseitigen** Vermögensminderung steht dagegen weder die Mehrung eines anderen Vermögenswertes noch die Minderung einer Schuld gegenüber, z. B. Gehaltszahlung durch Banküberweisung 6.000,- EUR.

Solche Ausgaben schmälern das **Eigenkapital** des Unternehmens, man nennt sie **Aufwendungen.**

Buchung: Eigenkapital 6.000,- an Bank 6.000,-

Einseitigen Vermögensmehrungen steht weder die Minderung eines anderen Vermögenswertes noch die Mehrung einer Schuld gegenüber, z. B. Zinsgutschrift durch die Bank 2.000,- EUR.

Diese Einnahmen erhöhen das **Eigenkapital** des Unternehmens, man nennt sie **Erträge.**

Buchung: Bank 2.000,- an Eigenkapital 2.000,-

Aufwendungen und Erträge bewirken keine Umschichtung von Bilanzpositionen wie bei den **Bestandsvorgängen,** sondern sie verändern unmittelbar das Eigenkapital, es handelt sich um **Erfolgsvorgänge.**

Erfolgsvorgänge

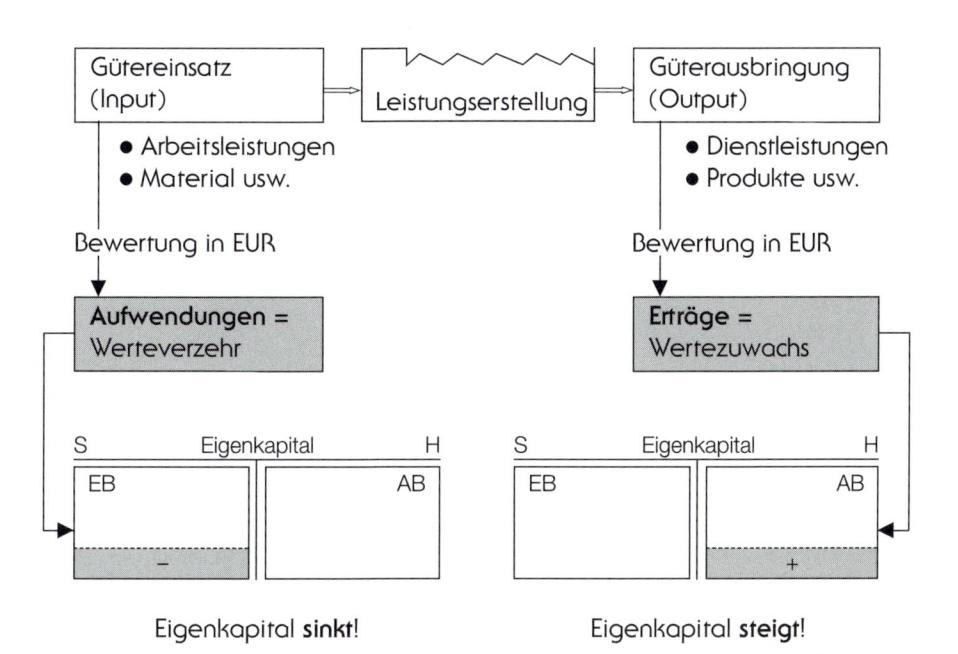

Die Differenz aus Erträgen und Aufwendungen ist entweder der **Gewinn** oder der **Verlust** des Unternehmens:

> Erträge > Aufwendungen → Gewinn
> Erträge < Aufwendungen → Verlust

Um das Konto „Eigenkapital" nicht unübersichtlich werden zu lassen, bucht man die verschiedenartigen Aufwendungen und Erträge jeweils auf besonderen Konten, die am Jahresende über das Konto **„Gewinn und Verlust"** abzuschließen sind. Da dies ein Unterkonto des Kontos Eigenkaptial ist, wird sein Saldo (Gewinn oder Verlust) auf das Eigenkapitalkonto übertragen.

BEISPIEL 7

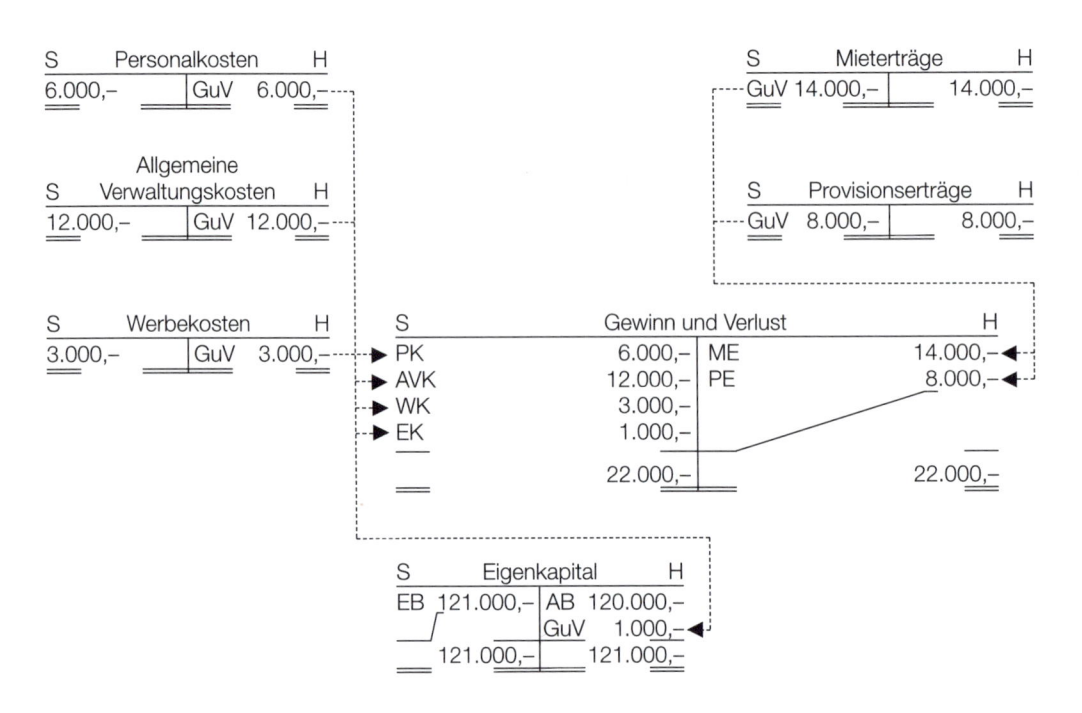

S	Personalkosten	H
6.000,-	GuV	6.000,-

S	Allgemeine Verwaltungskosten	H
12.000,-	GuV	12.000,-

S	Werbekosten	H
3.000,-	GuV	3.000,-

S	Mieterträge	H
GuV 14.000,-		14.000,-

S	Provisionserträge	H
GuV 8.000,-		8.000,-

S	Gewinn und Verlust		H
PK	6.000,-	ME	14.000,-
AVK	12.000,-	PE	8.000,-
WK	3.000,-		
EK	1.000,-		
	22.000,-		22.000,-

S	Eigenkapital		H
EB	121.000,-	AB	120.000,-
		GuV	1.000,-
	121.000,-		121.000,-

Aus dem Beispiel sind noch einmal die beiden Möglichkeiten, den Erfolg des Unternehmens festzustellen, ersichtlich (doppelte Buchführung).

Eigenkapital Ende des Jahres	121.000,-	Erträge	22.000,-
– Eigenkapital Anfang des Jahres	120.000,-	– Aufwendungen	21.000,-
= Gewinn	1.000,-	= Gewinn	1.000,-

Vermögensvergleich nach § 4 Abs. 1 ESTG oder § 5 ESTG   Gewinn- und Verlustrechnung

ORGANISATION DER DOPPELTEN BUCHFÜHRUNG

Bisher wurden die Geschäftsfälle nach sachlichen Erwägungen unmittelbar auf den entsprechenden **Konten** auf der Grundlage von Belegen gebucht.
Eine **zeitliche** Ordnung ist dabei aber nicht möglich.
Die Buchung der Geschäftsfälle in zeitlicher Reihenfolge erfolgt im **Grundbuch**.
Dies aus den folgenden Gründen:
1. **Belegsicherung**
   Durch die zeitliche Erfassung aller Geschäftsfälle kann während der Aufbewahrungsfristen jederzeit der einzelne Geschäftsfall bis zum Beleg zurückverfolgt werden. Die grundbuchmäßige Erfassung hat damit **zeitnah** zu sein.
2. **Jederzeitige Abschlussmöglichkeit**
   Während der Aufbewahrungsfristen muss jederzeit ein Abschluss erstellt werden können, auch bezogen auf einen Stichtag in der Vergangenheit.
3. **Jederzeitiger Einblick** in den Bestand der Forderungen und Verbindlichkeiten. Unter Berücksichtigung der Bestandsvorgänge (Beispiel 4) sowie der Erfolgsvorgänge (Beispiel 7) kann das folgende Grundbuch erstellt werden (Erfolgsvorgänge werden über das Bankkonto abgewickelt).

Dabei ist zu berücksichtigen:
1. Es wird der Kontenrahmen des Großhandels zugrunde gelegt.
2. Es werden die Hilfskonten „**Eröffnungsbilanzkonto**" und „**Schlussbilanzkonto**" eingerichtet, um formal zu erreichen, dass auch bei der Konteneröffnung und dem Kontenabschluss das Prinzip der Doppik (Buchung im Soll und im Haben) gewahrt werden kann.
   Ist z. B. das aktive Bestandskonto „Bank" mit einem Bestand von 5.400,– EUR zu eröffnen, so ergibt sich die Eröffnungsbuchung:

   | Bank 5.400,– an Eröffnungsbilanzkonto 5.400,– |

   In gleicher Weise wird beim Kontenabschluss etwa mit einem Endbestand von 6.700,– EUR verfahren, wobei sich folgende Abschlussbuchung ergibt:

   | Schlussbilanzkonto 6.700,– an Bank 6.700,– |

   Bei passiven Bestandskonten erfolgen die entsprechenden Buchungen im Sinne des Prinzips der Doppik. Zu beachten ist dabei, dass die Hilfskonten „EBK" und „SBK" nicht mit der Eröffnungsbilanz und Schlussbilanz zu verwechseln sind.

BEISPIEL 8

Journal			Monat: _____		Seite: _____	
			Buchungen		Beträge	
Tag	Beleg	Buchungstext	Soll	Haben	Soll	Haben
02.	SB 1	**Eröffnungsbuchungen**				
		Grundstücke	021	91	135.000,–	135.000,–
		Geschäftsausstattung	033	91	18.000,–	18.000,–
		Waren	30	91	171.000,–	171.000,–
		Forderungen	10	91	29.000,–	29.000,–
		Bank	13	91	8.000,–	8.000,–
		Kasse	15	91	1.500,–	1.500,–
		Eigenkapital	91	06	208.500,–	208.500,–
		Darlehen	91	08	120.000,-	120.000,–
		Verbindlichkeiten	91	17	34.000,–	34.000,–
		Laufende Buchungen				
04.	BA 1	Barabhebung Bankkonto	15	13	1.500,–	1.500,–
08.	SB 2	Umwandlung Lieferer- schuld in Darlehen	17	08	2.000,–	2.000,–
16.	ER 1	Zielkauf Müller OHG Frankfurt	30	17	4.000,–	4.000,–
20.	BA 2	Überweisung Verbind- lichkeiten	17	13	3.200,–	3.200,–
26.	BA 3	Überweisung Gehälter	40	13	6.000,–	6.000,–
		Allgemeine Verwaltungskosten	48	13	12.000,–	12.000,–
		Kosten für Werbung und Reise	44	13	3.000,–	3.000,–
29.	BA 4	Bankeingang Mieterträge	13	242	14.000,–	14.000,–
		Provisionserträge	13	872	8.000,–	8.000,–
31.	SB 3	**Abschlussbuchungen**				
		Gehälter	93	40	6.000,–	6.000,–
		Allgemeine Verwaltungskosten	93	48	12.000,–	12.000,–
		Kosten für Werbung und Reise	93	44	3.000,–	3.000,–
		Mieterträge	242	93	14.000,–	14.000,–
		Provisionserträge	872	93	8.000,–	8.000,–
		Übertrag Reingewinn	93	06	1.000,–	1.000,–
		Grundstücke	94	021	135.000,–	135.000,–
		Geschäftsausstattung	94	033	18.000,–	18.000,–
		Waren	94	30	175.000,–	175.000,–
		Forderungen	94	10	29.000,–	29.000,–
		Kasse	94	15	3.000,–	3.000,–
		Eigenkapital	06	94	209.500,–	209.500,–
		Darlehen	08	94	122.000,–	122.000,–
		Verbindlichkeiten	17	94	32.800,–	32.800,–
		Bank	94	13	4.300,–	4.300,–
					1.551.300,–	1.551.300,–

Da das **Grundbuch** in chronologischer Reihenfolge geführt wird, ist daraus der Stand des Vermögens und der Schulden nicht zu ersehen. Dazu ist es notwendig, die Buchungen **sachlich** zu ordnen und auf die entsprechenden Sachkonten zu übertragen.

Zu diesem Zweck wird ein **Hauptbuch** eingerichtet. Es enthält alle Konten, vom Eröffnungsbilanzkonto bis zum Schlussbilanzkonto (Bestands- und Erfolgskonten). Die grundbuchmäßigen Aufzeichnungen werden den Hauptbucheintragungen zugrunde gelegt:

BEISPIEL 9

S		91 EBK		H
Eigenkapital	208.500,–	Grundstücke		135.000,–
Darlehen	120.000,–	Geschäftsausstattung		18.000,–
Verbindlichkeiten	34.000,–	Waren		171.000,–
		Forderungen		29.000,–
		Bank		8.000,–
		Kasse		1.500,–
	362.500,–			362.500,–

S	021 Grundstücke	H	S	033 Geschäftsausstattung	H	S	30 Waren	H
91	135.000,–	94 135.000,–	91	18.000,–	94 18.000,–	91	171.000,–	94 175.000,–
						17	4.000,–	
							175.000,–	175.000,–

S	10 Forderungen	H	S	13 Bank	H	S	15 Kasse	H
91	29.000,–	94 29.000,–	91	8.000,–	15 1.500,–	91	1.500,–	94 3.000,–
			242		17 3.200,–	13	1.500,–	
			872	22.000,–	40		3.000,–	3.000,–
					44			
					48 21.000,–			
					94 4.300,–			
				30.000,–	30.000,–			

S	40 Gehälter	H	S	48 Allgemeine Verwaltungskosten	H	S	44 Kosten für Werbung und Reise	H
13	6.000,–	93 6.000,–	13	12.000,–	93 12.000,–	13	3.000,–	93 3.000,–

S	242 Mieterträge	H	S	872 Provisionserträge	H	S	06 Eigenkapital	H
93	14.000,–	13 14.000,–	93	8.000,–	13 8.000,–	94	209.500,–	91 208.500,–
								93 1.000,–
							209.500,–	209.500,–

S	08 Darlehen	H	S	17 Verbindlichkeiten	H
94	122.000,–	91 120.000,–	08	2.000,–	91 34.000,–
		17 2.000,–	13	3.200,–	30 4.000,–
	122.000,–	122.000,–	94	32.800,–	
			94	38.000,–	38.000,–

S		93 GuV		H
Gehälter	6.000,–	Mieterträge		14.000,–
Allgemeine Verwaltungskosten	12.000,–	Provisionserträge		8.000,–
Kosten für Werbung und Reise	3.000,–			
EK	1.000,–			
	22.000,–			22.000,–

S		94 SBK		H
Grundstücke	135.000,–	Eigenkapital		209.500,–
Geschäftsausstattung	18.000,–	Darlehen		122.000,–
Waren	175.000,–	Verbindlichkeiten		32.800,–
Forderungen	29.000,–			
Bank	4.300,–			
Kasse	3.000,–			
	364.300,–			364.300,–

Anmerkung: Im Beispiel wurde auf eine Unterscheidung der Warenkonten (Wareneingang und Warenbestände) verzichtet (vgl. dazu Kapitel 2).

Beachten Sie!

Vor den Beträgen steht auf den Konten nicht mehr die Nummer des laufenden Geschäftsfalles, sondern das jeweilige Gegenkonto (Gegenbuchung!).

Zur näheren Erläuterung bestimmter Hauptbuchkonten werden **Nebenbücher** geführt.

So sagen die Hauptbuchkonten Forderungen und Verbindlichkeiten nichts darüber aus, wie hoch die Forderungen oder Schulden gegenüber **einzelnen** Kunden oder Lieferanten sind und wann sie fällig werden. Um eine Terminüberwachung sowie das Mahn- und Klagewesen zu ermöglichen, ist damit jeweils ein besonderes Konto, ein **Kontokorrentkonto** zu führen, etwa in der Form einer Datei.

Kunde: Heinrich Krause e.K., Frankfurt/Main						Kto. 10/4711
Datum	Beleg	Journalseite	Text	Soll	Haben	Saldo

Ein Kontokorrentbuch kann das Hauptbuchkonto nicht ersetzen. Es wird gewöhnlich außerhalb des Kontensystems ohne Gegenbuchungen geführt.

Beim Abschluss sind die Salden der Hauptbuchkonten Forderungen und Verbindlichkeiten mit den Personenkonten des Kontokorrents mittels Saldenlisten abzustimmen.

Dabei gilt:

Saldo des Kundensachkontos Forderungen	=	Summe der Salden aller Kundenpersonenkonten
Saldo des Lieferantensachkontos Verbindlichkeiten	=	Summe der Salden aller Lieferantenpersonenkonten

Durch die Führung eines **Lagerbuches** kann jederzeit der Lagerbestand ohne zeitraubende Inventur ermittelt werden (= permanente Inventur).
Wechselbücher (Besitz- und Schuldwechselbuch) ermöglichen eine bessere Kontrolle über den Wechselzahlungsverkehr, und eine **Anlagendatei** dient dazu, Zu- und Abgänge von Einzelgegenständen aller Anlagengruppen zu erfassen und Abschreibungen richtig zu ermitteln, da die Anlagekonten des Hauptbuches ebenfalls als Sammelkonten geführt werden.
Bei der **Offene-Posten-Buchhaltung** werden keine Konten geführt, da die Belege selbst Buchungsträger sind. Sie ist zugelassen für die grundbuchmäßigen Aufzeichnungen des Geschäftsverkehrs mit Kunden und Lieferanten sowie das Kontokorrentkonto. Dabei werden Rechnungsdurchschriften grundbuchmäßig zeitlich abgelegt und andere bis zur Zahlung aufbewahrt, sodass jederzeit die Forderungen oder Schulden gegenüber einzelnen Geschäftsfreunden ersichtlich gemacht werden können.
Die Summe der offenen Posten ist mit dem Saldo der Hauptbuchkonten abzustimmen.
In einem **Bilanzbuch** werden Eröffnungsbilanz und Schlussbilanz dargestellt, wobei die Werte durch Inventur ermittelt werden. Die Schlussbilanz des alten Geschäftsjahres ist gleichzeitig die Eröffnungsbilanz des neuen Geschäftsjahres.

BEISPIEL 10 (ZAHLEN AUS BEISPIEL 9)

A	Eröffnungsbilanz		P
Grundstücke	135.000,–	EK	208.500,–
Geschäftsausstattung	18.000,–	Darlehen	120.000,–
Waren	171.000,–	Verbindlichkeiten	34.000,–
Forderungen	29.000,–		
Bank	8.000,–		
Kasse	1.500,–		
	362.500,–		362.500,–

A	Schlussbilanz		P
Grundstücke	135.000,–	EK	209.500,–
Geschäftsausstattung	18.000,–	Darlehen	122.000,–
Waren	175.000,–	Verbindlichkeiten	32.800,–
Forderungen	29.000,–		
Bank	4.300,–		
Kasse	3.000,–		
	364.300,–		364.300,–

Grundlagen der Buchführung

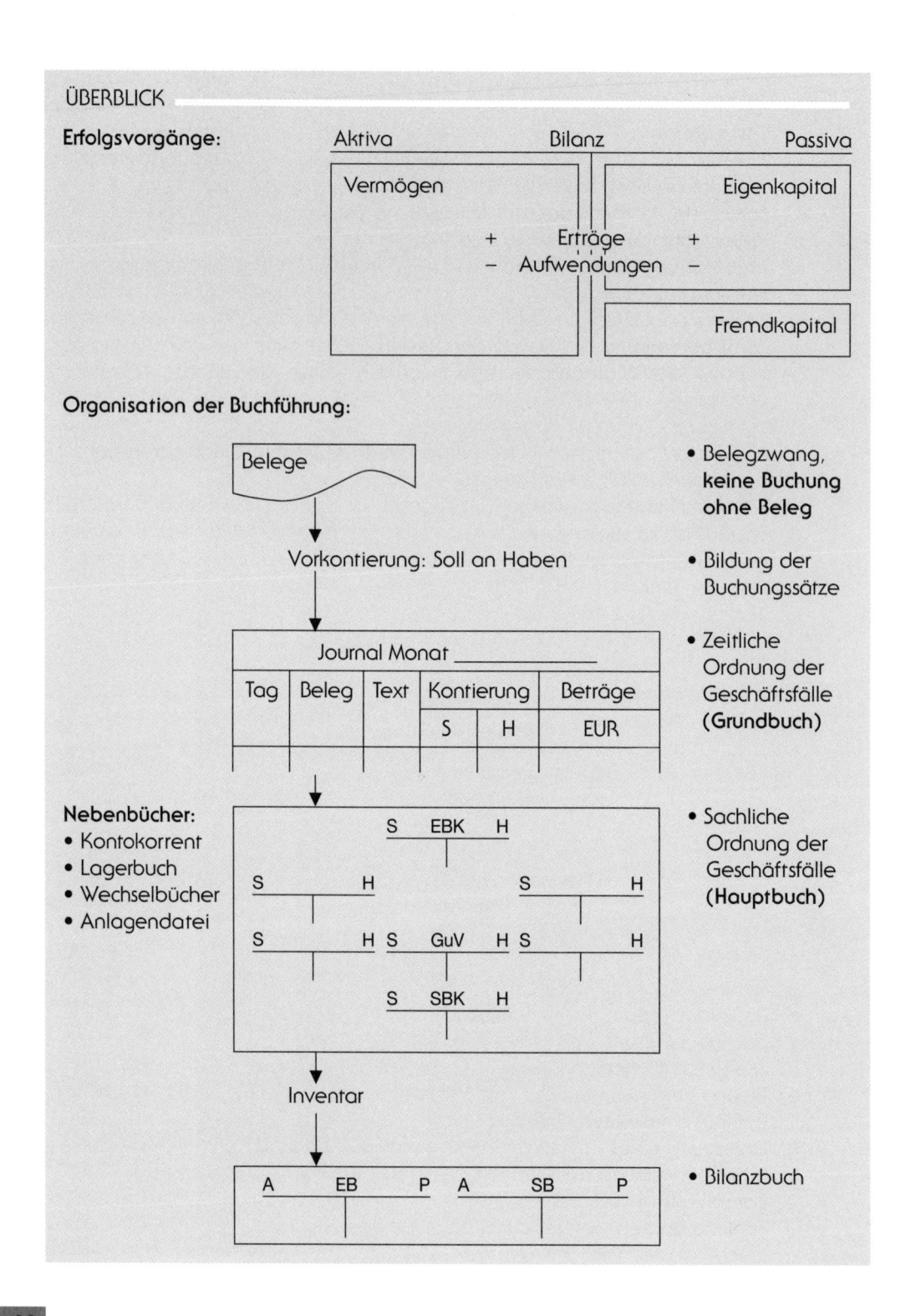

ÜBERBLICK

Erfolgsvorgänge:

Aktiva	Bilanz	Passiva
Vermögen		Eigenkapital
	+ Erträge +	
	− Aufwendungen −	
		Fremdkapital

Organisation der Buchführung:

Belege → • Belegzwang, **keine Buchung ohne Beleg**

↓

Vorkontierung: Soll an Haben → • Bildung der Buchungssätze

↓

Journal Monat _____				
Tag	Beleg	Text	Kontierung	Beträge
			S H	EUR

• Zeitliche Ordnung der Geschäftsfälle **(Grundbuch)**

↓

Nebenbücher:
- Kontokorrent
- Lagerbuch
- Wechselbücher
- Anlagendatei

S EBK H

S   H   S   H

S   H   S GuV H   S   H

S SBK H

• Sachliche Ordnung der Geschäftsfälle **(Hauptbuch)**

↓

Inventar

↓

A EB P	A SB P

• Bilanzbuch

AUFGABEN

11. Ordnen Sie zu: Bestandsvorgänge | Erfolgsvorgänge
    a) Mietzahlung bar
    b) Barabhebung vom Bankkonto
    c) Kunde zahlt durch Banküberweisung
    d) Zinsbelastung durch die Bank
    e) Wareneinkauf auf Ziel
    f) Zahlung der Lieferschulden
    g) Banküberweisung der Gewerbesteuer
    h) Kauf von Büromaterial

12. Bilden Sie die Buchungssätze, führen Sie die Erfolgskonten (ohne Gegenkonten) und schließen Sie diese über GuV-Konto ab.
    a) Bankgutschrift für erhaltene Provisionen   6.000,– EUR
    b) Barzahlung für Werbedrucksachen   4.000,– EUR
    c) Zinsgutschrift auf Bankkonto   3.000,– EUR
    d) Kauf von Büromaterial bar   1.000,– EUR
    e) Bankgutschrift für Mieteinnahmen   500,– EUR

13. Nach den folgenden Angaben sind Grundbuch, Hauptbuch und Bilanzbuch zu erstellen!
    Anfangsbestände:
        Grundstücke   120.000,– EUR
        Geschäftsausstattung   85.000,– EUR
        Forderungen   134.000,– EUR
        Bank   16.000,– EUR
        Kasse   31.000,– EUR
        Darlehen   210.000,– EUR
        Verbindlichkeiten   96.000,– EUR

    Geschäftsfälle:
    a) Wareneinkauf auf Ziel   6.500,– EUR
    b) Banküberweisung eines Kunden   13.000,– EUR
    c) Banküberweisung der Miete   9.000,– EUR
    d) Zinsgutschrift durch die Bank   14.000,– EUR
    e) Tilgung des Darlehens durch Banküberweisung   8.000,– EUR
    f) Barkauf eines Aktenschrankes   2.500,– EUR
    g) Einrichtung eines Postbankkontos durch Bareinzahlung   800,– EUR
    h) Banküberweisung der Gehälter   1.200,– EUR
    i) Barabhebung vom Bankkonto   1.000,– EUR
    j) Zahlung an den Lieferer durch Banküberweisung   4.300,– EUR

2. Kapitel

Die Buchführung des Großhandels

Kontenrahmen des Großhandels

Um den vielfältigen Anforderungen zu genügen, die an die Geschäftsbuchhaltung gestellt werden, sind alle Buchführungsunterlagen unabhängig vom Geschäftszweig nach einheitlichen Grundsätzen zu verarbeiten.
Dazu gehören einheitliche Bezeichnungen und Kontenabgrenzungen, wie sie

Kontenrahmen für den Groß- und Außenhandel

Kontenklassen

0 Anlage- und Kapitalkonten
- 00 Ausstehende Einlagen
- 01 Immaterielle Vermögensgegenstände (z. B. Firmenwert)
- 02 Grundstücke und Gebäude
  - 0210 Grundstücke
  - 0230 Gebäude
- 03 Anlagen, Maschinen, Betriebs- und Geschäftsausstattung
  - 0310 Technische Anlagen und Maschinen
  - 0330 Betriebs- und Geschäftsausstattung
  - 0340 Fuhrpark
  - 0350 Geleistete Anzahlungen
  - 0360 Anlagen im Bau
  - 0370 Geringwertige Wirtschaftsgüter
- 04 Finanzanlagen
  - 0430 Beteiligungen
  - 0450 Wertpapiere des Anlagevermögens
  - 0460 Sonstige Ausleihungen (Darlehen)
- 05 Wertberichtigungen
  - 0510 Wertberichtigungen bei Sachanlagen
  - 0520 Wertberichtigungen bei Forderungen
    - 0521 Einzelwertberichtigungen
    - 0522 Pauschalwertberichtigungen
- 06 Eigenkapital
  - 0610 Gezeichnetes Kapital oder Eigenkapital
  - 0620 Kapitalrücklage
  - 0630 Gewinnrücklage
    - 0631 Gesetzliche Rücklagen
    - 0633 Satzungsgemäße Rücklagen
    - 0634 Andere Gewinnrücklagen
  - 0640 Gewinnvortrag, Verlustvortrag
  - 0650 Jahresüberschuss, Jahresfehlbetrag
  - 0660 Bilanzgewinn, Bilanzverlust
  - 0670 Ergebnisverwendungskonto
- 07 Sonderposten mit Rücklageanteil und Rückstellungen
  - 0710 Sonderposten mit Rücklageanteil
  - 0720 Rückstellungen
    - 0721 Rückstellungen für Pensionen
    - 0722 Steuerrückstellungen
    - 0724 Sonstige Rückstellungen
- 08 Verbindlichkeiten
  - 0820 Verbindlichkeiten gegenüber Kreditinstituten (z. B. Darlehen)
- 09 Rechnungsabgrenzungsposten
  - 0910 Aktive Rechnungsabgrenzungsposten
  - 0920 Disagio
  - 0930 Passive Rechnungsabgrenzungsposten

1 Finanzkonten
- 10 Forderungen
  - 1010 Forderungen a. LL
  - 1020 Zweifelhafte Forderungen
  - 1030 Nachnahmeforderungen
- 11 Sonstige Vermögensgegenstände
  - 1130 Sonstige Forderungen
  - 1140 Geleistete Anzahlungen
  - 1150 Forderungen an Gesellschafter
  - 1160 Forderungen an Mitarbeiter
- 12 Wertpapiere des Umlaufvermögens
- 13 Banken
  - 1310 Kreditinstitute (= Bank)
  - 1320 Postbank
- 14 Vorsteuer
  - 1410 Vorsteuer (16 %)
  - 1411 Vorsteuer für i. E.[2]
  - 1420 Vorsteuer (7 %)
  - 1430 Einfuhrumsatzsteuer
- 15 Zahlungsmittel
  - 1510 Kasse
  - 1520 Schecks
  - 1530 Wechselforderungen (Besitzwechsel)
  - 1540 Protestwechsel
- 16 Privatkonten
  - 1610 Privatentnahmen
  - 1620 Privateinlagen
- 17 Verbindlichkeiten
  - 1710 Verbindlichkeiten a. LL
  - 1750 Erhaltene Anzahlungen auf Bestellungen
  - 1760 Wechselverbindlichkeiten (Schuldwechsel)
- 18 Umsatzsteuer
  - 1810 Umsatzsteuer (16 %)
  - 1811 Umsatzsteuer für i. E.[2]
  - 1820 Umsatzsteuer (7 %)
- 19 Sonstige Verbindlichkeiten
  - 1910 Verbindlichkeiten aus Steuern
  - 1920 Verbindlichkeiten gegenüber Sozialversicherung
  - 1930 Verbindlichkeiten gegenüber Gesellschaftern
  - 1940 Sonstige Verbindlichkeiten
  - 1950 Verbindlichkeiten aus Vermögensbildung
  - 1980 Zollverbindlichkeiten

[2] i. E. = innergemeinschaftlicher Erwerb

2 Abgrenzungskonten
- 20 Außerordentliche und sonstige Aufwendungen
  - 2010 Außerordentliche Aufwendungen i. S. § 277 HGB
  - 2020 Betriebsfremde Aufwendungen
  - 2030 Periodenfremde Aufwendungen
  - 2040 Verluste aus dem Abgang von AV
  - 2050 Verluste aus dem Abgang von UV (außer Vorräte)
  - 2060 Sonstige Aufwendungen
  - 2070 Spenden[3]
- 21 Zinsen und ähnliche Aufwendungen
  - 2110 Zinsaufwendungen
  - 2130 Diskontaufwendungen
  - 2140 Zinsähnliche Aufwendungen
  - 2150 Aufwendungen aus Kursdifferenzen
- 22 Steuern vom Einkommen
  - 2210 Körperschaftsteuer[3]
  - 2230 Kapitalertragsteuer
  - 2250 Steuernachzahlungen für frühere Jahre[3]
- 23 Forderungsverluste
  - 2310 Übliche Abschreibungen auf Forderungen
  - 2320 Außergewöhnliche Abschreibungen auf Forderungen
  - 2330 Zuführungen zu Einzelwertberichtigungen
  - 2340 Zuführungen zu Pauschalwertberichtigungen
- 24 Außerordentliche und sonstige Erträge
  - 2410 Außerordentliche Erträge i. S. § 277 HGB
  - 2420 Betriebsfremde Erträge
    - 2421 Mieterträge
  - 2430 Periodenfremde Erträge
  - 2460 Sonstige Erträge
- 25 Erträge aus Beteiligungen, Wertpapieren und Ausleihungen des Finanzanlagevermögens
  - 2510 Erträge aus Beteiligungen

Kontenrahmen des Großhandels

durch die **Kontenrahmen** für die einzelnen Wirtschaftszweige (Einzelhandel, Großhandel, Industrie, Banken) vorgegeben sind.

Aus ihnen kann sich der einzelne Betrieb den auf die besonderen Bedingungen abgestellten betriebsindividuellen **Kontenplan** zusammenstellen.

Auch für den Großhandel musste der Kontenrahmen den durch das Bilanzrichtlinien-Gesetz bedingten Änderungen angepasst werden. In der vom „Bundesverband des Deutschen Groß- und Außenhandels e. V." herausgegebenen Neufassung sind insbesondere die Gliederungsvorschriften für den Jahresabschluss und die Kontenbezeichnungen für Bilanz und GuV berücksichtigt.

2520 Erträge aus Wertpapieren des AV
26 Sonstige Zinsen und ähnliche Erträge
2610 Zinserträge
2630 Diskonterträge
2640 Zinsähnliche Erträge
2650 Erträge aus Kursdifferenzen
27 Sonstige betriebliche Erträge
2700 Erlöse aus Anlagenabgängen
2710 Erträge a. d. Abgang von AV
2720 Erträge aus dem Abgang von UV (außer Vorräte)
2730 Erträge aus Zuschreibungen
2740 Erträge aus abgeschriebenen Forderungen
2750 Erträge aus der Auflösung von Wertberichtigungen zu Forderungen
 2751 Auflösung von Einzelwertberichtigungen
 2752 Auflösung von Pauschalwertberichtigungen
2760 Erträge aus der Auflösung von Rückstellungen
2770 Sonstige Erträge
2780 Entnahme von sonstigen Gegenständen und Leistungen
28 Verrechnete kalkulatorische Kosten[4]
29 Abgrenzung innerhalb des Geschäftsjahres[4]

[3] Diese Konten sind im AKA-Kontenplan nicht enthalten, da sie nur für Kapitalgesellschaften gelten.
[4] Kalkulatorische Kosten und innerperiodische Abgrenzungen werden in der Praxis nicht buchhalterisch, sondern stets tabellarisch in der Abgrenzungsrechnung der KLR berücksichtigt.

3 Wareneinkaufskonten
Warenbestandskonten
30 Warengruppe I
3010 Wareneingang
3020 Warenbezugskosten
3030 Leihemballagen
3050 Rücksendungen an Lieferer
3060 Nachlässe von Lieferern
3070 Liefererboni
3080 Liefererskonti
31 Warengruppe II
3110 Wareneingang
3120 Warenbezugskosten
3130 Leihemballagen
3150 Rücksendungen an Lieferer
3160 Nachlässe von Lieferern
3170 Liefererboni
3180 Liefererskonti
32 Warengruppe III
33 Warengruppe IV
37 Wareneingang aus i. E.[2]

---

38 Wareneinfuhr (aus Drittländern)
39 Warenbestände
3910 Warengruppe I
3920 Warengruppe II
3930 Warengruppe III
3940 Warengruppe IV

4 Konten der Kostenarten

40 Personalkosten
4010 Löhne
4020 Gehälter
4030 Aushilfslöhne
4040 Gesetzliche soziale Aufwendungen
4050 Freiwillige soziale Aufwendungen
4060 Aufwendungen für Altersversorgung
4070 Vermögenswirksame Leistungen
41 Mieten, Pachten, Leasing
42 Steuern, Beiträge, Versicherungen
4210 Gewerbesteuer
4220 Kfz-Steuer
4230 Grundsteuer
4240 Sonstige Betriebssteuern
4260 Versicherungen
4270 Beiträge
4280 Gebühren und sonstige Abgaben
43 Energie, Betriebsstoffe
44 Werbe- und Reisekosten
45 Provisionen
46 Kosten der Warenabgabe
4610 Verpackungsmaterial
4620 Ausgangsfrachten
4630 Gewährleistungen
47 Betriebskosten, Instandhaltung
4710 Instandhaltung
4730 Sonstige Betriebskosten
48 Allgemeine Verwaltung
4810 Bürobedarf
4820 Porto, Telefon, Telefax
4830 Kosten der Datenverarbeitung
4840 Rechts- und Beratungskosten
4850 Personalbeschaffungskosten
4860 Kosten des Geldverkehrs
4890 Diverse Aufwendungen
49 Abschreibungen
4910 Abschreibungen auf Sachanlagen
4930 Abschreibungen auf Finanzanlagen des AV
4940 Abschreibungen auf Wertpapiere des UV

5 Konten der Kostenstellen[6]

Für die Konten der Kostenstellen sind betriebs- und branchenbedingt unterschied-

---

liche Aufteilungen möglich. Die nachfolgende Untergliederung nach Funktionen ist beispielhaft aufgeführt:
– Einkauf
– Lager
– Vertrieb
– Verwaltung
– Fuhrpark
– Be-/Verarbeitung

[6] Anmerkung: Die Kostenstellenrechnung wird in der Praxis stets tabellarisch und nicht kontenmäßig durchgeführt. Die Kontenklasse 5 bleibt deshalb in der Regel frei.

6 Konten für Umsatzkostenverfahren[5]

[5] Anmerkung: Diese Kontenklasse bleibt in der Regel frei, da Großhandelsunternehmen ihre GuV-Rechnung meist nach dem **Gesamtkostenverfahren** erstellen.

7 Freie Kontenklasse

8 Warenverkaufskonten (Umsatzerlöse)

80 Warengruppe I
8010 Warenverkauf
8050 Rücksendungen
8060 Nachlässe
8070 Kundenboni
8080 Kundenskonti
81 Warengruppe II
8110 Warenverkauf
8150 Rücksendungen
8160 Nachlässe
8170 Kundenboni
8180 Kundenskonti
82 Warengruppe III
83 Warengruppe IV
87 Sonstige Erlöse aus Warenverkäufen
8710 Entnahme von Waren
8720 Provisionserträge
88 Außenhandelserlöse
8810 Erlöse aus innergemeinschaftlicher Lieferung
8820 Erlöse aus Warenausfuhr (in Drittländer)

9 Abschlusskonten
9100 Eröffnungsbilanzkonto
9150 Saldenvorträge (Sammelkonto)
9200 Warenabschlusskonto
9300 Gewinn- und Verlustkonto
9400 Schlussbilanzkonto

Wie alle Kontenrahmen gliedert auch der Großhandelskontenrahmen die Konten systematisch nach dem dekadischen System (0–9). Es werden 10 Kontenklassen eingeteilt, deren Reihenfolge dem Betriebsablauf im Großhandel entspricht (Prozessgliederungsprinzip).

z. B.: Kontenklasse 3 Wareneinkaufskonten, Warenbestandskonten
Kontengruppe 30 Warengruppe I
Kontenart 301 Wareneingang

Kontenklasse 0: Anlage und Kapitalkonten (Ruhende Konten)
> Auf ihnen werden Vermögensteile und Schulden erfasst, die langfristig dem Betriebszweck dienen. Durch die Kontengruppe „Eigenkapital" wird die Rechtsform des Unternehmens berücksichtigt.

Kontenklasse 1: Finanzkonten
> Hierzu gehören die Konten des Geldverkehrs, des kurzfristigen Kreditverkehrs sowie die Privatkonten.

Kontenklasse 2: Abgrenzungskonten
> Sie dienen der sachlichen Abgrenzung zwischen dem reinen Warengeschäft (Betriebszweck) und denjenigen Aufwendungen und Erträgen, die als betriebsfremd, außerordentlich oder periodenfremd angesehen werden müssen. Dadurch werden Betriebserfolg und Gesamterfolg getrennt.

Kontenklasse 3: Wareneinkaufs- und Warenbestandskonten
> Sie erfassen Wareneingänge und -bestände auf getrennten Konten sowie sämtliche Unterkonten des Wareneingangskontos.

Kontenklasse 4: Konten der Kostenarten
> Sie erfassen die durch den Zweck des Warenhandels bedingten, betriebsnotwendigen Aufwendungen **(Kosten)**. Die Klasse 4 wird direkt über GuV abgeschlossen.

Kontenklasse 5: Konten der Kostenstellen
> Für die betrieblichen Kostenstellen (z. B. Einkauf) könnten entsprechende Konten eingerichtet werden.

Kontenklasse 6: Konten für Umsatzkostenverfahren
> Für Kapitalgesellschaften, die ihre GuV in der Form des Umsatzkostenverfahrens veröffentlichen.

Kontenklasse 7: frei

Kontenklasse 8: Warenverkaufskonten (Umsatzerlöse)
> Sie erfasst die betrieblichen Erträge nach Warengruppen entsprechend der Einteilung in der Klasse 3, Unterkonten für Erlösschmälerungen sowie der Entnahme von Waren.

Kontenklasse 9: Abschlusskonten

Warenkonten im Großhandel

Warenverkäufe sind **Erfolgsvorgänge**, unabhängig davon, ob sie über oder unter dem Einstandspreis erfolgen.
Auf der Basis der Kosten aus der Kontenklasse 4 kalkuliert der Kaufmann seinen Verkaufspreis wie folgt:

BEISPIEL 11

Einstandspreis (= Bezugspreis)		200,– EUR
+ Handlungskostenzuschlag 25 %		50,– EUR
= Selbstkosten		250,– EUR
+ Gewinnzuschlag 10 %		25,– EUR
= Verkaufspreis netto		275,– EUR

oder bei einer vereinfachten Kalkulationsform mittels eines **Kalkulationszuschlages** auf Basis des Einstandspreises, in dem Handlungskosten und Gewinn zusammengefasst werden:

Einstandspreis		200,– EUR
+ Kalkulationszuschlag	37,5 %	75,– EUR
= Verkaufspreis		275,– EUR

$$\text{Kalkulationszuschlag} = \frac{(\text{Verkaufspreis} - \text{Einstandspreis}) \times 100}{\text{Einstandspreis}}$$

Eine weitere Möglichkeit besteht in der Ermittlung des Verkaufspreises mittels eines **Kalkulationsfaktors:**

$$\text{Kalkulationszuschlag} = \frac{\text{Verkaufspreis}}{\text{Einstandspreis}}$$

In dem Beispiel wäre der Kalkulationsfaktor (Kf) 1,375. Den Verkaufspreis erhält man durch Multiplikation des Einstandspreises mit dem Kalkulationsfaktor.

$$\text{Verkaufspreis} = \text{Kf} \times \text{Einstandspreis}$$
$$275,\text{– EUR} = 1,375 \times 200,\text{–}$$

WARENEINGANGS- UND WARENAUSGANGSKONTO

Da die Warenumsätze im Regelfall über, in Ausnahmefällen auch unter den Einstandspreisen erfolgen, lösen die Warenbewegungen **Bestands-** und **Erfolgsvorgänge** aus.

Somit ist eine Trennung vorzunehmen zwischen einem reinen Bestandskonto „39 Warenbestände" und den Erfolgskonten „301 Wareneingang" und „801 Warenverkauf".

BEISPIEL 12

Anfangsbestand an Waren: 150 Stück zum Einstandspreis von 200,– EUR je Stück = 30.000,– EUR
Einkäufe auf Ziel: 20 Stück zu je 200,– EUR =   4.000,– EUR
Verkäufe auf Ziel: 70 Stück zu je 275,– EUR = 19.250,– EUR

Das Konto **„Wareneingang"** erfasst die Einkäufe im Geschäftsjahr, bewertet zu Einstandspreisen, das Konto **„Warenbestände"** den Anfangsbestand und das Konto **„Warenverkauf"** die Umsätze, bewertet zu Verkaufspreisen.

S	39 Warenbestände	H
EBK	30.000,–	

S	801 Warenverkauf	H
	Forderungen	19.250,–

S	301 Wareneingang	H
Verbindlich-keiten	4.000,–	

Buchungen:
301 Wareneingang 4.000,– an
17 Verbindlichkeiten 4.000,–
10 Forderungen 19.250,– an
801 Warenverkauf 19.250,–

ABSCHLUSS DER WARENKONTEN

Der Abschluss der Warenkonten kann in der folgenden Weise vorgenommen werden:

1. Ermittlung des Warenendbestandes durch Inventur und Bewertung zu Einstandspreisen.

    Anfangsbestand 150 Stück
    + Zugänge   20 Stück
    – Abgänge   70 Stück

    = Schlussbestand 100 Stück zu je 200,– EUR
    = Inventurbestand 20.000,– EUR

Der Inventurbestand wird auf dem Konto Warenbestände eingetragen.
Buchung: 94 Schlussbilanzkonto 20.000,– an 39 Warenbestände 20.000,–

2. In dem vorliegenden Geschäftsjahr wurden mehr Waren verkauft als eingekauft. Dadurch verringert sich der Lagerbestand um 50 Stück.
Endbestand < Anfangsbestand = Warenbestandsminderung d. h.
Einkaufsmenge < Verkaufsmenge

Unter Berücksichtigung dieser Bestandsveränderung kann der **Wareneinsatz**, d. h. die verkaufte Ware, bewertet zu Einstandspreisen, ermittelt werden.
Dieser Wareneinsatz ist der für die Warenverkäufe **insgesamt** angefallene Aufwand, dessen Ermittlung und Verbuchung bei jedem **einzelnen** Verkauf umständlich und unzweckmäßig wäre.

```
  Wareneingänge:       20 Stück zu je 200,- EUR =  4.000,- EUR
+ Bestandsminderung:   50 Stück zu je 200,- EUR = 10.000,- EUR
= Wareneinsatz:        70 Stück zu je 200,- EUR = 14.000,- EUR
  Verkaufserlöse:      70 Stück zu je 275,- EUR = 19.250,- EUR
= Rohgewinn                                       5.250,- EUR
```

Um den Wareneinsatz buchhalterisch zu ermitteln, ist die Bestandsminderung (= Saldo des Kontos Warenbestände) auf das Wareneingangskonto umzubuchen.
Buchung: 301 Wareneingang 10.000,- an 39 Warenbestände 10.000,-

3. Auf dem Wareneingangskonto ergibt sich aus dem Einkauf und dem Minderbestand der Wareneinsatz.
Da das Gewinn- und Verlustkonto alle, auch die mit den Warenverkäufen verbundenen Aufwendungen sammelt, wird der Wareneinsatz auf das GuV-Konto ins Soll übertragen.
Buchung: 93 GuV 14.000,- an 301 Wareneingang 14.000,-

4. Auch der **Warenumsatz**, d. h. die verkaufte Ware zu Verkaufspreisen, ist dem Wareneinsatz gegenüberzustellen. Dazu muss das Warenverkaufskonto als Erfolgskonto ebenso über GuV abgeschlossen werden.
Buchung: 801 Warenverkauf 19.250,- an 93 GuV 19.250,-

5. Der Rohgewinn als Differenz aus den mit den Warenumsätzen verbundenen Aufwendungen und Erträgen ist über das Konto 06 Eigenkapital auszubuchen. **Buchung:** 93 GuV 5.250,- an 06 Eigenkapital 5.250,-
Mehrbestände sind in gleicher Weise zu behandeln und entsprechend auf der jeweils anderen Kontenseite zu buchen:

> Wareneingänge – Bestandserhöhung = Wareneinsatz

BEISPIEL 13

Unter Verwendung der Zahlen aus Beispiel 12 ergibt sich folgendes Kontenbild:

S	39 Warenbestände		H		S	801 Warenverkauf		H
91	30.000,–	94	20.000,–		93	19.250,–	10	19.250,–
		301	10.000,–					
	30.000,–		30.000,–					

S	301 Wareneingang		H		S	93 GuV		H
17	4.000,–	93	14.000,–		301	14.000,–	801	19.250,–
39	10.000,–				06	5.250,–		
	14.000,–		14.000,–			19.250,–		19.250,–

BEISPIEL 14

Unterstellt man unter Verwendung der Zahlen aus Beispiel 13 lediglich Verkäufe auf Ziel von 15 Stück zu je 275,– EUR, so ergibt sich unter Berücksichtigung eines Mehrbestandes von 5 Stück das folgende Kontenbild mit den entsprechenden Buchungen:

S	39 Warenbestände		H		S	801 Warenverkauf		H
91	30.000,–	94	31.000,–		93	4.125,–	10	4.125,–
301	1.000,–							
	31.000,–		31.000,–					

S	301 Wareneingang		H		S	93 GuV		H
17	4.000,–	39	1.000,–		301	3.000,–	801	4.125,–
		93	3.000,–					
	4.000,–		4.000,–					

Aus einem Warenumsatz von 4.125,– EUR sowie einem Wareneinsatz von 3.000,– EUR ergibt sich ein Rohgewinn von 1.125,– EUR auf dem GuV-Konto.

UMSATZSTEUER

Die Unterlagen der kaufmännischen Buchführung müssen auch den Aufzeichnungspflichten des Umsatzsteuergesetzes (UStG) genügen.

Danach unterliegen die folgenden Umsätze der Umsatzsteuer (§ 1 Abs. 1 UStG):
1. Lieferungen und sonstige Leistungen eines Unternehmens im Inland gegen Entgelt, z. B. Verkauf von Waren.
2. Unentgeltliche Entnahmen von Gegenständen und sonstigen Leistungen des Unternehmens durch den Unternehmer für **unternehmensfremde** Zwecke.

Warenkonten im Großhandel

3. Einfuhr von Gegenständen aus Nicht-EU-Staaten.
4. Innergemeinschaftlicher Erwerb von Gegenständen aus Mitgliedstaaten der EU.

Wichtige nicht umsatzsteuerpflichtige Umsätze sind in § 4 UStG geregelt, z. B. Ausfuhr in ein Drittland und private Geschäfte.

Der allgemeine Steuersatz beträgt z. Z. 16 % (§ 12 UStG).

Bemessungsgrundlage für Lieferungen und sonstige Leistungen ist das Entgelt, das der Empfänger aufwendet (ohne USt), um die Leistung zu erhalten. Auf jeder Produktions- oder Handelsstufe wird der Wert besteuert, der dem Produkt durch Weiterverarbeitung oder Weiterveräußerung zugeführt wird (**Mehrwert**). Er schließt Kosten und Gewinn ein und besteht beim Handelsbetrieb in der Differenz zwischen Einstandspreis (**Wareneinsatz**) und Verkaufspreis (**Warenumsatz**) der verkauften Waren.

Die Besteuerung des Mehrwerts erreicht man durch das Instrument des **Vorsteuerabzuges**, d. h. von der vom Nettowarenwert berechneten Steuerschuld (**Traglast**) wird die von den Vorlieferanten in Rechnung gestellte Umsatzsteuer (**Vorsteuer**) abgesetzt.

Die sich ergebende **Zahllast** ist an das Finanzamt abzuführen oder am 31.12. als Verbindlichkeit in die Bilanz einzustellen.

BEISPIEL 15

Stufen	Ausgangs-rechnungen ①	Trag-last 16 % von ① ②	Eingangs-rechnungen ③	Vor-steuer 16 % von ③ ④	Mehr-wert ⑤	Zahl-last 16 % von ⑤ ⑥
Vorstufe (Produktion)	4.000,– netto + 640,– USt 4.640,– brutto	640,–	–	–	4.000,–	640,–
Großhandel (40 % Zuschlag)	5.600,– netto + 896,– USt 6.496,– brutto	896,–	4.000,– netto + 640,– USt 4.640,– brutto	640,–	1.600,–	256,–
Einzelhandel (50 % Zuschlag)	8.400,– netto + 1.344,– USt 9.744,– brutto	1.344,–	5.600,– netto + 896,– USt 6.496,– brutto	896,–	2.800,–	448,–
Verbraucher			9.744,– brutto			
Steuerbelastung						1.344,– = 16 % aus 8.400,–

Daraus ergibt sich das Wesen der Umsatzsteuer als **indirekte** Steuer, d. h. Steuerschuldner und Steuerträger sind verschiedene Personen. Steuerschuldner ist jeweils der steuerpflichtige Unternehmer, Steuerträger ist derjenige, auf den die Steuerbelastung überwälzt wird, d. h. der Verbraucher.

Die Steuerschuld entsteht regelmäßig am Ende des Monats, in dem die Lieferung oder Leistung ausgeführt wird. Die Zahllast für den jeweiligen Voranmeldezeitraum (Monat, Vierteljahr) ist binnen 10 Tagen nach seinem Ablauf ans Finanzamt abzuführen.

Zur buchhalterischen Erfassung der Umsatzsteuer sind zwei Bestandskonten einzurichten, die die Beziehungen des steuerpflichtigen Unternehmers zum Finanzamt wiedergeben.

Dabei ist die den Vorlieferanten gezahlte **Vorsteuer** als Forderung, die auf die Umsatzerlöse entfallende **Umsatzsteuer** als Verbindlichkeit anzusehen.

Entsprechend werden ein aktives Bestandskonto

> 141 Vorsteuer

und ein passives Bestandskonto

> 181 Umsatzsteuer

geführt.

Zur Ermittlung der Zahllast durch Vorsteuerabzug wird das Vorsteuerkonto über das Umsatzsteuerkonto im Rahmen der vorbereitenden Abschlussbuchungen abgeschlossen.

Buchung: 181 Umsatzsteuer an 141 Vorsteuer

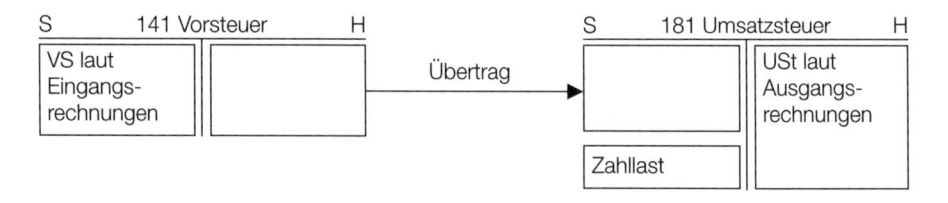

S	141 Vorsteuer	H		S	181 Umsatzsteuer	H
VS laut Eingangsrechnungen		Übertrag →			USt laut Ausgangsrechnungen	
				Zahllast		

Ist die Vorsteuerforderung höher als die Umsatzsteuerschuld, so ist mit gleicher Buchung das Umsatzsteuerkonto über das Vorsteuerkonto abzuschließen.

Die Zahllast wird entweder überwiesen oder zur Erstellung der Bilanz passiviert, ein Vorsteuerüberhang wird auf Antrag durch das Finanzamt rücküberwiesen. Für den Großhandel ergeben sich unter Zugrundelegung der Zahlen aus Beispiel 15 die folgenden Buchungen. Dabei werden die Umsätze jeweils **netto** gebucht, d. h., die darauf entfallende Umsatzsteuer wird buchmäßig getrennt erfasst **(Nettoverfahren)**.

BEISPIEL 16

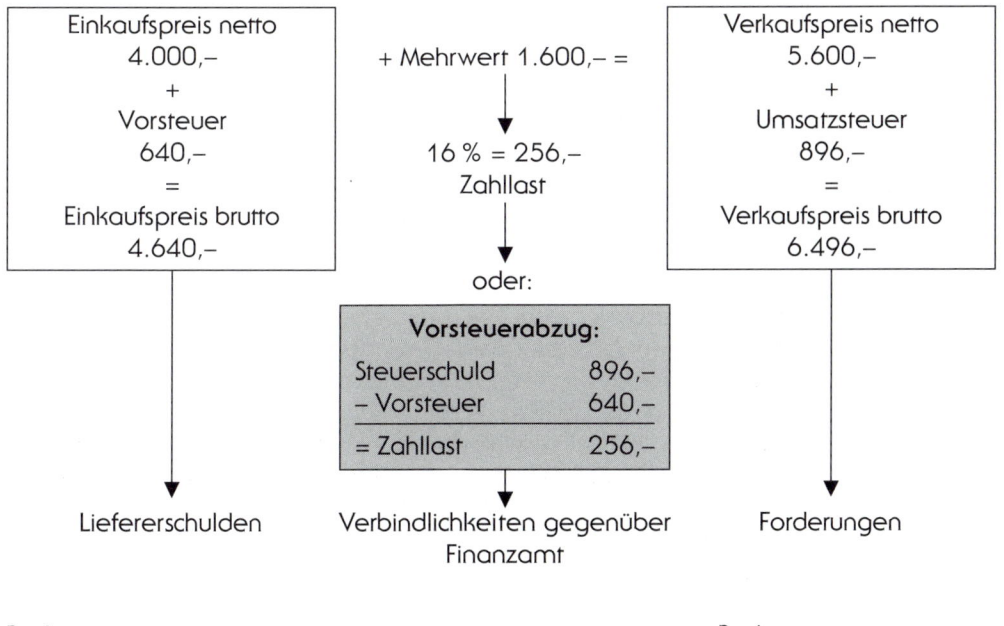

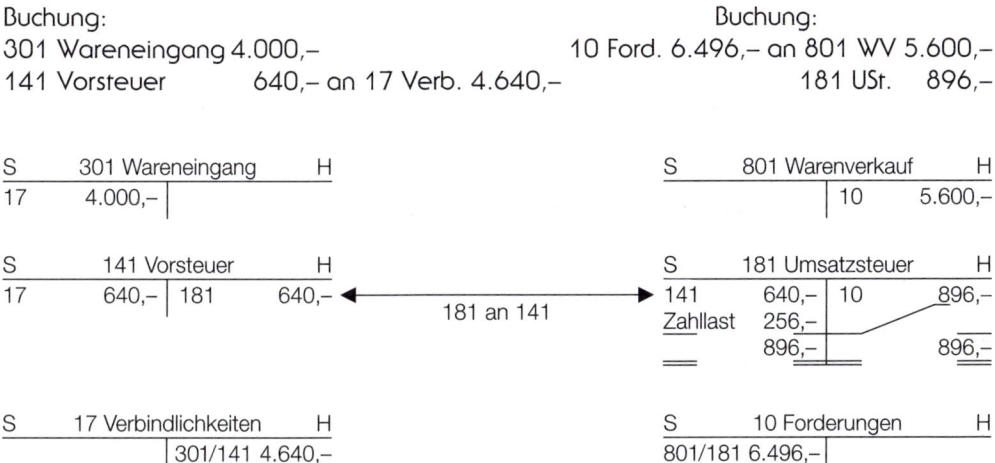

```
┌─────────────────────┐                                    ┌─────────────────────┐
│  Einkaufspreis netto│                                    │  Verkaufspreis netto│
│       4.000,-       │    + Mehrwert 1.600,- =            │       5.600,-       │
│          +          │              │                     │          +          │
│     Vorsteuer       │              ▼                     │     Umsatzsteuer    │
│        640,-        │      16 % = 256,-                  │        896,-        │
│          =          │        Zahllast                    │          =          │
│ Einkaufspreis brutto│              │                     │ Verkaufspreis brutto│
│       4.640,-       │              ▼                     │       6.496,-       │
└─────────────────────┘           oder:                    └─────────────────────┘
                        ┌─────────────────────────┐
                        │   Vorsteuerabzug:       │
                        │  Steuerschuld    896,-  │
                        │  – Vorsteuer     640,-  │
                        │  = Zahllast      256,-  │
                        └─────────────────────────┘
         │                        │                                 │
         ▼                        ▼                                 ▼
  Liefererschulden     Verbindlichkeiten gegenüber              Forderungen
                              Finanzamt
```

Buchung: Buchung:
301 Wareneingang 4.000,-   10 Ford. 6.496,– an 801 WV 5.600,–
141 Vorsteuer   640,– an 17 Verb. 4.640,–   181 USt.   896,–

S	301 Wareneingang	H
17	4.000,–	

S	801 Warenverkauf	H
		10 5.600,–

S	141 Vorsteuer	H
17	640,–	181 640,–

181 an 141

S	181 Umsatzsteuer	H
141	640,–	10 896,–
Zahllast	256,–	
	896,–	896,–

S	17 Verbindlichkeiten	H
		301/141 4.640,–

S	10 Forderungen	H
801/181 6.496,–		

Beim **Bruttoverfahren** wird auf eine Einzelberichtigung der Steuer bei jedem Geschäftsfall verzichtet und die Umsätze werden jeweils brutto, einschließlich Steueranteil gebucht.
Am Ende eines jeden Voranmeldezeitraumes sind die Vor- bzw. Umsatzsteueranteile aus den Warenkonten herauszuziehen.

BEISPIEL 17 (ZAHLEN AUS BEISPIEL 16)

S	301 Wareneingang	H		S	801 Warenverkauf	H
17	4.640,–	141 640,–		181 896,–	10	6.496,–

S	141 Vorsteuer	H		S	181 Umsatzsteuer	H
301	640,–				801	896,–

Buchungen: 141 Vorsteuer 640,– an 301 Wareneingang 640,–
  801 Warenverkauf 896,– an 181 Umsatzsteuer 896,–

Dieses Verfahren ist angebracht bei Kleinbetragsrechnungen und im Einzelhandel, wenn die Umsatzsteuer nicht gesondert ausgewiesen werden muss, d. h., die Angabe des Bruttopreises mit dem Hinweis, wie viel Prozent Umsatzsteuer enthalten sind, genügt (bis zu 100,– EUR).

Umsatzsteuer wird auch bei verschiedenen Aufwendungen sowie Käufen von Anlagegütern in Rechnung gestellt. Auch diese gezahlte Umsatzsteuer kann, da dem Einkauf umsatzsteuerpflichtige Umsätze gegenüberstehen, als Vorsteuer abgesetzt werden. Ein gesonderter Ausweis auf dem Konto Vorsteuer ist somit erforderlich.

BEISPIEL 18

Kauf von Büromaterial bar (120,– EUR + 19,20 EUR USt)

Buchung: 481 Bürobedarf 120,–
  141 Vorsteuer 19,20 an 151 Kasse 139,20

Kauf eines Aktenschrankes durch Banküberweisung (360,– EUR + 57,60 EUR USt)

Buchung: 037 GWG* 360,–
  141 Vorsteuer 57,60 an 131 Bank 417,60

Kauf eines PKW durch Postbanküberweisung (10.000,– EUR + 1.600,– EUR USt)

Buchung: 034 Fuhrpark 10.000,–
  141 Vorsteuer 1.600,– an 132 Postbank 11.600,–

*Geringwertige Wirtschaftsgüter

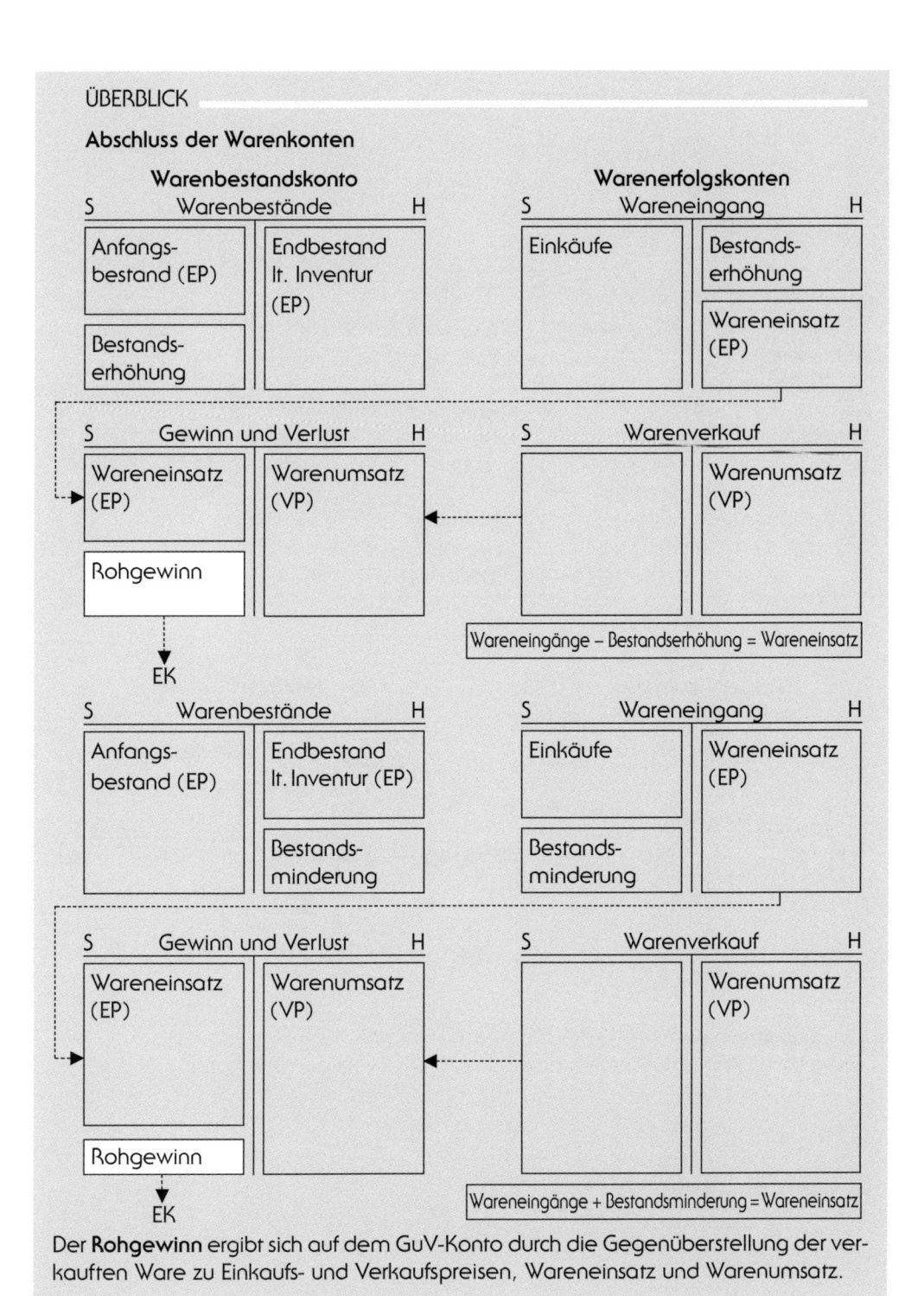

Warenkonten im Großhandel

ÜBERBLICK

Abschluss der Warenkonten

Warenbestandskonto

S	Warenbestände	H
Anfangsbestand (EP)	Endbestand lt. Inventur (EP)	
Bestandserhöhung		

S	Gewinn und Verlust	H
Wareneinsatz (EP)	Warenumsatz (VP)	
Rohgewinn		

↓ EK

S	Warenbestände	H
Anfangsbestand (EP)	Endbestand lt. Inventur (EP)	
	Bestandsminderung	

S	Gewinn und Verlust	H
Wareneinsatz (EP)	Warenumsatz (VP)	
Rohgewinn		

↓ EK

Warenerfolgskonten

S	Wareneingang	H
Einkäufe	Bestandserhöhung	
	Wareneinsatz (EP)	

S	Warenverkauf	H
	Warenumsatz (VP)	

Wareneingänge − Bestandserhöhung = Wareneinsatz

S	Wareneingang	H
Einkäufe	Wareneinsatz (EP)	
Bestandsminderung		

S	Warenverkauf	H
	Warenumsatz (VP)	

Wareneingänge + Bestandsminderung = Wareneinsatz

Der **Rohgewinn** ergibt sich auf dem GuV-Konto durch die Gegenüberstellung der verkauften Ware zu Einkaufs- und Verkaufspreisen, Wareneinsatz und Warenumsatz.

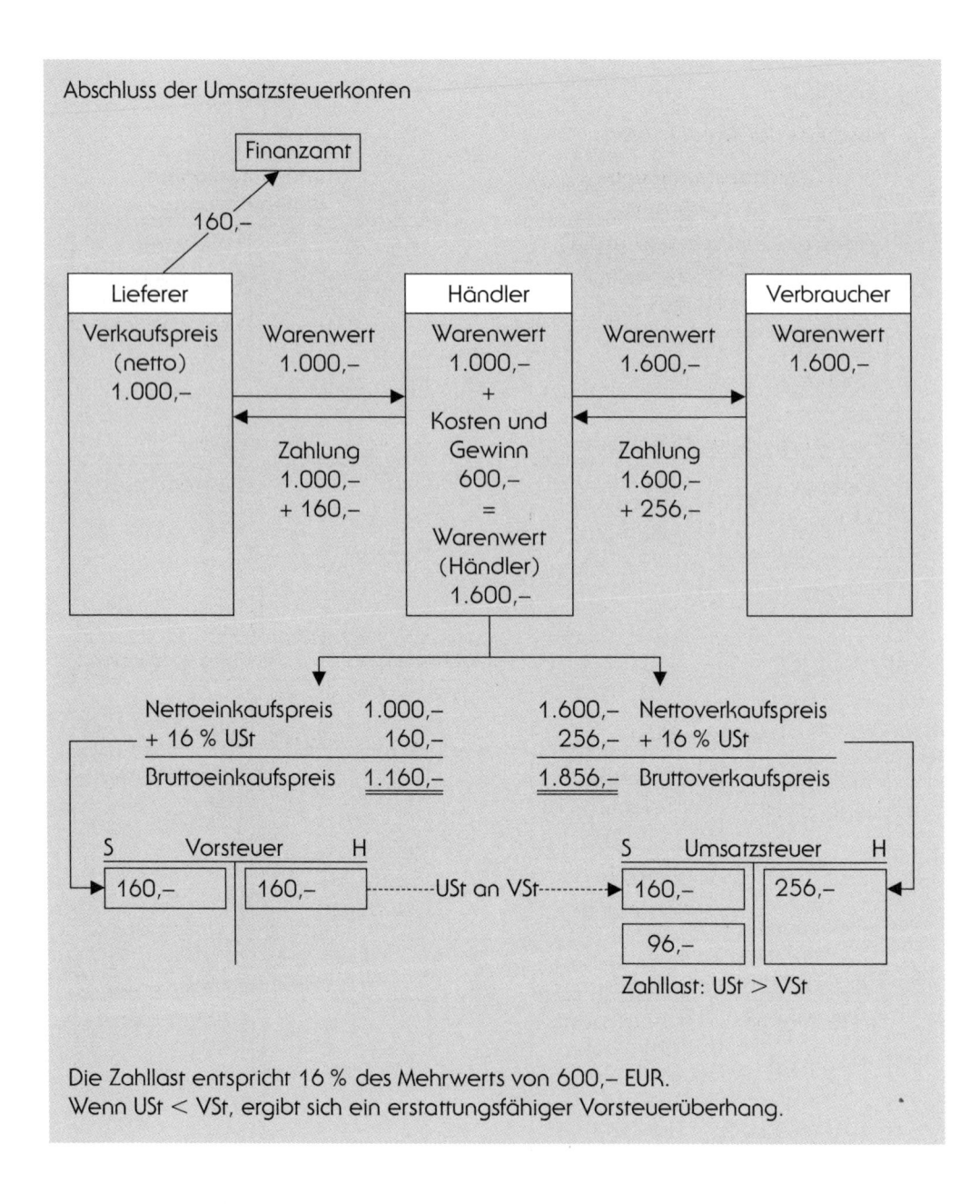

Abschluss der Umsatzsteuerkonten

```
                    ┌──────────┐
                    │ Finanzamt │
                    └──────────┘
                         ▲
              160,-      │
```

Lieferer		Händler		Verbraucher
Verkaufspreis (netto) 1.000,-	Warenwert 1.000,- → ← Zahlung 1.000,- + 160,-	Warenwert 1.000,- + Kosten und Gewinn 600,- = Warenwert (Händler) 1.600,-	Warenwert 1.600,- → ← Zahlung 1.600,- + 256,-	Warenwert 1.600,-

```
        Nettoeinkaufspreis   1.000,-       1.600,-   Nettoverkaufspreis
        + 16 % USt             160,-         256,-   + 16 % USt
        ─────────────────────────────       ─────────────────────────
        Bruttoeinkaufspreis  1.160,-        1.856,-  Bruttoverkaufspreis


        S     Vorsteuer      H                  S     Umsatzsteuer    H
      → 160,- │ 160,- ────USt an VSt────→    160,-  │  256,- ←
                                              96,-  │
                                            Zahllast: USt > VSt
```

Die Zahllast entspricht 16 % des Mehrwerts von 600,– EUR.
Wenn USt < VSt, ergibt sich ein erstattungsfähiger Vorsteuerüberhang.

AUFGABEN

14. Buchen Sie auf den Konten 10 Forderungen, 17 Verbindlichkeiten, 301 Wareneingang, 80 Warenverkauf, 141 Vorsteuer und 181 Umsatzsteuer und schließen Sie diese ab!
    a) Wareneinkauf auf Ziel (6.000,– + 960,–)
    b) Warenverkauf auf Ziel (9.000,– + 1.440,–)
    c) Wareneinkauf bar (5.000,– + 800,–)
    d) Warenverkauf durch Banküberweisung (6.500,– + 1.040,–)

15. Anfangsbestände:
Geschäftsausstattung	40.000,– EUR
Warenbestände	60.000,– EUR
Forderungen	80.000,– EUR
Kasse	20.000,– EUR
Verbindlichkeiten	70.000,– EUR
Bankschulden	30.000,– EUR
Eigenkapital	?

    Geschäftsfälle:
    a) Wareneinkauf auf Ziel (4.000,– + 640,–)
    b) Kunde zahlt durch Banküberweisung 6.000,–
    c) Warenverkauf auf Ziel (7.500,– + 1.200,–)
    d) Warenverkauf durch Banküberweisung (6.000,– + 960,–)
    e) Barzahlung einer Liefererrechnung 3.200,–
    f) Wareneinkauf bar (2.000,– + 320,–)

    Abschlussangaben: Warenendbestand laut Inventur 56.000,– EUR

    Abschluss der Warenkonten a) Nettoabschluss
    b) Bruttoabschluss

16. Die Wareneinkäufe wurden mit 6.960,– EUR und die Warenverkäufe mit 8.700,– EUR brutto gebucht. Bilden Sie die Buchungssätze zur Korrektur der Steueranteile!

17. Bilden Sie jeweils die Buchungssätze nach dem Nettoverfahren:
    a) Kauf einer Schreibmaschine bar (300,– + 48,–)
    b) Warenverkauf auf Ziel (5.000,– + 800,–)
    c) Provisionszahlung durch Banküberweisung (2.000,– + 320,–)
    d) Verkauf einer gebrauchten Frankiermaschine (100,– + 16,–)
    e) Barkauf von Büromaterial (300,– + 48,–)
    f) Wareneinkauf gegen Banküberweisung (4.000,– + 640,–)
    g) Kauf eines Warenregals durch Banküberweisung (150,– + 24,–)
    h) Barzahlung von Frachtkosten für ausgehende Waren (200,– + 32,–)

Unterkonten der Warenkonten

WARENBEZUGS- UND WARENNEBENKOSTEN

Bisher wurden die Wareneinkäufe zu **Einstandspreisen** gebucht, welche die **Bezugskosten** einschließen.
Dazu gehören im Wesentlichen:
- Transportkosten
- Zölle
- Vermittlungsprovisionen

Bezugskosten sind **Anschaffungsnebenkosten** und bilden mit dem Kaufpreis (Einkaufspreis) die Anschaffungskosten der Ware im Sinne von § 255 HGB. Für die Warenkalkulation ist es sinnvoll, diese Kosten auf einem Unterkonto des Wareneingangskontos zu erfassen:

302 Warenbezugskosten

Dieses ist im Rahmen der „vorbereitenden Abschlussbuchungen" über das Wareneingangskonto abzuschließen, auf dem dann die **Einstandspreise** der Waren erscheinen.
Alle in Rechnung gestellten Bezugskosten sind umsatzsteuerpflichtig.

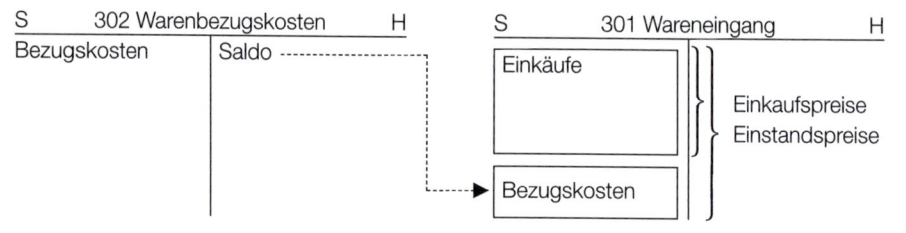

S	302 Warenbezugskosten	H	S	301 Wareneingang	H
Bezugskosten	Saldo		Einkäufe		Einkaufspreise
			Bezugskosten		Einstandspreise

Buchungen: 302 Warenbezugskosten an Finanzkonten
 141 Vorsteuer

vorbereitende Abschlussbuchung 31.12.: 301 Wareneingang an 302 Warenbezugskosten

Bei der Rücksendung von Leihemballagen an den Lieferer wird gebucht:

17 Verbindlichkeiten an 303 Leihemballagen
 141 Vorsteuer

Verbleibende, nicht rückvergütete Beträge werden ebenfalls als Anschaffungsnebenkosten auf das Wareneingangskonto umgebucht.

Unterkonten der Warenkonten

NEBENKOSTEN BEIM WARENVERKAUF

Vertriebskosten, die der Großhändler auf Grund seiner Lieferungsbedingungen übernimmt, sind für ihn **betrieblicher** Aufwand, der in der entsprechenden Kontenklasse (Kostenarten) zu buchen ist.

Dazu gehören:
- 461 Verpackungsmaterial
- 462 Ausgangsfrachten
- 463 Gewährleistungen
- 45 Verkaufsprovisionen

Buchung: 461 Verpackungsmaterial an Finanzkonten
141 Vorsteuer

Werden Versandkosten dem Kunden in Rechnung gestellt, so sind sie Bestandteil der Verkaufserlöse. Zurückgegebene Leihverpackung wird bei entsprechender Steuerkorrektur auf dem Konto „805 Rücksendungen von Kunden" gebucht.

Die Konten für die Vertriebskosten werden, wie die gesamte Kontenklasse 4, über GuV abgeschlossen. Sie sind keine Unterkonten des Kontos Warenverkauf.

RÜCKSENDUNGEN AN LIEFERER UND GUTSCHRIFTEN VON LIEFERERN

Wird mangelhafte Ware auf Grund einer Mängelrüge an den Lieferer zurückgeschickt oder gewährt dieser nachträglich eine Gutschrift, so werden diese Vorgänge auf entsprechende Unterkonten des Kontos 301 Wareneingang gebucht. Auf Grund der nachträglichen Minderung der Bemessungsgrundlage ist die Vorsteuer entsprechend zu berichtigen.

- 305 Rücksendungen an Lieferer
- 306 Nachlässe von Lieferern

Diese Konten sind über Wareneingang abzuschließen.

BEISPIEL 19

Warenrücksendungen an einen Lieferer (8.000,– EUR + 1.280,– EUR USt)

Buchung: 17 Verbindlichkeiten 9.280,– an 305 Rücksendungen an Lieferer 8.000,–
141 Vorsteuer 1.280,–

RÜCKSENDUNGEN VON KUNDEN UND GUTSCHRIFTEN AN KUNDEN

Warenrücksendungen von Kunden und ihnen auf Grund von Mängelrügen gewährte Gutschriften mindern die steuerpflichtigen Verkaufserlöse.
Sie werden auf Unterkonten des Kontos 801 Warenverkauf gebucht:

- 805 Rücksendungen von Kunden
- 806 Nachlässe an Kunden

Die auf die Verkaufserlöse entrichtete Umsatzsteuer ist entsprechend zu berichtigen.

BEISPIEL 20

Rücksendung von Kunden (4.000,– EUR + 640,– EUR USt) sowie
Gutschrift an einen Kunden auf Grund seiner Mängelrüge (6.000,– EUR + 960,– EUR USt)

Buchungen: 805 Rücksendungen von Kunden 4.000,– an 10 Forderungen 4.640,–
181 Umsatzsteuer 640,–

806 Nachlässe an Kunden 6.000,– an 10 Forderungen 6.960,–
181 Umsatzsteuer 960,–

vorbereitende Abschlussbuchungen zum 31.12.:

801 Warenverkauf 4.000,– an 805 Rücksendungen von Kunden 4.000,–

801 Warenverkauf 6.000,– an 806 Nachlässe an Kunden 6.000,–

S	801 Warenverkauf	H
Rücksendungen	Verkaufserlöse	
Gutschriften		
GuV ◄------- Saldo		

Rabatte, Boni und Skonti

Handelsübliche Mengen-, Sonder- und Wiederverkäuferrabatte werden **sofort** bei Rechnungserteilung gewährt. Sie werden weder beim Einkauf noch beim Verkauf gesondert erfasst und gebucht.

BEISPIEL 21

Listenpreis	8.000,– EUR
– 10 % Rabatt	800,– EUR
Nettopreis	7.200,– EUR
+ 16 % USt	1.152,– EUR
Rechnungsbetrag	8.352,– EUR

Buchungen: Eingangsrechnung: 301 WE 7.200,–
141 VSt 1.152,– an 17 Verbindlichkeiten 8.352,–

Ausgangsrechnung: 10 Forderungen 8.352,– an 801 WV 7.200,–
181 USt 1.152,–

Boni sind dagegen **nachträglich** (Monat, Jahr) auf den Umsatz gewährte besondere Treue- oder Umsatzrabatte, welche die Einstandspreise und Verkaufspreise und damit die Bemessungsgrundlage für die Umsatzsteuer mindern.
Für derartige Gutschriften werden ebenfalls entsprechende Unterkonten eingerichtet, die im Rahmen der vorbereitenden Abschlussbuchungen über das Wareneingangskonto bzw. Warenverkaufskonto abzuschließen sind:

- 307 Lievereboni
- 807 Kundenboni

Die notwendigen Steuerkorrekturen können unmittelbar bei jeder Bonusgewährung **(Nettoverfahren)** oder spätestens zum Ende des Voranmeldezeitraumes **(Bruttoverfahren)** vorgenommen werden.
Erst dann kann auf den Steuerkonten die Zahllast oder der Vorsteuerüberhang ermittelt werden.

S	307 Liefererboni	H
Korrektur	Bruttobetrag	
Nettobetrag Abschluss über Wareneingang	Steueranteil	

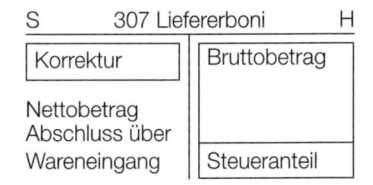

S	807 Kundenboni	H
Bruttobetrag	Korrektur	
Steueranteil	Nettobetrag Abschluss über Warenverkauf	

BEISPIEL 22

Liefererboni

Der Lieferer gewährt einen Bonus von 15 % auf den Jahresumsatz
(Warenwert 50.000,– EUR + 8.000,– EUR)

Nettobuchung (sofortige Steuerberichtigung):
17 Verbindlichkeiten 8.700,– an 307 Liefererboni 7.500,–
141 Vorsteuer 1.200,–

Bruttobuchung (spätere Steuerberichtigung):
17 Verbindlichkeiten 8.700,– an 307 Liefererboni 8.700,–

Steuerberichtigung: 307 Liefererboni 1.200,– an 141 Vorsteuer 1.200,–

Kontenabschluss 31.12.: 307 Liefererboni 7.500,– an 301 Wareneingang 7.500,–

BEISPIEL 23

Kundenboni

Der Lieferer bucht selbst auf Basis der Zahlen aus Beispiel 22:

Nettobuchung:
807 Kundenboni 7.500,–
181 Umsatzsteuer 1.200,– an 10 Forderungen 8.700,–

Bruttobuchung:
807 Kundenboni 8.700,– an 10 Forderungen 8.700,–

Steuerberichtigung: 181 Umsatzsteuer 1.200,– an 807 Kundenboni 1.200,–

Kontenabschluss 31.12.: 801 Warenverkauf 7.500,– an 807 Kundenboni 7.500,–

Skonti sind besondere Vergütungen für vorzeitige Zahlungen, durch die Lieferantenkredite (Zahlung auf Ziel) nicht in Anspruch genommen werden.
So schließt die Zahlungsbedingung „innerhalb von 10 Tagen 2 % Skonto oder 30 Tage netto" das Angebot eines Lieferantenkredites für 20 Tage bei einem Zinssatz von 36 % ein.

Barpreis 98 % (Kreditbetrag)

Zielpreis 100 % (Rückzahlungsbetrag einschließlich Zinsen)

10 Tage   20 Tage Kreditlaufzeit

Umrechnung des Skontosatzes in einen Zinssatz:

20 Tage = 2 %

360 Tage = $\frac{2 \times 360}{20}$ = 36 %

Skonti schmälern beim Kunden den Warenwert (Anschaffungskosten) und beim Lieferer die Erlöse. Bei Inanspruchnahme sind daher ebenfalls die Steuerkonten anteilig zu berichtigen, wobei wiederum das **Nettoverfahren** oder das **Bruttoverfahren** angewendet werden kann.

BEISPIEL 24

Liefererskonti

Eine Liefererrechnung (10.000,– + 1.600,–) wird abzüglich 3 % Skonto durch Banküberweisung beglichen.

	Rechnungsbetrag	3 % Skonto	Zahlungsbetrag
Nettowert	10.000,–	300,–	9.700,–
+ Umsatzsteuer	1.600,–	48,–	1.552,–
= Bruttowert	11.600,–	348,–	11.252,–

Nettobuchung:
17 Verbindlichkeiten 11.600,– an 131 Bank   11.252,–
                                 308 Liefererskonti   300,–
                                 141 Vorsteuer   48,–

Skonto wird **netto** vom Warenwert (10.000,– EUR) berechnet!

Bruttobuchung:
17 Verbindlichkeiten 11.600,– an 131 Bank   11.252,–
                                 308 Liefererskonti   348,–

Skonto wird **brutto** vom Rechnungsbetrag (11.600,– EUR) berechnet!

Steuerberichtigung: 308 Liefererskonti 48,– an 141 Vorsteuer 48,–

Kontenabschluss 31.12.: 308 Liefererskonti 300,– an 301 Wareneingang 300,–

> **Liefererskonti** sind Erträge, da der Warenwert größer ist als die Leistung an den Lieferer. Das Konto „308 Liefererskonti" wird als Unterkonto über 301 Wareneingang abgeschlossen.

BEISPIEL 25

Kundenskonti

Kundenskonti sind Aufwendungen, da sie eine Erlösminderung bedeuten. Sie werden auf dem Konto

> 808 Kundenskonti

erfasst, welches als Unterkonto von „801 Warenverkauf" ebenfalls über dieses abzuschließen ist.
Unter Berücksichtigung der Zahlen aus Beispiel 24 bucht der Lieferer:
Nettobuchung:
131 Bank   11.252,–
808 Kundenskonti   300,–
181 Umsatzsteuer   48,– an 10 Forderungen 11.600,–

Bruttobuchung:
131 Bank   11.252,–
808 Kundenskonti   348,– an 10 Forderungen 11.600,–

Steuerberichtigung: 181 Umsatzsteuer 48,– an 808 Kundenskonti 48,–

Kontenabschluss 31.12.: 801 Warenverkauf 300,– an 808 Kundenskonti 300,–

ÜBERBLICK

Unterkonten der Warenkonten

S	301 Wareneingang	H	S	801 Warenverkauf	H
Einkäufe Warenbezugs- kosten Leihemballagen	Rücksendungen a. L. Nachlässe von L. Liefererboni Liefererskonti		Rücksendungen v. K. Nachlässe Kundenboni Kundenskonti	Verkäufe	

- 302 Warenbezugskosten
- 303 Leihemballagen
- 305 Rücksendungen an Lieferer
- 306 Nachlässe von Lieferern
- 307 Liefererboni
- 308 Liefererskonti

- 805 Rücksendungen
- 806 Nachlässe
- 807 Kundenboni
- 808 Kundenskonti

Vorbereitende Abschlussbuchungen: Abschluss der Unterkonten

Wareneingang	an Warenbezugskosten
Wareneingang	an Leihemballagen
Rücksendungen an Lieferer	an Wareneingang
Nachlässe von Lieferern	an Wareneingang
Liefererboni	an Wareneingang
Liefererskonti	an Wareneingang
Warenverkauf	an Rücksendungen
Warenverkauf	an Nachlässe
Warenverkauf	an Kundenboni
Warenverkauf	an Kundenskonti

Steuerkorrekturen bei Bruttobuchung der Abzüge

S	141 Vorsteuer	H	S	181 Umsatzsteuer	H
Steuerbeträge lt. Eingangs- rechnungen	Korrekturen für: Rücksendungen an Lieferer Nachlässe von Lieferern Liefererskonti Liefererboni		Korrekturen für: Rücksendungen von Kunden Nachlässe Kundenskonti Kundenboni	Steuerbeträge lt. Ausgangs- rechnungen	

Buchungen von Boni und Skonti:

- Bruttobuchungen
  (ohne Steuerkorrekturen):

  Verbindlichkeiten an Liefererboni

  Verbindlichkeiten an Bank
                      Liefererskonti

  Kundenboni   an Forderungen

  Bank
  Kundenskonti an Forderungen

- Nettobuchungen
  (mit Steuerkorrektur):

  Verbindlichkeiten an Liefererboni
                                  Vorsteuer

  Verbindlichkeiten an Bank
                        Liefererskonti
                      Vorsteuer

  Kundenboni
  Umsatzsteuer an Forderungen

  Bank
  Kundenskonti
  Umsatzsteuer an Forderungen

AUFGABEN

18. Bilden Sie die Buchungssätze:
    a) Ein Kunde zahlt bar, abzüglich 3 % Skonto (4.000,– + 640,–)
    b) Gutschrift eines Lieferers auf Grund einer Mängelrüge (600,– + 96,–)
    c) Ein Lieferer gewährt einen Umsatzbonus (12.000,– + 1.920,–)
    d) Banküberweisung an einen Lieferer abzüglich 2 % Skonto
       (8.000,– + 1.280,–) – Bruttobuchung
    e) Steuerkorrektur zu d)
    f) Ein Kunde erhält eine Gutschrift auf Grund einer Mängelrüge
       (3.500,– + 560,–)

19. Die Konten 807 Kundenboni und 307 Liefererboni weisen die folgenden Beträge aus. Die enthaltenen Umsatzsteueranteile sind zu korrigieren!

S	807 Kundenboni	H		S	307 Liefererboni	H
6.960,–						6.496,–

Privatkonto

Bei Einzelunternehmen und Personengesellschaften (bei der Kommanditgesellschaft nur bezogen auf die Vollhafter) kann es zu einem Austausch zwischen Geschäfts- und Privatvermögen kommen, wodurch entweder eine Vermehrung (**Privateinlagen**) oder eine Verminderung der Kapitaleinlagen (**Privatentnahmen**) bedingt ist.

Privatentnahmen als Vorgriff auf den zu erwartenden Jahresgewinn kommen vor als Geldentnahmen, aber auch als umsatzsteuerpflichtige Entnahmen von Gegenständen und sonstigen Leistungen durch den Unternehmer für private Zwecke. Bei privater Nutzung von Geschäftswagen wird dagegen der **Vorsteuerabzug** auf 50 % der Anschaffungskosten sowie der laufenden Fahrzeugkosten begrenzt. Der nicht abzugsfähige Vorsteueranteil ist bei Anschaffung zu aktivieren, bei laufenden Kosten erhöht er den entsprechenden Aufwand.

Zur Verbesserung der Übersichtlichkeit werden Privatentnahmen und Privateinlagen nicht direkt auf dem Eigenkapitalkonto erfasst, sondern auf einem Unterkonto.

16 Privatkonto

Dieses wird im Rahmen der vorbereitenden Abschlussbuchungen ebenso wie das GuV-Konto über „06 Eigenkapital" abgeschlossen.

BEISPIEL 26/1

Die folgenden Geschäftsfälle sind (ohne Gegenkonten) auf dem Privatkonto zu buchen, dieses ist über Eigenkapital abzuschließen!
Bestand Eigenkapital: 120.400,– EUR
Gewinn laut GuV-Rechnung: 24.300,– EUR
a) Privatentnahmen bar 2.000,– EUR
b) Entnahme von Waren (Warenwert 3.000,– + 480,–) zur privaten Nutzung.
c) Kfz-Rechnung in Höhe von 3.000,– EUR + 480,– EUR. Der PKW wird auch privat genutzt.

Buchungen
a) 161 Privatentnahmen 2.000,–   an 151 Kasse   2.000,–
b) 161 Privatentnahmen 3.480,–   an 871 Entnahme von Waren   3.000,–
                                       181 Umsatzsteuer   480,–

Durch die Umsatzsteuerpflicht bei Entnahmen wird der Unternehmer dem Endverbraucher gleichgestellt, der Vorsteuerabzug beim Einkauf der entnommenen Waren wird ausgeglichen.
c) 437 Sonstige Betriebskosten 3.240,–   an 171 Verbindlichkeiten   3.480,–
   141 Vorsteuer   240,–

Vorbereitende Abschlussbuchung:
06 Eigenkapital 5.480,– an 161 Privatentnahmen 5.480,–

S	161 Privatentnahmen		H	S	06 Eigenkapital		H
15	2.000,–	06	5.480,–	161	5.480,–	91	120.400,–
871/181	3.480,–			94	139.220,–	93	24.300,–
	5.480,–		5.480,–		144.700,–		144.700,–

Bei der Gewinnverteilung sind bei Personengesellschaften die Privatentnahmen entsprechend zu berücksichtigen.

BEISPIEL 26/2

Entnahme von Anlagegütern
Wird ein Anlagegegenstand in das Privatvermögen übernommen, liegt eine umsatzsteuerpflichtige Entnahme vor. Sie ist zum **Tageswert** (Teilwert) anzusetzen und unterliegt mit diesem Wert der USt.
Es wird das Konto

279 Entnahme von Anlagen

eingerichtet.

Geschäftsausstattung wird am 5.1. privat entnommen. Der Buchwert beträgt 4.000,– EUR, der Tageswert 5.500,– EUR. 16 % USt von 5.500,– EUR = 880,– EUR.
Bei Verkauf und Entnahme von Anlagegütern ist der steuerpflichtige Umsatz buchhalterisch gesondert zu erfassen (§ 22 [2] UStG).

Entnahme zum Tageswert	5.500,– EUR
– Buchwert	4.000,– EUR
Ertrag aus Anlagenabgang	1.500,– EUR

Buchungen
a) 161 Privatentnahmen 6.380,– an 279 Entnahme von Anlagen 5.500,–
                                    181 USt   880,–
b) 279 Entnahme von Anlagen 5.500,– an 045 Fuhrpark   4.000,–
                                        271 Erträge aus
                                            Anlagenabgängen   1.500,–

BEISPIEL 27

Gewinnverteilung einer Offenen Handelsgesellschaft (OHG) nach dem HGB (4 % der Einlage, Rest nach Köpfen)

Gesell-schafter	Kapital	Privat-ent-nahme	4 % der Einlage	Rest-gewinn	Gesamt-gewinn	Kapital-zuwachs	neuer Kapital-anteil
A	80.000,–	1.200,–	3.200,–	3.000,–	6.200,–	5.000,–	85.000,–
B	110.000,–	2.300,–	4.400,–	3.000,–	7.400,–	5.100,–	115.100,–
Gesamt	190.000,–	3.500,–	7.600,–	6.000,–	13.600,–	10.100,–	200.100,–

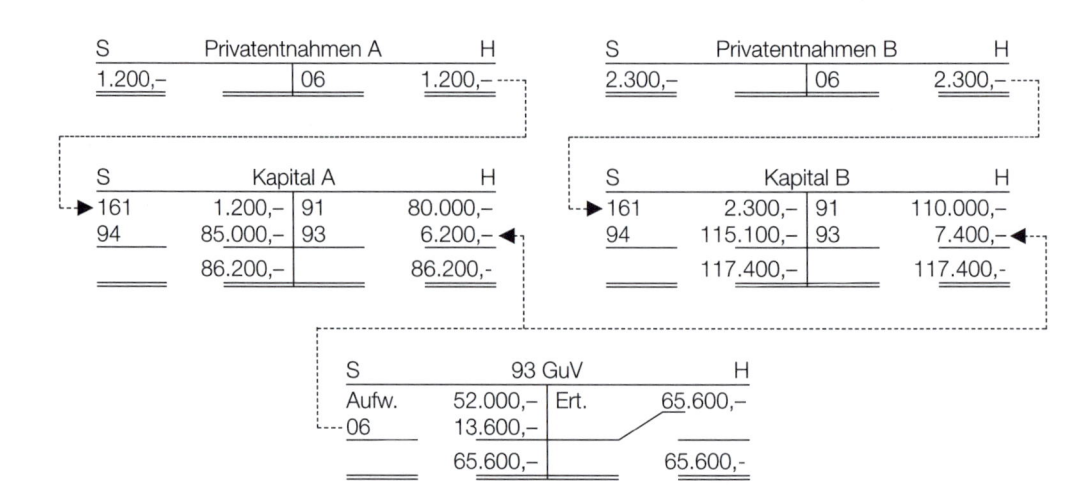

```
S     Privatentnahmen A    H        S     Privatentnahmen B    H
1.200,–          | 06  1.200,–       2.300,–         | 06  2.300,–

S          Kapital A            H    S          Kapital B            H
161    1.200,– | 91   80.000,–       161    2.300,– | 91  110.000,–
 94   85.000,– | 93    6.200,–        94  115.100,– | 93    7.400,–
      86.200,– |      86.200,–            117.400,– |     117.400,–

                    S         93 GuV         H
                    Aufw.   52.000,– | Ert.  65.600,–
                     06     13.600,– |
                            65.600,– |       65.600,–
```

Vorbereitende Abschlussbuchungen:
Kapital A 1.200,- an Privat A 1.200,-
Kapital B 2.300,- an Privat B 2.300,-

Abschlussbuchungen:
GuV 6.200,- an Kapital A 6.200,-
GuV 7.400,- an Kapital B 7.400,-

Privateinlagen sind private Einnahmen, denen keine Erträge gegenüberstehen. Sie wirken kapitalerhöhend und werden ebenfalls auf einem Unterkonto des Eigenkapitals, „162 Privateinlagen" gebucht.
Unter Berücksichtigung von Privatentnahmen und Privateinlagen könnte der steuerpflichtige Gewinn durch Betriebsvermögensvergleich (vgl. Kap. „Inventur-Inventar", S. 15 f.) wie folgt ermittelt werden (Zahlen aus Beispiel 27):

	Gesellschafter A	Gesellschafter B
Betriebsvermögen am Ende des Geschäftsjahres	85.000,-	115.100,-
– Betriebsvermögen am Anfang des Geschäftsjahres	– 80.000,-	– 110.000,-
	5.000,-	5.100,-
+ Privatentnahmen – Privateinlagen	+ 1.200,-	+ 2.300,-
= Gewinn	6.200,-	7.400,-

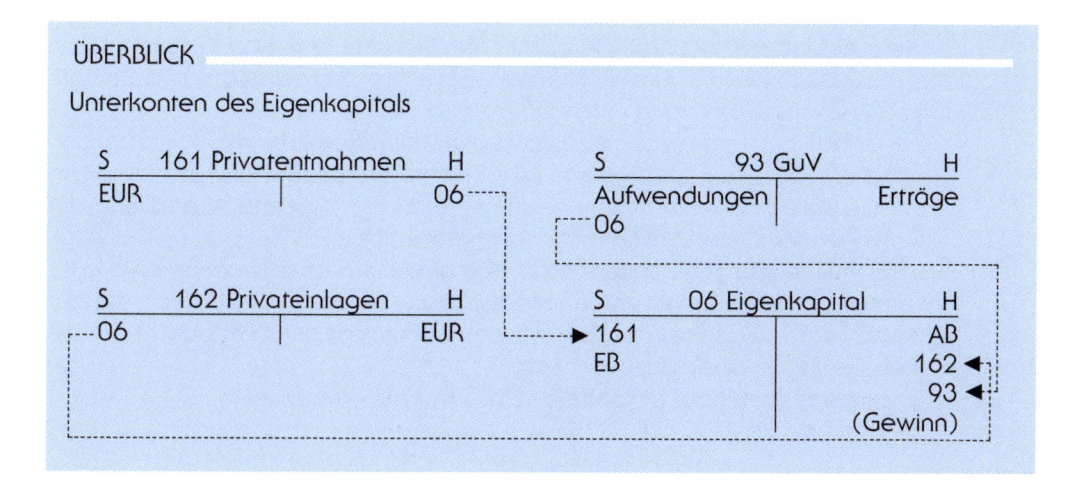

ÜBERBLICK

Unterkonten des Eigenkapitals

S	161 Privatentnahmen	H		S	93 GuV	H
EUR		06		Aufwendungen 06		Erträge

S	162 Privateinlagen	H		S	06 Eigenkapital	H
06		EUR		161 EB		AB 162 93 (Gewinn)

AUFGABEN

20. Bilden Sie die Buchungssätze, führen Sie Privatkonten (ohne Gegenbuchungen) und schließen Sie diese über Eigenkapital ab!

    Anfangsbestand Eigenkapital: 105.000,– EUR
    Reingewinn: 27.500,– EUR
    a) Privatentnahme von Waren (Warenwert 850,– + 136,–)
    b) Private Nutzung des betriebseigenen PKWs (Benzinrechnung 600,– + 96,–)
    c) Einlage eines Lottogewinnes in das Geschäft bar 6.000,– EUR
    d) Spende an das Rote Kreuz 150,– EUR
    e) Privatanteil an einer Telefonrechnung 20 % (Rechnungsbetrag 1.160,– EUR)
       Hierbei ist zu berücksichtigen, dass die private Nutzung nicht umsatzsteuerpflichtig ist. Telefonkosten und Vorsteuer sind um den privaten Anteil zu korrigieren.

Sachliche Abgrenzung der Aufwendungen und Erträge

Die Finanzbuchhaltung und die Kosten- und Leistungsrechnung dienen jeweils unterschiedlichen Zwecken.

Um die eigentlichen betrieblichen Ergebnisquellen ersichtlich zu machen, sind daher die zum Zwecke steuerlicher Gewinnermittlung verbuchten **„Aufwendungen"** und **„Erträge"** von den in der Kostenrechnung zu berücksichtigenden **„Kosten"** und **„Leistungen"** sachlich abzugrenzen.

Diese Aufgabe übernimmt wie auch in der Industrie (vgl. Kap. „Abgrenzungsrechnung", S. 204 ff). eine Abgrenzungsrechnung, die tabellarisch außerhalb der Geschäftsbuchführung durchgeführt wird.

Da jedoch der Kontenrahmen des Großhandels keine eindeutige Trennung zwischen Abgrenzungskosten und Kostenkonten vorsieht, weil er der Erstellung der Gewinn- und Verlustrechnung dient, kann die folgende Aufspaltung der Aufwendungen und Erträge vorgenommen werden:

Unter **Aufwendungen** versteht man den **gesamten** erfolgswirksamen **Werteverzehr** eines Unternehmens, unabhängig davon, ob er zur Erfüllung des Betriebszweckes (Einzelhandel, Großhandel, Produktion) anfällt oder nicht. Für die Besteuerung ist dies nicht wesentlich.

Erträge sind damit der gesamte erfolgswirksame Wertzuwachs.

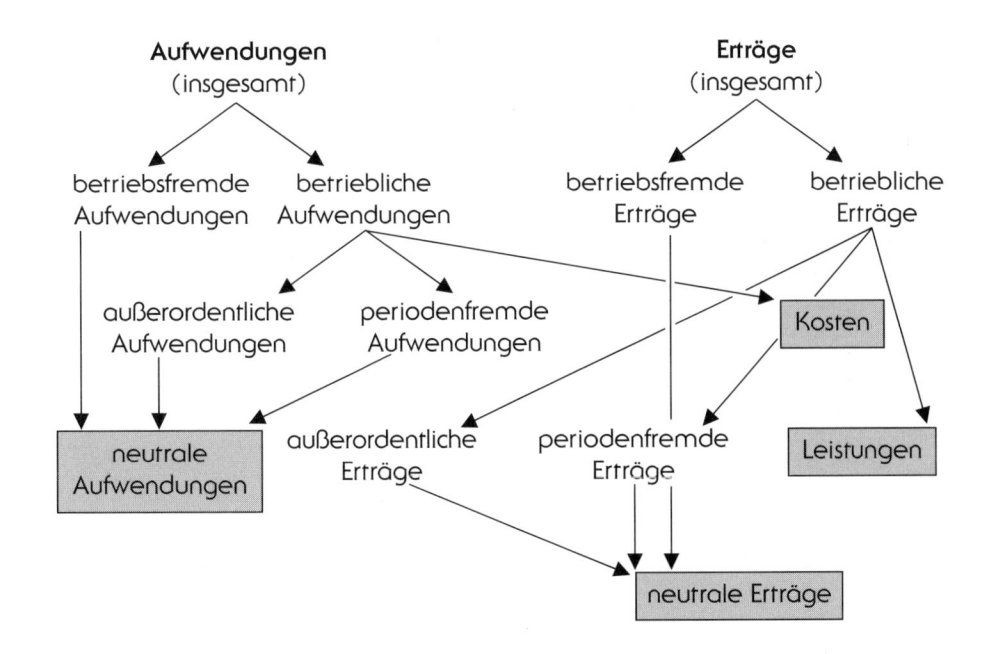

Abgrenzung der Aufwendungen und Erträge

```
        Aufwendungen                              Erträge
         (insgesamt)                            (insgesamt)
         /        \                              /        \
betriebsfremde  betriebliche              betriebsfremde  betriebliche
 Aufwendungen   Aufwendungen                  Erträge       Erträge
                  /      \                                    |
         außerordentliche  periodenfremde                   Kosten
          Aufwendungen     Aufwendungen
     ↓       ↓       ↓         ↓
    neutrale    außerordentliche  periodenfremde   Leistungen
   Aufwendungen   Erträge          Erträge
                       ↓              ↓
                      neutrale Erträge
```

In einer ersten Stufe der Abgrenzungsrechnung werden aus den gesamten Aufwendungen und Erträgen der Finanzbuchhaltung die neutralen Aufwendungen und Erträge herausgerechnet, um lediglich die Kosten und Leistungen weiterzuverrechnen.

Dabei ist zu berücksichtigen, dass weder die Kontenklasse 2 nur reine Abgrenzungskonten enthält noch die Kontenklasse 4 reine Kostenkonten.

Die Abgrenzungen der ersten Stufe werden als „**unternehmensbezogene Abgrenzungen**" bezeichnet.

In einer zweiten Stufe werden korrekturbedürftige betriebliche Aufwendungen durch entsprechende kalkulatorische Ansätze ersetzt. Man bezeichnet diese Abgrenzungen als „**kostenrechnerische Korrekturen**".

So erscheinen in der Kosten- und Leistungsrechnung statt
- bilanzmäßiger Abschreibungen → kalkulatorische Abschreibungen
- Fremdkapitalzinsen → kalkulatorische Zinsen
- eingetretener Wagnisverluste → kalkulatorische Wagnisse

Hinzu kommen z. B.:
→ kalkulatorische Miete
→ kalkulatorischer Unternehmerlohn

Durch die kostenrechnerischen Korrekturen werden die angefallenen Kosten **verursachungsgerecht** ermittelt und weiterverrechnet.

BEISPIEL 28

Für die Firma Heinrich Müller e. Kfm., Elektrogroßhandlung wurde folgende Gewinn- und Verlustrechnung erstellt (in TEUR).

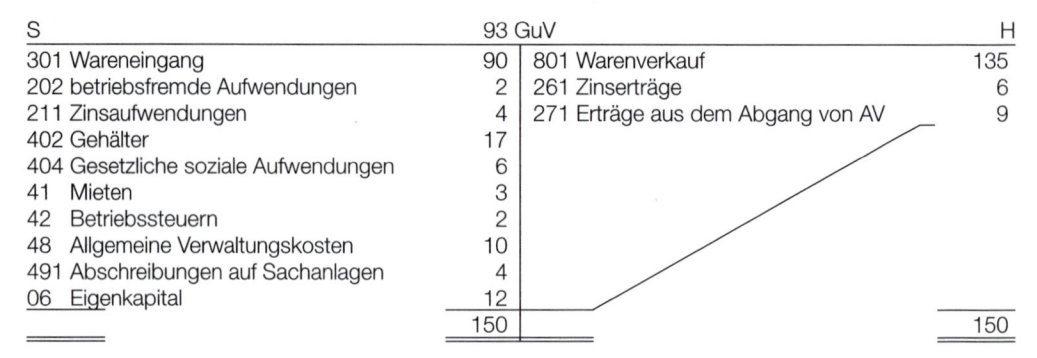

S		93 GuV		H
301 Wareneingang	90	801 Warenverkauf		135
202 betriebsfremde Aufwendungen	2	261 Zinserträge		6
211 Zinsaufwendungen	4	271 Erträge aus dem Abgang von AV		9
402 Gehälter	17			
404 Gesetzliche soziale Aufwendungen	6			
41 Mieten	3			
42 Betriebssteuern	2			
48 Allgemeine Verwaltungskosten	10			
491 Abschreibungen auf Sachanlagen	4			
06 Eigenkapital	12			
	150			150

Zum Zwecke der Kosten- und Leistungsrechnung sollen die folgenden Aufwendungen korrigiert werden:

Für die bilanziellen Abschreibungen werden kalkulatorische Abschreibungen von 5.000,– EUR verrechnet und anstelle der Fremdkapitalzinsen kalkulatorische Zinsen von 7.000,– EUR.

Für die Arbeitsleistung des Inhabers wird zusätzlich ein kalkulatorischer Unternehmerlohn von 4.000,– EUR verrechnet.

Zusätzlich zu diesen **kostenrechnerischen Korrekturen** sind folgende **unternehmensbezogene Abgrenzungen** vorzunehmen:

Sachliche Abgrenzung, d. h. Herausnahme aus der Kosten- und Leistungsrechnung folgender Konten:

> 202 betriebsfremde Aufwendungen
> 261 Zinserträge
> 271 Erträge aus dem Abgang von Anlagevermögen

Diese Erfolgspositionen sind hinsichtlich des Betriebszweckes als **neutral** anzusehen.

BEISPIEL 28

Rechnungskreis I Erfolgsbereich / GB			Rechnungskreis II Abgrenzungsbereich				KLR-Bereich	
			unternehmensbezogene Abgrenzungen		kostenrechnerische Korrekturen			
Kto.Nr.	Aufwend.	Erträge	Neutr. Aufw.	Neutr. Ertr.	Aufw. lt. GB	verr. Kosten	Kosten	Leistungen
202	2.000,–		2.000,–					
211	4.000,–				4.000,–			
261		6.000,–		6.000,–				
271		9.000,–		9.000,–				
301	90.000,–						90.000,–	
402	17.000,–						17.000,–	
404	6.000,–						6.000,–	
41	3.000,–						3.000,–	
42	2.000,–						2.000,–	
48	10.000,–						10.000,–	
491	4.000,–				4.000,–			
801		135.000,–						135.000,–
kalk. Ab.						5.000,–	5.000,–	
kalk. Z.						7.000,–	7.000,–	
kalk. U. I.						4.000,–	4.000,–	
	138.000,–	150.000,–	2.000,–	15.000,–	8.000,–	16.000,–	144.000,–	135.000,–
	+ 12.000,– Gesamtergeb.		+ 13.000,– Neutr. Ergebnis		+ 8.000,– Ergeb. kostenrechn. Korrekt.		Betriebsergebnis	– 9.000,–
	150.000,–	150.000,–	15.000,–	15.000,–	16.000,–	16.000,–	144.000,–	144.000,–

Die Abgrenzungsrechnung ergibt trotz eines steuerpflichtigen Gewinns von 12.000,– EUR ein **negatives** Betriebsergebnis aus der eigentlichen Betriebstätigkeit als Großhandel. Zur Beurteilung der Wirtschaftlichkeit der Leistungserstellung ist eine derartige Erfolgsaufspaltung unerlässlich.

ÜBERBLICK

Geschäfts-buchführung	Kosten- und Leistungsrechnung					
Erfolgsbereich	Abgrenzungsbereich				KLR-Bereich	
Aufwen-dungen	Erträge	Neutr. A.	Neutr. E	Auf. I. GB	verr. Kosten	Kosten	Leistun-gen

1. |--▶
   unveränderte Übernahme in die KLR-Rechnung
2. |---▶
3. |--------------------------▶
   sachliche Abgrenzung, weil betriebsfremd, außerordent-lich oder periodenfremd
4. |---------------------------▶
5. Übernahme in die KLR-Rechnung nach kostenrechnerischer Korrektur
   |--▶   ◀-----------|
6. Zusätzliche Verrechnung in die KLR-Rechnung   ◀-----------|

AUFGABEN

21. Ordnen Sie zu!

	Kosten	Leistungen	neutrale Auf-wendungen	neutrale Erträge
a) Spenden				
b) Gehälter				
c) Provisionen für Vertreter				
d) Körperschaftsteuer				
e) Kursgewinn aus Wertpapiergeschäft				
f) Zinsgutschrift				
g) periodenfremde Aufwendungen				
h) Verkaufserlöse				

22. Welche der in der Aufgabe 21 genannten Konten werden in die Warenkalkulation übernommen?

23. Aus welchen Gründen wird bei der Erfolgsrechnung eine Trennung zwischen den betrieblich bedingten Erfolgen und den neutralen Vorgängen vorgenommen?

Buchungen im Wechselverkehr

Bei den Warenverkäufen „auf Ziel" entstehen Kundenforderungen, zu deren Sicherung im Geschäftsleben häufig die Akzeptierung (Annahme) eines Wechsels gefordert wird.

Wechsel dienen somit der Kreditierung von Warenforderungen, die in Wechselforderungen umgewandelt werden.

Durch seine Unterschrift (Akzept) auf dem Wechsel verpflichtet sich der Bezogene (Kunde), am Fälligkeitstag an denjenigen zu zahlen, der den Wechsel vorlegt (Lieferer oder anderer Begünstigter).

Die wechselrechtlichen Beziehungen lassen sich wie folgt darstellen:

Der Großhändler Krause OHG, Wiesbaden, erhält von seinem Kunden, Karl Schneider e. Kfm., Frankfurt am Main, für seine Warenforderung (Warenwert 1.500,– + 240,– Umsatzsteuer) einen Wechsel zahlungshalber (Laufzeit: 3 Monate).

Aussteller	1. Tratte →	Bezogener
Krause OHG	← 2. Akzept	Karl Schneider e. Kfm.

1. Vorlage einer Tratte zwecks Akzeptierung durch den Bezogenen (Tratte = gezogener Wechsel)
2. Akzeptierung und Rücksendung des unterschriebenen Wechsels (Akzept = vom Bezogenen unterschriebener Wechsel)

Aus der Sicht des Bezogenen ist mit der Akzeptierung des Wechsels aus einer Warenverbindlichkeit eine Wechselschuld entstanden, die auf dem passiven Bestandskonto

176 Schuldwechsel

zu erfassen ist.

Dabei lassen sich die folgenden Fälle unterscheiden:

1. Ausgleich der Liefererschuld durch Akzeptierung eines Wechsels
(1.500,– EUR + 240,– EUR USt)

Buchung:
17 Verbindlichkeiten 1.740,– an 176 Schuldwechsel 1.740,–

2. Wird die Warenrechnung unmittelbar nach der Lieferung durch Akzept beglichen, so ist zu buchen:
301 Wareneingang 1.500,–
141 Vorsteuer   240,– an 176 Schuldwechsel 1.740,–

Bei der Einlösung des Wechsels am Verfalltag bucht der Schuldner:
176 Schuldwechsel 1.740,– an 13 Bank 1.740,–

Der Aussteller erfasst den auf seinen Kunden gezogenen Wechsel nach dessen Akzeptierung auf dem aktiven Bestandskonto

> 153 Besitzwechsel

Er bucht damit die Akzeptleistung:
1. unmittelbar bei der Rechnungsstellung:
    153 Besitzwechsel 1.740,– an 801 Warenverkauf 1.500,–
                         181 Umsatzsteuer   240,–

2. bei der Umwandlung einer Kundenforderung in eine Wechselforderung:
    153 Besitzwechsel 1.740,– an 10 Forderungen 1.740,–

Hinsichtlich der Verwendung des erhaltenen Kundenakzeptes hat der Aussteller verschiedene Möglichkeiten.

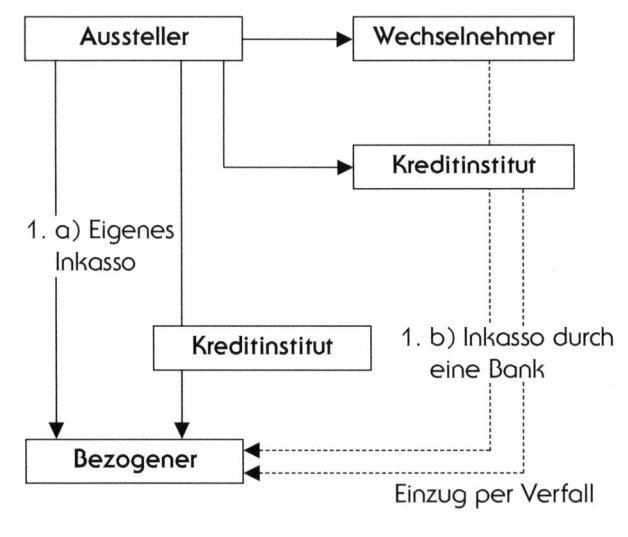

```
                Aussteller ──────▶ Wechselnehmer     2. Weitergabe an
                    │                                    einen Dritten (z. B.
                    │                                    eigenen Lieferer)
                    │            ▶ Kreditinstitut
                    │                                 3. Verkauf
   1. a) Eigenes    │                                    (Diskontierung) vor
        Inkasso     │                                    Verfall an eine Bank
                    │
                    │     Kreditinstitut  1. b) Inkasso durch
                    │                          eine Bank
                    ▼
                Bezogener ◀─────────
                              Einzug per Verfall
```

Die verschiedenen Verwendungsmöglichkeiten lösen die folgenden Buchungen aus:

1. a) Der Aussteller legt den Wechsel am Verfalltag dem Bezogenen zwecks Einlösung vor. Dieser zahlt bar.

   Buchung:
   15 Kasse 1.740,– an 153 Besitzwechsel 1.740,–

   b) Der Aussteller beauftragt ein Kreditinstitut mit dem Wechselinkasso per Verfall.

   Buchung:
   13 Bank   1.720,–
   486 Kosten des Geldverkehrs   20,– an 153 Besitzwechsel 1.740,–

2. Der Aussteller gibt den Wechsel an einen Lieferer zum Ausgleich einer Rechnung weiter.

   Buchung:
   17 Verbindlichkeiten 1.740,– an 153 Besitzwechsel 1.740,–

   oder

   301 Wareneingang 1.500,–
   141 Vorsteuer   240,– an 153 Besitzwechsel 1.740,–

3. Der Aussteller verkauft den Wechsel vor dem Verfalltag an ein Kreditinstitut. Da es sich hierbei um einen Diskontkredit handelt, zieht die Bank vom Wechselbetrag Zinsen (Diskont) für die Restlaufzeit des Wechsels ab und schreibt dem Kunden den Barwert des Wechsels gut (Diskontberechnung nach der Eurozinsmethode!).

BEISPIEL 29

Der Wechsel in Höhe von 1.740,– EUR, fällig 15.6.20.. wird am 15.5.20.. zu 8 % Diskont an die Bank verkauft (ohne Spesen).

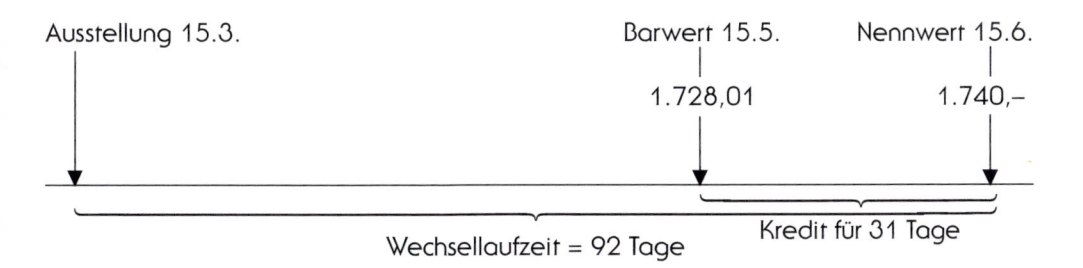

Ausstellung 15.3.   Barwert 15.5.   Nennwert 15.6.
                                                                         1.728,01   1.740,–

Wechsellaufzeit = 92 Tage
Kredit für 31 Tage

Diskontabrechnung:

Wechselbetrag, fällig 15.6.20..	1.740,— EUR
− Diskont 8 % für 31 Tage	11,99 EUR
= Barwert, fällig 15.5.20..	1.728,01 EUR

Bankspesen, welche zusätzlich zum Diskont berechnet werden (z. B. Nebenplatzgebühren), verbucht man auf dem Konto „486 Kosten des Geldverkehrs".
Hinsichtlich einer Korrektur der Umsatzsteuerschuld bei der Diskontierung ist davon auszugehen, dass das Wechselgeschäft in der Regel eine von der Warenlieferung getrennt vereinbarte Kreditleistung ist. Da nach §4 Nr. 8a UStG Zinsen aus selbstständigen Kreditverträgen von der Umsatzsteuer befreit sind, gilt dies auch für Diskont und Nebenkosten.

Buchung:
  13 Bank   1.728,01
  213 Diskontaufwendungen   11,99   an 153 Besitzwechsel   1.740,−

Der Diskontaufwand kann dem Kunden belastet werden.

Buchung beim Lieferer:
10 Forderungen   11,99   an 263 Diskonterträge   11,99

Buchung beim Kunden:
213 Diskontaufwendungen   11,99   an 17 Verbindlichkeiten 11,99

Fallen bei der Diskontierung zusätzlich noch 10,− EUR Nebenkosten an, so ist wie folgt zu buchen:
  13 Bank   1.718,01 EUR
  213 Diskontaufwendungen   11,99 EUR
  486 Kosten des Geldverkehrs   10,− EUR an 153 Besitzwechsel   1.740,− EUR

Die wesentlichen Daten aller eingehenden Besitzwechsel und davon getrennt aller eigenen Akzepte (Schuldwechsel) werden in einem Nebenbuch der Buchführung, dem Wechselkopierbuch, erfasst.
Es erläutert die Buchungen im Zusammenhang mit den Hauptbuchkonten „Besitzwechsel" und „Schuldwechsel" und dient zugleich der Überwachung der Termine.

Umsatzsteuerbefreiung beim Wechselkredit

Löst der Bezogene den Wechsel am Verfalltag nicht oder nicht rechtzeitig ein, so geht er mangels Zahlung „zu Protest". Protestierte Wechsel sind buchmäßig von dem übrigen Wechselmaterial zu trennen und auf einem gesonderten Konto

> 154 Protestwechsel

auszuweisen.

Die notwendigen Protestkosten und Barauslagen für Porti (Benachrichtigung) sind Nebenkosten des Geldverkehrs.

Buchung der **Protesterhebung** (Wechselbetrag 8.000,– EUR):
154 Protestwechsel 8.000,– an 153 Besitzwechsel 8.000,–

436 Kosten des Geldverkehrs 30,–
141 Vorsteuer 4,80 an 15 Kasse 34,80

Nach der Protesterhebung und der Benachrichtigung der Beteiligten durch den jeweiligen Vormann macht der letzte Wechselinhaber von seinem Rückgriffsrecht Gebrauch, entweder durch Reihenrückgriff auf den unmittelbaren Vormann oder durch Sprungrückgriff auf einen beliebigen Vormann oder den Aussteller.

Der letzte Wechselinhaber stellt den Protestwechsel mit einer **Rückrechnung** seinem **Vormann** zu und belastet diesen mit:
1. Wechselbetrag   8.000,— EUR
2. Protestkosten   30,— EUR
3. Auslagen   5,— EUR (Porto)
4. Provision $1/3$ % v. 8.000,–   26,67 EUR
5. 9 % Zinsen für 15 Tage   30,— EUR

Verzugszinsen und die übrigen in Rechnung gestellten Vergütungen sind nicht umsatzsteuerbar.

Buchung:
10 Forderungen 8.091,67 an 154 Protestwechsel   8.000,—
                                277 Sonstige Erträge   61,67
                                261 Zinserträge   30,—

Entsprechend bucht der Vormann:
154 Protestwechsel   8.000,— an 17 Verbindlichkeiten 8.091,67
486 Kosten des Geldverkehrs   61,67
211 Zinsaufwendungen   30,—

ÜBERBLICK

S	153 Besitzwechsel	H	S	176 Schuldwechsel	H

Anfangsbestand
+ eigene
   Ziehungen
+ Kunden-
   indossamente
	– eigene Indossa-
	   mente (weiter-
	   gegebene
	   Wechsel)
	– diskontierte
	   Wechsel
	– Inkassowechsel
	Endbestand
			– eingelöste
			   eigene Akzepte
			Endbestand
				Anfangsbestand
				+ eigene Akzepte	

● **Besitzwechsel:**
Wechselforderungen gegenüber Kunden (Lieferer ist selbst der Aussteller) oder gegenüber Dritten (Lieferer hat den Wechsel vom Kunden durch Indossament erhalten, Bezogener ist nicht der Kunde)
→ Aktivkonto „153 Besitzwechsel"

● **Schuldwechsel:**
Wechselschulden, die durch Akzeptierung von Tratten entstehen, welche Lieferanten ausstellen
→ Passivkonto „176 Schuldwechsel"

AUFGABEN

24. Bilden Sie zu den folgenden Geschäftsfällen die Buchungssätze:

	Soll	Haben
a) Umwandlung einer Liefererschuld in eine Wechselschuld 3.500,- EUR		
b) Diskontierung eines Wechsels (6.000,- EUR) durch die Bank (Diskont 172,50 EUR)		
c) Wechselzahlung durch einen Kunden 5.000,- EUR		
d) Einlösung eines Schuldwechsels durch die Bank 5.200,- EUR; 34,- EUR Spesen		
e) Warenverkauf gegen Kundenakzept (4.000,- + 640,-)		
f) Belastung eines Kunden mit Diskont (115,- EUR)		
g) Ein Wechsel über 4.000,- EUR geht zu Protest		
h) Eigenes Inkasso bar; Wechselbetrag 3.500,- EUR		
i) Belastungsanzeige eines Lieferers für Diskont (92,- EUR)		

Buchungen im Personalbereich

Als Entgelt für ihre Arbeitsleistungen erhalten Angestellte Gehälter und Arbeiter Löhne, welche für den Betrieb betriebsnotwendige Aufwendungen, d. h. **Kosten** darstellen.

Hinzu kommen die Nebenkosten, insbesondere der vom Arbeitgeber auf Grund gesetzlicher Vorschriften zu zahlende Anteil zur Sozialversicherung (**Arbeitgeberanteil**). Dieser stellt für den Betrieb soziale Aufwendungen und damit ebenso Kosten dar, die wie die Löhne und Gehälter in der Kontenklasse 4 (Konten der Kostenarten) zu verbuchen sind.

Der Arbeitnehmeranteil zur Sozialversicherung wird ebenso wie die zu zahlende Lohn- und Kirchensteuer vom Arbeitgeber einbehalten (Abzugsverfahren) und zusammen mit dem Arbeitgeberanteil an das Finanzamt (Steuer) und die Krankenkasse (Sozialversicherung) abgeführt. Die Höhe der Lohnsteuer richtet sich nach den in der **Lohnsteuerkarte** eingetragenen Besteuerungsmerkmalen des Arbeitnehmers, insbesondere Steuerklasse und Kinderzahl.

Lohn/ Gehalt Versorgungs-Bezug bis €	Abzüge an Lohnsteuer, Solidaritätszuschlag (SolZ) und Kirchensteuer (8 %, 9 %) in den Steuerklassen															
	I – VI			I, II, III, IV												
		ohne Kinderfreibeträge			mit Zahl der Kinderfreibeträge …										
						0,5		1		1,5		2		2,5		3	
	LSt	SolZ | 8 %	9 %	LSt	SolZ | 8 %	9 %	SolZ | 8 %	9 %	SolZ | 8 %	9 %	SolZ | 8 %	9 %	SolZ | 8 %	9 %	SolZ | 8 %	9 %
2 252,99 2 508,99	I, IV 340,33 II 307,91 III 87,83 V 678,08 VI 712,58	18,71 27,22 16,93 24,63 — 7,02 37,29 54,24 39,19 57,—	30,62 27,71 7,90 61,02 64,13	I 340,33 II 307,91 III 87,83 IV 340,33	14,81 21,55 13,13 19,10 — 3,26 16,74 24,35	24,24 21,48 3,67 27,39	11,12 16,18 9,52 13,86 — — 14,81 21,55	18,20 15,59 — 24,24	7,63 11,10 6,08 8,91 — — 12,94 18,83	12,49 10,02 — 21,18	— 6,33 — 4,36 — — 11,12 16,18	7,12 4,91 — 18,20	— 2,20 — 0,64 — — 9,35 13,60	2,48 0,72 — 15,30	— — — — — — 7,63 11,10	— — — 12,49
2 255,99 2 511,99	I, IV 341,25 II 308,83 III 88,50 V 679,41 VI 713,91	18,76 27,30 16,98 24,70 — 7,08 37,36 54,35 39,26 57,11	30,71 27,79 7,96 61,14 64,25	I 341,25 II 308,83 III 88,50 IV 341,25	14,86 21,62 13,17 19,16 — 3,32 16,79 24,42	24,32 21,56 3,73 27,47	11,16 16,24 9,57 13,92 — — 14,86 21,62	18,27 15,66 — 24,32	7,67 11,16 6,16 8,97 — — 12,99 18,90	12,56 10,09 — 21,26	— 6,38 — 4,41 — — 11,16 16,24	7,18 4,96 — 18,27	— 2,25 — 0,68 — — 9,39 13,66	2,53 0,76 — 15,37	— — — — — — 7,67 11,16	— — — 12,56
2 258,99 2 514,99	I, IV 342,16 II 309,75 III 89,16 V 680,75 VI 715,25	18,81 27,37 17,03 24,78 — 7,13 37,44 54,46 39,33 57,22	30,79 27,87 8,02 61,26 64,37	I 342,16 II 309,75 III 89,16 IV 342,16	14,91 21,69 13,22 19,23 — 3,36 16,83 24,49	24,40 21,63 3,78 27,55	11,21 16,30 9,61 13,98 — 0,02 14,91 21,69	18,34 15,72 0,02 24,40	7,71 11,22 6,21 9,03 — — 13,03 18,96	12,62 10,16 — 21,33	— 6,44 — 4,46 — — 11,21 16,30	7,25 5,02 — 18,34	— 2,30 — 0,72 — — 9,44 13,73	2,58 0,81 — 15,44	— — — — — — 7,71 11,22	— — — 12,62
2 261,99 2 517,99	I, IV 343,08 II 310,58 III 89,66 V 682,08 VI 716,58	18,86 27,44 17,08 24,84 — 7,17 37,51 54,56 39,41 57,32	30,87 27,95 8,06 61,38 64,49	I 343,08 II 310,58 III 89,66 IV 343,08	14,96 21,76 13,26 19,30 — 3,40 16,88 24,56	24,48 21,71 3,82 27,63	11,25 16,37 9,65 14,04 — 0,06 14,96 21,76	18,41 15,80 0,07 24,48	7,75 11,28 6,25 9,09 — — 13,08 19,03	12,69 10,22 — 21,41	0,05 6,50 — 4,52 — — 11,25 16,37	7,31 5,08 — 18,41	— 2,34 — 0,76 — — 9,48 13,79	2,63 0,85 — 15,51	— — — — — — 7,75 11,28	— — — 12,69
2 264,99 2 520,99	I, IV 344,— II 311,50 III 90,33 V 683,50 VI 718,—	18,92 27,52 17,13 24,92 — 7,22 37,59 54,68 39,49 57,44	30,96 28,03 8,12 61,51 64,62	I 344,— II 311,50 III 90,33 IV 344,—	15,— 21,82 13,31 19,36 — 3,44 16,93 24,63	24,55 21,78 3,87 27,71	11,30 16,44 9,69 14,10 — 0,10 15,— 21,82	18,49 15,86 0,11 24,55	7,80 11,34 6,29 9,15 — — 13,13 19,10	12,76 10,29 — 21,48	0,20 6,56 — 4,57 — — 11,30 16,44	7,38 5,14 — 18,49	— 2,39 — 0,80 — — 9,52 13,86	2,69 0,90 — 15,59	— — — — — — 7,80 11,34	— — — 12,76
2 267,99 2 523,99	I, IV 344,83 II 312,33 III 90,83 V 684,83 VI 719,33	18,96 27,58 17,17 24,98 — 7,26 37,66 54,79 39,56 57,54	31,03 28,10 8,17 61,63 64,73	I 344,83 II 312,33 III 90,83 IV 344,83	15,05 21,90 13,36 19,43 — 3,48 16,98 24,70	24,63 21,86 3,91 27,79	11,34 16,50 9,74 14,17 — 0,14 15,05 21,90	18,56 15,94 0,16 24,63	7,84 11,41 6,33 9,21 — — 13,17 19,16	12,83 10,36 — 21,56	0,35 6,62 — 4,62 — — 11,34 16,50	7,44 5,20 — 18,56	— 2,43 — 0,84 — — 9,57 13,92	2,73 0,95 — 15,66	— — — — — — 7,84 11,41	— — — 12,83
2 270,99 2 526,99	I, IV 345,75 II 313,25 III 91,50 V 686,16 VI 720,66	19,01 27,66 17,22 25,06 — 7,32 37,73 54,89 39,63 57,65	31,11 28,19 8,23 61,75 64,85	I 345,75 II 313,25 III 91,50 IV 345,75	15,10 21,96 13,40 19,50 — 3,53 17,03 24,78	24,71 21,93 3,97 27,87	11,38 16,56 9,78 14,23 — 0,18 15,10 21,96	18,63 16,01 0,20 24,71	7,88 11,47 6,37 9,27 — — 13,22 19,23	12,90 10,43 — 21,63	0,48 6,67 — 4,67 — — 11,38 16,56	7,50 5,25 — 18,63	— 2,48 — 0,88 — — 9,61 13,98	2,79 0,99 — 15,72	— — — — — — 7,88 11,47	— — — 12,90
2 273,99 2 529,99	I, IV 346,66 II 314,16 III 92,16 V 687,50 VI 722,—	19,06 27,73 17,27 25,13 — 7,37 37,81 55,— 39,71 57,76	31,19 28,27 8,29 61,87 64,98	I 346,66 II 314,16 III 92,16 IV 346,66	15,14 22,03 13,45 19,56 — 3,57 17,08 24,84	24,78 22,01 4,01 27,95	11,43 16,63 9,83 14,30 — 0,22 15,14 22,03	18,71 16,08 0,25 24,78	7,92 11,53 6,41 9,33 — — 13,26 19,30	12,97 10,49 — 21,71	0,63 6,73 — 4,72 — — 11,43 16,63	7,57 5,31 — 18,71	— 2,52 — 0,92 — — 9,65 14,04	2,84 1,04 — 15,80	— — — — — — 7,92 11,53	— — — 12,97
2 276,99 2 532,99	I, IV 347,58 II 315,— III 92,66 V 688,83 VI 723,33	19,11 27,80 17,32 25,20 — 7,41 37,88 55,10 39,78 57,86	31,28 28,35 8,31 61,99 65,09	I 347,58 II 315,— III 92,66 IV 347,58	15,19 22,10 13,49 19,63 — 3,61 17,13 24,92	24,86 22,08 4,06 28,03	11,48 16,70 9,87 14,36 — 0,25 15,19 22,10	18,78 16,15 0,28 24,86	7,97 11,59 6,45 9,39 — — 13,31 19,36	13,04 10,56 — 21,78	0,76 6,78 — 4,78 — — 11,48 16,70	7,63 5,37 — 18,78	— 2,57 — 0,96 — — 9,69 14,10	2,89 1,08 — 15,86	— — — — — — 7,97 11,59	— — — 13,04
2 279,99 2 535,99	I, IV 348,50 II 315,91 III 93,33 V 690,25 VI 724,75	19,16 27,88 17,37 25,27 — 7,46 37,96 55,22 39,86 57,98	31,36 28,43 8,39 62,12 65,22	I 348,50 II 315,91 III 93,33 IV 348,50	15,24 22,17 13,54 19,70 — 3,66 17,17 24,98	24,94 22,16 4,12 28,03	11,52 16,76 9,91 14,42 — 0,29 15,24 22,17	18,86 16,22 0,32 24,94	8,01 11,65 6,49 9,45 — — 13,36 19,43	13,10 10,63 — 21,86	0,91 6,84 — 4,83 — — 11,52 16,76	7,70 5,43 — 18,86	— 2,62 — 1,01 — — 9,74 14,17	2,94 1,13 — 15,94	— — — — — — 8,01 11,65	— — — 13,10
2 282,99 2 538,99	I, IV 349,41 II 316,83 III 94,— V 691,58 VI 726,08	19,21 27,95 17,42 25,34 — 7,52 38,03 55,32 39,93 58,08	31,44 28,51 8,46 62,24 65,34	I 349,41 II 316,83 III 94,— IV 349,41	15,29 22,24 13,58 19,76 — 3,70 17,22 25,06	25,02 22,23 4,16 28,11	11,57 16,83 9,96 14,49 — 0,33 15,29 22,24	18,93 16,30 0,37 25,02	8,05 11,72 6,54 9,51 — — 13,40 19,50	13,18 10,70 — 21,93	1,05 6,90 — 4,88 — — 11,57 16,83	7,76 5,49 — 18,93	— 2,66 — 1,05 — — 9,78 14,23	2,99 1,18 — 16,01	— — — — — — 8,05 11,72	— — — 13,18
2 285,99 2 541,99	I, IV 350,33 II 317,66 III 94,66 V 692,92 VI 727,41	19,26 28,02 17,47 25,41 — 7,57 38,11 55,43 40,— 58,19	31,52 28,58 8,51 62,37 65,46	I 350,33 II 317,66 III 94,66 IV 350,33	15,34 22,31 13,63 19,83 — 3,74 17,27 25,13	25,10 22,31 4,21 28,27	11,61 16,89 10,— 14,55 — 0,37 15,34 22,31	19,— 16,37 0,41 25,10	8,09 11,78 6,58 9,57 — — 13,45 19,56	13,25 10,76 — 22,01	1,20 6,96 — 4,94 — — 11,61 16,89	7,83 5,55 — 19,—	— 2,71 — 1,09 — — 9,83 14,30	3,05 1,22 — 16,08	— — — — — — 8,09 11,78	— — — 13,25
2 288,99 2 544,99	I, IV 351,25 II 318,58 III 95,16 V 694,25 VI 728,75	19,31 28,10 17,52 25,48 — 7,61 38,18 55,54 40,08 58,30	31,61 28,67 8,56 62,49 65,58	I 351,25 II 318,58 III 95,16 IV 351,25	15,38 22,38 13,68 19,90 — 3,78 17,32 25,20	25,17 22,38 4,25 28,35	11,66 16,96 10,05 14,62 — 0,41 15,38 22,38	19,08 16,44 0,46 25,17	8,14 11,84 6,62 9,63 — — 13,49 19,63	13,32 10,83 — 22,08	1,35 7,02 — 4,99 — — 11,66 16,96	7,89 5,61 — 19,08	— 2,76 — 1,14 — — 9,87 14,36	3,11 1,28 — 16,15	— — — — — — 8,14 11,84	— — — 13,32
2 291,99 2 547,99	I, IV 352,16 II 319,41 III 95,83 V 694,58 VI 730,08	19,36 28,17 17,56 25,55 — 7,66 38,25 55,64 40,15 58,40	31,69 28,75 8,62 62,60 65,70	I 352,16 II 319,41 III 95,83 IV 352,16	15,43 22,44 13,72 19,96 — 3,84 17,37 25,27	25,25 22,46 4,32 28,43	11,70 17,02 10,09 14,68 — 0,45 15,43 22,44	19,15 16,51 0,50 25,25	8,18 11,90 6,66 9,69 — — 13,54 19,70	13,38 10,90 — 22,16	1,50 7,08 — 5,04 — — 11,70 17,02	7,96 5,67 — 19,15	— 2,81 — 1,18 — — 9,91 14,42	3,16 1,32 — 16,22	— — — — — — 8,18 11,90	— — — 13,38
2 294,99 2 550,99	I, IV 353,08 II 320,33 III 96,50 V 697,— VI 731,50	19,41 28,24 17,61 25,62 — 7,72 38,33 55,76 40,23 58,52	31,77 28,82 8,68 62,73 65,83	I 353,08 II 320,33 III 96,50 IV 353,08	15,48 22,52 13,77 20,04 — 3,88 17,42 25,34	25,33 22,54 4,36 28,51	11,75 17,09 10,13 14,74 — 0,49 15,48 22,52	19,22 16,58 0,55 25,33	8,22 11,96 6,70 9,75 — — 13,58 19,76	13,46 10,97 — 22,23	1,63 7,13 — 5,10 — — 11,75 17,09	8,02 5,73 — 19,22	— 2,86 — 1,22 — — 9,96 14,49	3,21 1,37 — 16,30	— — — — — — 8,22 11,96	— — — 13,46

Bei mehr als 3 Kinderfreibeträgen ist die „Ergänzungs-Tabelle 3,5 bis 6 Kinderfreibeträge" anzuwenden.

Die Buchungstechnik ist unabhängig von den jeweils aktuellen Tabellenwerten.

Lohnsteuerpflichtig sind grundsätzlich alle Einnahmen, die ein Arbeitnehmer aus seinem Arbeitsverhältnis erzielt. Hierzu gehören Löhne und Gehälter, Urlaubs- und Weihnachtsgelder, Zulagen und Zuschläge z. B. für Überstunden. Lohnsteuerfrei sind u. a. Heiratsbeihilfen. Der zusätzlich zur Lohnsteuer erhobene **Solidaritätszuschlag** beträgt z. Z. 5,5 % der Lohnsteuer.

Die **Kirchensteuer** beträgt in Baden-Württemberg und Bayern 8 %, in den übrigen Bundesländern 9 % der Lohnsteuer. Bei der Bemessung der Kirchensteuer und des Solidaritätszuschlages wird die Anzahl der Kinder berücksichtigt. Jedes Kind wird auf der Lohnsteuerkarte mit 0,5 (= 242,– EUR monatlicher Kinderfreibetrag) eingetragen. Der Zähler beträgt 1,0 (= 484,– EUR) bei verheirateten und nicht dauernd getrennt lebenden Arbeitnehmern.

Das **Kindergeld** wird von der Familienkasse des jeweiligen Arbeitsamtes ausgezahlt und beträgt z. Z. für das erste bis dritte Kind 154,– EUR und jedes weitere 179,– EUR.

Alle Arbeitnehmer sind in den folgenden Zweigen der Sozialversicherung pflichtversichert:

- **Rentenversicherung (RV):** Versicherungspflicht unabhängig von der Höhe des Arbeitslohnes; für Arbeitnehmer, Auszubildende, Wehr- und Zivildienstleistende
- **Krankenversicherung (KV):** Versicherungspflicht bis zur jeweiligen Pflichtgrenze
- **Arbeitslosenversicherung (AV):** Versicherungspflicht für Arbeitnehmer und Auszubildende
- **Pflegeversicherung (PV):** Versicherungspflicht bis zur jeweiligen Pflichtgrenze für gesetzlich und privat Krankenversicherte

Der Sozialversicherungsbeitrag für den einzelnen Arbeitnehmer wird je zur Hälfte vom Arbeitnehmer und Arbeitgeber getragen. Der Anteil des Arbeitnehmers wird vom Arbeitgeber einbehalten und zusammen mit dessen Anteil indirekt über die Krankenkasse abgeführt. Für die Berechnung der Beiträge werden jeweils Beitragsprozentsätze und Beitragsbemessungsgrenzen (= Höchstsätze) festgelegt.

Derzeitige Beitragssätze:
- Krankenversicherung: 11 bis 16 %, je nach Krankenkasse
- Pflegeversicherung: 1,7 %
- Rentenversicherung: 19,5 %
- Arbeitslosenversicherung: 6,5 %

Die Beiträge zur Sozialversicherung werden wie die Lohn- und Kirchensteuer vom Bruttoarbeitsentgelt des Arbeitnehmers berechnet. Der Arbeitgeberanteil ist zusätzlicher Personalaufwand, ebenso wie die Beiträge zur gesetzlichen **Unfallversicherung** an die Berufsgenossenschaft, die der Arbeitgeber in voller Höhe zu tragen hat.

Bis zur Überweisung der Steuer- und Sozialversicherungsabzüge im Folgemonat entstehen für den Betrieb kurzfristige Verbindlichkeiten, die auf den folgenden Konten erfasst werden:

> 191 Verbindlichkeiten aus Steuern und
> 192 Verbindlichkeiten aus Sozialversicherung

BEISPIEL 30

Gehaltsabrechnung eines Angestellten (Steuerklasse I, keine Kinder, Kirchensteuer 8 %).
Zahlung durch Banküberweisung.

Bruttogehalt	2.255,– EUR	Lohnsteuer	341,25 EUR
– Steuer	387,31 EUR	+ Kirchensteuer	27,30 EUR
– Sozialversicherung	483,70 EUR	+ Solidaritätszuschlag	18,76 EUR
Nettogehalt	1.383,99 EUR	Steuerabzüge	387,31 EUR

Krankenversicherung	171,38 EUR	(DAK allgemeiner Satz 15,2 %)
+ Rentenversicherung	219,86 EUR	
+ Arbeitslosenversicherung	73,29 EUR	
+ Pflegeversicherung	19,17 EUR	
Sozialversicherung	483,70 EUR	

Buchungen:
402 Gehälter 2.255,– an 13 Bank 1.383,99
 191 Verbindlichkeiten aus Steuern 387,31
 192 Verbindlichkeiten aus Sozialversicherung 483,70

404 Gesetzliche soziale Aufwendungen 483,70 an 192 Verbindlichkeiten
 aus Sozialversicherung 483,70

Bei Überweisung der einbehaltenen Abzüge sowie des Arbeitgeberanteils ist zu buchen:
191 Verbindlichkeiten aus Steuern 387,31 an Bank 1.354,71
192 Verbindlichkeiten aus Sozialversicherung 967,40

Erhält ein Arbeitnehmer einen Vorschuss, der mit der späteren Lohn- und Gehaltszahlung verrechnet wird, so ist damit eine Forderung auf Leistung gegenüber dem Arbeitnehmer verbunden, welche auf dem Konto

> 116 Forderungen an Mitarbeiter

erfasst wird.
Hat zum Beispiel der Angestellte (Beispiel 30) einen Vorschuss von 500,– EUR erhalten, so ergeben sich die folgenden Buchungen:
Bei Zahlung des Vorschusses:
116 Forderungen an Mitarbeiter 500,– an 13 Bank 500,–
Bei der Abschlusszahlung:
402 Gehälter 2.255,– an 13 Bank 883,99
 116 Forderungen an Mitarbeiter 500,–
 191 Verbindlichkeiten aus Steuern 387,31
 192 Verbindlichkeiten aus Sozialversicherung 483,70

In gleicher Weise wird eine etwaige Miete für die Firmenwohnung mit dem Lohn oder Gehalt verrechnet. Die Nettoauszahlung verringert sich entsprechend. Die Miete ist für den Betrieb auf dem Konto „Mieterträge" zu erfassen.

Abschlagszahlungen sind ein Entgelt für bereits geleistete Arbeit. Sie werden unmittelbar auf den Personalkonten gebucht und später verrechnet.

BEISPIEL 31

Ein Angestellter erhält eine Abschlagszahlung von 400,– EUR (Zahlen aus Beispiel 30).

Buchungen:
402 Gehälter 400,– an 15 Kasse 400,–

Bei der Abschlusszahlung wird der Abschlag berücksichtigt und Steuern und Sozialversicherung insgesamt abgezogen.

402 Gehälter 1.855,– an	13 Bank	983,99
	191 Verbindlichkeiten aus Steuern	387,31
	192 Verbindlichkeiten aus Sozialversicherung	483,70

Buchung des Arbeitgeberanteils wie oben.

Eine Besonderheit ist die Zahlung **„Vermögenswirksame Leistungen"** (Anlagen nach dem 5. Vermögensbildungsgesetz).
Zahlt diese der Arbeitgeber, so erhöhen sich die Personalkosten um den Betrag. Zahlt der Arbeitnehmer, so stellt dies eine Gehaltsverwendung dar, die den Auszahlungsbetrag entsprechend verringert. Die Auszahlung der Arbeitnehmersparzulage erfolgt durch das Wohnsitzfinanzamt in einer Summe am Ende der vorgeschriebenen Sperrfrist.
Unabhängig davon, ob der Arbeitgeber oder der Arbeitnehmer die vermögenswirksamen Leistungen trägt, werden sie in jedem Fall einbehalten und auf das entsprechende Sparkonto überwiesen.
Erhält zum Beispiel der Angestellte aus Beispiel 30 vom Arbeitgeber eine vermögenswirksame Leistung von 19,– EUR und legt er monatlich 40,– EUR an, so ergeben sich die folgenden Buchungen:

Bruttogehalt	2.255,–	EUR
+ vermögenswirksame Leistungen	19,–	EUR
steuer- und sozialversicherungspflichtige Bruttobezüge	2.274,–	EUR
– Vermögenswirksame Leistungen	40,–	EUR
– Lohn-, Kirchensteuer und SolZ	394,49	EUR
– Sozialversicherung (AN-Anteil)	487,78	EUR
Nettogehalt	1.351,73	EUR

402 Gehälter	2.255,– an	13 Bank	1.351,73
407 Vermögenswirksame Leistungen	19,–	191 Verbindlichkeiten aus Steuern	394,49
		192 Verbindlichkeiten aus Sozialversicherung	487,78
		195 Verbindlichkeiten aus Vermögensbildung	40,–

Buchung des Arbeitgeberanteils wie oben.

ÜBERBLICK

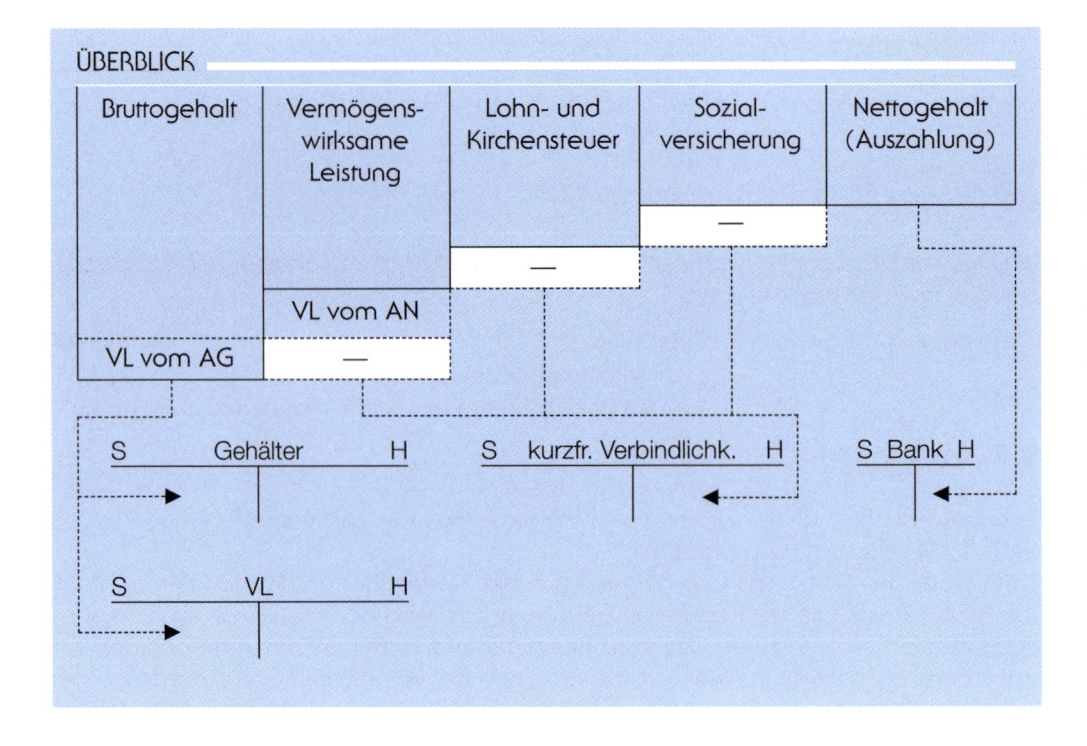

Bruttogehalt	Vermögens-wirksame Leistung	Lohn- und Kirchensteuer	Sozial-versicherung	Nettogehalt (Auszahlung)

VL vom AN

VL vom AG

S Gehälter H   S kurzfr. Verbindlichk. H   S Bank H

S VL H

AUFGABEN

25. Gehaltszahlung für einen Angestellten durch Banküberweisung, brutto 2.280,– EUR (Steuerklasse I, keine Kinder, Kirchensteuer 8 %).
26. Gehaltszahlung für einen Angestellten durch Banküberweisung, brutto 2.275,– EUR (Steuerklasse III, keine Kinder, 40,– Vermögenswirksame Leistung, vom Arbeitnehmer getragen, Kirchensteuer 8 %, Mietwert der Firmenwohnung 260,– EUR
27. In der Praxis werden die Löhne und Gehälter nicht einzeln, sondern pauschal nach Listen verbucht
    Krankenversicherung jeweils 15,2 %.

Name	Steuer-klasse	Brutto-gehalt	Lohn-steuer	Sol.-zuschl.	8 % Kirchen-steuer	Sozialver-sicherung	Netto-gehalt	AG-Anteil
Müller, H.	III/1	2.260,–						
Kunz, J.	I	2.275,–						
Schulz, K.	II/1	2.290,–						

Buchung der Steuern

Neben der Umsatzsteuer (Mehrwertsteuer) und der vom Arbeitnehmer einbehaltenen Lohn- und Kirchensteuer fallen in einem Betrieb die folgenden Steuern an:

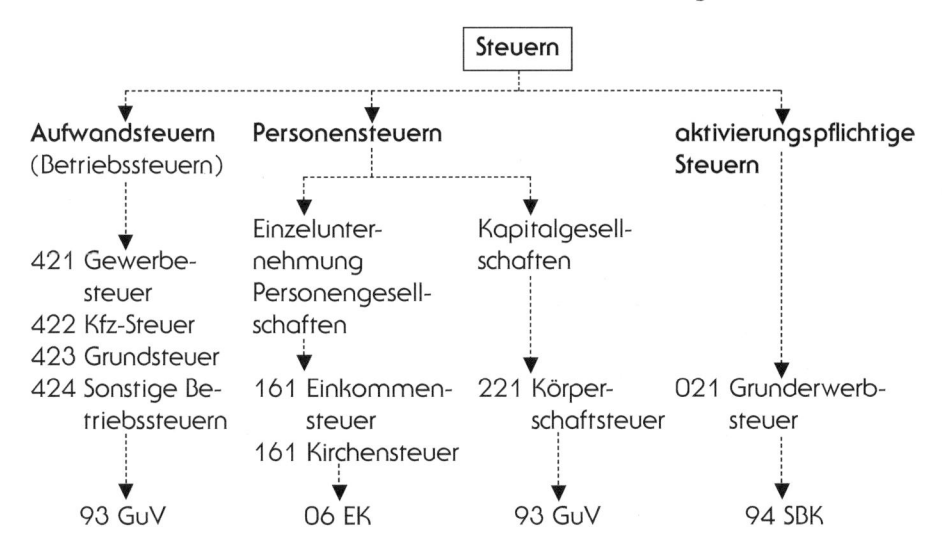

```
                              Steuern
         ┌───────────────────────┼───────────────────────┐
         ▼                       ▼                       ▼
  Aufwandsteuern           Personensteuern       aktivierungspflichtige
  (Betriebssteuern)                                    Steuern
                      ┌───────────┴───────────┐
                      ▼                       ▼
                Einzelunter-            Kapitalgesell-
         ▼      nehmung                 schaften
  421 Gewerbe-  Personengesell-
       steuer   schaften
  422 Kfz-Steuer        ▼                     ▼                     ▼
  423 Grundsteuer  161 Einkommen-       221 Körper-          021 Grunderwerb-
  424 Sonstige Be-     steuer               schaftsteuer         steuer
       triebssteuern
                  161 Kirchensteuer
         ▼              ▼                     ▼                     ▼
      93 GuV         06 EK                 93 GuV                94 SBK
```

● **Durchlaufsteuern**
Die Unternehmen sind gesetzlich verpflichtet, vom Steuerpflichtigen Lohn- und Kirchensteuer sowie die Umsatzsteuer im Auftrag des Finanzamtes einzuziehen. Diese Steuern sind für das Unternehmen **„durchlaufende Posten"** und werden daher als kurzfristige Verbindlichkeiten gegenüber dem Finanzamt gebucht.

● **Aufwandsteuern**
Hierzu sind alle Steuern zu zählen, welche für das Unternehmen gewinnmindernden Aufwand darstellen. Als **Kostensteuern** gehen sie in die Kalkulation ein und sind in der entsprechenden Kontenklasse für die Kostenarten zu buchen.

● **Personensteuern**
Personensteuern sind aus dem Gewinn zu zahlen. Sie werden daher nicht als Aufwand behandelt.
Bei Einzelunternehmen und Personengesellschaften betreffen sie die Person des Unternehmers und sind als Privatentnahmen auf den entsprechenden Konten zu buchen.
Bei Kapitalgesellschaften fällt anstelle der Einkommensteuer Körperschaftsteuer an. Diese ist als Aufwand zu buchen, da Kapitalgesellschaften keine Privatkonten führen können. Zur Gewinnermittlung sind diese nicht abzugsfähigen Ausgaben dann wieder hinzuzurechnen.

- **Aktivierungspflichtige Steuern**
Derartige Steuern sind als **Anschaffungsnebenkosten** und somit Bestandteil des Anschaffungswertes auf den entsprechenden Bestandskonten zu aktivieren. Hierzu gehört insbesondere die beim Erwerb von Grundstücken und Gebäuden einmalig zu zahlende Grunderwerbsteuer.

AUFGABEN

28. Bilden Sie die Buchungssätze zu den folgenden Geschäftsfällen:
    - a) Banküberweisung der Umsatzsteuer — 6.700,– EUR
    - b) Banküberweisung der Einkommensteuer — 5.600,– EUR
      sowie der Grundsteuer — 2.300,– EUR
    - c) Barzahlung der Gewerbesteuer — 3.760,– EUR
      sowie der Kfz-Steuer — 2.100,– EUR
    - d) Überweisung der einbehaltenen Lohn- und Kirchensteuer — 14.700,– EUR

29. Ordnen Sie zu: Abschluss über:

	GuV	SBK	EK
a) Einkommensteuer			
b) Grundsteuer			
c) Lohnsteuer der Arbeitnehmer			
d) Grunderwerbsteuer			
e) Kfz-Steuer			
f) Gewerbesteuer			
g) Umsatzsteuer			

30. Welche Steuern aus Aufgabe 29 sind durchlaufende Steuern?
31. Welche Steuern aus Aufgabe 29 sind Kostensteuern?

3. Kapitel

Jahresabschluss der Unternehmung*

---

* In diesem Kapitel wird auf die Angabe von Kontonummern verzichtet, da die Probleme und Kontierungen unabhängig von dem verwendeten Kontenrahmen sind.

Das neue 3. Buch des HGB enthällt eine geschlossene Darstellung der handelsrechtlichen Vorschriften. Der 1. Abschnitt (§§ 238–263 HGB) ist für **alle** Kaufleute anzuwenden und regelt für Einzelunternehmen und Personenhandelsgesellschaften den Jahresabschluss abschließend. Für Kapitalgesellschaften und Genossenschaften hat er den Charakter eines allgemeinen Teiles. Für sie gelten ergänzend der 2. (Kapitalgesellschaften) und 3. Abschnitt (eingetragene Genossenschaften).

Der Jahresabschluss der Kapitalgesellschaften besteht nach § 264 HGB aus drei Teilen:

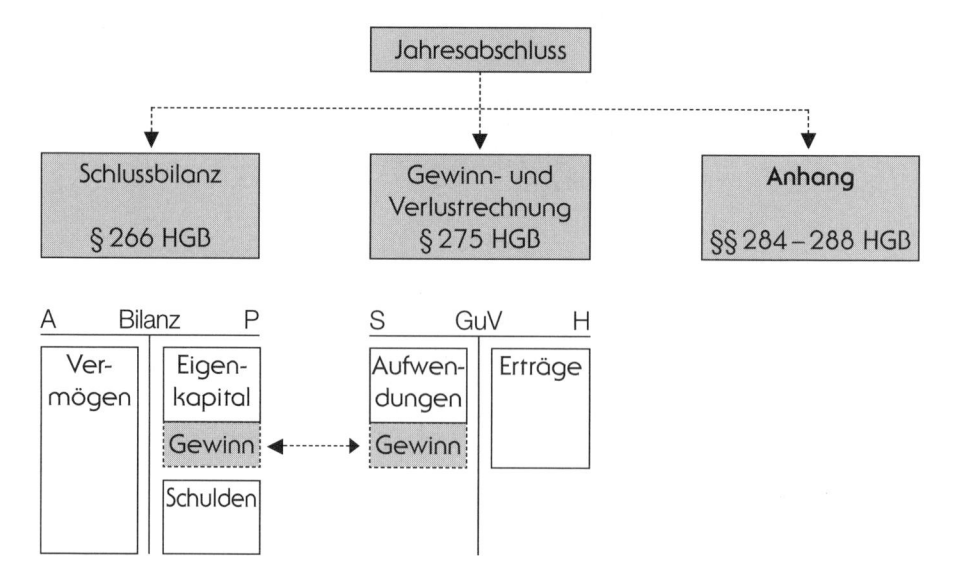

```
                    Jahresabschluss
          ┌──────────────┼──────────────┐
          ▼              ▼              ▼
    Schlussbilanz   Gewinn- und      Anhang
                    Verlustrechnung
      § 266 HGB       § 275 HGB    §§ 284–288 HGB
```

```
A     Bilanz    P        S     GuV    H
┌────┐┌─────────┐        ┌─────────┐
│Ver-││ Eigen-  │        │Aufwen-  │Erträge│
│mögen││kapital │        │dungen   │       │
│    │├─────────┤        ├─────────┤
│    ││ Gewinn  │◄─────► │ Gewinn  │
│    │├─────────┤        └─────────┘
│    ││Schulden │
└────┘└─────────┘
```

- **Schlussbilanz:**
  Sie dient als Zeitpunktrechnung dem Abschluss der Bestandskonten und gibt Auskunft über die Höhe des Erfolges.
- **Gewinn- und Verlustrechnung:**
  Sie dient als Zeitraumrechnung dem Abschluss der Erfolgskonten und gibt Auskunft über die Entstehung des Erfolges.
- **Anhang:**
  Er soll die Bilanz und die GuV-Rechnung in den einzelnen Positionen näher erläutern, um sicherzustellen, dass der Jahresabschluss ein den tatsächlichen Verhältnissen entsprechendes Bild der Vermögens-, Finanz- und Ertragslage liefert. Neben dem Jahresabschluss haben Kapitalgesellschaften einen **Lagebericht** zu erstellen, der den Geschäftsverlauf und die Lage des Unternehmens entsprechend den tatsächlichen Verhältnissen darstellt.

Bei der Erstellung des Jahresabschlusses ergeben sich besondere buchungstechnische Probleme, die in den folgenden Kapiteln ausführlich erörtert werden.

Zeitliche Abgrenzung des Jahreserfolges

Zu den Grundsätzen ordnungsmäßiger Bilanzierung gehört auch das Erfordernis einer **richtigen Periodenabgrenzung,** d. h. periodengerechte Ermittlung des Jahreserfolges bezogen auf den Bilanzstichtag.
Dies erfordert:
1. Die Erfassung derjenigen Aufwendungen und Erträge, die dem abzuschließenden Geschäftsjahr ursächlich zuzuordnen sind, unabhängig davon, wann für sie Zahlungen geleistet werden bzw. Zahlungen Dritter eingehen.
2. Die Übertragung aller Aufwendungen und Erträge, die dem neuen Geschäftsjahr ursächlich zuzurechnen sind, in die neue Abrechnungsperiode, auch wenn dafür bereits im alten Jahr Zahlungen an Dritte geleistet wurden bzw. Zahlungen von Dritten eingegangen sind.

Dabei können die folgenden vier Fälle unterschieden werden:

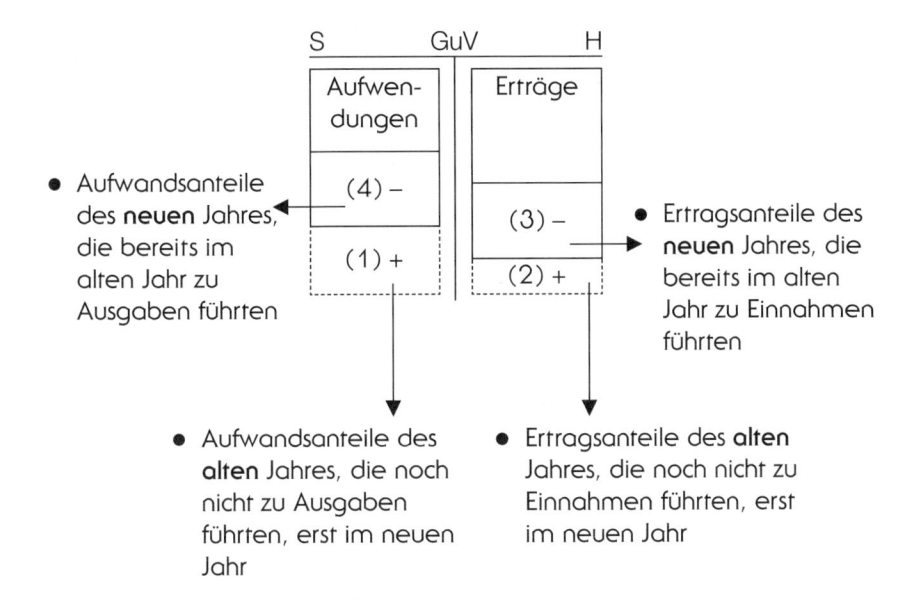

	S GuV H	
• Aufwandsanteile des **neuen** Jahres, die bereits im alten Jahr zu Ausgaben führten	Aufwendungen (4) − (1) +	Erträge (3) − (2) +

- • Aufwandsanteile des **neuen** Jahres, die bereits im alten Jahr zu Ausgaben führten
- • Ertragsanteile des **neuen** Jahres, die bereits im alten Jahr zu Einnahmen führten
- • Aufwandsanteile des **alten** Jahres, die noch nicht zu Ausgaben führten, erst im neuen Jahr
- • Ertragsanteile des **alten** Jahres, die noch nicht zu Einnahmen führten, erst im neuen Jahr

In allen diesen Fällen fallen die Kategorien des Zahlungsverkehrs (**Einnahmen** und **Ausgaben**) in eine andere Abrechnungsperiode als die Kategorien der Erfolgsrechnung (**Erträge** und **Aufwendungen**).
Für die Aufstellung der Gewinn- und Verlustrechnung ist jedoch nicht entscheidend, wann für Aufwendungen und Erträge Zahlungen geleistet werden oder Zahlungen eingehen, sondern welcher Abrechnungsperiode diese verursachungsgemäß zugerechnet werden müssen.
Die dargestellten vier Fälle lassen sich hinsichtlich der rechtlichen Interpretation wie folgt unterscheiden:

altes Jahr	Rechtsgrund	31.12.	neues Jahr	Rechtsfolge
1. Ertrag	Anspruch auf		Einnahme	Geldleistung von Dritten
2. Aufwand	Verpflichtung zu		Ausgabe	eigene Geldleistung
3. Einnahme	Verpflichtung zu		Ertrag	eigene Sachleistung
4. Ausgabe	Anspruch auf		Aufwand	Sachleistung von Dritten

SONSTIGE FORDERUNGEN UND SONSTIGE VERBINDLICHKEITEN

Einnahmen nach dem Bilanzstichtag für **Erträge**, die verursachungsgemäß einem Zeitraum **vor** diesem Tag zuzurechnen sind, da die geldmäßige Verrechnung erst im neuen Jahr erfolgt, werden in der Bilanz als echte Geldforderungen erfasst, da sonst sowohl die Bilanz als auch die Gewinn- und Verlustrechnung ein falsches Bild ergeben.

Fall 1:

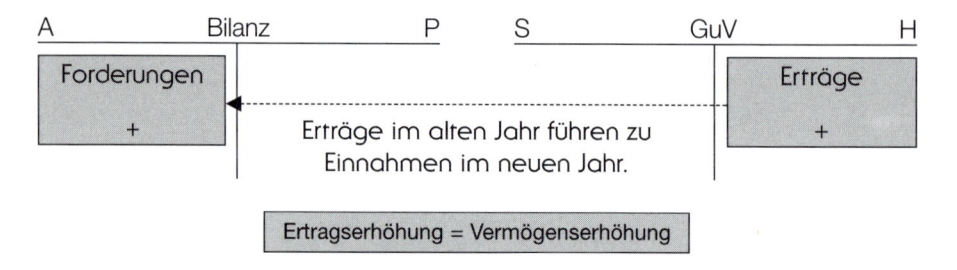

A	Bilanz	P	S	GuV	H
Forderungen +					Erträge +

Erträge im alten Jahr führen zu Einnahmen im neuen Jahr.

Ertragserhöhung = Vermögenserhöhung

Zur buchungstechnischen Abwicklung derartiger Fälle zum Bilanzstichtag wird das aktive Bestandskonto

Sonstige Forderungen

eingeschaltet.

Sonstige Forderungen stellen als Ansprüche auf Geldleistungen echte Vermögenswerte dar, welche die Liquidität des Unternehmens erhöhen, sobald sie ausgeglichen werden.

BEISPIEL 32

Ein Mieter zahlt die Garagenmiete vereinbarungsgemäß für drei Monate (450,– EUR insgesamt) im Nachhinein am 1. Februar des neuen Jahres durch Banküberweisung.

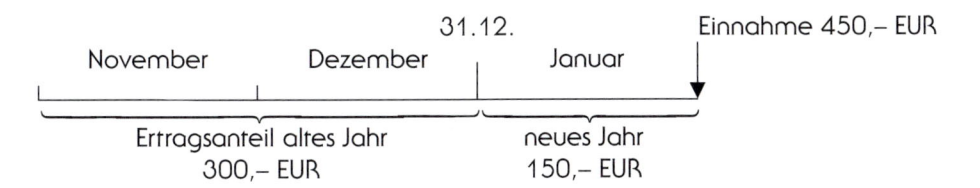

```
                              31.12.           Einnahme 450,– EUR
   November    Dezember    |   Januar    |
   |_____|_____|
        Ertragsanteil altes Jahr    neues Jahr
              300,– EUR              150,– EUR
```

Buchungen:
31.12.
Sonstige Forderungen 300,– an Mieterträge 300,–

Mieterträge 300,– an Abgrenzungssammelkonto (Industrie: GuV) 300,–

Schlussbilanzkonto 300,– an Sonstige Forderungen 300,–

Im neuen Jahr wird das Konto „Sonstige Forderungen" wieder eröffnet:
2.1.
Sonstige Forderungen 300,– an Eröffnungsbilanzkonto 300,–

1.2.
Bank 450,– an Sonstige Forderungen   300,–
              Mieterträge   150,–

> Damit ist es gelungen, die Ertragsanteile (altes Jahr – 300,– EUR, neues Jahr – 150,– EUR) periodengerecht zuzuordnen.
> Die gleiche Abgrenzung erfolgt für **Ausgaben** nach dem Bilanzstichtag für **Aufwendungen,** die wirtschaftlich **vor** diesem Tag zu erfassen sind.
> Am 31.12. stehen diesen Aufwendungen echte Schulden gegenüber, da die Zahlungen noch ausstehen, rechtlich bereits aber eine Verpflichtung zur Zahlung im neuen Jahr durch die Inanspruchnahme von Leistungen begründet wurde.
> Durch den Ausgleich dieser Schulden werden die liquiden Mittel (Kasse, Postbank, Bank) gemindert. Hinsichtlich dieses qualitativen Unterschiedes in der Liquiditätsbetrachtung sind die sonstigen Forderungen und Verbindlichkeiten eindeutig von den Posten der Rechnungsabgrenzung zu trennen.

Jahresabschluss der Unternehmung

Fall 2:

```
A            Bilanz         P    S            GuV            H
         ┌──────────────┐       ┌──────────────┐
         │ Verbindlich- │◄------│ Aufwendungen │
         │   keiten     │       │              │
         │      +       │       │      +       │
         └──────────────┘       └──────────────┘
         Aufwendungen im alten Jahr führen zu
              Ausgaben im neuen Jahr.
```

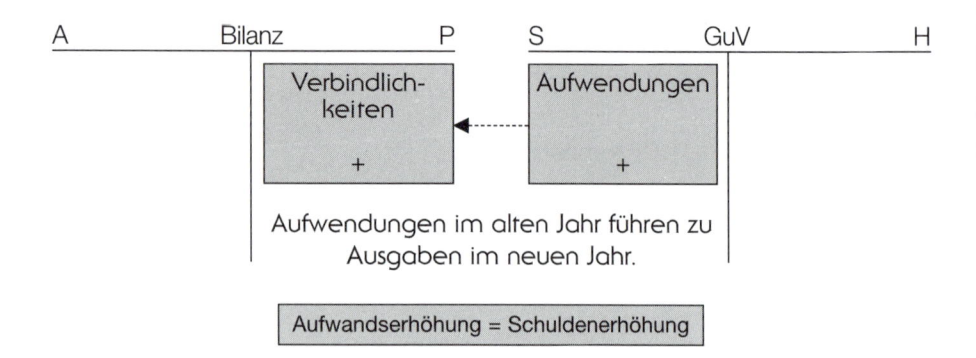

Aufwandserhöhung = Schuldenerhöhung

Zur Bilanzierung per 31.12. wird das passive Bestandskonto

Sonstige Verbindlichkeiten

eingeschaltet.

BEISPIEL 33

Die Darlehenszinsen werden von uns halbjährlich, nachträglich gezahlt. Letzte Zahlung am 1.11. des alten Jahres (600,– EUR insgesamt)

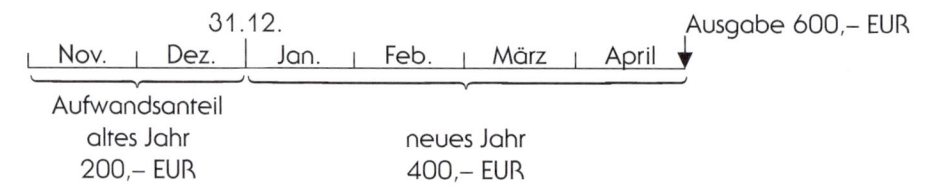

```
                 31.12.                        Ausgabe 600,– EUR
| Nov. | Dez. | Jan. | Feb. | März | April | ▼
 ─────────────  ─────────────────────────────
 Aufwandsanteil
   altes Jahr         neues Jahr
   200,– EUR          400,– EUR
```

Buchungen:
31.12.
Zinsaufwendungen 200,– an Sonstige Verbindlichkeiten 200,–
Gewinn- und Verlustkonto 200,– an Zinsaufwendungen 200,–
Sonstige Verbindlichkeiten 200,– an Schlussbilanzkonto 200,–
Das Konto „Sonstige Verbindlichkeiten" wird im neuen Jahr wieder eröffnet.

2.1.
Eröffnungsbilanzkonto 200,– an Sonstige Verbindlichkeiten 200,–

1.5.
Sonstige Verbindlichkeiten 200,–
Zinsaufwendungen   400,– an Bank 600,–

RECHNUNGSABGRENZUNGSPOSTEN

Sonstige Forderungen und sonstige Verbindlichkeiten betreffen Erträge oder Aufwendungen vor dem Bilanzstichtag, für die die Zahlungsvorgänge erst in dem folgenden Geschäftsjahr erfolgen. Dagegen ist die Einstellung von **Rechnungsabgrenzungsposten** in die Bilanz an die folgenden Voraussetzungen geknüpft:
1. Es muss sich um **Ausgaben** oder **Einnahmen vor** dem Bilanzstichtag handeln.
2. Die Erfolgswirksamkeit dieser Zahlungen in der Form von Aufwendungen und Erträgen erstreckt sich auf eine bestimmte Zeit **nach** dem Bilanzstichtag.

Im Voraus gezahlte Erträge werden durch das passive Bestandskonto

> Passive Rechnungsabgrenzungsposten

über die Schlussbilanz aus der Erfolgsrechnung des alten Jahres in die Erfolgsrechnung des neuen Jahres übertragen.

Fall 3:

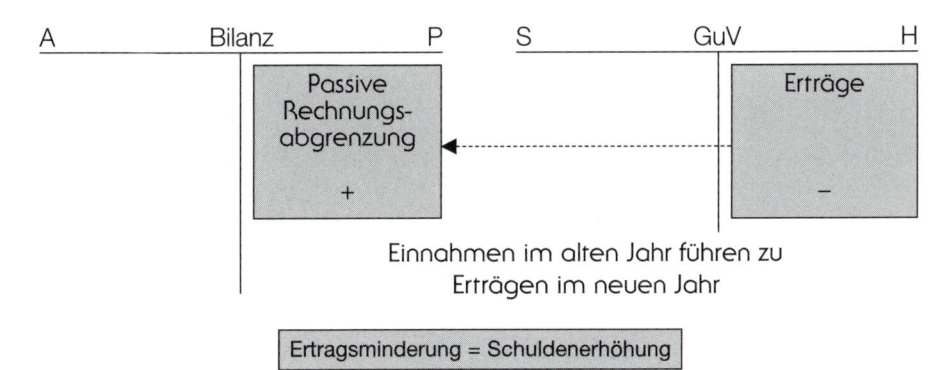

A	Bilanz	P	S	GuV	H
		Passive Rechnungsabgrenzung +		Erträge −	

Einnahmen im alten Jahr führen zu Erträgen im neuen Jahr

> Ertragsminderung = Schuldenerhöhung

BEISPIEL 34

Unser Darlehensschuldner zahlt die Vierteljahreszinsen vereinbarungsgemäß am 1.11. im Voraus durch Banküberweisung (900,– EUR insgesamt).

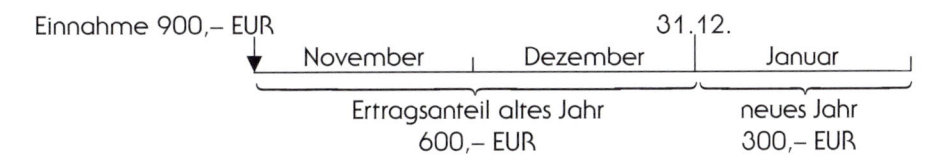

Einnahme 900,– EUR | 31.12.
November | Dezember | Januar
Ertragsanteil altes Jahr 600,– EUR | neues Jahr 300,– EUR

Buchungen:
1.11.
Bank 900,- an Zinserträge 900,-

oder bei sofortiger Abgrenzung der Zinserträge:
Bank 900,- an Zinserträge   600,-
             Passive Rechnungsabgrenzung 300,-

Wurde bei der Zahlung zum 1.11. der Ertrag noch nicht zeitlich abgegrenzt, so ist dies bei der Bilanzerstellung zum 31.12. vorzunehmen.
31.12.
Zinserträge 300,- an Passive Rechnungsabgrenzung 300,-

Zinserträge 600,- an GuV 600,-

Damit wird nur der Ertragsanteil des alten Jahres in die Gewinn- und Verlustrechnung übernommen.
Passive Rechnungsabgrenzung 300,- an Schlussbilanzkonto 300,-

Sinn und Zweck der Bilanzposition „Passive Rechnungsabgrenzung" ist die Übertragung der Ertragsanteile des neuen Jahres in diese Periode.
Das Konto ist damit im neuen Jahr nach der Eröffnung wieder aufzulösen:
2.1.
Eröffnungsbilanzkonto 300,- an Passive Rechnungsabgrenzung 300,-

Passive Rechnungsabgrenzung 300,- an Zinserträge 300,-

Im Voraus gezahlte Aufwendungen werden durch das aktive Bestandskonto

> Aktive Rechnungsabgrenzungsposten

in die Erfolgsrechnung des neuen Jahres übertragen.

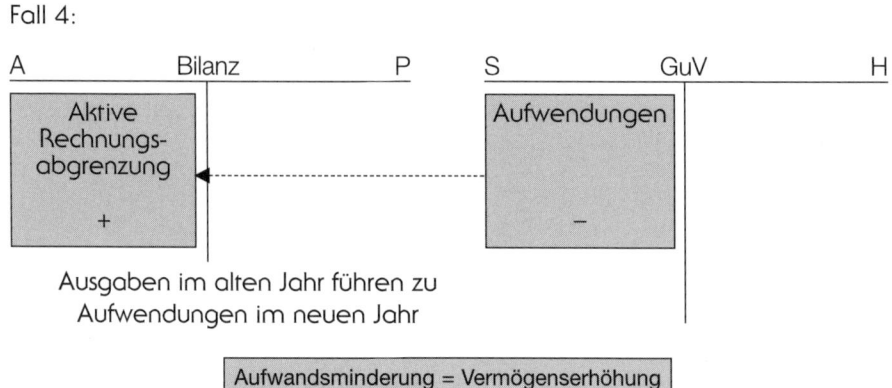

Fall 4:

A	Bilanz	P	S	GuV	H
Aktive Rechnungs-abgrenzung +			Aufwendungen −		

Ausgaben im alten Jahr führen zu
Aufwendungen im neuen Jahr

> Aufwandsminderung = Vermögenserhöhung

Zeitliche Abgrenzung des Jahreserfolgs

BEISPIEL 35

Die Kfz-Steuer (300,– EUR) wurde am 1.9. des alten Jahres für ein Jahr im Voraus gezahlt.

Ausgabe 300,– EUR   31.12.

↓ S | O | N | D | J | F | M | A | M | J | J | A

Aufwandsanteil altes Jahr
100,– EUR

neues Jahr
200,– EUR

Buchungen:
1.9.
Kfz-Steuer 300,– an Bank 300,–
oder bei gleichzeitiger Abgrenzung der Aufwendungen:
Kfz-Steuer 100,–
Aktive Rechnungsabgrenzung 200,– an Bank 300,–
31.12. ohne vorherige Abgrenzung:
Aktive Rechnungsabgrenzung 200,– an Kfz-Steuer 200,–
GuV 100,– an Kfz-Steuer 100,–
Schlussbilanzkonto 200,– an Aktive Rechnungsabgrenzung 200,—

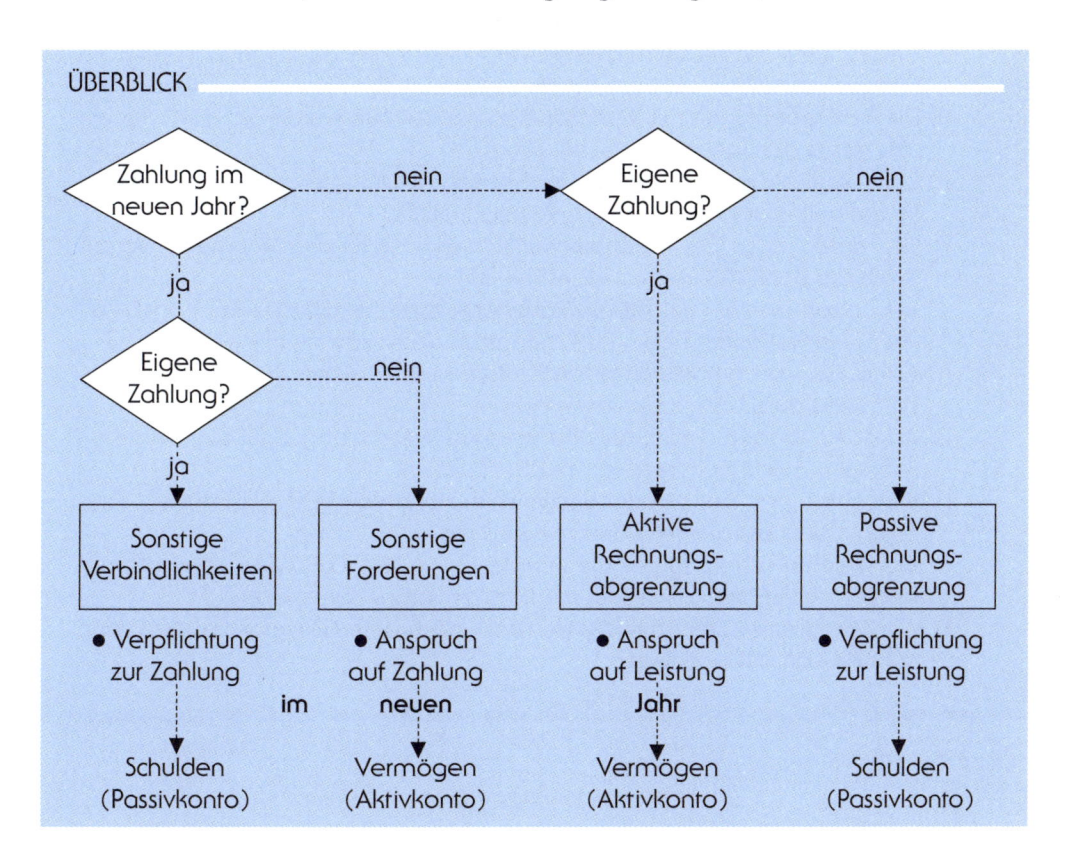

ÜBERBLICK

Zahlung im neuen Jahr? — nein → Eigene Zahlung? — nein

ja ↓   ja ↓

Eigene Zahlung? — nein →

ja ↓   ↓   ↓   ↓

| Sonstige Verbindlichkeiten | Sonstige Forderungen | Aktive Rechnungs-abgrenzung | Passive Rechnungs-abgrenzung |

- Verpflichtung zur Zahlung im
- Anspruch auf Zahlung im neuen
- Anspruch auf Leistung Jahr
- Verpflichtung zur Leistung

↓   ↓   ↓   ↓

Schulden (Passivkonto) | Vermögen (Aktivkonto) | Vermögen (Aktivkonto) | Schulden (Passivkonto)

AUFGABEN

32. Ordnen Sie zu:

	Sonstige Forderungen	Sonstige Verbindlichkeiten	ARAP	PRAP
a) Aufwand jetzt – Ausgabe später				
b) Einnahme jetzt – Ertrag später				
c) Ausgabe jetzt – Aufwand später				
d) Ertrag jetzt – Einnahme später				

33. Buchen Sie jeweils zum 31. 12.:
   a) Am 31. 12. haben wir die Dezembermiete (800,– EUR) noch nicht überwiesen.
   b) Die Zinsgutschrift der Bank für das letzte Vierteljahr des alten Jahres (760,– EUR) steht noch aus. Sie erfolgt erst im Januar.
   c) Der Handelskammerbeitrag für das letzte Vierteljahr des alten Jahres ist noch nicht gezahlt (240,– EUR).
   d) Die Kfz-Steuer für den LKW in Höhe von 360,– EUR wurde am 1. 10. für ein Jahr durch die Bank überwiesen.
   e) Ende April des nächsten Jahres überweisen wir Darlehenszinsen rückwirkend für ein halbes Jahr durch die Bank 1.200,– EUR.
   f) Die Miete für das Geschäftshaus wurde am 1. 12. für drei Monate im Voraus durch die Bank überwiesen (2.400,– EUR).
   g) Wir haben am 31. 12. fällige Darlehenszinsen für die Zeit vom 1. 10. bis 31. 12. in Höhe von 500,– EUR monatlich noch nicht erhalten.
   h) Am 6. 12. wurden Bezugskosten für eine Fachzeitschrift in Höhe von 150,– EUR netto durch die Bank überwiesen.
   i) Am 1. 12. gingen durch Banküberweisung Mietzahlungen für Dezember bis Februar in Höhe von insgesamt 900,– EUR ein.
   j) Wir zahlen am 1. 11. Darlehenszinsen in Höhe von 900,– EUR für ein Vierteljahr vorschüssig durch Banküberweisung.
   k) Die Feuerversicherungsprämie in Höhe von 300,– EUR wurde am 1. 9. des laufenden Geschäftsjahres für ein Jahr im Voraus überwiesen.
   l) Auf Grund eines Steuerbescheides steht noch eine Gewerbesteuerzahlung in Höhe von 870,– EUR aus.

Rückstellungen

Ebenso wie die sonstigen Verbindlichkeiten haben **Rückstellungen** als Schuldenpositionen in der Bilanz die Aufgabe, Aufwendungen, die erst in einer späteren Periode zu Ausgaben führen, der Periode ihrer Verursachung zuzurechnen. Im Gegensatz zu den sonstigen Verbindlichkeiten ist bei Rückstellungen jedoch weder die **Höhe** der Schuld noch der genaue **Fälligkeitstermin** am Bilanzstichtag bekannt.

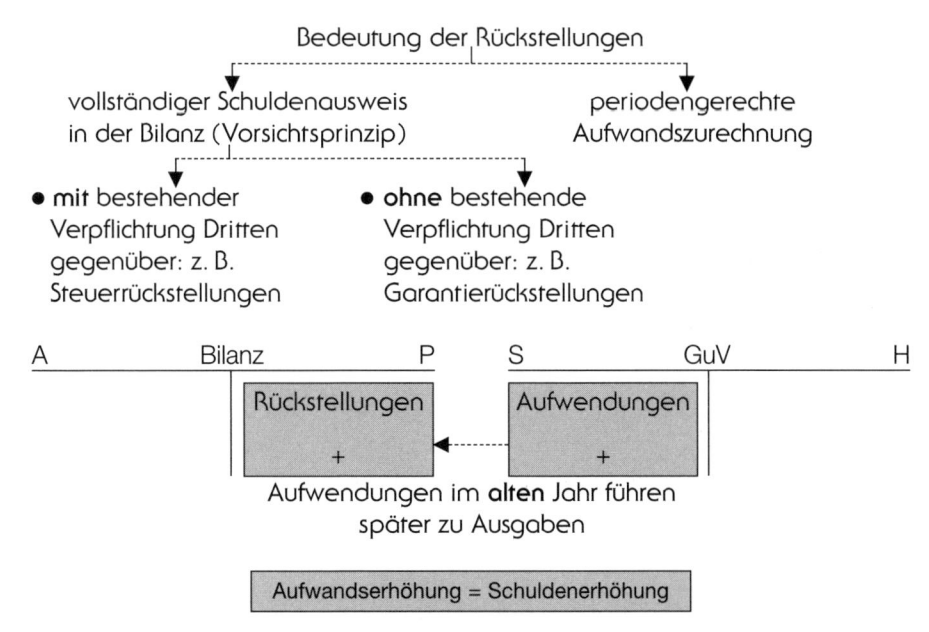

```
                    Bedeutung der Rückstellungen
                    ┌──────────────┴──────────────┐
                    ▼                             ▼
        vollständiger Schuldenausweis      periodengerechte
        in der Bilanz (Vorsichtsprinzip)   Aufwandszurechnung
        ┌───────────┴───────────┐
        ▼                       ▼
  • mit bestehender      • ohne bestehende
    Verpflichtung Dritten   Verpflichtung Dritten
    gegenüber: z. B.        gegenüber: z. B.
    Steuerrückstellungen    Garantierückstellungen
```

A	Bilanz	P	S	GuV	H
		Rückstellungen +	Aufwendungen + ◄----		

Aufwendungen im **alten** Jahr führen später zu Ausgaben

Aufwandserhöhung = Schuldenerhöhung

Die Verpflichtung zur Bildung von Rückstellungen ergibt sich aus den Grundsätzen ordnungsmäßiger Bilanzierung, wonach **mögliche** Verluste in der Bilanz auszuweisen sind. Ihre Höhe ist zu schätzen.
Rückstellungen sind nach § 249 Abs. 1 und 2 HGB für ungewisse Verbindlichkeiten und drohende Verluste aus schwebenden Geschäften zu bilden.
Ebenso sind sie zu bilden für 1. im Geschäftsjahr unterlassene Aufwendungen für Instandhaltung, die im folgenden Geschäftsjahr innerhalb von drei Monaten, oder für Abraumbeseitigung, die im folgenden Geschäftsjahr nachgeholt werden, 2. Gewährleistungen, die ohne rechtliche Verpflichtung erbracht werden. Rückstellungen **dürfen** für unterlassene Aufwendungen für Instandhaltung auch gebildet werden, wenn die Instandhaltung nach Ablauf der Frist nach Satz 2 Nr. 1 innerhalb des Geschäftsjahres nachgeholt wird. Sie dürfen außerdem für ihrer Eigenart nach genau umschriebene, dem Geschäftsjahr zuzuordnende Aufwendungen gebildet werden, die am Abschlussstichtag wahrscheinlich oder sicher hinsichtlich ihrer Höhe und des Zeitpunktes ihres Eintritts unbestimmt sind.

Die Rückstellungen werden in der Bilanz auf dem Passivkonto

> Rückstellungen

ausgewiesen.

BEISPIEL 36

Auf Grund einer Betriebsprüfung wird am 31.12. mit einer Gewerbesteuernachzahlung von 12.000,– EUR gerechnet.
Dieser Aufwand ist ursächlich der abgelaufenen Periode zuzurechnen. Höhe und Fälligkeitszeitpunkt sind nicht bekannt. Zu Lasten des Aufwandskontos „Steuern" ist somit eine Rückstellung in der Bilanz einzustellen.

Buchung 31.12.:
Steuern, Gebühren, Beiträge 12.000,– an Rückstellungen 12.000,–
GuV 12.000,– an Steuern 12.000,–
Rückstellungen 12.000,– an Schlussbilanzkonto 12.000,–

Rückstellungen sind aufzulösen, wenn
1. der Grund für ihre Bildung entfällt oder
2. die erwartete Schuld der Höhe nach feststeht.

So sind bei Zahlung der Steuerschuld durch Banküberweisung in der nächsten Periode die folgenden drei Fälle denkbar:
1. Die Steuerzahlung entspricht der Höhe der Rückstellung, eine erfolgswirksame Korrektur wird nicht erforderlich.

   Buchung:
   Rückstellungen 12.000,– an Bank 12.000,–

2. Die Steuerzahlung ist größer als die Rückstellung, eine erfolgswirksame Korrektur wird erforderlich.

   Buchung:
   Rückstellungen 12.000,–
   periodenfremde Aufwendungen 2.000,– an Bank 14.000,–

3. Die Steuerzahlung ist kleiner als die Rückstellung, eine erfolgswirksame Korrektur wird ebenso erforderlich.

   Buchung:
   Rückstellungen 12.000,– an Bank 9.000,–
   Erträge aus der Auflösung
   von Rückstellungen 3.000,–

Nach § 253 Abs. 1 HGB sind Rückstellungen in der Höhe des Betrages anzusetzen, der nach vernünftiger kaufmännischer Beurteilung notwendig ist.
Das HGB regelt im Rahmen der Ansatzvorschriften die Zwecke, für die Rückstellungen zu bilden sind. Es wird dabei zwischen Ansatzpflichten und Wahlrechten unterschieden.

ÜBERBLICK

Rückstellungen:
Passive Bilanzposition für echte, hinsichtlich Höhe und Zeitpunkt jedoch ungewisse Schulden, gebildet zu Lasten von **Aufwandskonten**.
Da sie geschätzt werden müssen, können bei der Auflösung „periodenfremde Aufwendungen" (Rückstellung < Zahlung) oder „Erträge aus der Auflösung von Rückstellungen" (Rückstellung > Zahlung) entstehen. Der Ausweis von Rückstellungen entspricht dem Gläubigerschutzprinzip.

AUFGABEN

34. Für einen schwebenden Prozess wird eine Rückstellung von 4.500,- EUR gebildet (Konto: Allgemeine Verwaltungskosten)

35. Nach Abschluss des Prozesses werden an das Gericht und den Prozessgegner überwiesen
    a) 3.900,- EUR
    b) 5.100,- EUR
    c) 4.500,- EUR

36. Worin unterscheiden sich Sonstige Verbindlichkeiten und Rückstellungen in der Bilanz?

Gewinnverteilung bei verschiedenen Unternehmensformen

GEWINNVERTEILUNG BEI DER EINZELUNTERNEHMUNG

Der Jahresabschluss bei der Einzelunternehmung weist keine besonderen Probleme auf, da lediglich ein Kapitalkonto mit den Unterkonten „Privat" und „Gewinn- und Verlustkonto" zu führen ist.

GEWINNVERTEILUNG BEI DER OFFENEN HANDELSGESELLSCHAFT (OHG)

Wie bei der Einzelunternehmung sind die Kapitalkonten der OHG-Gesellschafter **variable** Kapitalkonten, die sich durch Entnahmen und Einlagen, Gewinne und Verluste laufend ändern.
Die Verteilung des Gewinnes ist entweder vertraglich geregelt oder entspricht den Bestimmungen des HGB (§ 121).
Danach erhalten die Gesellschafter jeweils ihre Kapitaleinlage mit 4 % verzinst, der Rest des Gewinnes wird nach Köpfen verteilt.
Am Verlust sind alle Gesellschafter gleichmäßig beteiligt. Für ihre zusätzlichen Arbeitsleistungen können geschäftsführende Gesellschafter **vorab** Gewinnanteile erhalten.

BEISPIEL 37

An einer OHG sind drei Gesellschafter mit folgenden Einlagen beteiligt:

 A 60.000,– EUR   B 50.000,– EUR   C 40.000,– EUR

Die Verteilung des Gewinnes erfolgt nach den Bestimmungen des HGB, wobei B jedoch vorab 5.000,– EUR für die Geschäftsführung erhält. Der Gewinn beträgt 35.000,– EUR.

Gesellschafter	Kapital Anfang des Jahres	Vorabanteil	4 % der Einlage	Rest	Gesamtgewinn	Kapital Ende des Jahres
A	60.000,–	–	2.400,–	8.000,–	10.400,–	70.400,–
B	50.000,–	5.000,–	2.000,–	8.000,–	15.000,–	65.000,–
C	40.000,–	–	1.600,–	8.000,–	9.600,–	49.600,–
	150.000,–	5.000,–	6.000,–	24.000,–	35.000,–	185.000,–

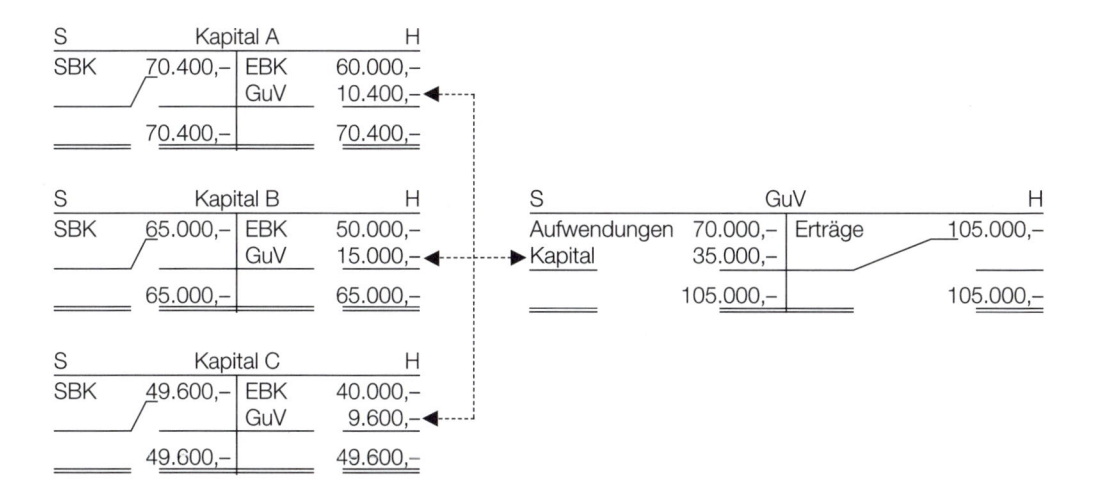

```
S         Kapital A         H
SBK   70.400,-  | EBK   60.000,-
                | GuV   10.400,- ◄----┐
      70.400,-  |       70.400,-      |
                                      |
S         Kapital B         H         |    S            GuV              H
SBK   65.000,-  | EBK   50.000,-      |    Aufwendungen 70.000,- | Erträge  105.000,-
                | GuV   15.000,- ◄----┼---►Kapital       35.000,-
      65.000,-  |       65.000,-      |                 105.000,-|         105.000,-
                                      |
S         Kapital C         H         |
SBK   49.600,-  | EBK   40.000,-      |
                | GuV    9.600,- ◄----┘
      49.600,-  |       49.600,-
```

Abschlussbuchungen:

GuV   35.000,- an Kapital A   10.400,-
                 Kapital B   15.000,-
                 Kapital C   9.600,-

Kapital A 70.400,-
Kapital B 65.000,-
Kapital C 49.600,- an Schlussbilanzkonto 185.000,-

GEWINNVERTEILUNG BEI DER KOMMANDITGESELLSCHAFT (KG)

Auch die Gewinnverteilung bei der KG richtet sich, sofern keine vertragliche Regelung besteht, nach den Bestimmungen des HGB (§ 168).
Danach erhalten die Vollhafter (Komplementäre) wie auch die Teilhafter (Kommanditisten) zunächst ihre Kapitaleinlage mit 4 % verzinst. Der Restgewinn ist in **angemessenem** Verhältnis zu verteilen, wobei auf Grund des höheren Risikos den Vollhaftern entsprechend mehr zusteht.
Am Verlust nehmen alle Gesellschafter in angemessenem Verhältnis teil.
Im Gegensatz zu den Vollhaftern bei OHG und KG verfügen die Teilhafter der KG jedoch nicht über Privatkonten und variable Kapitalkonten. Sie haben vielmehr **feste** Einlagen. Ihre Gewinnanteile sind als „**Sonstige Verbindlichkeiten**" zu verbuchen und zu bilanzieren, die die Einlage nicht erhöhen.
Für die Vollhafter werden dagegen wie bei der OHG **variable** Kapitalkonten geführt.

Jahresabschluss der Unternehmung

BEISPIEL 38

An einer KG sind beteiligt:
Vollhafter A mit 50.000,– EUR
Teilhafter B mit 30.000,– EUR
Vom Gesamtgewinn von 12.200,– EUR soll jeder Gesellschafter zunächst 4 % seiner Einlage erhalten. Der Restgewinn soll im Verhältnis 2 : 1 auf die Gesellschafter verteilt werden.

Gesell-schafter	Kapital Anfang des Jahres	4 % der Einlage	Rest	Gesamt-gewinn	Kapital Ende des Jahres
A	50.000,–	2.000,–	6.000,–	8.000,–	58.000,–
B	30.000,–	1.200,–	3.000,–	4.200,–	30.000,–
	80.000,–	3.200,–	9.000,–	12.200,–	88.000,–

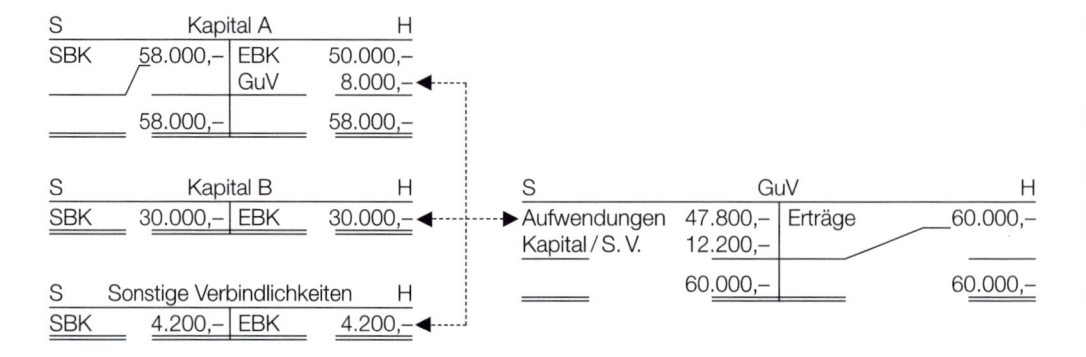

```
S         Kapital A          H
SBK   58.000,– | EBK    50.000,–
               | GuV     8.000,–
      58.000,– |        58.000,–


S         Kapital B          H          S            GuV              H
SBK   30.000,– | EBK    30.000,–        Aufwendungen 47.800,– | Erträge   60.000,–
                                        Kapital/S.V. 12.200,– |
                                                     60.000,– |          60.000,–
S   Sonstige Verbindlichkeiten    H
SBK    4.200,– | EBK     4.200,–
```

GEWINNVERTEILUNG BEI DER AKTIENGESELLSCHAFT (AG)

Die Bilanz der AG muss den Gliederungsvorschriften entsprechen (§ 151 AktG). Sie hat nach dem Grundsatz der Bilanzklarheit nicht nur für die AG Gültigkeit, sondern ist auch auf andere Rechtsformen anzuwenden.
Beim Aufbau der Bilanz gelten folgende Prinzipien:
- **Aktivseite:** Kapitalbindungsfristen, langfristig im Anlagevermögen, mittel- und kurzfristig im Umlaufvermögen.
- **Passivseite:** Kapitalüberlassungsfristen bei langfristigem und kurzfristigem Kapital.

Die Gliederung der zu **veröffentlichenden** Bilanzen richtet sich nach dem HGB zum Schutz kleiner und mittelgroßer Kapitalgesellschaften nach der Größe des Unternehmens.

Vollständiges Gliederungsschema nach § 266 Abs. 2 und 3 HGB für große Kapitalgesellschaften:

Aktivseite	Passivseite
A. Anlagevermögen **I. Immaterielle Vermögensgegenstände** 1. Konzessionen, gewerbliche Schutzrechte und ähnliche Rechte und Werte sowie Lizenzen an solchen Rechten und Werten 2. Geschäfts- oder Firmenwert 3. geleistete Anzahlungen **II. Sachanlagen** 1. Grundstücke, grundstücksgleiche Rechte und Bauten einschließlich der Bauten auf fremden Grundstücken 2. technische Anlagen und Maschinen 3. andere Anlagen, Betriebs- und Geschäftsausstattung 4. geleistete Anzahlungen und Anlagen im Bau **III. Finanzanlagen** 1. Anteile an verbundenen Unternehmen 2. Ausleihungen an verbundene Unternehmen 3. Beteiligungen 4. Ausleihungen an Unternehmen, mit denen ein Beteiligungsverhältnis besteht 5. Wertpapiere des Anlagevermögens 6. sonstige Ausleihungen **B. Umlaufvermögen** **I. Vorräte** 1. Roh-, Hilfs- und Betriebsstoffe 2. unfertige Erzeugnisse 3. fertige Erzeugnisse und Waren 4. geleistete Anzahlungen **II. Forderungen und sonstige Vermögensgegenstände** 1. Forderungen aus Lieferungen und Leistungen 2. Forderungen gegen verbundene Unternehmen 3. Forderungen gegen Unternehmen, mit denen ein Beteiligungsverhältnis besteht 4. sonstige Vermögensgegenstände **III. Wertpapiere** 1. Anteile an verbundenen Unternehmen 2. eigene Anteile 3. sonstige Wertpapiere **IV. Schecks, Kassenbestand, Bundesbank- und Postbankguthaben, Guthaben bei Kreditinstituten** **C. Rechnungsabgrenzungsposten**	**A. Eigenkapital** **I. Gezeichnetes Kapital** **II. Kapitalrücklage** **III. Gewinnrücklagen** 1. gesetzliche Rücklage 2. Rücklage für eigene Anteile 3. satzungsmäßige Rücklagen 4. andere Gewinnrücklagen **IV. Gewinnvortrag/Verlustvortrag** **V. Jahresüberschuss/Jahresfehlbetrag** **B. Rückstellungen** 1. Rückstellungen für Pensionen und ähnliche Verpflichtungen 2. Steuerrückstellungen 3. sonstige Rückstellungen **C. Verbindlichkeiten** 1. Anleihen, davon konvertibel 2. Verbindlichkeiten gegenüber Kreditinstituten 3. erhaltene Anzahlungen auf Bestellungen 4. Verbindlichkeiten aus Lieferungen und Leistungen 5. Verbindlichkeiten aus der Annahme gezogener Wechsel und der Ausstellung eigener Wechsel 6. Verbindlichkeiten gegenüber verbundenen Unternehmen 7. Verbindlichkeiten gegenüber Unternehmen, mit denen ein Beteiligungsverhältnis besteht 8. sonstige Verbindlichkeiten, davon aus Steuern davon im Rahmen der sozialen Sicherheit **D. Rechnungsabgrenzungsposten**

In der Bilanz werden alle Posten des Eigenkapitals bei Kapitalgesellschaften zu einer Gruppe „A. Eigenkapital" zusammengefasst.
Zum Eigenkapital der AG gehören die folgenden Kapitalpositionen:
1. **Gezeichnetes Kapital:** Es entspricht der Summe der Nennwerte (Nominalwerte) aller ausgegebenen Aktien. Es ist nominell fest gebunden und kann nur durch entsprechenden Beschluss der Hauptversammlung, etwa bei einer Kapitalerhöhung durch Ausgabe junger Aktien, verändert werden.
Das entsprechende Konto ist somit als starres Kapitalkonto zu führen, ebenso wie bei einer GmbH.
2. **Rücklagen:** Rücklagen sind getrennt ausgewiesenes Eigenkapital, das es nur bei Kapitalgesellschaften wegen des konstanten „gezeichneten Kapitals" gibt.
Danach, ob sie in der Bilanz unmittelbar zum Ausdruck kommen, können die folgenden Arten der Rücklagen unterschieden werden:

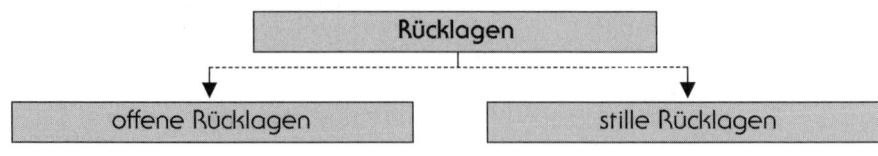

Rücklagen

offene Rücklagen
- Bildung aus dem bereits versteuerten Jahresgewinn (Gewinnrücklagen) oder Einlage von zusätzlichem Eigenkapital (Kapitalrücklagen)
- offener Ausweis auf der Passivseite der Bilanz

stille Rücklagen
- Unterbewertung von Vermögenswerten (z. B. niedrige Buchwerte durch zu hohe Abschreibungen)
- Überbewertung von Schulden (z. B. zu hohe Rückstellungen)

gesetzliche Rücklagen (§ 150 AktG)
- jährlich 5 % des Jahresüberschusses sind einzustellen, bis 10 % des gezeichneten Kapitals erreicht sind.
- zweckgebunden
- keine Verpflichtung für GmbH

freiwillige Rücklagen (§ 58 AktG)
- bis zur Hälfte des Jahresüberschusses können eingestellt werden
- nicht zweckgebunden (Finanzierung)
- auch bei GmbH möglich

Rücklagen sind zusätzliches Haftungskapital. Sie werden im Verlustfall zunächst aufgelöst, bevor das Nominalkapital berichtigt werden muss.

Gewinnverteilung bei Unternehmensformen

3. **Jahresüberschuss/Jahresfehlbetrag:** Dies ist das Ergebnis des Geschäftsjahres, das im Regelfall unverteilt in die Bilanz eingestellt wird. Die Verwendung erfolgt buchhalterisch im neuen Jahr.

Die Ermittlung des Jahresüberschusses/Jahresfehlbetrages erfolgt durch die GuV-Rechnung, die bereits mittelgroße Kapitalgesellschaften in Staffelform (§ 275 HGB) veröffentlichen müssen.

1. Umsatzerlöse ....
2. Erhöhung oder Verminderung des Bestandes an fertigen und unfertigen Erzeugnissen ....
3. Andere aktivierte Eigenleistungen ....
4. Sonstige betriebliche Erträge ....
5. Materialaufwand
   a) Aufwendungen für Roh-, Hilfs- und Betriebsstoffe und für bezogene Waren ....
   b) Aufwendungen für bezogene Leistungen ....
6. Personalaufwand
   a) Löhne und Gehälter
   b) Soziale Abgaben und Aufwendungen für Altersversorgung und für Unterstützung ....
7. Abschreibungen
   a) auf immaterielle Anlagewerte und Sachanlagen ....
   b) auf Vermögensgegenstände des Umlaufvermögens, soweit diese die in der Kapitalgesellschaft üblichen Abschreibungen überschreiten ....
8. Sonstige betriebliche Aufwendungen ....
9. Erträge aus Beteiligungen ....
10. Erträge aus anderen Wertpapieren und Ausleihungen des Finanzanlagevermögens ....
11. Sonstige Zinsen und ähnliche Erträge ....
12. Abschreibungen auf Finanzanlagen und auf Wertpapiere des Umlaufvermögens ....
13. Zinsen und ähnliche Aufwendungen ....
14. **Ergebnis der gewöhnlichen Geschäftstätigkeit (= Saldo aus 1–13)**
15. Außerordentliche Erträge ....
16. Außerordentliche Aufwendungen ....
17. **Außerordentliches Ergebnis (= Saldo aus 15–16)** ....
18. Steuern vom Einkommen und vom Ertrag ....
19. Sonstige Steuern ....
20. **Jahresüberschuss/Jahresfehlbetrag** ....

BEISPIEL 39

Zum 31.12. des Geschäftsjahres sind für eine AG diese Zahlen vorgegeben:

Gezeichnetes Kapital	4.000.000,– EUR
Kapitalrücklagen	250.000,– EUR
gesetzliche Gewinnrücklagen	50.000,– EUR
andere Gewinnrücklagen	40.000,– EUR

Das GuV-Konto weist einen Jahresüberschuss von 350.000,– EUR aus.

Vor der Aufstellung der Bilanz sollen den gesetzlichen Gewinnrücklagen der jährliche Mindestbetrag zugeführt werden. Zusätzlich sollen 160.000,– EUR den anderen Gewinnrücklagen zugeführt werden.
10 % vom gezeichneten Kapital sind 400.000,– EUR. Kapitalrücklagen und gesetzliche Gewinnrücklagen betragen zusammen 300.000,– EUR. Somit sind mindestens 5 % des Jahresüberschusses (= 17.500,– EUR) den gesetzlichen Gewinnrücklagen zuzuführen. Der verbleibende Rest wird als ausschüttungsfähiger **Bilanzgewinn** in die nächste Periode übernommen.

Berechnung des Bilanzgewinnes:

Jahresüberschuss	350.000,– EUR
– Zuführung zu den gesetzlichen Gewinnrücklagen	17.500,– EUR
– Zuführung zu den anderen Gewinnrücklagen	160.000,– EUR
= Bilanzgewinn	172.500,– EUR

Buchungen zum 31.12.:

GuV	350.000,–	an	Jahresüberschuss	350.000,–
Jahresüberschuss	350.000,–	an	Ergebnisverwendung	350.000,–
Ergebnisverwendung	350.000,–	an	gesetzliche GRL	17.500,–
			andere GRL	160.000,–
			Bilanzgewinn	172.500,–

Sind die gesetzlichen Bedingungen, die bereits bei der Aufstellung der Bilanz zu berücksichtigen sind, erfüllt und besteht noch kein Beschluss hinsichtlich der Gewinnverwendung, wird in der Bilanz der Jahresüberschuss von 350.000,– EUR ausgewiesen.

Beschließt im vorliegenden Fall die Hauptversammlung im Folgejahr die Ausschüttung einer Dividende von 4 % auf das Aktienkapital (= 160.000,– EUR), so verbleibt ein Gewinnvortrag von 12.500,– EUR (172.500,– EUR – 160.000,– EUR).

Buchungen:

Bilanzgewinn	172.500,–	an	Ergebnisverwendung	172.500,–
Ergebnisverwendung	172.500,–	an	sonstige Verbindlichkeiten	32.000,–
			Bank	128.000,–
			Gewinnvortrag	12.500,–

(Es wurde im Beispiel nur die Kapitalertragssteuer von 20 %, nicht aber Körperschaftsteuer und Solidaritätszuschlag berücksichtigt.)

GEWINNVERTEILUNG BEI DER GMBH

Im Gegensatz zur AG gibt es bei der GmbH nur freiwillige Rücklagen bzw. durch Satzung bestimmte Rücklagen. Das nominell ebenso fest gebundene Stammkapital wird in der Bilanz auch als „gezeichnetes Kapital" ausgewiesen.

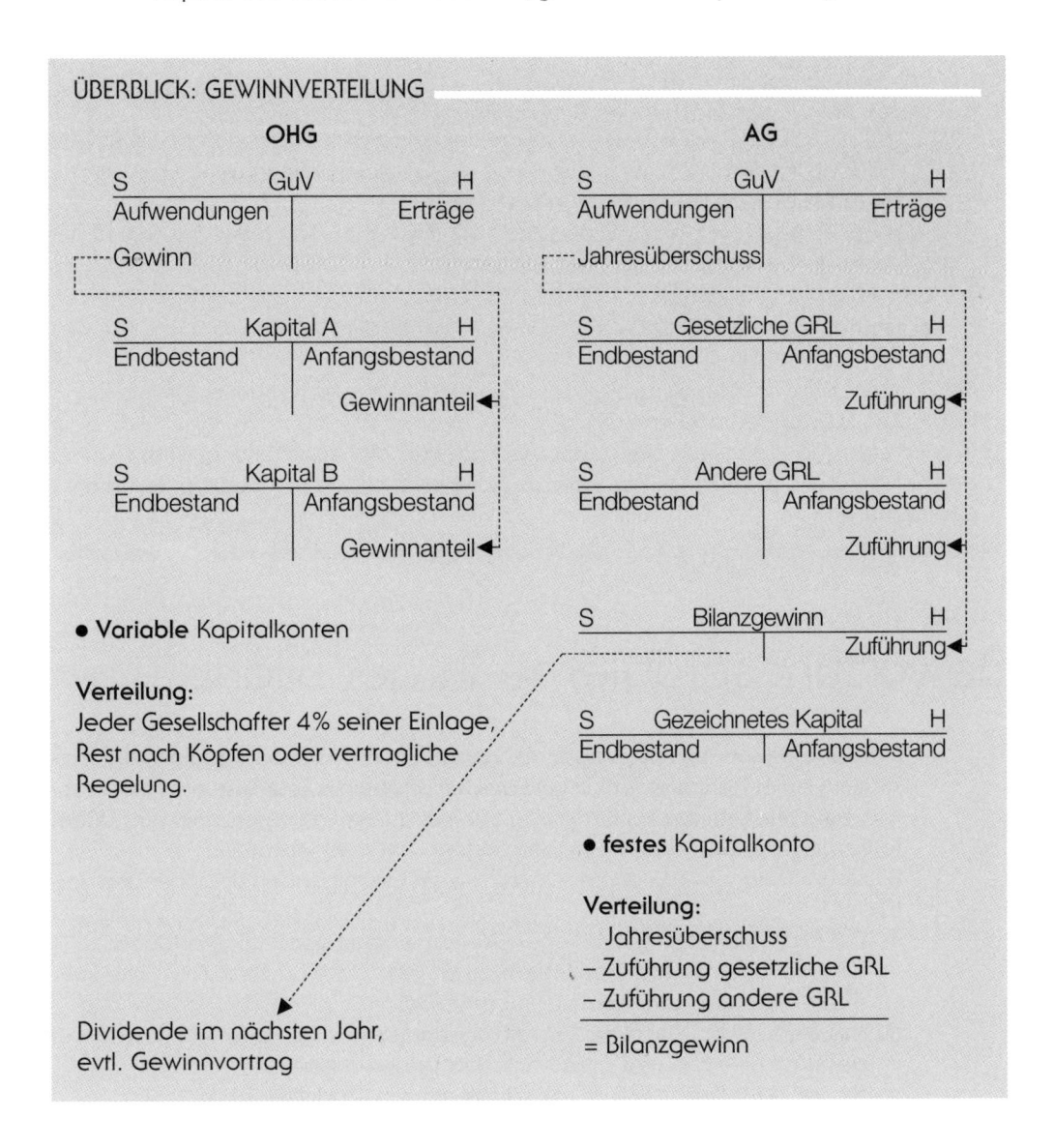

ÜBERBLICK: GEWINNVERTEILUNG

OHG

S	GuV	H
Aufwendungen		Erträge
Gewinn		

S	Kapital A	H
Endbestand		Anfangsbestand
		Gewinnanteil

S	Kapital B	H
Endbestand		Anfangsbestand
		Gewinnanteil

- **Variable** Kapitalkonten

Verteilung:
Jeder Gesellschafter 4% seiner Einlage, Rest nach Köpfen oder vertragliche Regelung.

Dividende im nächsten Jahr, evtl. Gewinnvortrag

AG

S	GuV	H
Aufwendungen		Erträge
Jahresüberschuss		

S	Gesetzliche GRL	H
Endbestand		Anfangsbestand
		Zuführung

S	Andere GRL	H
Endbestand		Anfangsbestand
		Zuführung

S	Bilanzgewinn	H
		Zuführung

S	Gezeichnetes Kapital	H
Endbestand		Anfangsbestand

- **festes** Kapitalkonto

Verteilung:
Jahresüberschuss
− Zuführung gesetzliche GRL
− Zuführung andere GRL

= Bilanzgewinn

AUFGABEN

37. An einer OHG sind die Gesellschafter A mit 40.000,– EUR, B mit 20.000,– EUR und C mit 50.000,– EUR beteiligt. Die Privatentnahmen betrugen im Laufe des Geschäftsjahres bei A 2.000,– EUR, B 1.500,– EUR und C 500,– EUR.
Das GuV-Konto weist einen Gewinn von 16.400,– EUR aus, der nach den Bestimmungen des HGB zu verteilen ist.
Bilden Sie die entsprechenden Buchungssätze zum Jahresabschluss!

38. Für eine AG gelten vor dem Jahresabschluss die folgenden Werte:
    gezeichnetes Kapital   4.000.000,– EUR
    Kapitalrücklagen   200.000,– EUR
    gesetzliche Gewinnrücklagen 180.000,– EUR
    andere Gewinnrücklagen   800.000,– EUR
    Aufwendungen 6.150.000,– EUR; Erträge 6.750.000,– EUR

Gewinnverteilung: Zuführung zu den gesetzlichen GRL vorgeschriebenes Minimum, 240.000,– EUR zu den anderen GRL.
Im nächsten Jahr beschließt die Hauptversammlung die Ausschüttung einer Dividende von 8 %, der Restgewinn wird als Gewinnvortrag in die nächste Periode übernommen.

Bewertungsprobleme in der Bilanz

Der Gesetzgeber verlangt regelmäßig zum Ende des Geschäftsjahres die Aufstellung einer **Handelsbilanz** zur Rechenschaftslegung und Dokumentation sowie einer **Steuerbilanz** zur Ermittlung der Steuerbemessungsgrundlagen. Dabei fordert er eine Bewertung aller Vermögens- und Schuldposten.
Diese Bewertung wird dann erschwert, wenn die folgenden Bedingungen vorliegen:
1. Die Bilanzpositionen unterliegen **Wertschwankungen**, z. B. Wertpapiere;
2. sie unterliegen **Wertminderungen** durch technische und wirtschaftliche Faktoren, z. B. abnutzbare Anlagegüter (PKW);
3. der Wertansatz ist von der **Bewertungsmethode** abhängig, z. B. Bewertung des Umlaufvermögens (zu schätzende Forderungsausfälle);
4. für die Bewertung besteht ein **Wahlrecht**, z. B. Rückstellungen.

Bewertungsprobleme in der Bilanz

BEWERTUNGSGRUNDSÄTZE

Die Bewertung in der Handelsbilanz* wird bestimmt durch den Grundsatz **„kaufmännischer Vorsicht"**. Er dient dem Schutz der Gesellschafter und Gläubiger vor Vermögensverlusten sowie der Kapitalerhaltung des Unternehmens durch die Festlegung einer **oberen** Grenze für die Bewertung der Vermögenswerte sowie einer **unteren** Grenze für die Bewertung der Schulden.

Diesem Vorsichtsprinzip entsprechen die folgenden Bewertungsgrundsätze, die zugleich für die Aufstellung der Steuerbilanz gelten:

1. **Realisationsprinzip** (Anschaffungswertprinzip):
   Gewinne und Verluste dürfen in der Bilanz erst ausgewiesen werden, wenn sie durch Umsätze auch bewirkt wurden. Dieser Grundsatz schließt Wertsteigerungen über die **Anschaffungs-** oder **Herstellungskosten** hinaus aus. Vielmehr bilden diese Werte die oberste Grenze für die Bewertung von Wirtschaftsgütern in der Bilanz.

2. **Imparitätsprinzip:**
   Danach sind neben **realisierten** Gewinnen und Verlusten **auch** die nicht durch Umsatzprozesse realisierten **Verluste** (nicht Gewinne, daher auch „Prinzip der Inkonsequenz") im Jahr ihrer Verursachung in der Bilanz auszuweisen.

Dies entspricht dem Erfordernis einer vorsichtigen Bewertung im Sinne des Gläubigerschutzes sowie der Kapitalerhaltung (§ 252–256 HGB).

Die Bewertung wird erreicht durch die Anwendung des **Niederstwertprinzips** auf der Aktivseite der Bilanz sowie des **Höchstwertprinzips** auf der Passivseite.

Niederstwertprinzip:

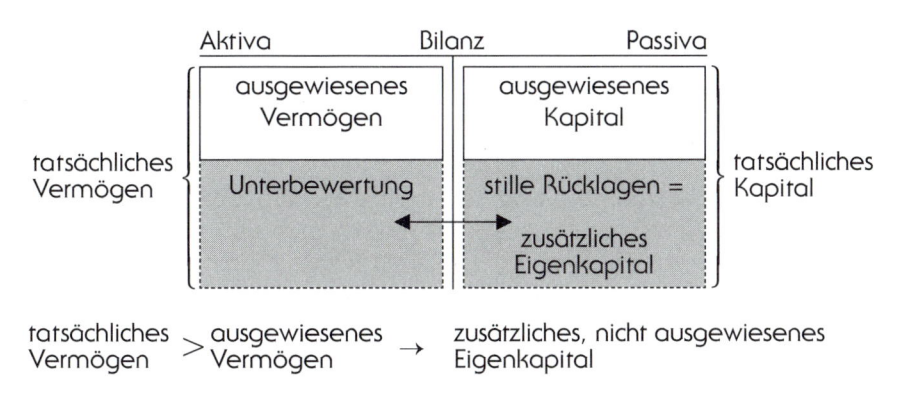

	Aktiva	Bilanz	Passiva	
	ausgewiesenes Vermögen		ausgewiesenes Kapital	
tatsächliches Vermögen }	Unterbewertung	↔	stille Rücklagen = zusätzliches Eigenkapital	{ tatsächliches Kapital

tatsächliches Vermögen > ausgewiesenes Vermögen → zusätzliches, nicht ausgewiesenes Eigenkapital

- Unterbewertung von Vermögen

---

* Auf die Bewertungsprobleme in der Steuerbilanz kann im Rahmen eines einführenden Überblicks nicht eingegangen werden.

Das Niederstwertprinzip kommt in zwei Formen vor:
- **gemildertes Niederstwertprinzip:**
Es gilt für das Anlagevermögen und verlangt, dass von zwei alternativen Wertansätzen (Anschaffungswert oder Tageswert am Bilanzstichtag) der niedrigere zu wählen ist. Eine **vorübergehende,** nicht nachhaltige Wertminderung muss **nicht** berücksichtigt werden. Dieses Wahlrecht entfällt bei dauernder Wertminderung.
- **strenges Niederstwertprinzip:**
Es gilt für das Umlaufvermögen und besagt, dass die Bewertung zum jeweils niedrigeren Wert zwingend vorgeschrieben ist. Dabei sind zwei Fälle denkbar:
Anschaffungswert > Tageswert zum 31.12. → Bilanzansatz zum Tageswert
Die in diesem Fall nicht durch Umsätze realisierten Verluste müssen ausgewiesen werden.
Anschaffungswert < Tageswert zum 31.12. → Bilanzansatz zum Anschaffungswert. In diesem Fall entstehen zum 31.12. nicht realisierte Gewinne, die nicht in der Bilanz ausgewiesen werden dürfen.
- **Höchstwertprinzip:**
Es gilt für die Passivseite der Bilanz. Danach sind Schulden mit dem Rückzahlungsbetrag (100 %) zu passivieren, z. B. Hypothekendarlehen. Ein Disagio (etwa bei Auszahlung von 94 %, Disagio = 6 %) ist steuerlich aktiv abzugrenzen und planmäßig abzuschreiben.

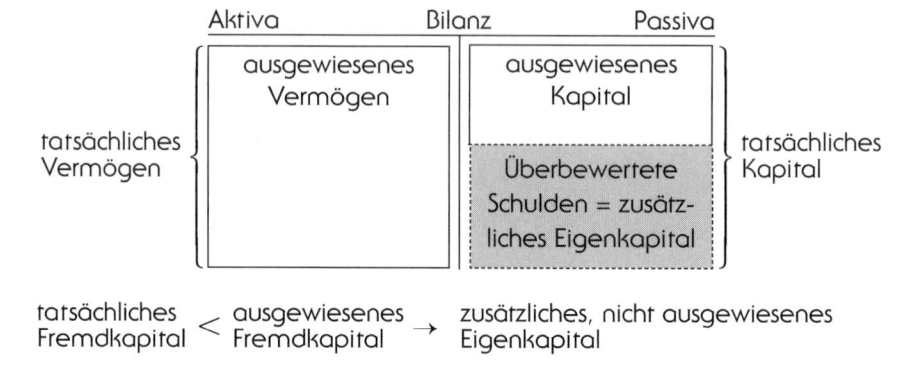

	Aktiva	Bilanz	Passiva	
tatsächliches Vermögen	ausgewiesenes Vermögen		ausgewiesenes Kapital	tatsächliches Kapital
			Überbewertete Schulden = zusätzliches Eigenkapital	

tatsächliches Fremdkapital < ausgewiesenes Fremdkapital → zusätzliches, nicht ausgewiesenes Eigenkapital

3. **Grundsatz der Einzelbewertung und Stichtagsbezogenheit**
   Alle Vermögensgegenstände und Schulden sind **einzeln** zu erfassen und zu bewerten. Dadurch soll verhindert werden, dass durch Zusammenfassung von Wirtschaftsgütern Wertminderungen und Wertsteigerungen verrechnet werden können.
   Die Wertansätze müssen dem Wert des Zeitpunkts entsprechen, für den die Aufstellung stattfindet.
   Der Grundsatz der Einzelbewertung kann nach § 240 Abs. 3 und 4 HGB unter den hier genannten Voraussetzungen durchbrochen werden.

Danach können Vermögensgegenstände des Sachanlagevermögens sowie Roh-, Hilfs- und Betriebsstoffe mit einem **Festwert** angesetzt werden, wenn

- die Vermögensgegenstände regelmäßig ersetzt werden,
- ihr Gesamtwert für das Unternehmen von nachrangiger Bedeutung ist,
- ihr Bestand in seiner Größe, seinem Wert und seiner Zusammensetzung nur geringfügigen Veränderungen unterliegt.

Gruppenbewertung ist zulässig für gleichartige Vermögensgegenstände des Vorratsvermögens sowie für andere gleichartige oder annähernd gleichwertige bewegliche Vermögensgegenstände.

WERTANSÄTZE IN DER BILANZ

Der Bewertung in der Handelsbilanz dienen die folgenden Werte:

1. **Anschaffungskosten:** Wertansatz für beschaffte Wirtschaftsgüter des Anlage- und Umlaufvermögens (§ 255 HGB).

    Anschaffungspreis
    + Einzelkosten zur Erreichung eines betriebsbereiten Zustands
    + Anschaffungsnebenkosten (Transportkosten)
    − Anschaffungspreisminderungen (Skonti)

    = Anschaffungskosten

2. **Herstellungskosten:** Wertansatz für selbst erstellte Anlagen, für den Verbrauch von Gütern (z. B. Material) und Inanspruchnahme von Diensten (z. B. Löhne) bei der Erstellung.

    Fertigungsmaterial
    + Materialgemeinkosten
    (1) Materialkosten
    + Fertigungslöhne
    + Fertigungsgemeinkosten
    + Sondereinzelkosten der Fertigung
    (2) Fertigungskosten
    (1) + (2) Herstellungskosten

Vertriebskosten gehören nicht zu den Herstellungskosten, allgemeine Verwaltungskosten können einbezogen werden.

3. **Markt- oder Börsenwert:** Wertansatz für Gegenstände des Umlaufvermögens. Er entspricht dem Wiederbeschaffungswert (Tageswert) am Bilanzstichtag.
4. **Fortgeführte** Anschaffungs- oder Herstellungskosten:

    Anschaffungs- oder Herstellungskosten
    − planmäßige oder außerplanmäßige Abschreibungen

    = fortgeführte Anschaffungs- oder Herstellungskosten

5. **Rückzahlungsbetrag:** Wert der Schulden am Verfalltag

ÜBERBLICK

Bewertungsprinzipien		Auswirkung auf die Bilanz
Grundsatz der **Einzelbewertung**		Keine Kompensierung von Werterhöhungen und Wertminderungen verschiedener Gegenstände, d. h. individuelle Zurechenbarkeit. Evtl. Gruppen- und Festbewertung
Grundsatz der **Vorsicht**		
Realisationsprinzip	• realisierte Gewinne	Anschaffungswert < umsatzbedingte Erlöse → Ausweis in der Bilanz
	• realisierte Verluste	Anschaffungswert > umsatzbedingte Erlöse → Ausweis in der Bilanz
Imparitätsprinzip (Niederstwertprinzip)	• nicht realisierte Gewinne	Anschaffungswert < Tageswert 31.12. → kein Bilanzausweis
= Aktivseite	• nicht realisierte Verluste (Bewertungsverluste)	Anschaffungswert > Tageswert 31.12. → Ausweis in der Bilanz
strenge Form (Umlaufvermögen)		Zwingender Ansatz zum niedrigen Wert
gemilderte Form (Anlagevermögen)		Ansatz zum niedrigen Wert nur verpflichtend bei voraussichtlich dauernder Wertminderung
Imparitätsprinzip (Höchstwertprinzip) = Passivseite	• nicht realisierte Verluste	Auszahlungsbetrag < Rückzahlungsbetrag – Ausweis in der Bilanz
		Verlustvorwegnahme z. B. aus schwebenden Geschäften → Ausweis in der Bilanz

Wertansätze:
- Anschaffungskosten
- Herstellungskosten
- Markt- oder Börsenpreis
- fortgeführte Anschaffungs- und Herstellungskosten
- Rückzahlungsbetrag

AUFGABEN

39. Erläutern Sie
    a) Realisationsprinzip
    b) Imparitätsprinzip
    c) Niederstwertprinzip
    d) Höchstwertprinzip

40. Mit welchem Wert sind die folgenden Vermögens- und Schuldwerte jeweils zu bilanzieren?
    a) 6.000 kg Lack, Listenpreis 5,– EUR, Rabatt 10 %, Skonto 3 %, Fracht 150,– EUR, Umsatzsteuer 16 %
    b) PKW, Anschaffungswert 16.000,– EUR, Überführungskosten 480,– EUR, Zulassungskosten 120,– EUR
    c) Grundpfandrechtlich gesichertes Darlehen (Hypothek) über 60.000,– EUR, rückzahlbar in 10 Jahren, Auszahlung zu 98 %
    d) Grundstück, 600 qm, Kaufpreis 30,– EUR/qm, Tageswert am 31.12. 65,– EUR/qm
    e) Devisenforderungen aus einem Exportgeschäft 500.000,– USD. Kurs des USD in EUR bei Lieferung 0,9658, zum 31.12. 0,9735.
    f) Warenvorräte, Einstandspreis 45.000,– EUR, Marktpreis zum 31.12. auf Grund einer dauerhaften Wertminderung 42.000,– EUR

41. In welchen Fällen der Aufgabe 40 liegen vor:
    a) nicht realisierte Verluste,
    b) nicht realisierte Gewinne?

BEWERTUNG DER AKTIVA

Für die Wertansätze der einzelnen Vermögenswerte gelten die folgenden handelsrechtlichen Regelungen (§§ 253, 254 HGB):

Vermögenswert	obere Wertgrenze	untere Wertgrenze
1. Anlagevermögen a) Sachanlagen mit zeitlich nicht begrenzter Nutzung (Grund und Boden) b) Finanzanlagen	Anschaffungskosten	Niedrigerer Wert bei voraussichtlich **dauernder** Wertminderung, d. h. Bildung **außerplanmäßiger** Abschreibungen (gemildertes Niederstwertprinzip) Niedrigerer Ansatz darf beibehalten werden, auch wenn die Gründe dafür nicht mehr bestehen.
c) Sachanlagen mit zeitlich begrenzter Nutzung (abnutzbare Anlagegüter)	Anschaffungs- oder Herstellungskosten abzüglich **planmäßige** Abschreibungen für vorhersehbare Wertminderungen (fortgeführte AHK)	Anschaffungs- oder Herstellungskosten abzüglich planmäßige und **außerplanmäßige** Abschreibungen bei voraussichtlich dauernder Wertminderung (gemildertes Niederstwertprinzip)
2. Umlaufvermögen a) Vorräte	Anschaffungs- oder Herstellungskosten	Anschaffungs- oder Herstellungskosten oder niedrigerer Tageswert (strenges Niederstwertprinzip)
b) Forderungen	Nennwert (Nominalwert) + Zinsen und Provisionen, die zu kapitalisieren sind. Uneinbringliche Forderungen sind direkt abzuschreiben.	
c) Flüssige Mittel	Nennwert	

Steuerliche Vorschriften werden dadurch berücksichtigt, dass Abschreibungen auch vorgenommen werden können, um die Gegenstände des Anlage- oder Umlaufvermögens mit einem niedrigeren Wert anzusetzen, der nur auf einer steuerlich zulässigen Abschreibung beruht (§ 254 HGB).

Bewertungsprobleme in der Bilanz

Eine **bewusste** Unterbewertung von Vermögensgegenständen lässt das Aktiengesetz nur in Ausnahmefällen zu:
1. Wenn steuerlich zulässige Werte angesetzt werden, die unter den sonst maßgeblichen Wertansätzen liegen;
2. wenn niedrigere Werte des Abschlusstages fortgeführt werden, obwohl die Gründe für die niedrigere Bewertung entfallen sind;
3. wenn bei Gegenständen des Umlaufvermögens eine Unterbewertung bei vernünftiger kaufmännischer Beurteilung erforderlich ist, um zu verhindern, dass der Wertansatz in der nächsten Zukunft auf Grund von Wertschwankungen berichtigt werden muss.

Steuerlich gilt der Grundsatz der „Maßgeblichkeit der Handelsbilanz für die Steuerbilanz" (§ 5 EStG), d. h., die Wertansätze für Aktiva sind ebenfalls die Anschaffungs- oder Herstellungskosten, vermindert um zulässige Abschreibungen (Absetzungen für Abnutzung – AfA).

ABSCHREIBUNG AUF SACHANLAGEN

Wirtschaftsgüter des **Anlagevermögens** verlieren im Zeitablauf aus drei Gründen an Wert:

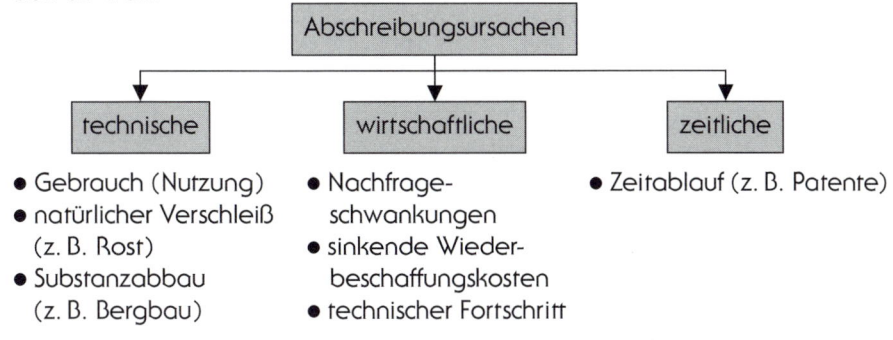

Abschreibungsursachen

technische
- Gebrauch (Nutzung)
- natürlicher Verschleiß (z. B. Rost)
- Substanzabbau (z. B. Bergbau)

wirtschaftliche
- Nachfrageschwankungen
- sinkende Wiederbeschaffungskosten
- technischer Fortschritt

zeitliche
- Zeitablauf (z. B. Patente)

Dieser **Werteverzehr** ist beim Bilanzansatz **abnutzbarer** Anlagegüter durch planmäßige und außerplanmäßige Abschreibungen sowie bei **nicht abnutzbaren** Anlagegütern durch außerplanmäßige Abschreibungen zu erfassen.

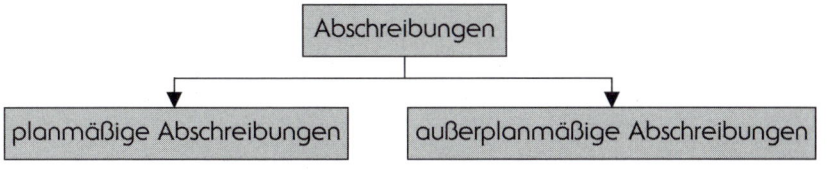

Abschreibungen

planmäßige Abschreibungen
- vorhersehbare, kalkulatorisch erfassbare Wertminderung (Abnutzung, Alterung, technischer Fortschritt) abnutzbarer Gegenstände
(§ 253 Abs. 2 HGB)

außerplanmäßige Abschreibungen
- nicht vorhersehbare, kalkulatorisch nicht erfassbare Wertminderung (höhere Gewalt, nicht vorhersehbarer technischer Fortschritt)
(§ 279 Abs. 1 HGB)
(§ 253 Abs. 2 und 3 HGB)

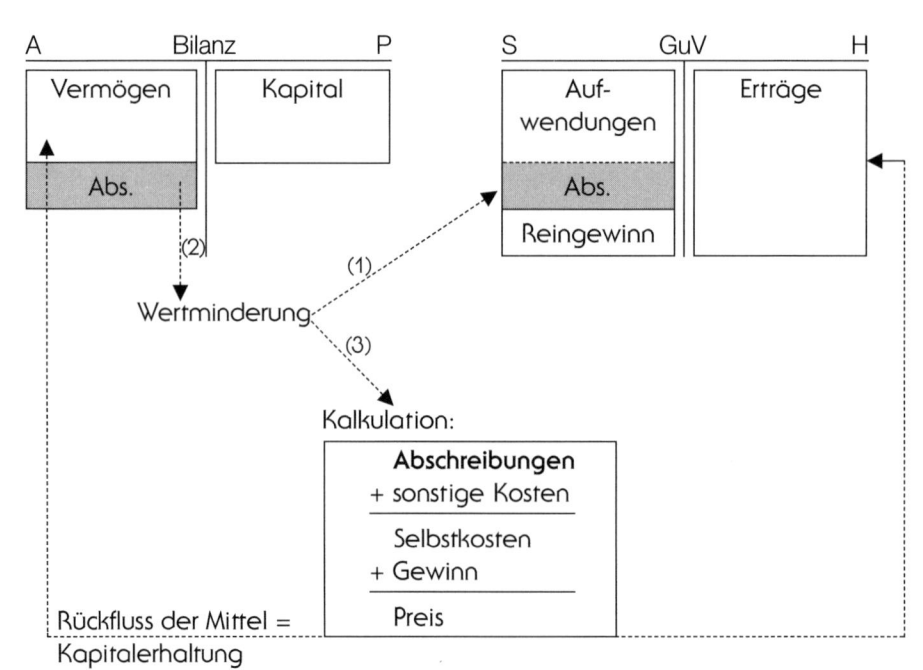

Abschreibungen haben im Wesentlichen die folgenden Aufgaben:

```
A          Bilanz         P        S           GuV          H
┌──────────┬──────────┐            ┌──────────┬──────────┐
│ Vermögen │ Kapital  │            │   Auf-   │ Erträge  │
│          │          │            │ wendungen│          │
│          │          │            │          │          │
│  Abs.    │          │            │  Abs.    │          │
│   (2)    │          │    (1)     │ Reingewinn│         │
└──────────┴──────────┘            └──────────┴──────────┘
         Wertminderung
                    (3)
                Kalkulation:
                ┌─────────────────────┐
                │  Abschreibungen     │
                │  + sonstige Kosten  │
                ├─────────────────────┤
                │  Selbstkosten       │
                │  + Gewinn           │
                ├─────────────────────┤
  Rückfluss der Mittel =  Preis      │
  Kapitalerhaltung
```

(1) Steuermindernde Erfassung der Abschreibungen (AfA) als Aufwand in der GuV-Rechnung,
(2) Erfassung in der Bilanz als Wertminderung der Vermögenswerte und Verteilung der Anschaffungskosten auf die Nutzungsjahre,
(3) kalkulatorische Erfassung als Kosten in der Kosten- und Leistungsrechnung einschließlich Kalkulation.

Durch die Abschreibungen als **Kostenbestandteil** wird durch den Absatz der Produkte der Werteverzehr über den Markt wieder „verdient" und somit die finanziellen Mittel für die Ersatzbeschaffung abgenutzter Anlagegüter bereitgestellt. Allerdings unterscheiden sich die nach handels- und steuerrechtlichen Vorschriften ermittelten Abschreibungen der Geschäftsbuchhaltung (AfA) von den kalkulatorischen Ansätzen der Kosten- und Leistungsrechnung durch unterschiedliche Wertansätze, Bewertungsmethoden und Nutzungszeiträume.

Zur Ermittlung der jährlichen Beträge bei der **planmäßigen** Abschreibung können die folgenden Verfahren angewendet werden, sofern sie den Grundsätzen ordnungsmäßiger Buchführung entsprechen:

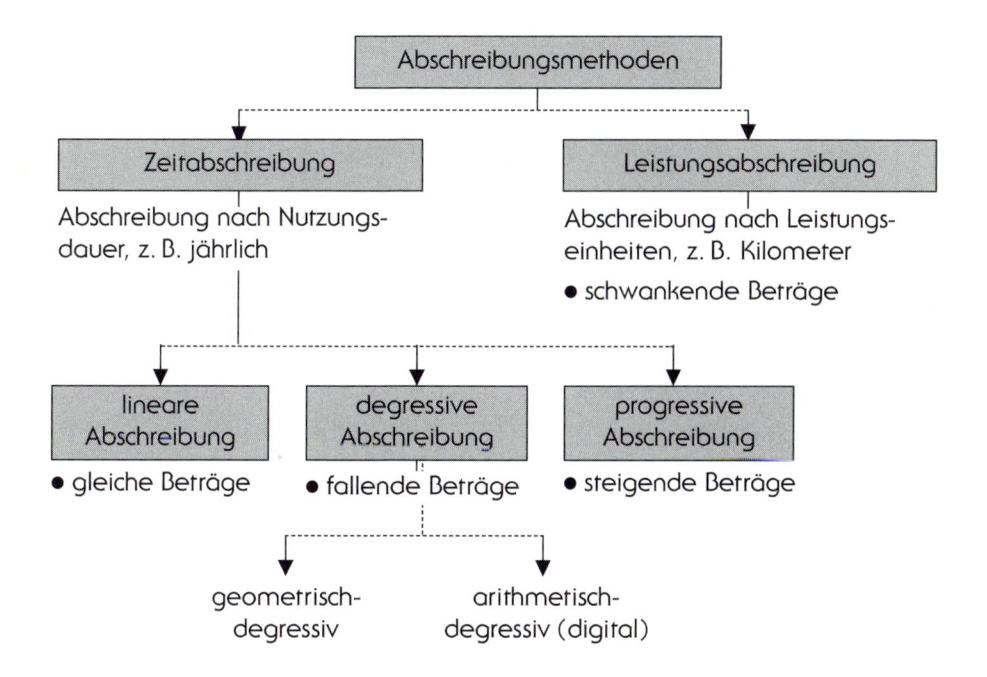

Bewertungsprobleme in der Bilanz

```
                    Abschreibungsmethoden
                    ┌─────────┴─────────┐
              Zeitabschreibung    Leistungsabschreibung
```

Zeitabschreibung: Abschreibung nach Nutzungsdauer, z. B. jährlich

Leistungsabschreibung: Abschreibung nach Leistungseinheiten, z. B. Kilometer
- schwankende Beträge

Unterteilung der Zeitabschreibung:
- **lineare Abschreibung** • gleiche Beträge
- **degressive Abschreibung** • fallende Beträge
- **progressive Abschreibung** • steigende Beträge

Degressive Abschreibung:
- geometrisch-degressiv
- arithmetisch-degressiv (digital)

1. **Lineare Abschreibung** (Abschreibung vom Anschaffungswert)
Bei dieser Berechnungsmethode werden die Anschaffungs- oder Herstellungskosten abnutzbarer **beweglicher** und **unbeweglicher** Anlagegüter gleichmäßig auf die Nutzungsdauer verteilt.
Bei unbeweglichen Wirtschaftsgütern ist ausschließlich diese Form der Abschreibung möglich.

BEISPIEL 40

Anschaffungskosten für eine Büromaschine 12.000,– EUR, wirtschaftliche Nutzungsdauer 8 Jahre.

$$\text{Jährlicher Abschreibungssatz} = \frac{100}{\text{Nutzungsdauer}}$$

In dem Beispiel wäre der Abschreibungssatz 12,5 % ($\frac{100}{8}$)

$$\text{Jährliche Abschreibungsquote} = \frac{\text{Anschaffungskosten}}{\text{Nutzungsdauer}}$$

Der jährliche Abschreibungsbetrag wäre 1.500,– EUR ($\frac{12.000,-}{8}$).

Unter Berücksichtigung eines Restwertes (z. B. Schrottwert) kann die Abschreibungsquote vermindert werden:

$$\text{Jährliche Abschreibungsquote} = \frac{\text{Anschaffungskosten} - \text{Restwert}}{\text{Nutzungsdauer}}$$

Bei einem angenommenen Restwert von 2.000,– EUR wäre der jährliche Abschreibungsbetrag
1.250,– EUR ($\frac{12.000,- - 2.000,-}{8}$).

Von der wirtschaftlichen Nutzungsdauer ist die technische Lebensdauer zu unterscheiden; sie ist meistens länger. Wird daher ein völlig abgeschriebener Anlagengegenstand über die wirtschaftliche Nutzungsdauer hinaus verwendet, ist er in der Bilanz mit einem Erinnerungswert von 1,– EUR anzusetzen, wodurch stille Reserven gebildet werden.

Die wirtschaftliche Nutzungsdauer ist in der folgenden AfA-Tabelle festgelegt:

Auszug aus der AfA-Tabelle für die allgemein verwendbaren Anlagegüter		
Anlagegegenstände	Nutzungsdauer in Jahren	Abschreibung vom Anschaffungswert in %
Abfüllanlagen	10	10
Büromöbel	13	7,69
Drehbänke	16	6,25
Fernseher	7	14,29
Gabelstapler	8	12,5
Hallen in Leichtbauweise	14	7,14
Handy	5	20
Hochregallager	15	6,67
Kühleinrichtungen	8	12,5
Lastkraftwagen	9	11,11
Personalcomputer	3	33,33
Personenkraftwagen	6	16,67
Tresoranlagen	25	4
Verarbeitungsmaschinen	13	7,69
Verwaltungsgebäude	25 – 40	4 – 2,5

Bei normaler betrieblicher Inanspruchnahme sind die angegebenen Mindestsätze anzusetzen, die jeweiligen Höchstsätze bei entsprechend verstärkter Belastung der Anlagegüter.
Als Richtsätze zur Verhinderung willkürlich bestimmter Abschreibungswerte wird die Beachtung der Tabellen von den Finanzbehörden gefordert, wobei im Einzelfall die besondere Eigenart des Wirtschaftsgutes zu beachten ist.

BEISPIEL 41

Für das Anlagegut aus Beispiel 40 kann der folgende Abschreibungsplan erstellt werden:

Jahr	Werte	EUR
1.	Anschaffungswert	12.000,–
	– AfA	1.500,–
2.	Buchwert	10.500,–
	– AfA	1.500,–
3.	Buchwert	9.000,–
	– AfA	1.500,–
4.	Buchwert	7.500,–
	– AfA	1.500,–
5.	Buchwert	6.000,–
	– AfA	1.500,–
6.	Buchwert	4.500,–
	– AfA	1.500,–
7.	Buchwert	3.000,–
	– AfA	1.500,–
8.	Buchwert	1.500,–
	– AfA	1.499,–
	Erinnerungswert	1,–

Die lineare Abschreibungsmethode erfasst im Regelfall die Wertminderung nicht realistisch. Sie berücksichtigt zudem keine plötzlichen Wertminderungen, etwa auf Grund technischer Neuheiten.

2. Degressive Abschreibung

Bei diesem Verfahren werden die Anschaffungs- oder Herstellungskosten der beweglichen Anlagegüter mittels **sinkender** Abschreibungsquoten auf die Nutzungsdauer verteilt.

Dadurch wird der Tatsache Rechnung getragen, dass ein Wirtschaftsgut im Regelfall in den ersten Nutzungsjahren mehr an Wert verliert als in den folgenden Jahren. Dem Prinzip der kaufmännischen Vorsicht entsprechend werden diese Wertverluste bei der degressiven Methode berücksichtigt. Zudem wird eine gleichmäßige Verteilung des Gesamtaufwands erreicht, da die Reparaturaufwendungen mit den Nutzungsjahren steigen.

Bei der degressiven Abschreibung sind zwei Verfahren zu unterscheiden.

a) **Geometrisch-degressive Abschreibung** (Abschreibung vom Buchwert)
Die jährliche Abschreibungsquote wird durch einen gleich bleibenden Prozentsatz vom Buchwert ermittelt.

$$\text{Abschreibungssatz} = 100 \left(1 - \sqrt[n]{\frac{\text{Restwert}}{\text{Anschaffungswert}}}\right)$$
$$n = \text{Nutzungsdauer}$$

Diese Methode der Abschreibung führt nicht zu einem Restwert von null, berücksichtigt aber den bei bestimmten Wirtschaftsgütern (z. B. Fahrzeugen) in den ersten Nutzungsjahren höheren Wertverlust. Ein verbleibender Restwert ist nach Ablauf der wirtschaftlichen Nutzungsdauer im letzten Jahr voll abzuschreiben, da der Gesetzgeber nicht das Ziel hat, die betriebsgewöhnliche Nutzungsdauer zu verlängern.

Die Methode ist steuerlich nur zulässig, wenn
1. der Prozentsatz der degressiven Abschreibung nicht höher ist als das **Zweifache** des linearen Satzes und
2. er unabhängig von der ersten Bedingung 20 % nicht übersteigt (§ 7 Abs. 2 EStG).

Im Zeitablauf kann sich herausstellen, dass eine weitere planmäßige Abschreibung nach dem Abschreibungsplan zu einer Verfälschung der Bilanz- und GuV-Werte führt.

Der Plan ist dann zu ändern, etwa durch eine Änderung der geschätzten Nutzungsdauer oder eine Änderung der Abschreibungsmethode.

Für eine neu geschätzte Restnutzungsdauer ist dann ein neuer Abschreibungsplan zu erstellen, worin der Buchwert des Anlagegutes auf die neue Restnutzungsdauer zu verteilen ist.

Einen Wechsel der Abschreibungsmethoden verbietet der Grundsatz der Bilanzkontinuität. So ist nach dem Einkommensteuergesetz (§ 7 Abs. 3) lediglich der Übergang von der degressiven zur linearen Methode möglich, nicht dagegen von einer degressiven Methode zur anderen oder von der linearen zur degressiven. Der Übergang kann dadurch begründet werden, dass so die erhebliche Restwertabschreibung im letzten Jahr der Nutzungsdauer vermieden wird.

Ist eine Absetzung für außergewöhnliche Abnutzung notwendig, welche neben der degressiven Methode nicht gestattet ist, so ist ebenso ein Übergang auf die lineare Abschreibung notwendig.

Bewertungsprobleme in der Bilanz

BEISPIEL 42

Unter Verwendung der Zahlen aus Beispiel 40 ist für das Anlagegut ein Abschreibungsplan für eine degressive Abschreibung mit einem Satz von 20 % zu erstellen.
Es ist zudem der Zeitpunkt zu bestimmen, zu dem der Übergang von der degressiven zur linearen Abschreibung sinnvoll wäre.

Abschreibungsplan:

Jahr	Werte	EUR		
1.	Anschaffungswert	12.000,—		
	– AfA	2.400,—		
2.	Buchwert	9.600,—		
	– AfA	1.920,—		
3.	Buchwert	7.680,—		
	– AfA	1.536,—	Übergang zur linearen Abschreibung	
4.	Buchwert	6.144,—	6.144,—	
	– AfA	1.228,80	1.228,80	
5.	Buchwert	4.915,20	4.915,20	
	– AfA	983,04	1.228,80	
6.	Buchwert	3.932,16	3.686,40	
	– AfA	786,43	1.228,80	
7.	Buchwert	3.145,73	2.457,60	
	– AfA	629,15	1.228,80	
8.	Buchwert	2.516,58	1.228,80	
	– AfA	503,32	1.227,80	
	Buchwert (Erinnerungswert)	2.013,26	1,—	

Der Übergang zur linearen Abschreibung empfiehlt sich im 4. (oder 5.) Nutzungsjahr, d.h. in dem Jahr, in dem der lineare Abschreibungsbetrag gleich bzw. größer ist als bei fortgeführter degressiver Abschreibung:
Degressiver Betrag im 4. Jahr = 20 % vom Buchwert = 1.228,80 EUR
Linearer Betrag im 4. Jahr = Buchwert : 5 Restjahre = 1.228,80 EUR

b) **Arithmetisch-degressive Abschreibung** (digitale Abschreibung)
Ebenso wie die progressive Abschreibung ist diese Methode steuerlich im Sinne von § 7 EStG nicht zulässig.
Schlüssel für die Verteilung der Anschaffungs- oder Herstellungskosten auf die Nutzungsjahre sind die jeweiligen Restnutzungsjahre.

BEISPIEL 43 (ZAHLEN AUS BEISPIEL 40)

Verteilungsschlüssel:
8 + 7 + 6 + 5 + 4 + 3 + 2 + 1 Jahr = 36 Jahre = 36/36

Abschreibungsplan:

Jahr	Werte	EUR	
1.	Anschaffungswert	12.000,—	
	– Abschreibung	2.666,67	(8/36)
2.	Buchwert	9.333,33	
	– Abschreibung	2.333,33	(7/36)
3.	Buchwert	7.000,—	
	– Abschreibung	2.000,—	(6/36)
4.	Buchwert	5.000,—	
	– Abschreibung	1.666,67	(5/36)
5.	Buchwert	3.333,33	
	– Abschreibung	1.333,33	(4/36)
6.	Buchwert	2.000,—	
	– Abschreibung	1.000,—	(3/36)
7.	Buchwert	1.000,—	
	– Abschreibung	666,67	(2/36)
8.	Buchwert	333,33	
	– Abschreibung	332,33	(1/36)
	Erinnerungswert	1,—	

3. Leistungsabschreibung

Bei diesem Verfahren werden die Anschaffungs- oder Herstellungskosten nicht nach einer geschätzten Nutzungsdauer verteilt, sondern auf der Basis einer **nachweisbaren** Leistungsabgabe für das einzelne Jahr.

Die Abschreibung erfasst damit den tatsächlichen Werteverzehr durch Gebrauch und unterliegt in ihrer Höhe keiner Beschränkung.

Nicht durch diese Methode erfasst wird dagegen der Werteverzehr durch natürlichen Verschleiß oder technischen Fortschritt.

$$\text{Abschreibungsbetrag je Leistungseinheit} = \frac{\text{Anschaffungswert} - \text{Restwert}}{\text{Gesamtzahl der Leistungseinheiten}}$$

BEISPIEL 44

Ein PKW hat einen Anschaffungswert von 20.000,– EUR, der nach Leistung abgeschrieben werden soll. Anstelle der betriebsgewöhnlichen Nutzungsdauer tritt die betriebsgewöhnliche **Gesamtleistung**, geschätzt auf Grund betrieblicher Erfahrungen. Es sollen 160.000 km angenommen werden.

Abschreibung je km = $\dfrac{20.000}{160.000}$ = 0,125 EUR/km

Bestimmend für die Abschreibung in jedem Jahr der Nutzung ist nun die jeweilige Kilometerleistung:

Abschreibungsplan:

Jahr	Werte	EUR	
	Anschaffungswert	20.000,–	
1.	– AfA	3.125,–	(25.000 km x 0,125 EUR)
	Buchwert	16.875,–	
2.	– AfA	5.000,–	(40.000 km x 0,125 EUR)
	Buchwert	11.875,–	
	usw.		

Das Handelsrecht schreibt **keine** bestimmte Abschreibungsmethode vor. Der Abschreibungsplan muss lediglich die Anschaffungs- oder Herstellungskosten nach einer den Grundsätzen ordnungsmäßiger Buchführung entsprechenden Abschreibungsmethode auf die Geschäftsjahre verteilen, in denen der Gegenstand voraussichtlich genutzt werden kann (§ 253 Abs. 2 HGB).

Außerplanmäßige Abschreibungen sind nach dem Imparitätsprinzip vorzunehmen, wenn der Wert von Wirtschaftsgütern am Bilanzstichtag unter den um die planmäßigen Abschreibungen verminderten Anschaffungs- oder Herstellungskosten liegt.

Dadurch werden wertmindernde Tatbestände erfasst, die bei der Berechnung der planmäßigen Abschreibungen noch nicht vorhersehbar waren.

Man erreicht dies durch:
1. Verkürzung der Restnutzungsdauer oder
2. außerplanmäßige Abschreibung und verkürzte Restnutzungsdauer für den Buchwert oder
3. außerplanmäßige Abschreibung **und** verkürzte Restnutzungsdauer.

Steuerlich ist der Übergang auf den niedrigeren **Teilwert** erlaubt. Von diesem Zeitpunkt an werden die weiteren Abschreibungen für die Restnutzungsdauer von diesem Teilwert als fiktivem Anschaffungswert berechnet (§ 6 Abs. 1 EStG). Der Teilwert bildet die Wertuntergrenze für Wirtschaftsgüter, die nicht abgesetzt werden (wie etwa Anlagegüter; vgl. Kap. „Bewertung zum Jahresabschluss").

Für **Geringwertige Wirtschaftsgüter,** deren Anschaffungs- oder Herstellungskosten 410,– EUR nicht überschreiten, besteht Bewertungsfreiheit (§ 6 Abs. 2 EStG). Sie können im Jahr der Anschaffung in voller Höhe abgesetzt werden (vgl. Kap. „Geringwertige Wirtschaftsgüter", S. 179).
Bei der **Verbuchung** der Abschreibungen sind zwei Methoden zu unterscheiden:
- Direkte Abschreibung (Nettomethode)
- Indirekte Abschreibung (Bruttomethode)

Bei der **direkten** Abschreibung wird der Abschreibungsbetrag dem Aufwandskonto **„Abschreibungen"** belastet und **direkt** auf dem jeweiligen Anlagenkonto im Haben abgesetzt. Aus der Bilanz ist dann lediglich der Buchwert des Anlagegutes zu ersehen.

BEISPIEL 45

Eine Büromaschine, Anschaffungswert 10.000,– EUR, wurde bereits 4 Jahre linear mit 12,5 % abgeschrieben. Es ist die Abschreibung im 5. Jahr vorzunehmen.

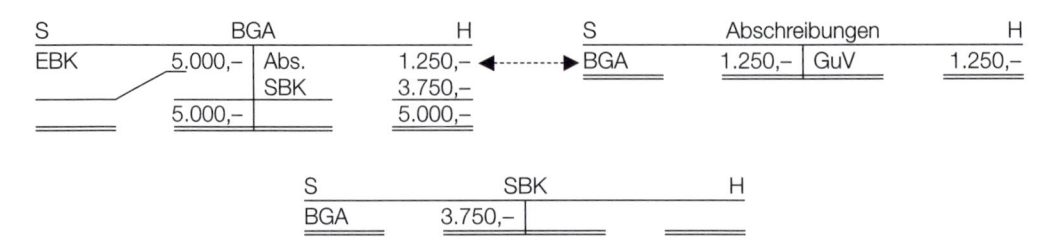

S	BGA	H		S	Abschreibungen	H
EBK	5.000,–	Abs.	1.250,– ◄------► BGA	1.250,–	GuV	1.250,–
		SBK	3.750,–			
	5.000,–		5.000,–			

S	SBK	H
BGA	3.750,–	

Buchungen zum 31.12.:
Abschreibungen 1.250,– an BGA 1.250,–
GuV 1.250,– an Abschreibungen 1.250,–
Schlussbilanzkonto 3.750,– an BGA 3.750,– (Buchwert)

Zur Unterscheidung:
Restwert
Wert nach Ablauf der wirtschaftlichen Nutzungsdauer, wenn die tatsächliche Lebensdauer eines Anlagegutes länger ist.
Buchwert
Durch die Abschreibungen bedingter Wert am Ende einer jeden Periode.

Auch bei der **indirekten** Abschreibung wird das Konto **„Abschreibungen"** in gleicher Weise geführt. Die Gegenbuchung erfolgt jedoch nicht direkt auf dem entsprechenden Anlagekonto, sondern **indirekt** auf einem passiven Korrekturkonto

Wertberichtigungen zu Sachanlagen

Durch die gesetzlichen Definitionen werden nicht nur die Begriffe Anschaffungskosten und Herstellungskosten klargestellt, sondern auch zum Zwecke der Bilanzierung bestimmt, dass Abschreibungen auf die Anschaffungs- bzw. Herstellungskosten nur noch direkt vorgenommen werden dürfen. Lediglich eine Ausnahmeregelung gestattet, Abschreibungen auch **indirekt** durch Einstellung in den „Sonderposten mit Rücklageanteil" vorzunehmen, wenn das Steuerrecht die Anerkennung eines Wertansatzes davon abhängig macht, dass sich dieser Wert aus der Handelsbilanz ergibt.

Unabhängig davon können Wertberichtigungen nach wie vor gebucht werden. Sie sind dann aber nicht in der Bilanz auszuweisen, sondern aktivisch abzusetzen. Für Kapitalgesellschaften gilt im Besonderen:

Bewertungsvorschriften, die dem Grundsatz des § 264 Abs. 2 HGB entgegenstehen, dürfen nicht angewendet werden. So sind Abschreibungen im Rahmen vernünftiger kaufmännischer Beurteilung (§ 253 Abs. 4 HGB) nicht zulässig. Bei vorübergehender Wertminderung dürfen nur Finanzanlagen, nicht auch Sachanlagen, außerplanmäßig abgeschrieben werden. Auch sind steuerrechtliche Abschreibungen (§ 254 HGB) in der Handelsbilanz nur zulässig, soweit hiervon der Ansatz in der Steuerbilanz abhängt.

BEISPIEL 46 (ZAHLEN AUS BEISPIEL 45)

Die Büromaschine wurde jeweils **indirekt** abgeschrieben. Die Wertberichtigung beträgt damit zu Beginn des 5. Jahres 5.000,– EUR (= 4 x 1.250,– EUR jährlich).

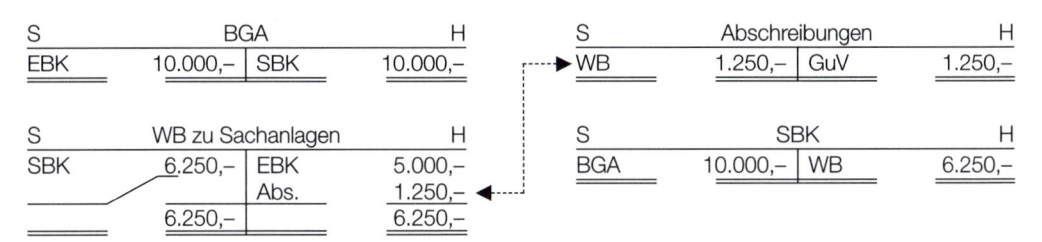

S	BGA		H		S	Abschreibungen		H
EBK	10.000,–	SBK	10.000,–		WB	1.250,–	GuV	1.250,–

S	WB zu Sachanlagen		H		S	SBK		H
SBK	6.250,–	EBK	5.000,–		BGA	10.000,–	WB	6.250,–
		Abs.	1.250,–					
	6.250,–		6.250,–					

Anschaffungswert	10.000,– EUR
– Wertberichtigung für 5 Jahre	6.250,– EUR
Buchwert nach 5 Jahren	3.750,– EUR

Buchungen zum 31.12.:

Abschreibungen	1.250,–	an Wertberichtigungen zu Sachanlagen	1.250,–
GuV	1.250,–	an Abschreibungen	1.250,–
Schlussbilanzkonto	10.000,–	an BGA	10.000,–
Wertberichtigungen zu Sachanlagen	6.250,–	an Schlussbilanzkonto	6.250,–

Werden indirekt abgeschriebene Anlagegüter verkauft, so ist zunächst die gebildete Wertberichtigung wieder aufzulösen.

BEISPIEL 47 (ZAHLEN AUS BEISPIEL 45)

Die indirekt abgeschriebene Büromaschine wird am 5.7. im 7. Jahr verkauft.
Verkaufserlöse: a) 1.875,– + 300,– EUR b) 2.000,– + 320,– EUR c) 1.500,– + 240,– EUR

In jedem Fall ist zunächst die zeitanteilige Abschreibung für das 7. Jahr (6 Monate) zu buchen und danach die Wertberichtigung aufzulösen.

Buchung:
Abschreibungen 625,– an Wertberichtigungen zu Sachanlagen   625,–
Wertberichtigungen zu Sachanlagen 8.125,– an BGA   8.125,–

a) Forderungen 2.175,– an Erlöse aus Anlagenabgängen   1.875,–
                         Umsatzsteuer   300,–
Das Konto „Erlöse aus Anlagenabgängen" ist in der EDV-Fibu zum Zwecke der monatlichen Umsatzsteuervoranmeldung zu führen.
Danach ist der Buchwert auszubuchen:
Erlöse aus Anlagenabgängen 1.875,– an BGA 1.875,–
Im Fall b) ist hierbei ein Ertrag aus Vermögensabgang von 125,– EUR zu berücksichtigen, da die Erlöse (2.000,– EUR) größer als der Buchwert (1.875,– EUR) sind, im Fall c) dagegen ein Verlust aus Vermögensabgang von 375,– EUR.

Auch für das **Umlaufvermögen** sind die Anschaffungs- oder Herstellungskosten die **obere** Wertgrenze. Es gilt jedoch das Niederstwertprinzip in seiner strengen Form, wonach gegebenenfalls ein niedrigerer Tageswert am Bilanzstichtag anzusetzen ist.

Wesentlicher Teil des Umlaufvermögens ist das **Vorratsvermögen.** Zu diesem zählen die Warenbestände des Handels und in der Industrie Halb- und Fertigfabrikate sowie Roh-, Hilfs- und Betriebsstoffe. Auch hierbei gilt das Prinzip der **Einzelbewertung.**

Ist dies nicht möglich oder wirtschaftlich nicht vertretbar, so sind bei der Bewertung die Verfahren anzuwenden, die wegen ihrer besonderen Bedeutung für die Industrie im Rahmen der Industriebuchhaltung erläutert werden.

Dabei gilt auch der Grundsatz der **Einzelbewertung,** welcher jedoch im Einzelfall zu einem Missverhältnis zwischen Aufwand und Ergebnis an Genauigkeit führen würde.

ABSCHREIBUNG AUF FORDERUNGEN

Die ebenfalls zum Umlaufvermögen zählenden **Forderungen** sind zum Zwecke der Bilanzierung nach der Wahrscheinlichkeit ihres Eingangs zu klassifizieren. Danach können unterschieden werden:

Arten der Forderungen	Bilanzansatz	Merkmale
1. Einwandfreie Forderungen	Bewertung zu Anschaffungskosten (Nennwert + Nebenkosten). Pauschalwertberichtigung wegen des **allgemeinen** Kreditrisikos.	Am Bilanzstichtag ist kein **spezielles** Ausfallrisiko erkennbar. Allgemeines Kreditrisiko besteht jedoch durch Einräumung von Zahlungszielen.
2. Uneinbringliche Forderungen	Sie sind **direkt** abzuschreiben, da der Ausfall feststeht.	Der Totalverlust ist am 31.12. ersichtlich (z. B. bei Ablehnung eines Insolvenzverfahrens m. M.).
3. Zweifelhafte Forderungen	Bilanzierung zum **wahrscheinlichen** Wert im Zeitpunkt der Erstellung der Bilanz. Der Ausfall ist zu schätzen und direkt oder indirekt abzuschreiben.	Ein besonderes Ausfallrisiko ist per 31.12. erkennbar (z. B. bei der Eröffnung eines Insolvenzverfahrens).

- **Uneinbringliche Forderungen**
  Wird eine Forderung gefährdet, so ist sie zunächst von den übrigen Forderungen, für die kein Ausfallrisiko erkennbar ist, abzugrenzen. Zu diesem Zweck wird sie über das Konto

  > Zweifelhafte Forderungen

ausgebucht.
Indikatoren hierfür sind die Eröffnung von Insolvenzverfahren. In diesen Fällen widerspricht die Bilanzierung der Forderung zum Nennwert den Grundsätzen ordnungsmäßiger Bilanzierung.
Wird der Totalausfall bekannt, so ist die Forderung mit entsprechendem Datum **direkt** abzuschreiben. Da die Entgeltsminderung feststeht, ist die Umsatzsteuer entsprechend zu berichtigen.

BEISPIEL 48

Der Schuldner einer Forderung (8.000,- +1.280,- EUR) macht mit Recht die „Einrede der Verjährung" geltend, die Forderung wurde nicht auf dem Konto Zweifelhafte Forderungen erfasst.

Buchung:
Abschreibungen auf Forderungen 8.000,-
Umsatzsteuer 1.280,- an Forderungen 9.280,-

Stellt sich dagegen nur ein Teil einer Forderung als uneinbringlich heraus und wird das Verfahren noch in dem laufenden Geschäftsjahr abgewickelt, so ist der ausfallende Teil ebenso direkt abzuschreiben.

BEISPIEL 49

Ein Insolvenzverfahren kommt mit einer Quote von 75% zustande, die durch Banküberweisung gezahlt wird. Die Forderung beläuft sich auf 13.920,- EUR (12.000,- + 1.920,- EUR).

Buchungen:
bei Eröffnung des Verfahrens:
Zweifelhafte Forderungen 13.920,- an Forderungen 13.920,-
bei Abschluss des Verfahrens:
Abschreibungen auf Forderungen 3.000,-
Umsatzsteuer 480,- an Zweifelhafte Forderungen 3.480,-

Bank 10.440,- an Zweifelhafte Forderungen 10.440,-

oder in einer Buchung zusammengefasst:
Abschreibungen auf Forderungen 3.000,-
Umsatzsteuer 480,-
Bank 10.440,- an Zweifelhafte Forderungen 13.920,-

	ursprüngliche Forderung	Ausfall 25%	Zahlungseingang 75%
netto	12.000,-	3.000,-	9.000,-
Umsatzsteuer	1.920,-	480,-	1.440,-
brutto	13.920,-	3.480,-	10.440,-

Gehen für eine bereits in voller Höhe abgeschriebene Forderung wider Erwarten Zahlungen ein, so ist der darin enthaltene Steueranteil als Schuld gegenüber dem Finanzamt zu buchen und der Nettowert als den Erfolg korrigierende periodenfremde Erträge.

Bewertungsprobleme in der Bilanz

- **Zweifelhafte Forderungen**
  Ist das Verfahren am Bilanzstichtag noch nicht abgeschlossen, so ist der Forderungsausfall in seiner Höhe zu schätzen, **indirekt** abzuschreiben und die Forderung somit mit ihrem wahrscheinlichen Wert in der Bilanz auszuweisen.*

  Da der tatsächliche Ausfall bei zweifelhaften Forderungen noch nicht bekannt ist, wird die Umsatzsteuer noch nicht berichtigt, sondern erst bei der Abschlusszahlung, wenn der Ausfall und damit die Entgeltminderung bekannt ist.

BEISPIEL 50

Für eine zweifelhafte Forderung von 8.120,– EUR (7.000,– + 1.120,– EUR) ist am Bilanzstichtag mit einem Ausfall von 40 % zu rechnen.

	ursprüngliche Forderung	wahrscheinlicher Ausfall 40 %	Zahlungseingang Zahlungseingang 60 %
netto	7.000,–	2.800,–	4.200,–
Umsatzsteuer	1.120,–	448,–	672,–
brutto	8.120,–	3.248,–	4.872,–

Buchungen am 31.12.:

Einstellung in EWB	2.800.– an Einzelwertberichtigungen zu Forderungen	2.800,–
GuV	2.800,– an Einstellung in EWB	2.800,–
Einzelwertberichtigungen zu Forderungen	2.800,– an Zweifelhafte Forderungen	2.800,–

oder bei direkter Abschreibung:

Abschreibungen auf Forderungen	2.800,– an Zweifelhafte Forderungen	2.800,–
GuV	2.800,– an Abschreibungen auf Forderungen	2.800,–

In beiden Fällen werden, unterstellt man die Rechtsform der AG, die zweifelhaften Forderungen mit 5.320,– EUR (8.120,– EUR – 2.800,– EUR) bilanziert. Der sich im neuen Jahr ergebende tatsächliche Ausfall der zweifelhaften Forderung wird direkt abgeschrieben, obwohl für die Forderung bereits eine Wertminderung besteht. Die Einzelwertberichtigung bleibt bis zum Jahresende unberührt.

---

* In den zu veröffentlichenden Bilanzen der Kapitalgesellschaften dürfen weder zweifelhafte Forderungen noch Wertberichtigungen ausgewiesen werden. Sie sind vielmehr aktivisch mit den Forderungen aus LL zu verrechnen.

Buchungen:
a) Zahlungseingang 60 %
   Bank   4.872,–
   Umsatzsteuer   448,–
   Abschreibungen auf
   Forderungen   2.800,–   an Zweifelhafte Forderungen   8.120,–

b) Zahlungseingang 70 %
   Bank   5.684,–
   Umsatzsteuer   336,–
   Abschreibungen auf
   Forderungen   2.100,–   an Zweifelhafte Forderungen   8.120,–

c) Zahlungseingang 40 %
   Bank   3.248,–
   Umsatzsteuer   672,–
   Abschreibungen auf
   Forderungen   4.200,–   an Zweifelhafte Forderungen   8.120,–

Die Einzelwertberichtigung von 2.800,– EUR wird zum 31.12. dem aktuellen Abschreibungsbedarf angepasst, d. h. entweder herabgesetzt und als entsprechender Ertrag gebucht oder erhöht (Einstellung in EWB).

Pauschalwertberichtigungen auf Forderungen

Forderungen, für die am 31.12. kein spezielles Ausfallrisiko erkennbar ist, können wegen des **allgemeinen** Kreditrisikos pauschal durch Anwendung von Erfahrungssätzen abgeschrieben werden. Dies entspricht dem Grundsatz der Vorsicht und des Gläubigerschutzes.

Berechnungsgrundlagen können sein:
1. das Risiko, dass ein Schuldner von an sich guter Bonität durch nicht vorhergesehene Ereignisse in Schwierigkeiten gerät;
2. das Risiko, dass durch ein Abschwächen der Konjunktur auch bei Schuldnern von bisher guter Bonität mit Ausfällen zu rechnen ist;
3. die unerkennbaren Bonitätsrisiken, die insbesondere dann, wenn der Umsatz ausgeweitet und neue Kunden hinzugewonnen werden, erheblich steigen können;
4. bei Auslandsforderungen auch die allgemeinen, aus politischen und wirtschaftlichen Maßnahmen herrührenden Risiken.

Die **Pauschalwertberichtigungen** werden als **indirekte** Abschreibungen auf den Nettowert derjenigen Außenstände gebildet, welche noch nicht einzeln berichtigt wurden (Grundsatz der Einzelbewertung). Da sich die Bemessungsgrundlage nicht ändert, kann bei der Bildung der Pauschalwertberichtigung noch keine Umsatzsteuerkorrektur vorgenommen werden. Erst bezogen auf die **tatsächlichen** Forderungsausfälle ist die Umsatzsteuer entsprechend zu berichtigen und der Bestand der Pauschalwertberichtigungen entsprechend zu korrigieren.

BEISPIEL 51

Auf die Nettoaußenstände von 600.000,– EUR ist eine Pauschalwertberichtigung in Höhe von 3 % zu bilden.

Buchung zum 31.12.:
Einstellung in PWB 18.000,– an PWB zu Forderungen 18.000,–

BEISPIEL 52

Für eine Forderung von 5.800,– EUR, für die eine Pauschalwertberichtigung bestand, gehen durch Banküberweisung 2.552,– EUR ein. Der Rest der Forderung ist uneinbringlich. Ebenso wie die Einzelwertberichtigung wird auch die Pauschalwertberichtigung während des Geschäftsjahres nicht in Anspruch genommen, der Ausfall wird direkt abgeschrieben.

Buchung bei Zahlungseingang:
Abschreibungen auf Forderungen   2.800,–
Umsatzsteuer   448,–
Bank   2.552,–   an Forderungen   5.800,–

Forderung	5.800,– EUR
– Zahlung	2.552,– EUR
= tatsächlicher Ausfall (brutto)	3.248,– EUR
– Umsatzsteueranteil	448,– EUR
= tatsächlicher Ausfall (netto)	2.800,– EUR

Am Ende des Geschäftsjahres ist die Pauschalwertberichtigung dem neuen Bedarf auf Grund des Forderungsbestandes anzupassen, d. h. entweder aufzustocken (Neubildung) oder herabzusetzen (Auflösung).

BEISPIEL 53 (ZAHLEN AUS BEISPIEL 51 UND 52)

Die Nettoaußenstände betragen am Ende des Jahres abzüglich der einzelberichtigten Forderungen 620.000,– EUR. Es ist eine Pauschalwertberichtigung in Höhe von 3 % zu bilden.

Bestand Pauschalwertberichtigung Anfang des Jahres 18.000,– EUR
+ Aufstockung auf 3 % per 31.12.   600,– EUR
= Bestand Pauschalwertberichtigung Ende des Jahres 18.600,– EUR

Buchung:
Einstellung in PWB 600,– an PWB zu Forderungen 600,–.

BEWERTUNG DER PASSIVA

Verbindlichkeiten, für die rechtsverbindliche Verpflichtungen bestehen, sind grundsätzlich mit dem **Rückzahlungsbetrag** zu passivieren. Dieser entspricht dem Nennwert, der bei Erfüllung der Schulden aufzubringen ist. Dazu gehören insbesondere Verbindlichkeiten aus Warenlieferungen und Leistungen, Bankschulden, Steuerschulden sowie Lohn- und Gehaltsverbindlichkeiten.
Bei Schuldwechseln entspricht der zu bilanzierende Rückzahlungsbetrag der Wechselsumme. Eine Abgrenzung des Diskontbetrages zum Jahresende ist möglich.
Bei Währungsverbindlichkeiten ist der Rückzahlungsbetrag zum Kurs am Bilanzstichtag zu ermitteln.
Ist bei langfristigen Schulden der dem Schuldner zugeflossene Auszahlungsbetrag niedriger als der Rückzahlungsbetrag – wie etwa bei langfristigen Darlehen –, so ist die Differenz **(Disagio)** auf der Aktivseite unter den Posten der Rechnungsabgrenzung auszuweisen und planmäßig abzuschreiben.
Hat eine AG beispielsweise eine Anleihe in Höhe von 500.000,– EUR zum Kurs von 97 % begeben, Laufzeit 10 Jahre, rückzahlbar zu 100 %, so verändert sich die Bilanz durch die Ausgabe der Obligationen wie folgt:

A	Bilanz		P
Bank	+ 485.000,–	Anleihe	+ 500.000,–
Disagio	+ 15.000,–		
	+ 500.000,–		+ 500.000,–

Das Disagio wird in zehn Jahren anteilmäßig zu Lasten des GuV-Kontos getilgt.

Buchung:

10 x Zinsaufwendungen	1.500,–	an Disagio	1.500,–
GuV	1.500,–	an Zinsaufwendungen	1.500,–

Das **Eigenkapital** ist zum **Nennwert** auszuweisen.
Rückstellungen sind Fremdkapital, dessen Höhe und Fälligkeit ungewiss sind. Sie sind nach sorgfältiger kaufmännischer Beurteilung zu schätzen.
Wertberichtigungen sind geschätzte Aufwendungen, die Korrekturposten zu Vermögenswerten darstellen, deren Wertminderung sie dokumentieren. Sie waren nach der aktienrechtlichen Regelung als Gruppenposten auf der Passivseite der Bilanz zulässig. Nach dem neuen HGB-Schema fällt der Posten jedoch weg.

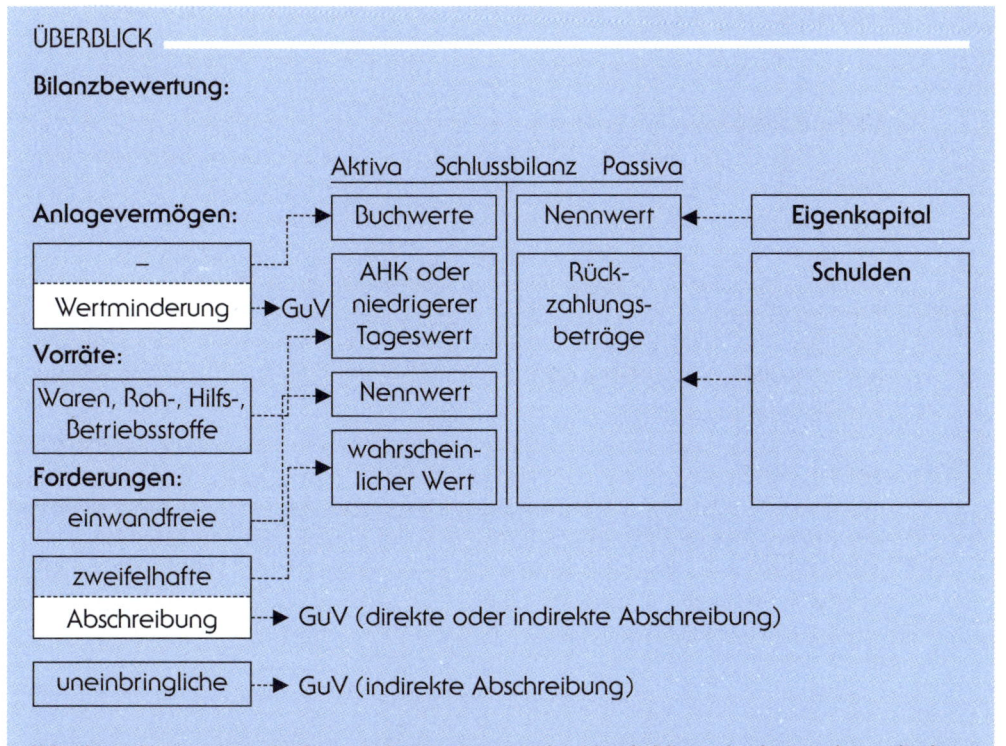

ÜBERBLICK

Bilanzbewertung:

	Aktiva	Schlussbilanz	Passiva	
Anlagevermögen:	Buchwerte	Nennwert		**Eigenkapital**
Wertminderung → GuV	AHK oder niedrigerer Tageswert	Rückzahlungsbeträge		**Schulden**
Vorräte: Waren, Roh-, Hilfs-, Betriebsstoffe	Nennwert			
Forderungen: einwandfreie	wahrscheinlicher Wert			
zweifelhafte Abschreibung	---▶ GuV (direkte oder indirekte Abschreibung)			
uneinbringliche	---▶ GuV (indirekte Abschreibung)			

Wertberichtigungen dürfen unabhängig von der Möglichkeit direkter oder indirekter Buchung der Abschreibungen in der Bilanz nicht ausgewiesen werden. Allerdings müssen nach HGB Kapitalgesellschaften in der Bilanz oder im Anhang darstellen, wie sich die einzelnen Posten des Anlagevermögens entwickelt haben (Anlagenspiegel).

Abschreibungsmethoden:

1. **lineare** Abschreibung
   (vom Anschaffungswert)

2. **degressive** Abschreibung
   a) geometrisch-degressiv
      (vom Buchwert)
   b) arithmetisch-degressiv
      (digital)

3. **Leistungs**abschreibung

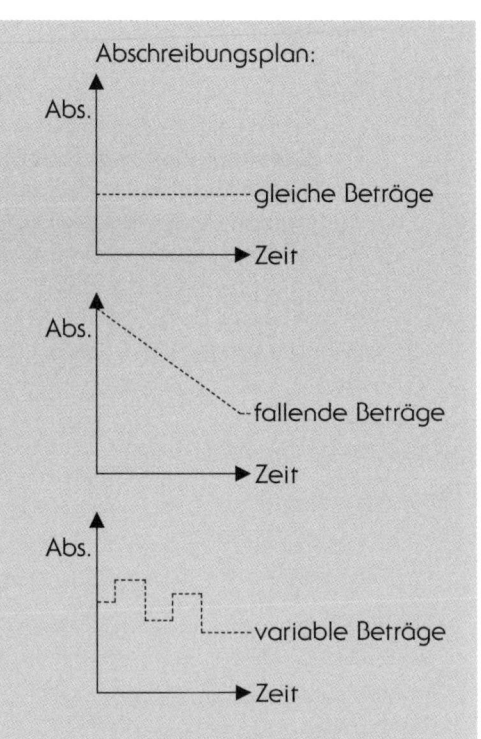

Abschreibungsplan:

Abs. ↑ ·········· gleiche Beträge → Zeit

Abs. ↑ ·········· fallende Beträge → Zeit

Abs. ↑ ·········· variable Beträge → Zeit

Abschreibungsarten:
1. **planmäßige** Abschreibungen für vorhersehbare, kalkulierbare Wertminderungen
2. **außerplanmäßige** Abschreibungen für nicht vorhersehbare, unkalkulierbare Wertminderungen.

Buchungsmethoden:
1. **direkte** Abschreibung: Die Wertminderung wird direkt auf dem entsprechenden Anlagenkonto oder Forderungen erfasst. Aus der Bilanz sind lediglich die Buchwerte ersichtlich.

   Buchungen:
   Abschreibungen auf Sachanlagen an Sachanlagen
   Abschreibungen auf Forderungen an Forderungen

2. **indirekte** Abschreibung: Die Wertminderung wird auf dem Korrekturkonto „Wertberichtigungen" erfasst. Der Betrag ist aktivisch abzusetzen.

   Buchungen:
   Abschreibungen auf Sachanlagen an Wertberichtigungen zu Sachanlagen
   Abschreibungen auf Forderungen an Wertberichtigungen zu Forderungen

Wertberichtigungen zu Forderungen können **einzeln** oder **pauschal** vorgenommen werden.

Bewertungsprobleme in der Bilanz

AUFGABEN

42. Welche Bedeutung haben die Abschreibungen
    a) für die Gewinnermittlung und Besteuerung
    b) für die Kalkulation
    c) für die Ersatzbeschaffung verbrauchter Anlagegüter?

43. Nach drei Jahren degressiver Abschreibung von 20 % hat ein Anlagegut einen Buchwert von 4.352,- EUR. Wie viel EUR betrug der Anschaffungswert?

44. Ein bebautes Grundstück wurde für 580.000,- EUR erworben. Erwerbsnebenkosten 25.000,- EUR, Grundstücksgröße 780 qm (Verkehrswert 150,- EUR/qm). Berechnen Sie
    a) die Anschaffungskosten
    b) den Buchwert nach 20 Jahren bei einer linearen Abschreibung von 2 %.
    c) Buchen Sie die Abschreibung im 21. Jahr
        a) direkt
        b) indirekt

45. Erstellen Sie einen Abschreibungsplan für 5 Jahre, Anschaffungswert 50.000,- EUR, lineare Abschreibung 8 %, degressive Abschreibung 16 %.

46. Tragen Sie die Werte in Konten ein und schreiben Sie **direkt** ab:

Anschaffungswerte:	Grundstücke und Gebäude	360.000,- EUR
	Fuhrpark	120.000,- EUR
	BGA	80.000,- EUR
bisherige Abschreibungen:	Grundstücke und Gebäude	50 %
(Grundstücksanteil 60.000,- EUR)	Fuhrpark	50 % linear
	BGA	60 % linear
Abschreibungssätze:	Grundstücke und Gebäude	2 %
	Fuhrpark	16,67 % linear
	BGA	10 % linear

47. Die Vermögenswerte aus Aufgabe 46 sind **indirekt** abzuschreiben!

48. Eine bereits 3 Jahre linear mit 10 % indirekt abgeschriebene Maschine (Anschaffungswert 14.000,- EUR) wird im 4. Jahr bar verkauft
    a) mit 9.800,- EUR netto
    b) mit 6.000,- EUR netto
    c) mit 11.200,- EUR netto.

49. Über das Vermögen eines Kunden wird am 10. Okt. 20.. das Insolvenzverfahren eröffnet. Unsere Forderung beträgt 37.120,- EUR (Warenwert 32.000,- EUR + 5.120,- EUR Umsatzsteuer).
    Es wird am 31.12. mit einem Ausfall von 60 % gerechnet. Buchen Sie zum 10.10. sowie zum 31.12.

50. Für die Forderung (Aufgabe 49) gehen im nächsten Jahr durch Banküberweisung 18.560,– EUR ein. Nehmen Sie die erforderlichen Buchungen vor.

51. Im Debitorenbestand von 600.000,– EUR netto per 31.12. sind enthalten:
    1. eine uneinbringliche Forderung in Höhe von 40.000,– EUR netto,
    2. eine zweifelhafte Forderung in Höhe von 80.000,– EUR netto, wahrscheinlicher Ausfall 40 %.

    Für den Rest soll eine Pauschalwertberichtigung in Höhe von 3 % gebildet werden, Bestand aus dem Vorjahr 12.000,– EUR.
    a) Nehmen Sie die erforderlichen Buchungen zum 31.12. vor!
    b) Mit wie viel EUR wird der Forderungsbestand in der Bilanz ausgewiesen?

52. Eine Forderung, für die eine Pauschalwertberichtigung bestand, ist in voller Höhe (Warenwert 16.000,– EUR + 2.560,– EUR Umsatzsteuer) als uneinbringlich anzusehen.

53. Das Konkursverfahren über das Vermögen eines Kunden wurde mangels Masse eingestellt. Unsere Forderung betrug 24.360,– EUR brutto.

54. Wider Erwarten geht für eine bereits abgeschriebene Forderung in Höhe von 17.168,– EUR ein Scheck in Höhe von 10.440,– EUR ein.

55. Eine AG finanziert sich über die Ausgabe von Industrieobligationen, Nennwert 1.000.000,– EUR, Ausgabekurs 96 %, Rückzahlung nach 10 Jahren zu 100 % (Parikurs).
    Welcher Wert wird für diese Schulden in der Bilanz ausgewiesen?

Betriebsübersicht

Die **Betriebsübersicht** wird erstellt zur Vorbereitung des Jahresabschlusses außerhalb der eigentlichen Buchführung sowie zur Kontrolle der Buchführung und des Ergebnisses.
Sie ermöglicht einen Überblick über die Entwicklung aller Bestands- und Erfolgskonten, bedingt durch die Umsätze.
Die Betriebsübersicht umfasst die folgenden sechs Spalten:

1. **Summenbilanz:** Sie übernimmt die Summen der Soll- und Habenbuchungen aller in dem Wirtschaftsjahr geführten Konten, einschließlich der Unterkonten. Diese müssen, entsprechend der Logik der doppelten Buchführung, übereinstimmen.
2. **Saldenbilanz I:** Sie wird aus der Summenbilanz entwickelt und übernimmt die Salden im Sinne einer Bilanz auf der jeweils **größeren** Seite. Auch hierbei müssen Soll- und Habensummen übereinstimmen.
3. **Umbuchungen:** Sie übernimmt alle vorbereitenden Abschlussbuchungen, d. h. jene Buchungen zum Jahresabschluss, welche nicht unmittelbar die Bilanz und die GuV-Rechnung betreffen.
4. **Saldenbilanz II:** Sie ergibt sich durch die Zusammenfassung von Saldenbilanz I und Umbuchungen.
5. **Inventurbilanz:** Sie übernimmt die durch die Inventur ermittelten Bilanzwerte mit Ausnahme des Eigenkapitals, welches in seiner Höhe durch einen Gewinn oder Verlust noch verändert wird.
Die Summen der beiden Bilanzseiten sind daher nicht ausgeglichen.
6. **Erfolgsbilanz:** Sie übernimmt die Aufwendungen und Erträge aus der Saldenbilanz II. Als Saldo der beiden Seiten ergibt sich der Gesamterfolg des Unternehmens. Er wird in der Inventurbilanz zum Ausgleich auf der wertmäßig kleineren Seite eingetragen.

Zusammenfassendes Beispiel

(mit Grundbuch, Hauptbuch und Betriebsübersicht)

Anfangsbestände:

Gebäude	560.000,–
Betriebs- und Geschäftsausstattung	120.000,–
Fuhrpark	60.000,–
Warenbestände	85.000,–
Forderungen	168.000,–
Besitzwechsel	54.000,–
Bank	45.000,–
Kasse	23.000,–
Eigenkapital	?
Darlehen	450.000,–
Schuldwechsel	58.000,–
Umsatzsteuer	15.000,–
Verbindlichkeiten	40.000,–

Geschäftsfälle:
1. Wareneinkauf auf Ziel (8.000,– + 1.280,– EUR)
2. Gehaltszahlung durch Banküberweisung brutto 6.700,– EUR
   Abzüge 2.400,– EUR
   Arbeitgeberanteil zur Sozialversicherung 1.100,– EUR
3. Banküberweisung der Darlehenszinsen November bis April 900,– EUR
4. Ausgleich einer Liefererschuld durch Weitergabe eines Kundenakzepts 2.500,– EUR
5. Tilgung des Darlehens durch Banküberweisung 2.100,– EUR
6. Warenverkauf bar (12.000,– + 1.920,– EUR)
7. Warenverkäufe gegen Kundenakzept (16.000,– + 2.560,– EUR)
8. Kauf von Büromaterial bar (800,– + 128,– EUR)
9. Diskontierung eines Wechsels durch die Bank 8.900,– EUR (Diskont 85,– EUR)
10. Der Mieter zahlt die Garagenmiete Dezember bis Februar (900,– EUR insgesamt) bar
11. Gutschrift für einen Kunden auf Grund einer Mängelrüge (500,– + 80,– EUR)
12. Begleichung einer Liefererrechnung durch Banküberweisung abzüglich 3 % Skonto (Warenwert 8.000,– + 1.280,– EUR)
13. Privatentnahme bar 1.000,– EUR
14. Ein Lieferer stellt Diskont in Rechnung (57,50 EUR)
15. Bareinzahlung auf das Bankkonto 1.500,– EUR
16. Ein Angestellter erhält durch Banküberweisung einen Gehaltsvorschuss 2.000,– EUR
17. Zinsgutschrift der Bank 6.500,– EUR

18. Rücksendung von Waren an einen Lieferer auf Grund einer Mängelrüge (Warenwert 3.000,– + 480,– EUR)
19. Banküberweisung der Miete für Geschäftsräume 2.000,– EUR
20. Wareneinkauf auf Ziel (Warenwert 4.000,– + 640,– EUR) Bezugskosten 800,– +128,– EUR
21. Warenverkäufe auf Ziel (40.000,– + 6.400,– EUR)

Es ist grundsätzlich netto zu buchen, die Warenkonten sind nach dem Nettoverfahren abzuschließen.

Abschlussangaben:
1. Warenendbestand laut Inventur 65.000,– EUR
2. Abschreibungen auf Gebäude 2 % vom Anschaffungswert 350.000,– EUR
   BGA 10 % vom Anschaffungswert 120.000,– EUR
   Fuhrpark 20 % vom Buchwert 60.000,– EUR
3. Am 31.12. hat ein Mieter die Miete (November–Februar) in Höhe von insgesamt 1.500,– EUR noch nicht gezahlt.
4. Es ist mit einer Steuernachzahlung in Höhe von 2.300,– EUR zu rechnen.
5. Eine Forderung in Höhe von 4.640,– EUR wird zweifelhaft. Es ist mit einem Ausfall von 75 % zu rechnen.

Bilanzbuch:

A	Eröffnungsbilanz		P
Gebäude	560.000,–	Eigenkapital	552.000,–
Fuhrpark	60.000,–	Darlehen	450.000,–
BGA	120.000,–	Schuldwechsel	58.000,–
Waren	85.000,–	Umsatzsteuer	15.000,–
Forderungen	168.000,–	Verbindlichkeiten	40.000,–
Bank	45.000,–		
Besitzwechsel	54.000,–		
Kasse	23.000,–		
	1.115.000,–		1.115.000,–

A	Schlussbilanz		P
Gebäude	553.000,—	EK	549.147,50
FP	48.000,—	Rückstellungen	2.300,—
BGA	108.000,—	Darlehen	447.900,—
Waren	65.000,—	SW	58.000,—
Forderungen	209.180,—	Verbindlichkeiten	39.645,50
Zweifelhafte Forderungen	1.640,—	Verb. aus Steuern u. SV	3.500,—
Sonstige Forderungen	2.750,—	USt	23.982,40
Bank	41.513,40	PRAP	600,—
BW	61.000,—		
Kasse	34.392,—		
ARAP	600,—		
	1.125.075,40		1.125.075,40

Grundbuch:

Die grundbuchmäßigen Aufzeichnungen können an Hand der folgenden Buchungssätze für die Geschäftsfälle sowie unter Verwendung des Großhandelskontenrahmens ohne Schwierigkeiten erstellt werden.

Laufende Buchungen:

1. Wareneingang	8.000,–			
Vorsteuer	1.280,–	an Verbindlichkeiten		9.280,—
2. Personalkosten	6.700,–	an Bank		4.300,—
		Verb. aus Steuern u. Soz. Vers.		2.400,—
Soziale Aufwendungen	1.100,–	an Verb. aus Steuern u. Soz. Vers.		1.100,—
3. Zinsaufwendungen	900,–	an Bank		900,—
4. Verbindlichkeiten	2.500,–	an Besitzwechsel		2.500,—
5. Darlehen	2.100,–	an Bank		2.100,—
6. Kasse	13.920,–	an Warenverkauf		12.000,—
		Umsatzsteuer		1.920,—
7. Besitzwechsel	18.560,–	an Warenverkauf		16.000,—
		Umsatzsteuer		2.560,—
8. AVK	800,–			
Vorsteuer	128,–	an Kasse		928,—
9. Bank	8.815,–			
Zinsaufwendungen	85,–	an Besitzwechsel		8.900,—
10. Kasse	900,–	an Mieterträge		900,—
11. Rücksendungen	500,–			
Umsatzsteuer	80,–	an Forderungen		580,—
12. Verbindlichkeiten	9.280,–	an Bank		9.001,60
		Zinserträge		243,60
		(GH → Liefererskonti);		
		Vorsteuer		34,80
13. Privat	1.000,–	an Kasse		1.000,—
14. Zinsaufwendungen	57,50	an Verbindlichkeiten		57,50
15. Bank	1.500,–	an Kasse		1.500,—
16. Sonstige Forderungen	2.000,–	an Bank		2.000,—
17. Bank	6.500,–	an Zinserträge		6.500,—
18. Verbindlichkeiten	3.480,–	an Wareneingang		3.000,—
		Vorsteuer		480,—
19. Mieten	2.000,–	an Bank		2.000,—
20. Wareneingang	4.000,–			
Bezugskosten	800,–			
Vorsteuer	768,–	an Verbindlichkeiten		5.568,—
21. Forderungen	46.400,–	an Warenverkauf		40.000,—
		Umsatzsteuer		6.400,—

Vorbereitende Abschlussbuchungen:

1. Umbuchung der Unterkonten:

Wareneinkauf	800,-	an Bezugskosten	800,—
Warenverkauf	500,-	an Rücksendungen	500,—
Eigenkapital	1.000,-	an Privat	1.000,—

2. Umbuchung des Minderbestandes:

Wareneingang	20.000,-	an Warenbestände	20.000,—

3. Umbuchung der Vorsteuer:

Umsatzsteuer	1.657,60	an Vorsteuer	1.657,60

4. Abschreibungen:

Abschreibungen auf Anlagen	31.000,-	an Fuhrpark	12.000,—
		BGA	12.000,—
		Gebäude	7.000,—

5. Zeitliche Abgrenzungen:

Sonstige Forderungen	750,-	an Mieterträge	750,—
Steuern	2.300,-	an Rückstellungen	2.300,—
Aktive RAP	600,-	an Zinsaufwendungen	600,— (Fall 3)
Mieterträge	600,-	an Passive RAP	600,— (Fall 10)

6. Bewertung der Forderungen:

Zweifelhafte Forderungen	4.640,-	an Forderungen	4.640,—
Abschreibungen auf Forderungen	3.000,-	an Zweifelhafte Forderungen	3.000,—

Bei der folgenden Betriebsübersicht sowie beim Jahresabschluss wird auf eine Differenzierung des Erfolges verzichtet, um die Übersichtlichkeit nicht zu mindern. Der Gesamterfolg wird vielmehr lediglich in der Spalte „Erfolgsbilanz" und auf dem GuV-Konto ermittelt. Ausgangsgrößen für die Summenbilanz sind die Umsätze (Bestände, Zugänge, Abgänge, Aufwendungen und Erträge), wie sie sich auf den Konten auf Grund der laufenden Geschäftsvorfälle vor dem Jahresabschluss ergeben.

Jahresabschluss der Unternehmung

Konten	Summenbilanz		Saldenbilanz		Umbuchungen	
	S	H	S	H	S	H
Gebäude	560.000,–		560.000,–			7.000,–
Fuhrpark	60.000,–		60.000,–			12.000,–
BGA	120.000,–		120.000,–			12.000,–
Darlehen	2.100,–	450.000,–		447.900,–		
Eigenkapital		552.000,–		552.000,–	1.000,–	
Aktive RAP					600,–	
Passive RAP						600,–
Rückstellungen						2.300,–
Forderungen	214.400,–	580,–	213.820,–			4.640,–
Zweifelhafte Forderungen					4.640,–	3.000,–
Sonstige Forderungen	2.000,–		2.000,–		750,–	
Vorsteuer	2.176,–	518,40	1.657,60			1.657,60
Bank	61.815,–	20.301,60	41.513,40			
Besitzwechsel	72.400,–	11.400,–	61.000,–			
Kasse	37.820,–	3.428,–	34.392,–			
Privat	1.000,–		1.000,–			1.000,–
Verbindlichkeiten	15.260,–	54.905,50		39.645,50		
Schuldwechsel		58.000,–		58.000,–		
Umsatzsteuer	80,–	25.720,–		25.640,–	1.657,60	
Verb. aus Steuer u. SV		3.500,–		3.500,–		
Zinsaufwendungen	1.042,50		1.042,50			600,–
Mieten	2.000,–		2.000,–			
Zinserträge		6.740,–		6.740,–		
Mieterträge		900,–		900,–	600,–	750,–
Personalkosten	6.700,–		6.700,–			
Soziale Aufwendungen	1.100,–		1.100,–			
AVK	800,–		800,–			
Steuern					2.300,–	
Abs. auf Anlagen					31.000,–	
Abs. auf Forderungen					3.000,–	
Warenbestände	85.000,–		85.000,–			20.000,–
Wareneingang	12.000,–	3.000,–	9.000,–		800,–	
					20.000,–	
Bezugskosten	800,–		800,–			800,–
Warenverkauf		68.000,–		68.000,–	500,–	
Rücksendungen und Gutschriften	500,–		500,–			500,–
	1.258.993,50	1.258.993,50	1.202.325,50	1.202.325,50	66.847,60	66.847,60

Anfangskapital   552.000,– EUR
– Privatentnahmen   1.000,– EUR
– Verlust   1.852,50 EUR = Endkapital 549.147,50 EUR

Zusammenfassendes Beispiel

Saldenbilanz II		Inventurbilanz		Erfolgsbilanz		Konten
S	H	S	H	Aufwendungen	Erträge	
553.000,-		553.000,-				Gebäude
48.000,-		48.000,-				Fuhrpark
108.000,-		108.000,-				BGA
	447.900,-		447.900,-			Darlehen
	551.000,-		551.000,-			Eigenkapital
600,-		600,-				Aktive RAP
	600,-		600,-			Passive RAP
	2.300,-		2.300,-			Rückstellungen
209.180,-		209.180,-				Forderungen
1.640,-		1.640,-				Zweifelhafte Forderungen
2.750,-		2.750,-				Sonstige Forderungen Vorsteuer
41.513,40		41.513,40				Bank
61.000,-		61.000,-				Besitzwechsel
34.392,-		34.392,-				Kasse
						Privat
	39.645,50		39.645,50			Verbindlichkeiten
	58.000,-		58.000,-			Schuldwechsel
	23.982,40		23.982,40			Umsatzsteuer
	3.500,-		3.500,-			Verb. aus Steuer u. SV
442,50				442,50		Zinsaufwendungen
2.000,-				2.000,-		Mieten
	6.740,-				6.740,-	Zinserträge
	1.050,-				1.050,-	Mieterträge
6.700,-				6.700,-		Personalkosten
1.100,-				1.100,-		Soziale Aufwendungen
800,-				800,-		AVK
2.300,-				2.300,-		Steuern
31.000,-				31.000,-		Abs. auf Anlagen
3.000,-				3.000,-		Abs. auf Forderungen
65.000,-		65.000,-				Warenbestände
29.800,-				29.800,-		Wareneingang Bezugskosten
	67.500,-				67.500,-	Warenverkauf Rücksendungen und Gutschriften
1.202.217,90	1.202.917,90	1.125.075,40	1.126.927,90	77.142,50	75.290,—	
		+ 1.852,50			+ 1.852,50	
		1.126.927,90	1.126.927,90	77.142,50	77.142,50	

Jahresabschluss der Unternehmung

Hauptbuch:

S	EBK		H
EK	552.000,–	Gebäude	560.000,–
Darlehen	450.000,–	FP	60.000,–
SW	58.000,–	BGA	120.000,–
Verbindlichkeiten	15.000,–	Waren	85.000,–
USt	40.000,–	Forderungen	168.000,–
		Bank	45.000,–
		BW	54.000,–
		Kasse	23.000,–
	1.115.000,–		1.115.000,–

S	Gebäude		H
EBK	560.000,–	Abs.	7.000,–
		SBK	553.000,–
	560.000,–		560.000,–

S	FP		H
EBK	60.000,–	Abs.	12.000,–
		SBK	48.000,–
	60.000,–		60.000,–

S	BGA		H
EBK	120.000,–	Abs.	12.000,–
		SBK	108.000,–
	120.000,–		120.000,–

S	Wa		H
EBK	85.000,–	V	3.000,–
V	8.000,–	WV	29.800,–
V	4.000,–	SBK	65.000,–
Bank	800,–		
	97.800,–		97.800,–

S	Forderungen		H
EBK	168.000,–	RuG/MW	580,–
WV/USt	46.400,–	ZF	4.640,–
		SBK	209.180,–
	214.400,–		214.400,–

S	Zweifelhafte Forderungen		H
Fo	4.640,–	Abs.	3.000,–
		SBK	1.640,–
	4.640,–		4.640,–

S	Sonstige Forderungen		H
Bank	2.000,–	SBK	2.750,–
ME	750,–		
	2.750,–		2.750,–

S	Besitzwechsel		H
EBK	54.000,–	V	2.500,–
WV/USt	18.400,–	ZA/BK	8.900,–
		SBK	61.000,–
	72.400,–		72.400,–

S	Warenbestände		H
EBK	85.000,–	SBK	65.000,–
		WE	20.000,–
	85.000,–		85.000,–

S	Wareneingang		H
V	8.000,–	V.	3.000,–
V	4.000,–	GuV	29.800,–
Bezk.	800,–		
WB	20.000,–		
	32.800,–		32.800,–

Zusammenfassendes Beispiel

S	ARAP		H
ZA	600,-	SBK	600,-

S	Privat		H
Kasse	1.000,-	EK	1.000,-

S	Bk		H
EBK	45.000,—	ZA	900,—
BW	8.815,—	PK	4.300,—
Kasse	1.500,—	Darlehen	2.100,—
ZE	6.500,—	V	9.001,60
		SF	2.000,—
		M	2.000,—
		SBK	41.513,40
	61.815,—		61.815,—

S	Kasse		H
EBK	23.000,—	AVK/VS	928,—
W/USt	13.920,—	Privat	1.000,—
ME	900,—	Bk	1.500,—
		SBK	34.392,—
	37.820,—		37.820,—

S	Bezugskosten		H
V	800,-	WE	800,-

S	Rücksendungen		H
Forderungen	500,-	WV	500,-

S	Eigenkapital		H
Privat	1.000,—	V	552.000,—
GuV	1.852,50		
SBK	549.147,50		
	552.000,—		552.000,—

S	Darlehen		H
Bank	2.100,-	EBK	450.000,-
SBK	447.900,-		
	450.000,-		450.000,-

S	Schuldwechsel		H
SBK	58.000,-	EBK	58.000,-

S	Vorsteuer		H
V	1.280,—	V	38,40
Kasse	128,—	V	480,—
V	768,—	USt	1.657,60
	2.176,—		2.176,—

S	USt		H
Forderungen	80,—	EBK	15.000,—
VS	1.657,60	Kasse	1.920,—
SBK	23.982,40	BW	2.400,—
		Forderungen	6.400,—
	25.720,—		25.720,—

S	Verbindlichkeiten		H
BW	2.500,—	EBK	40.000,—
Bank/ZE/VS	9.280,—	WE/VS	9.280,—
WE/VS	3.480,—	ZA/VS	57,50
SBK	39.645,50	WE/Bank/VS	5.568,—
	54.905,50		54.905,50

S	Rückstellungen		H
SBK	2.300,-	Steuern	2.300,-

S	PRAP		H
SBK	600,-	ME	600,-

S	Verb. aus Steuern u. Sozialvers.		H
SBK	3.500,-	PK	2.400,-
		SA	1.100,-
	3.500,-		3.500,-

S	SBK		H
Gebäude	553.000,—	EK	549.147,50
FP	48.000,—	Rückstellungen	2.300,—
BGA	108.000,—	Darlehen	447.900,—
Waren	65.000,—	SW	58.000,—
Forderungen	209.180,—	Verbindlichkeiten	39.645,50
Zweifelhafte Forderungen	1.640,—	Verb. aus Steuern u. SV	3.500,—
Sonstige Forderungen	2.750,—	USt	23.982,40
Bank	41.513,40	PRAP	600,—
BW	61.000,—		
Kasse	34.392,—		
ARAP	600,—		
	1.125.075,40		1.125.075,40

S	GuV		H
WE	29.800,—	Zinserträge	6.740,—
Zinsaufwendungen	442,50	Mieterträge	1.050,—
Mieten	2.000,—	Warenverkauf	67.500,—
Personalkosten	6.700,—	Eigenkapital	1.852,50
Soziale Aufwendungen	1.100,—		
Steuern	2.300,—		
AVK	800,—		
Abs. Anlagen	31.000,—		
Abs. Forderungen	3.000,—		
	77.142,50		77.142,50

S	Zinsaufwendungen		H
Bank	900,—	ARAP	600,—
BW	85,—	GuV	442,50
V	57,50		
	1.042,50		1.042,50

S	Mieten		H
Bank	2.000,-	GuV	2.000,-

S	Personalkosten		H
BK / VaS	6.700,-	GuV	6.700,-

S	Soziale Aufwendungen		H
VaS	1.100,-	GuV	1.100,-

S	Steuern		H
RST	2.300,-	GuV	2.300,-

S	AVK		H
Kasse	800,-	GuV	800,-

S	Abs. Anlagen		H
Geb/BGA/FP	31.000,-	GuV	31.000,-

S	Abs. Forderungen		H
ZF	3.000,-	GuV	3.000,-

Zusammenfassendes Beispiel

S	Zinserträge		H
GuV	6.740,-	V	240,-
		Bank	6.500,-
	6.740,-		6.740,-

S	Mieterträge		H
PRAP	600,-	Kasse	900,-
GuV	1.050,-	SF	750,-
	1.650,-		1.650,-

S	Warenverkauf		H
R	500,-	Kasse	12.000,-
GuV	67.500,-	BW	16.000,-
		F	40.000,-
	68.000,-		68.000,-

4. Kapitel

Die Buchführung der Industrie

Die Buchführung der Industrie

Die Hauptfunktion des Industriebetriebes ist die Produktion von Gütern. Durch das sinnvolle Zusammenwirken der Produktionsfaktoren werden neue Güter hergestellt. Alle übrigen betrieblichen Funktionsbereiche außerhalb des Fertigungsbereiches tragen dazu bei, die Produktion von Gütern und deren Absatz zu ermöglichen. Um Güter zur Versorgung des Marktes herzustellen, werden Rohmaterialien, Werkstoffe und Betriebsmittel beschafft und in den Werkstätten be- und verarbeitet. Die Fertigung (Leistungserstellung) ist ein ständiger Umformungsprozess: Der Input (Einsatz von Gütern und Leistungen) wird in den Output (Erzeugnisse des Unternehmens) umgeformt.

BEISPIEL 54

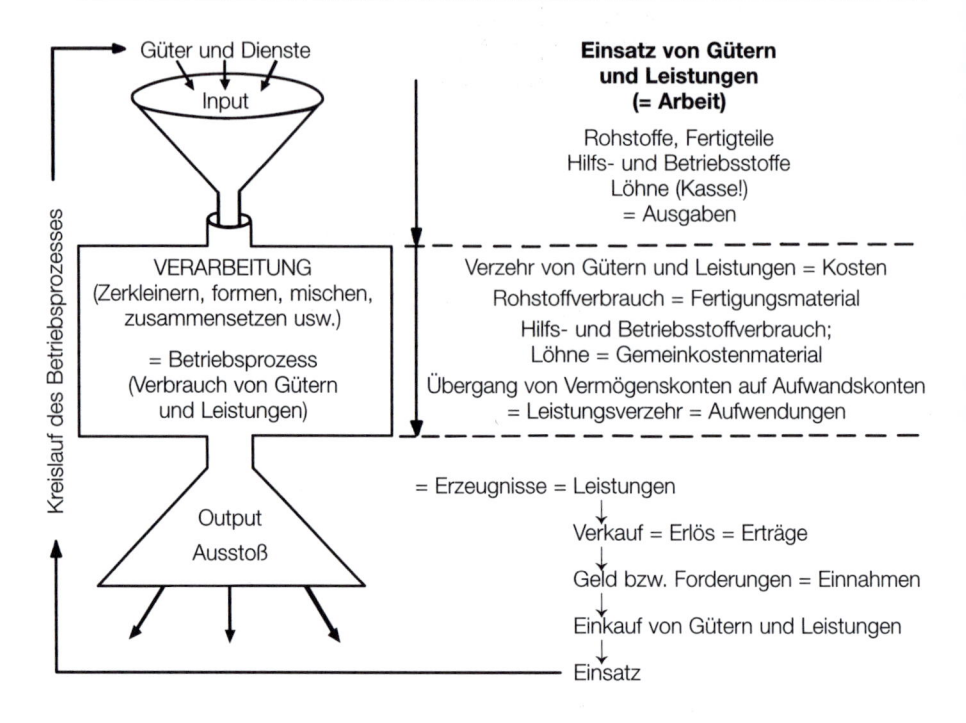

Kreislauf des Betriebsprozesses

- Güter und Dienste → Input
- VERARBEITUNG (Zerkleinern, formen, mischen, zusammensetzen usw.) = Betriebsprozess (Verbrauch von Gütern und Leistungen)
- Output / Ausstoß

Einsatz von Gütern und Leistungen (= Arbeit)

Rohstoffe, Fertigteile
Hilfs- und Betriebsstoffe
Löhne (Kasse!)
= Ausgaben

Verzehr von Gütern und Leistungen = Kosten
Rohstoffverbrauch = Fertigungsmaterial
Hilfs- und Betriebsstoffverbrauch;
Löhne = Gemeinkostenmaterial
Übergang von Vermögenskonten auf Aufwandskonten
= Leistungsverzehr = Aufwendungen

= Erzeugnisse = Leistungen
↓
Verkauf = Erlös = Erträge
↓
Geld bzw. Forderungen = Einnahmen
↓
Einkauf von Gütern und Leistungen
↓
Einsatz

Diese zusätzliche Aufgabe des Industriebetriebes (Fertigung) erfordert auch eine besondere Gestaltung der Buchführung.

Besonderheiten der Industriebuchführung

Im Vergleich zur Großhandelsbuchführung können folgende Unterscheidungsmerkmale festgestellt werden:
1. Zu den Grundfunktionen des Ein- und Verkaufs beim Großhandel tritt bei der Industrie noch die **Fertigung** von Gütern.
2. Anstelle des Einkaufs von Fertigwaren tritt die **Beschaffung von Roh-, Hilfs- und Betriebsstoffen**.
3. Zwischen Ein- und Verkauf schiebt sich nunmehr die Fertigung. Deshalb muss dieser Zwischenstufe auch ein besonderer Teil der Buchführung = **Kosten-** und **Leistungsrechnung (Rechnungskreis II)** entsprechen.
4. Nicht nur allgemeine Kosten (vgl. Großhandel) fallen an, sondern die einem Auftrag direkt zurechenbaren **Einzelkosten** sind von den **Gemeinkosten** zu trennen.
5. Die Kostenstruktur im Betrieb ist somit vielgestaltiger als im Warenhandel. Im Vordergrund steht die genaue Erfassung der Kosten, damit alle Voraussetzungen für eine einwandfreie Errechnung der Selbstkosten geschaffen werden können.
6. Es muss eine Trennung von **Geschäftsbuchführung (Rechnungskreis I)** und **Kosten-Leistungsrechnung – KLR (Rechnungskreis II)** vorgenommen werden. Die Geschäftsbuchführung weist durch Gegenüberstellung aller Aufwendungen und Erträge den Gesamterfolg der Unternehmung aus. Die Kosten- und Leistungsrechnung erfasst alle Kosten und Leistungen einer Abrechnungsperiode und ermittelt das Betriebsergebnis.

Während im Warenhandelsbetrieb die eingekauften Waren unverändert wieder veräußert werden, ist es Aufgabe des Industriebetriebes, aus verschiedenen Stoffen unter Zuhilfenahme von Arbeit und Maschinen Fertigerzeugnisse herzustellen. Jeden **Werteverzehr** eines Unternehmens an Gütern und Diensten bezeichnet man dabei als **Aufwendungen**. Dazu zählen im Industriebetrieb vor allem:

- Verbrauch von Roh-, Hilfs- und Betriebsstoffen
- **Rohstoffe (Hauptbestandteile)** sind Materialien, die nach der Be- oder Verarbeitung wesentlicher Bestandteil des Fertigerzeugnisses sind, z. B. Holz und Spanplatten in der Möbelindustrie. Ihre Menge ist vorausberechenbar.
- **Hilfsstoffe (Nebenbestandteile)** sind diejenigen Stoffe, die in das Fertigerzeugnis eingehen, ohne jedoch Rohstoffe zu sein, z. B. Leim, Lack und Beize in der Möbelindustrie. Ihre Menge ist nicht genau vorausberechenbar.
- **Betriebsstoffe** sind weder Rohstoffe noch Hilfsstoffe, sondern dienen nur dazu, Maschinen anzutreiben und zu pflegen, z. B. Brenn- und Treibstoffe, Schmieröl, Putzmittel usw. Sie werden nicht in das Fertigerzeugnis eingearbeitet, jedoch bei der Produktion verbraucht. Auch ihre Menge ist nicht genau vorausberechenbar.

- **Aufwendungen** für den **Einsatz von Arbeitskräften**
- **Löhne** für alle Arbeiter des Industriebetriebes
- **Gehälter** für alle kaufmännischen und technischen Angestellten
- **Gesetzliche** und **freiwillige Sozialabgaben**
- **Aufwendungen** für **Betriebssteuern, Verwaltung, Werbung, Konstruktion, Miete** usw.
- **Wertminderung des Anlagevermögens** durch **Abnutzung**

KOSTEN IM INDUSTRIEBETRIEB

Unter Kosten versteht man den betriebsbedingten **Verzehr** von **Gütern** und **Dienstleistungen** zur **Erstellung** von **betrieblichen Leistungen**.
Der Kostenbegriff im industriellen Rechnungswesen wird durch einen einfachen Wertekreislauf eines Betriebes veranschaulicht und definiert:

Input

① Ausgaben

② Aufwendungen

③ Kosten

Output

⑥ Einnahmen

⑤ Erträge

④ Leistungen

Ausgaben	sind alle geldmäßigen Ausgänge, die während einer Abrechnungsperiode auf den Finanzkonten gebucht werden.
Aufwendungen	sind der gesamte Verbrauch von Gütern und Diensten während einer Abrechnungsperiode. Sie decken sich nicht notwendig mit den Ausgaben. Das Angreifen von Rücklagen verursacht zwar Aufwendungen, nicht aber Ausgaben.
Kosten	sind die für den Betriebszweck (Produktion) verbrauchten Güter und Dienste einer Abrechnungsperiode. Nicht alle Aufwendungen sind demnach Kosten, z. B. Spenden.
Leistungen	sind Güter und Dienste, d. h. die Fertigerzeugnisse. Sie entsprechen den Kosten.
Erträge	sind alle erstellten Güter und Dienste. Sie entsprechen den Aufwendungen.
Einnahmen	sind alle Eingänge, die auf den Finanzkonten gebucht werden. Sie entsprechen den Ausgaben.

Je nachdem, unter welchen Gesichtspunkten wir die Kosten betrachten, unterscheiden wir:
1. Nach ihrer **Entstehung** die **Kostenarten** wie Löhne, Gehälter, Steuern, Fertigungsmaterialverbrauch, Abschreibungen, Zinsaufwendungen, allgemeine Verwaltungskosten u. v. a.

2. Nach ihrer **Verrechnung** die
   Einzelkosten (**direkte** Kosten) und
   Gemeinkosten (**indirekte** Kosten)
3. Nach ihrer **Abhängigkeit** von der Produktion die
   Fixkosten oder unveränderbaren Kosten und
   Variablen Kosten oder veränderbaren Kosten

LEISTUNGEN IM INDUSTRIEBETRIEB

Den Kosten des Industriebetriebes stehen die Leistungen gegenüber. Man versteht darunter die Erträge aus dem Verkauf der hergestellten Erzeugnisse oder sonstiger Verkäufe. Im Einzelnen setzen sich die Leistungen zusammen aus:
1. **Absatzleistungen**
   Umsatzerlöse für Fertigerzeugnisse,
   Umsatzerlöse für andere Leistungen wie Wartungsarbeiten,
   Vergabe von Patenten oder Lizenzen,
   Umsatzerlöse für Handelswaren
2. **Lagerleistungen**
   Mehrbestände, wenn die Herstellungsmenge > Absatzmenge
3. **Eigenleistungen**
   Aktivierte innerbetriebliche Leistungen für selbst hergestellte Anlagen

BUCHUNG VON KOSTEN UND LEISTUNGEN

Alle im Betrieb angeschafften Materialien werden als Zugänge auf den aktiven Bestandskonten Rohstoffe, Hilfsstoffe und Betriebsstoffe gebucht.

BEISPIEL 55

Ein Industriebetrieb kauft folgende Materialien ein (ohne Berücksichtigung der USt):
Rohstoffe	10.000,– EUR
Hilfsstoffe	5.000,– EUR
Betriebsstoffe	1.000,– EUR

Buchung:
Rohstoffe an Verbindlichkeiten	10.000,– EUR
Hilfsstoffe an Verbindlichkeiten	5.000,– EUR
Betriebsstoffe an Verbindlichkeiten	1.000,– EUR

Alle diese Materialien werden auf Lager genommen. Der Verbrauch kann folgendermaßen erfasst werden:
– **laufend** mit Hilfe von **Materialentnahmescheinen**. Sie enthalten die Art des Materials, die genaue Menge, die Auftragsnummer und die ausführende Abteilung. Bei dieser direkten Methode wird der Verbrauch bei der Entnahme erfasst und gebucht.

- **nachträglich** durch **Bestandsrechnung**. In der Lagerdatei werden neben den Anfangsbeständen die Zugänge laufend erfasst. Am Jahresende wird der Schlussbestand durch Inventur ermittelt. Die Differenz ergibt den Verbrauch während des Abrechnungszeitraumes.
- durch **Rückrechnung**. Ist der Stoffverbrauch pro Einzelstück bekannt, so kann man mit Hilfe der produzierten Menge den Verbrauch errechnen.

BEISPIEL 56

Bestandsrechnung:

Anfangsbestand an Rohstoffen	15.000,– EUR
+ Zugänge	10.000,– EUR
	25.000,– EUR
– Schlussbestand laut Inventur	23.000,– EUR
= Rohstoffverbrauch	2.000,– EUR

BEISPIEL 57

Rückrechnung:
Erzeugte Menge 5000 Stück, Verbrauch pro Stück 3 m, Preis pro Einheit = 1 m = 12,– EUR
Stoffeverbrauch = 5.000 Stück x 3 m = 15.000 m x 12,– EUR = 180.000,– EUR

Alle benötigten Stoffe, die vom Lager in die Fertigung weitergegeben werden, sind auf dem **Kostenkonto „Aufwendungen für Roh-, Hilfs- und Betriebsstoffe"** zu buchen.

Der Verbrauch von Materialien wird auf folgenden Konten erfasst:

Art des Materialverbrauchs	Aufwandskonto
Rohstoffe	Aufwendungen für Rohstoffe
Hilfsstoffe	Aufwendungen für Hilfsstoffe
Betriebsstoffe	Aufwendungen für Energie und Treibstoffe
	Aufwendungen für Betriebsstoffe
Reparaturmaterial	Aufwendungen für Reparaturmaterial
Sonstiges Material	Aufwendungen für sonstiges Material
Fremdbauteile	Aufwendungen für Fremdbauteile

BEISPIEL 58

Ein Industriebetrieb verbraucht für die Herstellung lt. Materialentnahmescheine für Rohstoffe 2.000,– EUR, Hilfsstoffe 1.000,– EUR und Betriebsstoffe 200,– EUR.

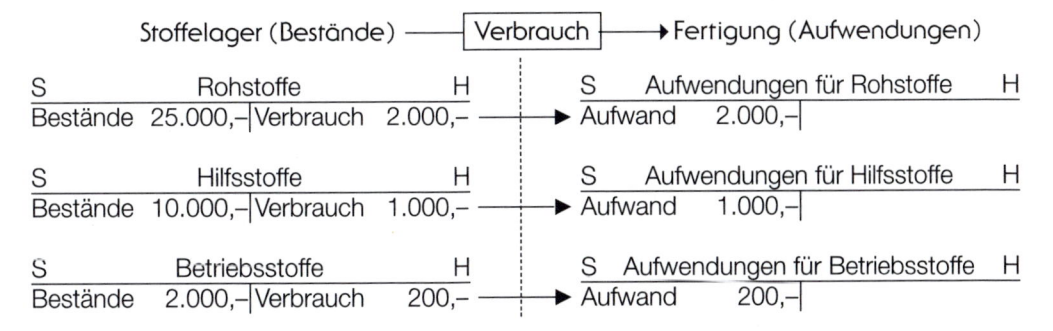

```
         Stoffelager (Bestände) ──┤ Verbrauch ├──► Fertigung (Aufwendungen)

S            Rohstoffe           H        S    Aufwendungen für Rohstoffe    H
Bestände  25.000,–│Verbrauch  2.000,–  ──►  Aufwand    2.000,–│

S            Hilfsstoffe          H        S    Aufwendungen für Hilfsstoffe   H
Bestände  10.000,–│Verbrauch  1.000,–  ──►  Aufwand    1.000,–│

S           Betriebsstoffe        H        S   Aufwendungen für Betriebsstoffe  H
Bestände   2.000,–│Verbrauch   200,–   ──►  Aufwand     200,–│
```

Buchung:
Aufwendungen für Rohstoffe   2.000,–   an Rohstoffe   2.000,–
Aufwendungen für Hilfsstoffe   1.000,–   an Hilfsstoffe   1.000,–
Aufwendungen für Betriebsstoffe   200,–   an Betriebsstoffe   200,–

> Die Leistung eines Industriebetriebes findet ihren Niederschlag in den **Umsatzerlösen**, d. h. in den Beträgen, die der Betrieb durch den Verkauf der hergestellten Erzeugnisse erzielt. Durch die Umsatzerlöse müssen alle entstandenen Kosten und der Gewinn des Betriebes gedeckt werden. Die durch den Verkauf erzielten Umsatzerlöse sind auf dem Ertragskonto **„Umsatzerlöse für Fertigerzeugnisse"** zu buchen.

BEISPIEL 59

Alle im Betrieb hergestellten Erzeugnisse wurden auf Ziel verkauft. Die Ausgangsrechnungen weisen insgesamt 16.500,– EUR (netto) aus.

Buchung:
Forderungen 19.140,– an Umsatzerlöse 16.500,–
                       Umsatzsteuer   2.640,–

Die Buchführung der Industrie

ÜBERBLICK

Buchung und Abschluss der Erfolgskonten

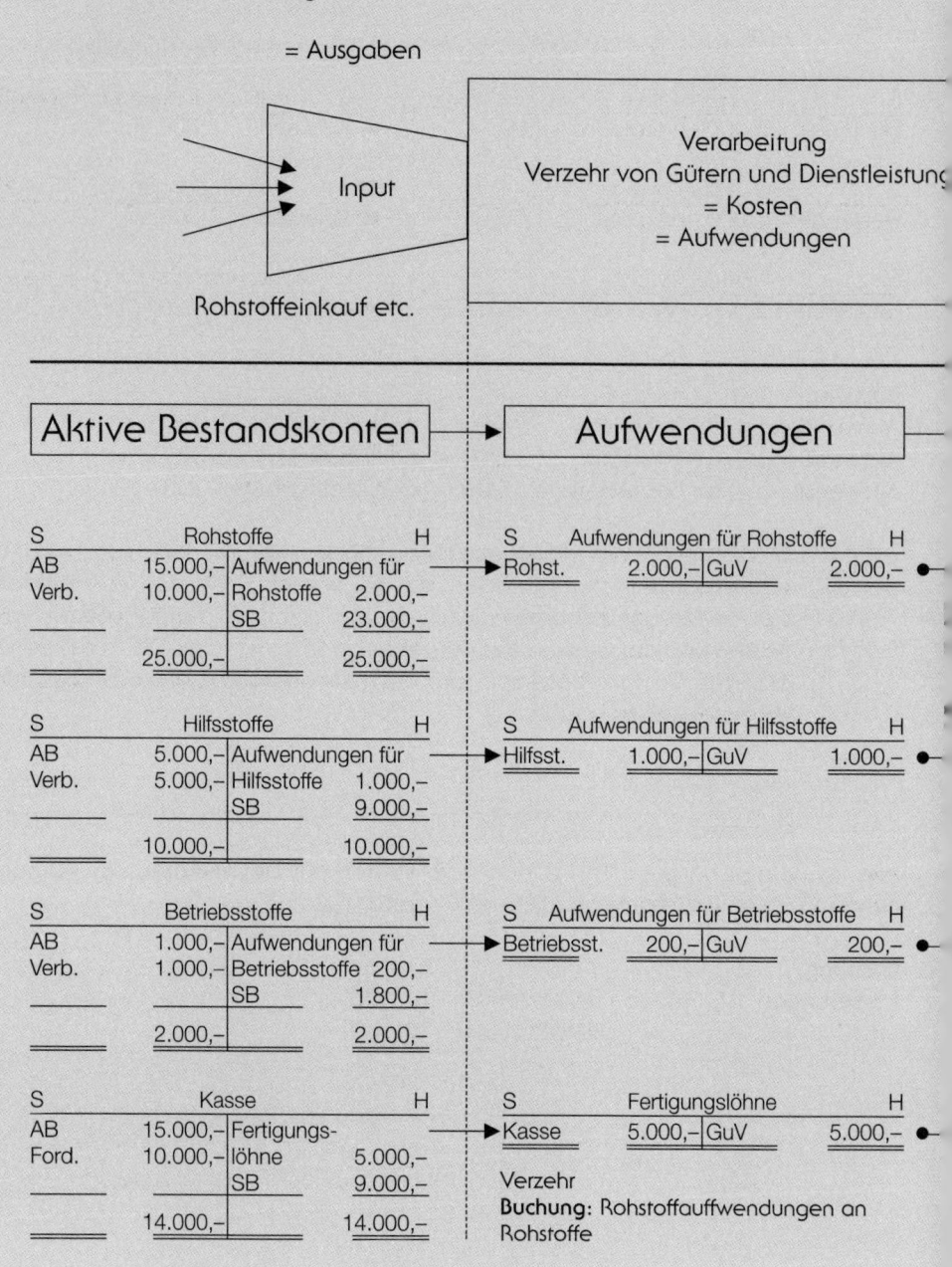

```
                = Ausgaben

        →  ┌─────┐      Verarbeitung
        →  │Input│      Verzehr von Gütern und Dienstleistung
        →  └─────┘        = Kosten
                          = Aufwendungen
        Rohstoffeinkauf etc.
```

| Aktive Bestandskonten | → | Aufwendungen |

S	Rohstoffe	H
AB	15.000,–	Aufwendungen für
Verb.	10.000,–	Rohstoffe 2.000,–
		SB 23.000,–
	25.000,–	25.000,–

S	Aufwendungen für Rohstoffe	H
▶Rohst.	2.000,–	GuV 2.000,– ●

S	Hilfsstoffe	H
AB	5.000,–	Aufwendungen für
Verb.	5.000,–	Hilfsstoffe 1.000,–
		SB 9.000,–
	10.000,–	10.000,–

S	Aufwendungen für Hilfsstoffe	H
▶Hilfsst.	1.000,–	GuV 1.000,– ●

S	Betriebsstoffe	H
AB	1.000,–	Aufwendungen für
Verb.	1.000,–	Betriebsstoffe 200,–
		SB 1.800,–
	2.000,–	2.000,–

S	Aufwendungen für Betriebsstoffe	H
▶Betriebsst.	200,–	GuV 200,– ●

S	Kasse	H
AB	15.000,–	Fertigungs-
Ford.	10.000,–	löhne 5.000,–
		SB 9.000,–
	14.000,–	14.000,–

S	Fertigungslöhne	H
▶Kasse	5.000,–	GuV 5.000,– ●

Verzehr
Buchung: Rohstoffauffwendungen an Rohstoffe

Besonderheiten der Industriebuchführung

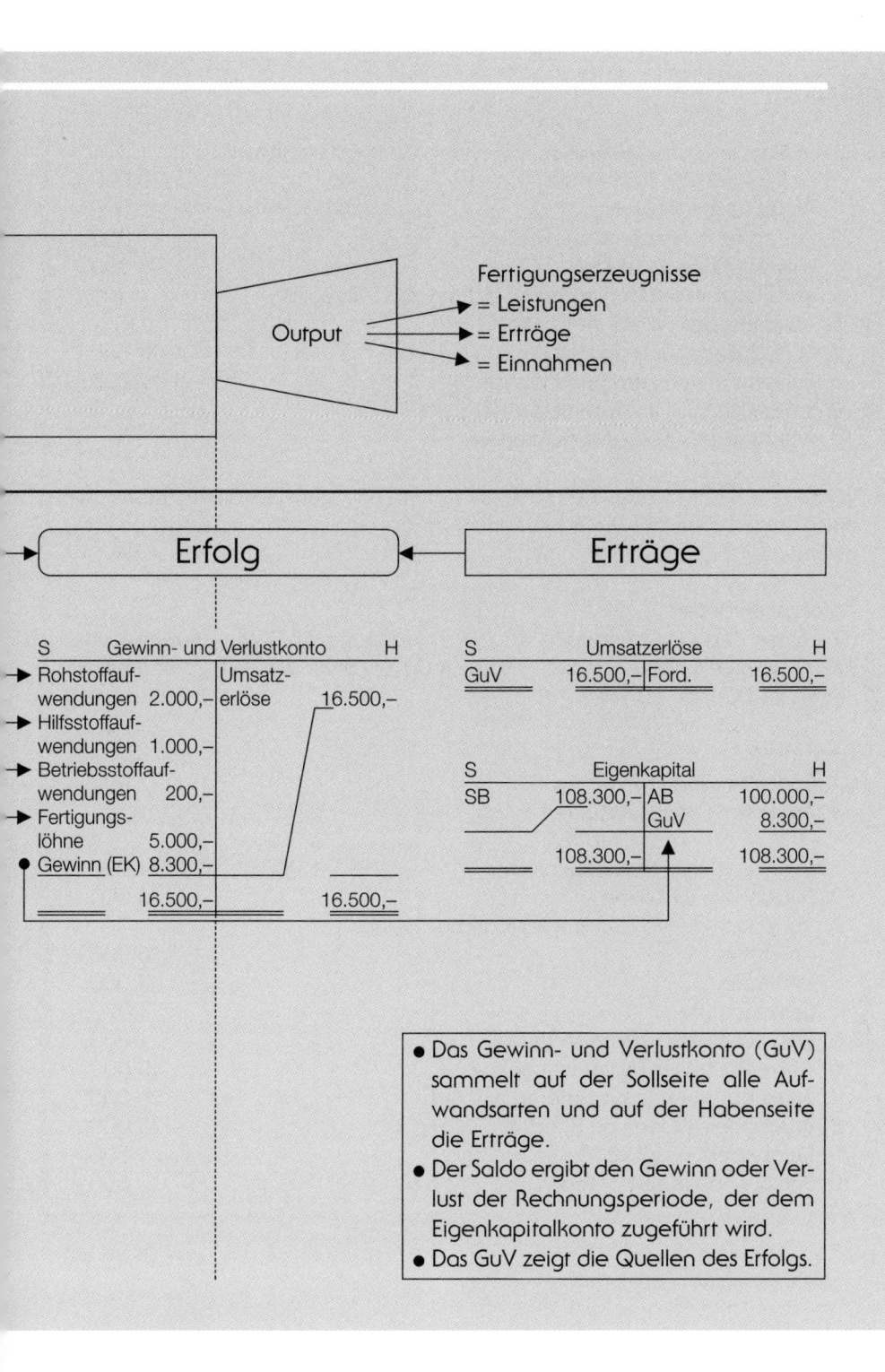

Output → Fertigungserzeugnisse
= Leistungen
= Erträge
= Einnahmen

→ **Erfolg** ← **Erträge**

S	Gewinn- und Verlustkonto		H
→ Rohstoffauf-wendungen 2.000,–		Umsatz-erlöse	16.500,–
→ Hilfsstoffauf-wendungen 1.000,–			
→ Betriebsstoffauf-wendungen 200,–			
→ Fertigungs-löhne 5.000,–			
• Gewinn (EK) 8.300,–			
	16.500,–		16.500,–

S	Umsatzerlöse		H
GuV	16.500,–	Ford.	16.500,–

S	Eigenkapital		H
SB	108.300,–	AB	100.000,–
		GuV	8.300,–
	108.300,–		108.300,–

- Das Gewinn- und Verlustkonto (GuV) sammelt auf der Sollseite alle Aufwandsarten und auf der Habenseite die Erträge.
- Der Saldo ergibt den Gewinn oder Verlust der Rechnungsperiode, der dem Eigenkapitalkonto zugeführt wird.
- Das GuV zeigt die Quellen des Erfolgs.

AUFGABEN

56. Bilden Sie die Buchungssätze zu folgenden Geschäftsvorfällen!

1.	Zieleinkauf von Rohstoffen	20.000,–
2.	Barzahlung für Löhne	5.000,–
3.	Rohstoffentnahme für die Fertigung	4.000,–
4.	Hilfsstoffeinkauf auf Ziel	7.000,–
5.	Verbrauch lt. Materialentnahmeschein von Hilfsstoffen	200,–
6.	Abschluss des Kontos Rohstoffe	
7.	Banküberweisung an Lieferer	5.000,–
8.	Barverkauf von Fertigerzeugnissen	12.000,–
9.	Schlussbestand lt. Inventur der Rohstoffe	–
10.	Abschluss des Kontos Umsatzerlöse	–

57. Buchen Sie folgende Geschäftsfälle auf Konten und schließen Sie die Bestands- und Erfolgskonten ab! Die Schlussbestände auf den Konten entsprechen den Inventurwerten.

Anfangsbestände:
Maschinen 60.000,–; Rohstoffe 40.000,–; Hilfsstoffe 15.000,–; Betriebsstoffe 8.000,–; Forderungen 12.000,–; Kasse 4.000,–; Bank 30.000,–; Verbindlichkeiten 25.000,–.

Geschäftsfälle:

1.	Banküberweisung von Kunden		7.000,–
2.	Zieleinkauf von Rohstoffen	9.000,–	
	Hilfsstoffen	3.000,–	
	Betriebsstoffen	1.000,–	13.000,–
3.	Barzahlung für Löhne		3.200,–
4.	Verbrauch lt. MES (Materialentnahmescheine)		
	Rohstoffe		18.000,–
	Hilfsstoffe		7.000,–
	Betriebsstoffe		4.000,–
5.	Banküberweisung von Steuern		1.000,–
6.	Zielverkauf aller Fertigerzeugnisse		40.000,–
7.	Banküberweisung an Lieferer		26.000,–
8.	Banküberweisung von Kunden		23.000,–
9.	Barabhebung bei der Bank		1.500,–
10.	Barkauf von Büromaterial		800,–

Der Industriekontenrahmen (IKR)

Die Geschäftsentwicklung eines Industriebetriebes erfasst das ganze Zahlenmaterial des industriellen Rechnungswesens und ihre Ergebnisse sind Grundlage für alle unternehmerischen Planungen und Entscheidungen. Voraussetzung für ein wirtschaftliches Buchen ist daher, dass die Konten nach einem bestimmten Plan geordnet werden, damit das Auffinden der einzelnen Konten schnell und reibungslos erfolgen kann. Eine systematische Ordnung und die einheitliche Bezeichnung der Konten ist gleichfalls unerlässlich, wenn man die Ergebnisse mehrerer Jahre **(Zeitvergleich)** oder mit branchengleichen Betrieben **(Betriebsvergleich)** vergleichen will. Der zunehmende Einsatz der EDV erfordert ebenso ein Kontenordnungssystem, das in besonderem Maße datengerecht ist. Der IKR entspricht weitgehend diesen Anforderungen, die an ein einheitliches, übersichtliches Kontenordnungssystem gestellt werden. Im Wesentlichen liegen folgende Absichten und Überlegungen zugrunde:
- Der IKR entspricht den Ansprüchen der EDV hinsichtlich Aufbau, Gliederung und Flexibilität.
- Der IKR vereinfacht den zwischenbetrieblichen Vergleich von Vermögens- und Kapitaleinsatz, von Umsätzen und Ergebnissen, weil die Bilanzen und Gewinn- und Verlustrechnungen aller Unternehmen (vom Einzelunternehmen bis zur Aktiengesellschaft) in Aufbau und Positionen vereinheitlicht sind.
- Der IKR dient allen Industrieunternehmen – gleich welcher Branche, Rechtsform oder Größe – als einheitlicher Grundrahmen zur Schaffung spezieller Kontenpläne.
- Es erfolgt im IKR eine strenge Trennung zwischen Geschäftsbuchführung (Rechnungskreis I) und Betriebsbuchführung bzw. Kosten- und Leistungsrechnung (Rechnungskreis II) = Zweikreissystem des IKR.
- Der IKR ist nach dem sog. **Abschlussgliederungsprinzip** geordnet, d. h., die **Kontenklassen** von **0–8**, die ausschließlich der **Geschäftsbuchführung** vorbehalten sind, gliedern sich in der Reihenfolge ihrer Bearbeitung zur Aufstellung des Jahresabschlusses. Reihenfolge und Bezeichnung der Konten stimmen daher weitgehend mit den Positionen der Bilanz (§ 266 Abs. 2 u. 3 HGB) und Gewinn- und Verlustrechnung (§ 275 HGB) überein.
- Die **Klasse 9** ist für die **Kosten-/Leistungsrechnung (KLR)** und die sachliche Abgrenzung, d. h. für die Betriebsbuchführung reserviert. Hier folgt der IKR dem sog. **Prozessgliederungsprinzip**, d. h., die Reihenfolge der Kontengruppen richtet sich nach dem Prozess der Wertschöpfung in einem Industriebetrieb, der von den Kostenarten über die Kostenstellen und Kostenträger zu den Leistungen und dem Ergebnis verläuft.

AUFBAU DES INDUSTRIEKONTENRAHMENS

Der Kontenrahmen baut auf dem flexiblen **dekadischen** Zahlensystem auf, indem er den Ordnungsrahmen in 10 Konten**klassen** von 0 bis 9 untergliedert (**1. Stelle** der Kontonummer). Jede dieser Klassen wird in 10 Konten**gruppen** (**2. Stelle**), jede einzelne Kontengruppe in 10 Konten**arten** (**3. Stelle**) und diese in 10 Konten**unterarten** (**4. Stelle**) usw. unterteilt.

BEISPIEL 60

Konten**klasse**	0	Immaterielle Vermögensgegenstände und Sachanlagen
Konten**gruppe**	05	Grundstücke mit Geschäfts-, Fabrik- und ähnlichen Bauten
Konten**art**	050	Unbebaute Grundstücke
	051	Bebaute Grundstücke
	052	Gebäude
Konten**unterart**	0520	Gebäude in Dortmund
	0521	Gebäude in Oberhausen
	0522	Gebäude in Salzburg

Der Industrie-**Kontenrahmen** enthält alle Konten, die in den verschiedenen Industriebetrieben vorkommen können. Natürlich braucht nicht jeder Industriebetrieb alle Konten des Kontenrahmens. Er sucht sich deshalb je nach seinen betrieblichen Notwendigkeiten die Konten heraus, die für ihn erforderlich sind, und stellt sie zu einem betriebsindividuellen **Kontenplan** zusammen.

Industriekontenrahmen (IKR):

Klassen 0, 1, 2	Klassen 3, 4	Klassen 5	Klassen 6, 7	Klassen 8	Klassen 9
Aktiv-konten	Passiv-konten	Ertrags-konten	Aufwands-konten	Eröffnungs- und Abschluss-konten	Kosten- und Leistungs-rechnung
Bestandskonten		Erfolgskonten			
Geschäftsbuchführung (Rechnungskreis I)					Betriebs-buchführung (Rechnungs-kreis II)

Den Aufbau der Kontenklassen und gleichzeitig ihren Zusammenhang mit dem Aufbau der Bilanz und der GuV-Rechnung nach dem HGB zeigt der Industriekontenrahmen auf S. 162–165. Entsprechend der Grundstruktur der Bilanz sind drei Kontenklassen für die Aktivkonten gebildet worden. Ihnen folgen zwei Klassen für die Passivkonten.

Damit ist der Bilanzbereich geschlossen dargestellt. Für die Erfolgskonten benötigte man eine Klasse zur Darstellung der Erträge sowie zwei Klassen für die Widerspiegelung der Aufwendungen. Die letzte Kontenklasse dient zur Darstellung von Eröffnung und Abschluss. Auffällig ist, dass keine Kontenklasse für die Abgrenzung vorgesehen ist. Das hat einen einfachen Grund: Die Abgrenzung soll in der Kosten-Leistungsrechnung (KLR) in der Klasse 9 vorgenommen werden. Sie bildet gewissermaßen das Zwischenstück zwischen der Geschäftsbuchführung (Rechnungskreis I) und der Kosten- und Leistungsrechnung (Rechnungskreis II).

Vorzüge des Aufbaus:
1. Abschlussarbeiten und die Aufstellung der Bilanz werden erleichtert, weil die Kontenfolge der Bilanzgliederung entspricht.
2. Die Bezeichnungen der Kontengruppen decken sich im Wesentlichen mit denen der Bilanzpositionen bzw. denen der GuV-Rechnung, was das Verständnis erleichtert.
3. Prüfungs- und Kontrollarbeiten werden vereinfacht.
4. Die breite Verwendbarkeit des Kontenrahmens führt dazu, daß er auch für solche Unternehmungen geeignet ist, die mehreren Branchen oder sogar Wirtschaftszweigen angehören.
5. Bei Anwendung der elektronischen Datenverarbeitung lassen sich auf der Grundlage des IKR Programme für Buchung und Abschluss entwickeln, die von allen Unternehmen angewendet werden können.
6. Der Kontenrahmen ist auch in solchen Betrieben verwendbar, die weder eine Abgrenzungs- noch eine Kosten- und Leistungsrechnung durchführen, da die Abgrenzungsrechnung außerhalb der Geschäftsbuchführung vollzogen wird. Wer in einem solchen Fall das Ergebnis nach Betriebs- und neutralem Ergebnis zumindest teilweise aufgliedern will, kann die nötigen Abgrenzungskonten innerhalb der Geschäftsbuchführung einrichten und wird dafür am besten dann die freie Klasse 9 verwenden.

Anpassung an das Bilanzrichtliniengesetz
Der Bundesverband der Deutschen Industrie e. V. (BDI) hat im November 1986 eine Neufassung des Industriekontenrahmens (IKR) herausgegeben. Es handelt sich um eine Anpassung an das am 1.1.1986 in Kraft getretene **Bilanzrichtliniengesetz:** (BiRiLiG), das für Kapitalgesellschaften und publizitätspflichtige Unternehmen anderer Rechtsformen für den Jahresabschluss wesentliche Änderungen bringt. Im Gegensatz zum Bilanzrichtliniengesetz erfolgt beim IKR keine Differenzierung zwischen Einzelunternehmen und Personengesellschaften einerseits und Kapitalgesellschaften andererseits. Der Kontenrahmen gibt für den Ausweis im Jahresabschluss nur die Reihenfolge der Posten vor. Die hier vorliegende **Kurzfassung** bildet die Grundlage im Rahmen der **IHK-Abschlussprüfungen.**

Industriekontenrahmen (IKR)

Kontenklassen	
AKTIVA	
Anlagevermögen	Umlaufvermögen

0 Immaterielle Vermögensgegenstände und Sachlagen

00 Ausstehende Einlagen
0000 Ausstehende Einlagen
01 Frei
Immaterielle Vermögensgegenstände
02 Konzessionen, gewerbliche Schutzrechte und ähnliche Rechte und Werte sowie Lizenzen an solchen Rechten und Werten
0200 Konzessionen
03 Geschäfts- oder Firmenwert
0300 Geschäfts- oder Firmenwert
04 Frei
Sachanlagen
05 Grundstücke, grundstücksgleiche Rechte und Bauten einschließlich der Bauten auf fremden Grundstücken
0500 Unbebaute Grundstücke
0510 Bebaute Grundstücke
0520 Gebäude (Sammelkonto)
0530 Betriebsgebäude
0540 Verwaltungsgebäude
0550 Andere Bauten
0560 Grundstückseinrichtungen
0570 Gebäudeeinrichtungen
0590 Wohngebäude
06 Frei
07 Technische Anlagen und Maschinen
0700 Anlagen und Maschinen der Energieversorgung
0710 Anlagen der Materiallagerung und -bereitstellung
0720 Anlagen und Maschinen der mechanischen Materialbearbeitung, -verarbeitung und -umwandlung
0730 Anlagen für Wärme-, Kälte- und chemische Prozesse sowie ähnliche Anlagen
0740 Anlagen für Arbeitssicherheit und Umweltschutz
0750 Transportanlagen und ähnliche Betriebsvorrichtungen
0760 Verpackungsanlagen und -maschinen
0770 Sonstige Anlagen und Maschinen
0780 Reservemaschinen und -anlagenteile
0790 Geringwertige Anlagen und Maschinen
08 Andere Anlagen, Betriebs- und Geschäftsausstattung
0800 Andere Anlagen
0810 Werkstätteneinrichtung
0820 Werkzeuge, Werksgeräte und Modelle, Prüf- und Messmittel
0830 Lager- u. Transporteinrichtungen
0840 Fuhrpark
0850 Sonstige Betriebsausstattung
0860 Büromaschinen, Organisationsmittel und Kommunikationsanlagen
0870 Büromöbel und sonstige Geschäftsausstattung

1 Finanzanlagen

10 bis 12 Frei
13 Beteiligungen
1300 Beteiligungen
14 Frei
15 Wertpapiere d. Anlagevermögens
1500 Wertpapiere d. Anlagevermögens
16 Sonstige Finanzanlagen
1600 Sonstige Finanzanlagen
17 bis 19 Frei

Fortsetzung Kontenklasse 0

0880 Reserveteile für Betriebs- und Geschäftsausstattung
890 Geringwertige Vermögensgegenstände der Betriebs- und Geschäftsausstattung
09 Geleistete Anzahlungen und Anlagen im Bau
0900 Geleistete Anzahlungen auf Sachanlagen
0950 Anlagen im Bau

2 Umlaufvermögen und aktive Rechnungsabgrenzung

Vorräte
20 Roh-, Hilfs- und Betriebsstoffe
2000 Rohstoffe/Fertigungsmaterial
2001 Bezugskosten
2002 Nachlässe
2010 Vorprodukte/Fremdbauteile
2011 Bezugskosten
2012 Nachlässe
2020 Hilfsstoffe
2021 Bezugskosten
2022 Nachlässe
2030 Betriebsstoffe
2031 Bezugskosten
2032 Nachlässe
2070 Sonstiges Material
2071 Bezugskosten
2072 Nachlässe
21 Unfertige Erzeugnisse, unfertige Leistungen
2100 Unfertige Erzeugnisse
2190 Unfertige Leistungen
22 Fertige Erzeugnisse und Waren
2200 Fertige Erzeugnisse
2280 Waren (Handelswaren)
2281 Bezugskosten
2282 Nachlässe
23 Geleistete Anzahlungen a. Vorräte
2300 Geleistete Anzahlungen a. Vorräte

Forderungen und sonstige Vermögensgegenstände (24–26)
24 Ford. a. Lieferungen u. Leistungen
2400 Forderungen aus Lieferungen und Leistungen
2420 Kaufpreisforderungen
2421 Umsatzsteuerforderungen
2450 Wechselford. aus Lieferungen und Leistungen (Besitzwechsel)
2470 Zweifelhafte Forderungen
2480 Protestwechsel
25 Innergemeinschaftl. Erwerb/Einfuhr
2500 Innergemeinschaftl. Erwerb
2501 Bezugskosten
2502 Nachlässe
2510 Gütereinfuhr
2511 Bezugskosten
2512 Nachlässe
26 Sonstige Vermögensgegenstände
2600 Vorsteuer
2602 Vorsteuer (16 %) für i. E.
2604 Einfuhrumsatzsteuer
2630 Sonst. Ford. an Finanzbehörden
2650 Forderungen an Mitarbeiter
2690 Übrige sonstige Forderungen
27 Wertpapiere d. Umlaufvermögens
2700 Wertpapiere d. Umlaufvermögens
28 Flüssige Mittel
2800–2842 Guthaben bei Kreditinstituten (Bank)
2850 Postbank
2860 Schecks
2870 Bundesbank

Kontenklassen

AKTIVA	PASSIVA
Umlaufvermögen	

3 Eigenkapital und Rückstellungen	**4** Verbindlichkeiten und passive Rechnungsabgrenzung
Fortsetzung Kontenklasse 2	*Eigenkapital*
2880 Kasse	**30 Eigenkapital/ Gezeichnetes Kapital**
2890 Nebenkassen	Bei Einzelkaufleuten:
29 Aktive Rechnungsabgrenzung (und Bilanzfehlbetrag)	3000 Eigenkapital
2900 Aktive Jahresabgrenzung	3001 Privatkonto
2920 Umsatzsteuer auf erhaltene Anzahlungen	Bei Personengesellschaften:
2990 (nicht durch Eigenkapital gedeckter Fehlbetrag)	3000 Kapital Gesellschafter A
	3001 Privatkonto A
	3010 Kapital Gesellschafter B
	3011 Privatkonto B
	3070 Kommanditkapital Gesellschafter C
	3080 Kommanditkapital Gesellschafter D
	Bei Kapitalgesellschaften:
	3000 Gezeichnetes Kapital (Grundkapital/Stammkapital)
	31 Kapitalrücklage
	3100 Kapitalrücklage
	32 Gewinnrücklagen
	3210 Gesetzliche Rücklagen
	3230 Satzungsmäßige Rücklagen
	3240 Andere Gewinnrücklagen
	33 Ergebnisverwendung
	3310 Jahresergebnis des Vorjahres
	3320 Ergebnisvortrag aus früheren Perioden
	3340 Veränderung der Rücklagen
	3350 Bilanzgewinn/Bilanzverlust
	3360 Ergebnisausschüttung
	3390 Ergebnisvortrag auf neue Rechnung
	34 Jahresüberschuss/Jahresfehlbetrag
	3400 Jahresüberschuss/ Jahresfehlbetrag
	35 Sonderposten mit Rücklageanteil
	3500 Sonderposten mit Rücklageanteil
	36 Wertberichtigungen (Bei Kapitalgesellschaften als Passivposten der Bilanz nicht mehr zulässig)
	3610 – zu Sachanlagen
	3650 – zu Finanzanlagen
	3670 Einzelwertberichtigung zu Forderungen
	3680 Pauschalwertberichtigung zu Forderungen
	Rückstellungen
	37 Rückstellungen für Pensionen und ähnliche Verpflichtungen
	3700 Rückstellungen für Pensionen und ähnliche Verpflichtungen
	38 Steuerrückstellungen
	3800 Steuerrückstellungen
	39 Sonstige Rückstellungen
	3910 – für Gewährleistung
	3930 – für andere ungewisse Verbindlichkeiten
	3970 – für drohende Verluste aus schwebenden Geschäften
	3990 – für Aufwendungen

4 Verbindlichkeiten und passive Rechnungsabgrenzung
40 Frei
41 Anleihen
4100 Anleihen
42 Verbindlichkeiten gegenüber Kreditinstituten
4210 Kurzfristige Bankverbindlichkeiten
4230 Mittelfristige Bankverbindlichkeiten
4250 Langfristige Bankverbindlichkeiten
43 Erhaltene Anzahlungen auf Bestellungen
4300 Erhaltene Anzahlungen
44 Verbindlichkeiten aus Lieferungen und Leistungen
4400 Verbindlichkeiten aus Lieferungen und Leistungen
4420 Kaufpreisverbindlichkeiten
45 Wechselverbindlichkeiten
4500 Schuldwechsel
46 und 47 Frei
48 Sonstige Verbindlichkeiten
4800 Umsatzsteuer
4802 Umsatzsteuer (16 %) für i. E.
4830 Sonstige Verbindlichkeiten gegenüber Finanzbehörden
4840 Verbindlichkeiten gegenüber Sozialversicherungsträgern
4850 Verbindlichkeiten gegenüber Mitarbeitern
4860 Verbindlichkeiten aus vermögenswirksamen Leistungen
4870 Verbindlichkeiten gegenüber Gesellschaftern (Dividende)
4890 Übrige sonstige Verbindlichkeiten
49 Passive Rechnungsabgrenzung
4900 Passive Jahresabgrenzung

Kontenklassen

ERTRÄGE	AUFWENDUNGEN

5 Erträge (einschließlich Berichtigungen)

50 Umsatzerlöse für eigene Erzeugnisse u. andere eigene Leistungen
5000 Umsatzerlöse f. eigene Erzeugn.
    5001 Erlösberichtigungen
5050 Umsatzerlöse für andere eigene Leistungen
    5051 Erlösberichtigungen
5060 Erlöse aus innergemeinschaftlicher Lieferung (i. L.)
    5061 Erlösberichtigungen
5070 Erlöse aus Güterausfuhr
    5071 Erlösberichtigungen

51 Umsatzerlöse für Waren und sonstige Umsatzerlöse
5100 Umsatzerlöse für Waren
    5101 Erlösberichtigungen
5190 Sonstige Umsatzerlöse
    5191 Erlösberichtigungen

52 Erhöhung oder Verminderung des Bestandes an unfertigen und fertigen Erzeugnissen
5200 Bestandsveränderungen
    5201 Bestandsveränderungen an unfertigen Erzeugnissen und nicht abgerechneten Leistungen
    5202 Bestandsveränderungen an fertigen Erzeugnissen

53 Andere aktivierte Eigenleistungen
5300 Aktivierte Eigenleistungen

54 Sonstige betriebliche Erträge
5400 Mieterträge
5401 Leasingerträge
5410 Sonstige Erlöse (z. B. aus Provisionen oder Anlagenabgängen)
5420 Entnahme von Gegenständen und sonstigen Leistungen
5430 Andere sonstige betriebl. Erträge
5440 Erträge aus Werterhöhungen von Gegenständen des Anlagevermögens (Zuschreibungen)
5450 Erträge aus der Auflösung oder Herabsetzung von Wertberichtigungen auf Forderungen
5460 Erträge aus dem Abgang von Vermögensgegenständen
5480 Erträge aus der Herabsetzung von Rückstellungen
5490 Periodenfremde Erträge

55 Erträge aus Beteiligungen
5500 Erträge aus Beteiligungen

56 Erträge aus anderen Wertpapieren und Ausleihungen des Finanzanlagevermögens
5600 Erträge aus anderen Finanzanlagen

57 Sonstige Zinsen und ähnliche Erträge
5710 Zinserträge
5730 Diskonterträge
5780 Erträge aus Wertpapieren des Umlaufvermögens
5790 Sonstige zinsähnliche Erträge

58 Außerordentliche Erträge
5800 Außerordentliche Erträge

59 Frei

---

6 Betriebliche Aufwendungen (einschließlich Berichtigungen)

Materialaufwand

60 Aufwendungen für Roh-, Hilfs- und Betriebsstoffe und für bezogene Waren
6000 Aufwendungen für Rohstoffe/Fertigungsmaterial
    6001 Bezugskosten
    6002 Nachlässe
6010 Aufwendungen für Vorprodukte/Fremdbauteile
6020 Aufwendungen für Hilfsstoffe
6030 Aufwendungen für Betriebsstoffe/Verbrauchswerkzeuge
6040 Aufw. für Verpackungsmaterial
6050 Aufw. für Energie u. Treibstoffe
6060 Aufw. für Reparaturmaterial
6070 Aufwendungen für sonstiges Material
6080 Aufwendungen für Waren

61 Aufwendungen für bezogene Leistungen
6100 Fremdleistungen für Erzeugnisse und andere Umsatzleistungen
6140 Frachten und Fremdlager
6150 Vertriebsprovisionen
6160 Fremdinstandhaltung
6170 Sonstige Aufwendungen für bezogene Leistungen

Personalaufwand

62 Löhne
6200 Löhne einschl. tariflicher, vertraglicher oder arbeitsbedingter Zulagen
6210 Urlaubs- und Weihnachtsgeld
6220 Sonstige tarifliche oder vertragliche Aufwendungen für Lohnempfänger
6230 Freiwillige Zuwendungen
6250 Sachbezüge
6260 Vergütungen an gewerbliche Auszubildende

63 Gehälter
6300 Gehälter und Zulagen
6310 Urlaubs- und Weihnachtsgeld
6320 Sonstige tarifliche oder vertragliche Aufwendungen
6330 Freiwillige Zuwendungen
6350 Sachbezüge
6360 Vergütungen an Auszubildende

64 Soziale Abgaben und Aufwendungen für Altersversorgung und für Unterstützung
6400 Arbeitgeberanteil zur Sozialversicherung (Lohnbereich)
6410 Arbeitgeberanteil zur Sozialversicherung (Gehaltsbereich)
6420 Beiträge zur Berufsgenossenschaft
6440 Aufwendungen für Altersversorgung
6490 Aufwendungen für Unterstützung
6495 Sonstige soziale Aufwendungen

65 Abschreibungen
Abschreibungen auf Anlagevermögen
6510 Abschreibungen auf immaterielle Vermögensgegenstände des Anlagevermögens
6520 Abschreibungen auf Sachanlagen
6540 Abschreibungen auf geringwertige Wirtschaftsgüter

6550 Außerplanmäßige Abschreibungen auf Sachanlagen
6570 Unüblich hohe Abschreibungen auf Umlaufvermögen

Sonstige betriebliche Aufwendungen (66–70)

66 Sonstige Personalaufwendungen
6600 Aufwendungen für Personaleinstellung
6610 Aufwendungen für übernommene Fahrtkosten
6620 Aufwendungen für Werkarzt und Arbeitssicherheit
6630 Personenbezogene Versicherungen
6640 Aufwendungen für Fort- und Weiterbildung
6650 Aufwendungen für Dienstjubiläen
6660 Aufwendungen für Belegschaftsveranstaltungen
6670 Aufwendungen für Werksküche und Sozialeinrichtungen
6680 Ausgleichsabgabe nach dem Schwerbehindertengesetz
6690 Übrige sonstige Personalaufwendungen

67 Aufwendungen für die Inanspruchnahme von Rechten und Diensten
6700 Mieten, Pachten
6710 Leasingaufwendungen
6720 Lizenzen und Konzessionen
6730 Gebühren
6750 Kosten des Geldverkehrs
6760 Provisionsaufwendungen (außer Vertriebsprovisionen)
6770 Rechts- und Beratungskosten

68 Aufwendungen für Kommunikation (Dokumentation, Information, Reisen, Werbung)
6800 Büromaterial
6810 Zeitungen und Fachliteratur
6820 Porto – Telefon – Telefax
6850 Reisekosten
6860 Bewirtung und Präsentation
6870 Werbung
6880 Spenden

69 Aufwendungen für Beiträge und Sonstiges sowie Wertkorrekturen und periodenfremde Aufwendungen
6900 Versicherungsbeiträge
6920 Beiträge zu Wirtschaftsverbänden und Berufsvertretungen
6930 Verluste aus Schadensfällen
6940 Sonstige Aufwendungen
6950 Abschreibungen auf Forderungen
    6951 Abschreibungen auf Forderungen wegen Uneinbringlichkeit
    6952 Einstellung in Einzelwertberichtigung
    6953 Einstellung in Pauschalwertberichtigung
6960 Verluste aus dem Abgang von Vermögensgegenständen
6979 Anlagenabgänge
6980 Zuführung zu Rückstellungen für Gewährleistung
6990 Periodenfremde Aufwendungen

Kontenklassen

AUFWENDUNGEN	ERGEBNISRECHNUNGEN/KOSTEN- UND LEISTUNGSRECHNUNG	
7 Weitere Aufwendungen	**8** Ergebnisrechnungen	**9** Kosten- und Leistungsrechnung (KLR)
70 Betriebliche Steuern 7020 Grundsteuer 7030 Kraftfahrzeugsteuer 7070 Ausfuhrzölle 7080 Verbrauchsteuern 7090 Sonstige betriebliche Steuern **71 bis 73 Frei** **74 Abschreibungen auf Finanzanlagen und auf Wertpapiere des Umlaufvermögens und Verluste aus entsprechenden Abgängen** 7400 Abschreibungen auf Finanzanlagen 7420 Abschreibungen a. Wertpapiere des Umlaufvermögens 7450 Verluste aus dem Abgang von Finanzanlagen 7460 Verluste aus dem Abgang von Wertpapieren des Umlaufvermögens **75 Zinsen und ähnliche Aufwendungen** 7510 Zinsaufwendungen 7530 Diskontaufwendungen 7590 Sonstige zinsähnliche Aufwendungen **76 Außerordentliche Aufwendungen** 7600 Außerordentliche Aufwendungen **77 Steuern vom Einkommen und Ertrag** 7700 Gewerbesteuer 7710 Körperschaftsteuer 7720 Kapitalertragsteuer **78 Diverse Aufwendungen** **79 Frei**	**80 Eröffnung/Abschluss** 8000 Eröffnungsbilanzkonto 8010 Schlussbilanzkonto 8020 GuV-Konto Gesamtkostenverfahren 8030 GuV-Konto Umsatzkostenverfahren 8050 Saldenvorträge (Sammelkonto) *Konten der Kostenbereiche für die GuV im Umsatzkostenverfahren* **81 Herstellungskosten** **82 Vertriebskosten** **83 Allgemeine Verwaltungskosten** **84 Sonstige betriebliche Aufwendungen** *Konten der kurzfristigen Erfolgsrechnung (KER) für innerjährige Rechnungsperioden (Monat, Quartal oder Halbjahr)* **85 Korrekturkonten zu den Erträgen der Kontenklasse 5** **86 Korrekturkonten zu den Aufwendungen der Kontenklasse 6** **87 Korrekturkonten zu den Aufwendungen der Kontenklasse 7** **88 Kurzfristige Erfolgsrechnung (KER)** 8800 Gesamtkostenverfahren 8810 Umsatzkostenverfahren **89 Innerjährige Rechnungsabgrenzung** 8900 Aktive Rechnungsabgrenzung 8950 Passive Rechnungsabgrenzung	**90 Unternehmensbezogene Abgrenzungen (neutrale Aufwendungen u. Erträge)** **91 Kostenrechnerische Korrekturen** **92 Kostenarten und Leistungsarten** **93 Kostenstellen** **94 Kostenträger** **95 Fertige Erzeugnisse** **96 Interne Lieferungen und Leistungen sowie deren Kosten** **97 Umsatzkosten** **98 Umsatzleistungen** **99 Ergebnisausweise** In der Praxis wird die KLR gewöhnlich tabellarisch durchgeführt.

INHALT, EIGENART UND ZWECK DER KONTENKLASSEN DES IKR

Kontenklasse 0: Sachanlagen und immaterielle Anlagenwerte
Hier werden alle sachlichen und immateriellen Wirtschaftsgüter erfasst, die dem Betriebszweck für längere Zeit dienen: Grundstücke und Gebäude, Maschinen und maschinelle Anlagen, Betriebs- und Geschäftsausstattung, Anlagen im Bau, Anzahlung auf Anlagen, Konzessionen, Patente und Lizenzen.
Eigenart: aktive Bestandskonten
Zweck: Erfassung des unbeweglichen und beweglichen Sachanlagevermögens und des immateriellen Anlagevermögens

Kontenklasse 1: Finanzanlagen
Diese Klasse enthält die langfristigen Finanzanlagen eines Industriebetriebes, die Beteiligungen, Wertpapiere des Anlagevermögens und langfristige Ausleihungen sowie Wertpapiere, die als Daueranlage angeschafft wurden.
Eigenart: aktive Bestandskonten
Zweck: Erfassung des Finanzanlagevermögens

Kontenklasse 2: Umlaufvermögen und aktive Rechnungsabgrenzungsposten
Diese Klasse erfasst das gesamte Vorratsvermögen des Industriebetriebes, die Forderungen aus Lieferungen und Leistungen, eigene Anzahlungen, sonstige Forderungen (insbesondere das Konto „260 Vorsteuer") sowie die aktiven Rechnungsabgrenzungsposten zur zeitraumrichtigen Erfolgsermittlung: Roh-, Hilfs- und Betriebsstoffe, unfertige und fertige Erzeugnisse, Handelswaren, geleistete Anzahlungen für Umlaufvermögen, Forderungen a. L. L., sonstiges Vermögen, ARA (Aktive Rechnungsabgrenzungsposten).
Eigenart: aktive Bestandskonten
Zweck: Erfassung der Stoffe- und Erzeugnisbestände, der Forderungen, des sonstigen Umlaufvermögens und der Posten aktiver Rechnungsabgrenzung

Kontenklasse 3: Eigenkapital, Wertberichtigungen und Rückstellungen
Die Klasse 3 erfasst alle **Eigenkapitalkonten** der Einzelunternehmen und Personengesellschaften (OHG, KG) sowie der Kapitalgesellschaften (GmbH, AG., KGaA). Das **Privatkonto** wird als Unterkonto entsprechend zugeordnet. **Passive Wertberichtigungsposten** zum Anlage- und Umlaufvermögen dürfen in der Buchführung aller Unternehmen gebildet werden. In der zu **veröffentlichenden** Bilanz der Kapitalgesellschaften dürfen sie allerdings nicht ausgewiesen werden. Schulden, deren Höhe und Fälligkeit zum Bilanzstichtag noch nicht feststehen, werden in der Klasse 3 als **Rückstellungen** geführt.
Eigenart: passive Bestandskonten (Ausnahme Privatkonto)
Zweck: Erfassung aller Arten von Eigenkapital, der zulässigen Wertberichtigungen und Rückstellungen

Kontenklasse 4: Verbindlichkeiten und passive Rechnungsabgrenzungsposten
Hier werden vor allem die langfristigen und kurzfristigen Verbindlichkeiten erfasst und nach ihrer Fälligkeit gegliedert: sonstige Verbindlichkeiten, insbesondere das Konto „480 Umsatzsteuer"; langfristiges Fremdkapital wie Anleihen und Darlehen, kurzfristiges Fremdkapital wie Verbindlichkeiten a. L. L., Wechselschulden, Bankschulden, erhaltene Anzahlungen, PRA (Passive Rechnungsabgrenzungsposten).
Eigenart: passive Bestandskonten
Zweck: Erfassung allen langfristigen und kurzfristigen Fremdkapitals und der Posten passiver Rechnungsabgrenzung

Kontenklasse 5: Erträge
Die wichtigsten Ertragsposten des Industriebetriebes sind in den Kontengruppen 50 bis 53. Sie stellen die eigentliche Leistung des Betriebes aus dem Produktions- und Absatzprozess dar. Im Übrigen werden auch alle betriebsfremden Erträge ausgewiesen:
50 Umsatzerlöse, 52 Bestandsveränderungen (Mehr- bzw. Minderbestände), 53 Aktivierte Eigenleistungen, Zinserträge, sonstige Erträge, Erträge (Gewinne) aus Anlagenverkäufen.
Eigenart: Ertragskonten (Ausnahme Bestandsminderungen)
Zweck: Erfassung der ordentlichen und außerordentlichen Erträge

Kontenklasse 6: Material- und Personalaufwendungen, Abschreibungen
Diese Kontenklasse erfasst die wichtigsten Aufwandsposten des Industriebetriebes, dazu die Abschreibungen auf Sachanlagen und Verluste aus Anlageverkäufen: Aufwendungen für Stoffe, Löhne, Gehälter, Soziallasten, Abschreibungen.
Eigenart: Aufwandskonten
Zweck: Erfassung der ordentlichen und eines Teiles der außerordentlichen betrieblichen Aufwendungen

Kontenklasse 7: Zinsen, Steuern und sonstige Aufwendungen
Hier werden die einzelnen Zins- und Diskontaufwendungen sowie die verschiedenen Steuern erfasst.
Eigenart: Aufwandskonten
Zweck: Erfassung aller übrigen Aufwendungen, soweit nicht in Klasse 6 erfasst

Kontenklasse 8: Eröffnung und Abschluss
Diese Klasse erfasst den Abschlussbereich der Geschäftsbuchführung (Rechnungskreis I) und enthält vor allem:
800 Eröffnungsbilanzkonto (EBK), 802 Gewinn- und Verlustkonto (GuV), 801 Schlussbilanzkonto (SBK)
Eigenart: Abschlusskonten

Zweck: Erfassung der Eröffnungs- und Schlussbestände und der Veränderungen des Jahresüberschusses/-fehlbetrages bis zum Bilanzgewinn/-verlust

Kontenklasse 9: Kosten- und Leistungsrechnung (KLR)
Diese Kontenklasse bleibt frei für die Kosten- und Leistungsrechnung und für die Abgrenzungsrechnung. Sie gehört zur Betriebsbuchführung (Rechnungskreis II).
Eigenart: statistische Erfassung oder Verrechnungskonten
Zweck: Erstellung der Kosten/-Leistungsrechnung (KLR)

ÜBERBLICK

Im IKR werden die Konten der **Geschäftsbuchführung** (Rechnungskreis I) entsprechend dem Jahresabschluss gegliedert
(Abschlussgliederungsprinzip): Klasse 0 bis 8.
Die Konten der Betriebsbuchführung bzw. **Kosten-/Leistungsrechnung** (Rechnungskreis II) werden nach dem Prozess der Wertschöpfung (Prozessgliederungsprinzip) geordnet: **Klasse 9.**
Die Bestands- und Erfolgskonten werden im IKR streng getrennt. Aktiv-, Passiv-, Ertrags- und Aufwandskonten bilden eigene Kontenklassen.

Soll   801 Schlussbilanzkonto (SBK)   Haben

Kontenklasse	Aktiva	Passiva	Kontenklasse
0	Sachanlagen und immaterielle Anlagewerte	Eigenkapital, Wertberichtigungen, Rückstellungen	3
1	Finanzanlagen	Verbindlichkeiten und PRA (passive Rechnungsabgrenzung)	4
2	Vorräte, Forderungen ARA (aktive Rechnungsabgrenzung)		

Soll   802 Gewinn und Verlust   Haben

Kontenklasse	Aufwendungen	Erträge	Kontenklasse
6	Materialaufwand, Personal, Abschreibungen	Umsatzerlöse, Bestandsveränderungen, Sonstige Erträge	5
7	Zinsen, Steuern, Sonstige Aufwendungen		

Kontenklasse	Betriebsbuchführung (Rechnungskreis II)
9	Kosten- und Leistungsrechnung – Abgrenzungsrechnung

AUFGABEN

58. Erklären Sie den Unterschied zwischen Kontenrahmen und Kontenplan!

59. Welche Konten werden über das GuV-Konto und welche über das SBK-Konto abgeschlossen?

60. Bilden Sie die Buchungssätze nach dem IKR!
    1. Zieleinkauf von Rohstoffen   6.000,–
       Hilfsstoffen   3.000,–
       Betriebsstoffen   1.000,–
       + 16 % USt   1.600,–
    2. Banküberweisung von Kunden   2.000,–
    3. Zinsbelastung durch die Bank   600,–
    4. Barzahlung für Löhne   7.000,–
    5. Banküberweisung für USt   1.000,–
       Gewerbesteuer   2.000,–
    6. Barverkauf von Fertigerzeugnissen (netto) 2.000,–
       + 16 % USt   320,–
    7. Privatentnahme bar   600,–
       Privatentnahme von Fertigerzeugnissen 1.000,–
       + 16 % USt   160,–
    8. Kundenüberweisung auf Bankkonto   900,–
    9. Zielverkauf von Fertigerzeugnissen (netto) 4.000,–
       + 16 % USt   640,–
    10. Abschreibung auf Maschinen   3.600,–

61. Geben Sie mit Hilfe des IKR zu folgenden Buchungssätzen die Kontenbezeichnungen an und erläutern Sie den betrieblichen Vorgang!
    280 an 288   3.000,–
     44 an 285   340,–
     70 an 280   780,–
    690 an 280   450,–
    630 an 288   7.600,–
    280 an 240   2.170,–
    200 an 44   3.600,–

Buchungen im Beschaffungsbereich

BUCHUNGEN IM EINKAUFSBEREICH

Neben dem Nettowert (reiner Warenwert) und der Umsatzsteuer sind beim Kauf von Werkstoffen (Roh-, Hilfs- und Betriebsstoffe) besondere Buchungen vorzunehmen, die die Warenwerte verändern. Die eingekauften Materialien müssen mit den sog. **Anschaffungskosten** auf den Bestandskonten gebucht werden. So sind beim Einkauf Nebenkosten wie Verpackung, Fracht, Versicherung, Zoll usw. zu zahlen, die die Anschaffungskosten erhöhen. Nachlässe wie Rabatte, Boni und Skonti vermindern die Anschaffungskosten. Rücksendungen an Lieferer oder Gutschriften von den Lieferern verringern ebenfalls die Anschaffungskosten.

BEZUGSKOSTEN

Beim Einkauf von Werkstoffen fallen oft Nebenkosten an, die eng mit der Anschaffung zusammenhängen. Solche **Anschaffungsnebenkosten**, die in der Kalkulation **Bezugskosten** genannt werden, erhöhen den Anschaffungspreis und müssen auf dem entsprechenden Aktivkonto gebucht werden.
Bezugskosten bzw. Anschaffungsnebenkosten sind:
– **Transportkosten** wie Rollgeld, Fracht, Versicherung, Verpackung
– **Vermittlungsgebühren** wie Provisionen, Maklergebühren
– **Zölle** (wie Einfuhrzoll)

BEISPIEL 61

	Eingangsrechnung – Rohstoffe	
Anschaffungspreis	→ Nettopreis der Rohstoffe	3.700,— EUR
Anschaffungsnebenkosten {	+ Fracht	200,— EUR
	+ Verpackungsmaterial	120,— EUR
Anschaffungskosten	→ Rechnungsbetrag, netto	4.020,— EUR
	+ 16 % Umsatzsteuer	643,20 EUR
	Rechnungsbetrag, brutto	4.663,20 EUR

Die **Erfassung der Bezugskosten** (Anschaffungsnebenkosten) erfolgt **direkt** auf den Bestandskonten 2000 Rohstoffe, 201 Vorprodukte/Fremdbauteile, 202 Hilfsstoffe und 203 Betriebsstoffe; man bucht die Anschaffungskosten unmittelbar auf das Bestandskonto.
In der Praxis wird der Einkauf von Stoffen entweder auf den Konten der Kontenklasse 2 oder als sofortiger Verbrauch auf Konten der Kontenklasse 6 erfasst. Deshalb werden auch im Rahmen der IHK-Abschlussprüfung beide Buchungsverfahren geprüft. Irritationen, welche Buchungsweise jeweils anzuwenden ist, werden durch eine entsprechende Aufgabenstellung ausgeschlossen.

Buchung:
2000 Rohstoffe   4.020,—
  260 Vorsteuer   643,20 an 440 Verbindlichkeiten 4.663,20

Ein zweites Verfahren ist die **gesonderte Erfassung** der Bezugskosten auf zugeordneten **Unterkonten:**

> • 2001 Bezugskosten für Rohstoffe
> • 2011 Bezugskosten für Vorprodukte/Fremdbauteile
> • 2021 Bezugskosten für Hilfsstoffe
> • 2031 Bezugskosten für Betriebsstoffe

Buchung:
2000 Rohstoffe   3.700,—
2001 Bezugskosten/Rohstoffe   320,—
  260 Vorsteuer   663,20 an 440 Verbindlichkeiten 4.663,20

```
                S      2000 Rohstoffe    H     S 2001 Bezugskosten/Rohstoffe H
Anschaf-     {  44        3.700,-|             44        320,-| 2000     320,-
fungs-       { 2001         320,-|
kosten
```

Zur Ermittlung der **endgültigen Anschaffungskosten** beim Abschluss der Bestandskonten müssen die erfassten Bezugskosten monatlich oder vierteljährlich als Unterkonten über die entsprechenden Bestandskonten abgeschlossen werden.

Buchung:
2000 Rohstoffe 320,– an 2001 Bezugskosten/Rohstoffe 320,–

Alle Wirtschaftsgüter des Anlage- und Umlaufvermögens sind mit ihren Anschaffungskosten zu buchen. Die **Anschaffungskosten** können sich zusammensetzen aus dem **Anschaffungspreis** und allen mit der Anschaffung eng zusammenhängenden **Nebenkosten** (Bezugskosten bzw. Anschaffungsnebenkosten).

RÜCKSENDUNGEN AN LIEFERER UND GUTSCHRIFTEN

Werden Rohstoffe oder Handelswaren wegen **Falschlieferungen** oder **mangelhafter Lieferungen** an den Lieferer zurückgeschickt, so vermindert sich dadurch der Bestand. Die anteilige Umsatzsteuer (Vorsteuer) muss berichtigt werden. **Rücksendungen** sind wie **Rückbuchungen** (Korrektur- oder **Stornobuchungen**) zu behandeln.

Die Buchführung der Industrie

BEISPIEL 62

Zielkauf von Rohstoffen für netto 2.000,– EUR + 320,– EUR Umsatzsteuer. Bei Lieferung stellt man fest, dass es sich um eine Falschlieferung handelt.

Buchung:
1. Eingangsrechnung
2000 Rohstoffe   2.000,–
  260 Vorsteuer   320,– an 44 Verbindlichkeiten 2.320,–

2. Falschlieferung (Rücksendung)
   44 Verbindlichkeiten 2.320,– an 2000 Rohstoffe   2.000,–
                                     260 Vorsteuer   320.–

BEISPIEL 63

Wir kaufen Rohstoffe auf Ziel für netto 3.000,– EUR + 480,– EUR Umsatzsteuer. Ein Teil dieser Rohstoffe ist beschädigt und wird an den Lieferer zurückgeschickt. Der Nettowert der zurückgesandten Rohstoffe beträgt 1.000,– EUR.

Buchung:
1. Eingangsrechnung
2000 Rohstoffe   3.000,–
  260 Vorsteuer   480,– an 44 Verbindlichkeiten 3.480,–

2. Buchung der Rücksendung mit Berichtigung der Vorsteuer
   44 Verbindlichkeiten 1.160,– an 2000 Rohstoffe   1.000,–
                                     260 Vorsteuer   160,–

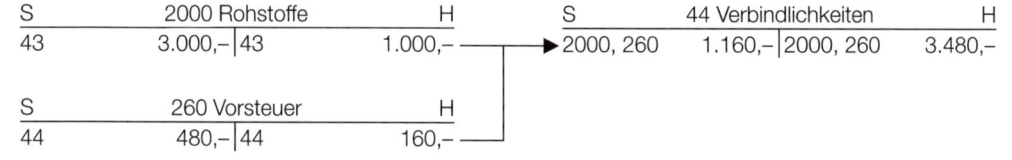

S	2000 Rohstoffe	H		S	44 Verbindlichkeiten	H
43	3.000,–	43 1.000,–	→	2000, 260 1.160,–	2000, 260	3.480,–

S	260 Vorsteuer	H
44	480,–	44 160,–

NACHLÄSSE DURCH DEN LIEFERER

Nachlässe werden vom Lieferer in folgender Form gewährt:
- **Minderungen/Preisnachlässe** wegen **mangelhafter Lieferung**
- **Skonti** (Nachlässe für sofortige Zahlung oder Zahlung innerhalb einer kürzeren Frist)
- **Boni** (Nachträglich gewährte Rabatte)

Sie bewirken eine **Minderung** der ursprünglichen **Anschaffungskosten** und der darauf entfallenden **Vorsteuer**. Für diese Minderungen, die auch unmittelbar auf den Bestandskonten gebucht werden können, werden zur besseren Übersicht gesonderte **Unterkonten** zu den entsprechenden Bestandskonten eingerichtet:

- 2002 Nachlässe für Rohstoffe
- 2012 Nachlässe für Vorprodukte
- 2022 Nachlässe für Hilfsstoffe
- 2032 Nachlässe für Betriebsstoffe
- 2082 Nachlässe für Handelswaren

Beim **Abschluss** müssen diese **Unterkonten** auf die entsprechenden **Bestandskonten umgebucht** werden.

BEISPIEL 64

Ein Lieferer gewährt uns aufgrund einer Mängelrüge einen Preisnachlass von 15 %. Die Eingangsrechnung belief sich auf 4.640,– EUR (Nettobetrag 4.000,– + Umsatzsteuer 640,– EUR).

Nettobuchung (Der **Preisnachlass** wird vom Nettobetrag berechnet und gebucht, die **Vorsteuer** buchhalterisch **sofort berichtigt**.)

Buchung:
1. **Eingangsrechnung**
2000 Rohstoffe   4.000,–
  260 Vorsteuer   640,–   an   44 Verbindlichkeiten   4.640,–

2. **Nettobuchung des Preisnachlasses**
   44 Verbindlichkeiten   696,–   an 2002 Nachlässe für Rohstoffe 600,–
                                           260 Vorsteuer   96,–

3. **Umbuchung des Unterkontos 2002 beim Abschluss**
2002 Nachlässe für Rohstoffe 696,– an 2000 Rohstoffe   696,–

S	2000 Rohstoffe	H	S	2002 Nachlässe für Rohstoffe	H
43	4.000,– | 2002	600,– →	2000	600,– | 44	600,–

S	260 Vorsteuer	H	S	44 Verbindlichkeiten	H
44	640,– | 44	96,– ←	2002, 260	696,– | 2000, 260	4.640,–

Bruttobuchung (Der **Preisnachlass** wird **vom Bruttobetrag** berechnet und gebucht, die **Vorsteuerberichtigung** erfolgt **später** am **Monatsende**.)

Buchung:
1. **Eingangsrechnung**

2000 Rohstoffe	4.000,–			
260 Vorsteuer	640,–	an	44 Verbindlichkeiten	4.640,–

2. **Bruttobuchung des Preisnachlasses**
44 Verbindlichkeiten an 2002 Nachlässe für Rohstoffe 690,–

3. **Steuerberichtigung am Monatsende**
   (Diese Steuerberichtigung wird nur einmal im Monat vom Gesamtbetrag der Nachlässe berechnet und gebucht. Im Beispiel muss daher noch der im Haben des Kontos „2002 Nachlässe für Rohstoffe" ausgewiesene Bruttonachlass von 696,– EUR um den Vorsteueranteil von 96,– EUR korrigiert werden.
   (696,– EUR : 7,25 = 96,– EUR; Faktor 7,25 für 16 % USt. Berechnung des Faktors 116 : 16 = 7,25)

   2002 Nachlässe für Rohstoffe an 260 Vorsteuer 90,–

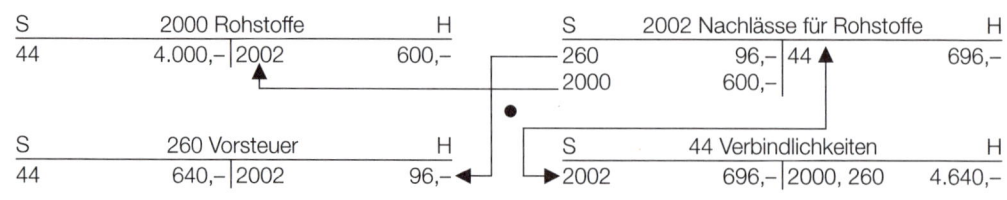

S	2000 Rohstoffe	H		S	2002 Nachlässe für Rohstoffe	H
44	4.000,–	2002 600,–		260	96,–	44 696,–
				2000	600,–	

S	260 Vorsteuer	H		S	44 Verbindlichkeiten	H
44	640,–	2002 96,–		2002	696,–	2000, 260 4.640,–

● Steuerberichtigung am Monatsende

4. **Umbuchung** des Unterkontos **2002 beim Abschluss**
2002 Nachlässe für Rohstoffe 600,– an 2000 Rohstoffe 600,–

ÜBERBLICK

- Bezugskosten erhöhen den Anschaffungspreis und sind zu aktivieren.
  Anschaffungspreis
  + Anschaffungsnebenkosten (Bezugskosten)
  ──────────────────────────────────
  = Anschaffungskosten

- Rücksendungen sind wie Rückbuchungen zu behandeln. Die anteilige Vorsteuer ist zu berichtigen.
- Nachlässe vermindern die Anschaffungskosten und bedingen eine entsprechende Vorsteuerberichtigung.

  Anschaffungspreis
  + Anschaffungsnebenkosten (Bezugskosten)
  – Anschaffungskostenminderungen (Nachlässe)
  ──────────────────────────────────
  = Anschaffungskosten

Buchungen im Beschaffungsbereich

```
                201 Vorprodukte/Fremdbauteile, 2000 Rohstoffe, 2020 Hilfsstoffe,
S                    2030 Betriebsstoffe, 228 Handelswaren                    H
```

Anfangsbestand (EBK)	Verbrauch
Einkäufe (Zugänge)	Rücksendungen an Lieferer
	Nachlässe durch den Lieferer
Bezugskosten (Anschaffungsnebenkosten)	Schlussbestand (SBK)

```
      2001/2011/2021/2031              2002/2012/2022/2282
S          Bezugskosten        H     S        Nachlässe         H
```

Bezugskosten für Roh-, Hilfs- und Betriebsstoffe und Handelswaren	Abschluss über 2000	Abschluss über 2000	Nachlässe bei Gutschriften von Lieferern

```
S       44 Verbindlichkeiten       H     S        260 Vorsteuer        H
```

Rücksendungen an Lieferer			VSt-Berichtigung Rücksendungen
Nachlässe bei Gutschriften von Lieferern			VSt-Berichtigung Nachlässe

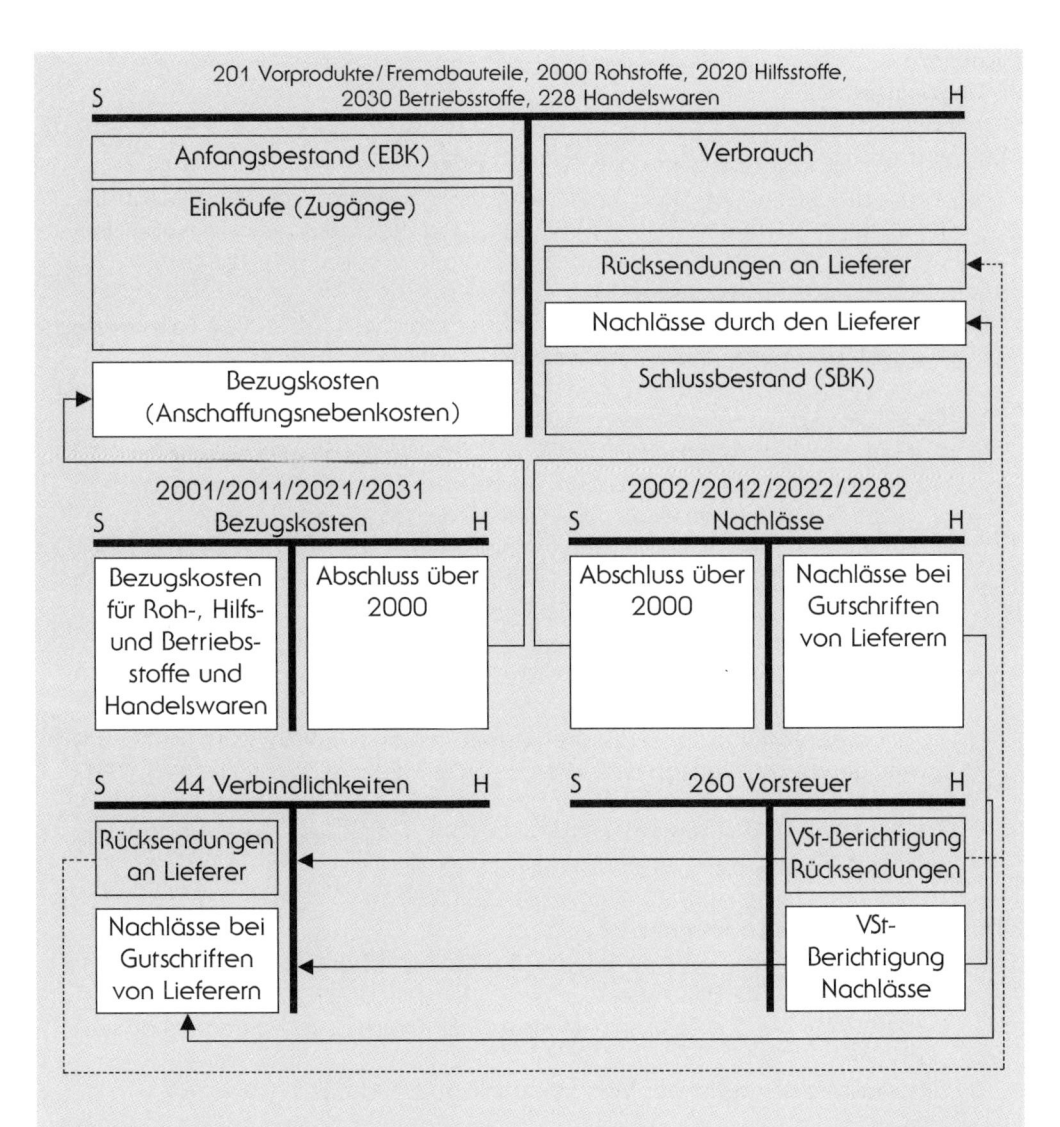

Die Anschaffungskosten können sich zusammensetzen aus dem **Anschaffungspreis** (Zieleinkaufspreis) **und** allen mit der Anschaffung eng zusammenhängenden **Nebenkosten** (Bezugskosten). Die Bezugskosten können entweder zusammen mit dem Anschaffungspreis unmittelbar auf den Materialbestandskonten oder getrennt vom Anschaffungspreis zur besseren Übersicht auf Unterkonten der Materialbestandskonten gebucht werden, die zum Abschluss auf die übergeordneten Bestandskonten umzubuchen sind. **Nachlässe** bewirken eine **Minderung** der ursprünglichen **Anschaffungskosten**. Für diese Minderungen werden zur größeren Übersicht und zur Abgrenzung von den Rechnungsbetragsminderungen auf Grund von Materialrücksendung die gesonderten Unterkonten „Nachlässe" eingerichtet.

AUFGABEN

62. Buchen Sie folgende Rechnung für Hilfsstoffe!
Vom Lieferer wurden uns lt. Rechnung 10% Sonderrabatt eingeräumt. Die Frachtkosten betrugen 240,- EUR netto. Die Verpackungskosten 40,- EUR netto. Der Nettowert der bezogenen Hilfsstoffe 2.600,- EUR, USt 16%.

63. Gutschriftsanzeige des Lieferers für Rohstoffe brutto 1.740,- EUR (einschließlich USt). USt = 16%, die zurückgeschickt wurden.

64. Bilden Sie die Buchungssätze für nachfolgende Geschäftsvorgänge:
    1. Kauf von Rohstoffen netto 5.000,- EUR + 16% USt. Beim Eintreffen der Rohstoffe werden Schäden im Werte von 500,- EUR netto festgestellt. Diese Rohstoffe werden an den Lieferer zurückgesandt.
    2. Eingangsrechnung: Listenpreis für Rohstoffe 7.200,- EUR netto. Sonderrabatt $16^2/_3$%. Frachtkosten 280,- EUR. Rollgeld 30,- EUR. Preisnachlass für mangelhafte Rohstoffe 450,- EUR netto (16% USt).
    3. Zielkauf von Rohstoffen ab Werk lt. Eingangsrechnung, netto 5.000,- + 800,- EUR USt. Eingangsfracht hierauf bar, Nettofracht 200,- + 32,- EUR USt.
    4. Eingangsrechnung für Hilfsstoffe, Listenpreis ab Werk 22.000,- EUR, 5% Mengenrabatt, Transportversicherung 105,- EUR netto, Fracht 495,- EUR netto, 16% USt.
    5. Rücksendung von Rohstoffen an einen Rohstofflieferer, netto 7.000,- EUR + 1.120,- EUR USt.

65. Auszug aus einer Summenbilanz:

	Soll	Haben
260 Vorsteuer	33.530,-	17.800,-
2022 Nachlässe für Hilfsstoffe	–	6.786,-

    Steuerberichtigung erfolgt am Monatsende (Nachlässe wurden brutto gebucht).
    Um welchen Betrag ist das Vorsteuerkonto zu berichtigen (USt = 16%)?

66. Erläutern Sie, warum Bezugskosten beim Einkauf von Stoffen und Handelswaren zunächst auf besonderen Unterkonten gebucht werden sollten!

67. Begründen Sie die teilweise oder auch vollständige Vorsteuerberichtigung bei der Rücksendung von Stoffen!

BUCHUNGEN IM SACHANLAGENBEREICH

Jeder Industriebetrieb benötigt zur Erfüllung seiner Produktionsaufgaben Fabrik- und Geschäftsgebäude, Maschinen und maschinelle Anlagen, Betriebs- und Geschäftsausstattung, Fuhrpark usw. Das Anlagevermögen eines Unternehmens gliedert sich nach § 266 Abs. 2 und 3 HGB in:
- **Sachanlagen** wie z. B. Grundstücke, Gebäude, Maschinen, Fuhrpark, Betriebs- und Geschäftsausstattung (BGA), Anlagen im Bau, Anzahlungen auf Anlagegüter.
- **Finanzanlagen:** Wertpapiere des Anlagevermögens, Beteiligungen an anderen Unternehmen.

All diese Vermögensteile sind buchhalterisch zu erfassen.

ANSCHAFFUNG VON ANLAGEGÜTERN

Bei der Anschaffung von Anlagegütern ist der Anlagegegenstand mit dem Wert zu erfassen, den dieser zum Zeitpunkt seiner Inbetriebnahme besitzt. Daher sind neben dem **Anschaffungspreis** (Nettopreis des Anlagegutes) auch **alle Ausgaben und Aufwendungen,** die im Rahmen der Anschaffung neben dem Kaufpreis anfallen, auf dem Bestandskonto **zu erfassen. Alle** Arten von **Nachlässen,** die beim Erwerb des Anlagegutes gewährt werden, wie Rabatte, Boni und Skonti, sind **abzusetzen** (vgl. Kap. „Bewertungsprobleme in der Bilanz", S. 108 ff.).

Anschaffungspreis	Nettopreis des Anlagegutes
+ Anschaffungsnebenkosten	Transportkosten (Rollgeld, Fracht, Verpackung, Versicherungen), Kosten der Vermittlung und Beurkundung von Verträgen, Provision, Fundamentierungs- und Montagekosten bei Maschinen, Grunderwerbssteuer, Zölle, Vermessungskosten, Kosten der Überführung und Zulassung beim Fuhrpark
– Anschaffungskostenminderungen	Rabatte, Skonti, Boni und andere Nachlässe vom Lieferer, Zuschüsse, Subventionen
= Anschaffungskosten	Alle Wirtschaftsgüter des Anlagevermögens sind bei Erwerb mit den Anschaffungskosten zu bewerten und aktivieren.

Nicht zu den **Anschaffungskosten** gehören die **Finanzierungskosten** (Zinsen, Disagio, Diskont etc.), da sie den Wert eines Anlagegegenstandes nicht erhöhen.

BEISPIEL 65

Zieleinkauf einer Maschine zum Anschaffungspreis von 30.000,– EUR. Für Montagekosten berechnet die Lieferfirma 800,– EUR netto. Die Frachtkosten von 600,– EUR netto werden bei Lieferung bar beglichen. Die USt beträgt 16%. Der Rechnungsausgleich erfolgt unter Abzug von 2% Skonto.

Berechnung der Anschaffungskosten

Anschaffungspreis		30.000,–
+ Montagekosten	800,–	
+ Fracht	600,–	
+ Anschaffungsnebenkosten		1.400,–
		31.400,–
– Anschaffungskostenminderungen (2% Skonto von 30.800,–)		616,–
= Anschaffungskosten		30.784,–

Buchung der Eingangsrechnungen:

070 Maschinen   30.800,—
260 Vorsteuer   4.928,—   an   44 Verbindlichkeiten   35.728,—

070 Maschinen   600,—
260 Vorsteuer   96,—   an 288 Kasse   696,—

Buchung beim Rechnungsausgleich:

44 Verbindlichkeiten 35.728,— an 070 Maschinen   616,—
                                  260 Vorsteuer   98,56
                                  280 Bank   35.013,44

Die **Anschaffungskosten** bilden die **Bemessungsgrundlage** für die **Abschreibungen** (vgl. Kap. „Abschreibung auf Sachanlagen", S. 115 f.).

ERFASSUNG DER ANLAGEN IM BAU

Gebäude, Maschinen oder maschinelle Anlagen und sonstige **Anlagegüter**, deren **Herstellung noch nicht abgeschlossen** ist, gehören zu den **Anlagen im Bau**. Alle Anschaffungsaufwendungen auf im Bau befindliche Anlagen werden vorübergehend auf dem Konto „**095 Anlagen im Bau**" erfasst und **bilanziert**. Nach Fertigstellung der Anlagen werden die auf dem Konto 095 gesammelten Beträge auf das entsprechende Anlagekonto umgebucht und damit endgültig aktiviert. Die fertig gestellten Anlagegegenstände sind mit ihren **Herstellungskosten** zu bewerten und bilden die Bemessungsgrundlage für die Abschreibungen.

Buchungen im Beschaffungsbereich

BEISPIEL 66

Bau einer Lagerhalle im Laufe des Geschäftsjahres. Die Eingangsrechnung für die Rohbauerstellung beträgt netto 50.000,- EUR + 16% Umsatzsteuer 8.000,- EUR.

Buchung:
095 Anlagen im Bau   50.000,-
260 Vorsteuer   8.000,-   an   44 Verbindlichkeiten   58.000,-

Buchung beim Jahresabschluss:
801 SBK   50.000,-   an 095 Anlagen im Bau   50.000,-

Buchung im Jahre der Fertigstellung:
Die Eingangsrechnung für den Innenausbau der Lagerhalle liegt vor: Nettobetrag 90.000,- EUR + 14.400,- USt
095 Anlagen im Bau   90.000,-
260 Vorsteuer   14.400,-   an   44 Verbindlichkeiten   104.400,-

Umbuchung der Anschaffungskosten bei Inbetriebnahme:
053 Betriebsgebäude 140.000,-   an 095 Anlagen im Bau   140.000,-

S	095 Anlagen im Bau	H		S	053 Betriebsgebäude	H
44	50.000,-	801	50.000,-	95	140.000,-	
80	{50.000,-	053	140.000,-		endgültige Aktivierung	
44	{90.000,-					

S	260 Vorsteuer	H		S	44 Verbindlichkeiten	H
44	8.000,-	801	8.000,-	801	58.000,-	095, 260	58.000,-
80	8.000,-					80	58.000,-
44	14.400,-					095, 260	104.400,-

GERINGWERTIGE WIRTSCHAFTSGÜTER (GWG)

Bewegliche Wirtschaftsgüter des Anlagevermögens, die der **Abnutzung** unterliegen und **selbstständig nutzbar** sind, können im Jahre der Anschaffung **voll als Betriebsausgabe abgeschrieben werden**, wenn ihre **Anschaffungskosten** oder **Herstellungskosten 410,- EUR** nicht übersteigen.
Geringwertige Wirtschaftsgüter werden zunächst auf den Anlagekonten:

> 079 Geringwertige Anlagen und Maschinen
> 089 Geringwertige Wirtschaftsgüter der Betriebs- und Geschäftsausstattung

erfasst und können am Ende des Geschäftsjahres in Form einer **außerplanmäßigen** Abschreibung über das Konto „**654 Abschreibungen auf GWG**" voll abgesetzt werden.
Geringwertige Wirtschaftsgüter mit **Anschaffungskosten bis zu 100,- EUR** können bereits bei der Anschaffung als Aufwand erfasst werden.

BEISPIEL 67

Kauf einer Schreibmaschine bar Listenpreis 510,– EUR, 20 % Rabatt, USt = 16 %.

Buchung bei Anschaffung:
089 Geringwertige Wirtschaftsgüter	408,—		
260 Vorsteuer	65,28	an 288 Kasse	473,28

Buchung zum Bilanzstichtag:
654 Abschreibungen auf GWG	408,—	an 089 GWG	408,—

BEISPIEL 68

Barkauf eines Taschenrechners   80,— EUR netto + 12,80 EUR USt

Buchung:
680 Aufwendungen für Büromaterial	80,—		
260 Vorsteuer	12,80	an 288 Kasse	92,80

VERKAUF VON ANLAGEGÜTERN

Anlagegüter werden entweder ganz abgeschrieben und dann aus dem Betrieb genommen, oder sie werden nach einiger Nutzungszeit als Gebrauchtgegenstände verkauft. Der **Verkauf** von Anlagegütern unterliegt – wie der Einkauf – der **Umsatzsteuer**. **Bemessungsgrundlage** für die Umsatzsteuer ist der erzielte **Nettoverkaufspreis**.

Beim Verkauf von Teilen des Anlagevermögens werden fast durchweg Preise erzielt, die nur selten mit den Buchwerten übereinstimmen. Die Differenz ist als Aufwand oder Ertrag aus dem Abgang von Gegenständen des Anlagevermögens zu erfassen:

Nettoverkaufspreis > Buchwert	Nettoverkaufspreis < Buchwert
546 Erträge aus Anlageabgängen	696 Verluste aus Anlageabgängen

Beim **Verkauf** eines gebrauchten Anlagegutes **muss** der **Buchwert** für den **Zeitpunkt des Ausscheidens** ermittelt werden. Die **Abschreibung** ist **zeitanteilig nachzuholen**.

BEISPIEL 69

Ein gebrauchter Buchungsautomat wird am 15.10. gegen Bankscheck verkauft. Verkaufspreis, netto 5.000,– EUR + 800,– EUR USt. Der Buchwert betrug am 1.1. desselben Jahres 4.800,– EUR. Abschreibung linear mit jährlich 10 % = 2.400,– EUR.

Ermittlung und Buchung der Abschreibung und des Erfolgs:

Buchwert zum 1.1.	4.800,–
– AfA vom 1.1.–30.9.	1.800,–
= Buchwert zum 15.10.	3.000,–
Nettoverkaufspreis	5.000,–
= Ertrag aus Anlageabgang	2.000,–

652 Abschreibungen auf SA	1.800,– an 086 Büromaschinen	1.800,–
280 Bank	5.800,– an 541 Erlöse aus Anlageabgängen	5.000,–
	480 Umsatzsteuer	800,–

(EDV-Buchführung mit Programmfunktion „Umsatzsteuerautomatik")

541 Erlöse aus Anlageabgängen	5.000,– an 086 Büromaschinen	3.000,–
	546 Erträge aus Anlageabgängen	2.000,–

ÜBERBLICK

- Alle Wirtschaftsgüter des Anlagevermögens sind beim Erwerb mit den **Anschaffungskosten** zu **bewerten** und zu aktivieren.
- **Finanzierungskosten** gehören **nicht** zu den Anschaffungskosten!

>   Anschaffungspreis
> + Anschaffungsnebenkosten
> – Anschaffungskostenminderung
>
> = Anschaffungskosten

- Alle Aufwendungen für **Anlagen im Bau** sind auf dem Konto „**095 Anlagen im Bau**" direkt zu aktivieren. Bei Inbetriebnahme bzw. Fertigstellung sind sie mit den Herstellungskosten zu bewerten.

| S | 095 Anlagen im Bau | H | S | 053 Gebäude | H |

| Aufwendungen während der Herstellung | Abschluss bei Fertigstellung | → | endgültige Aktivierung der gesamten Herstellungskosten |

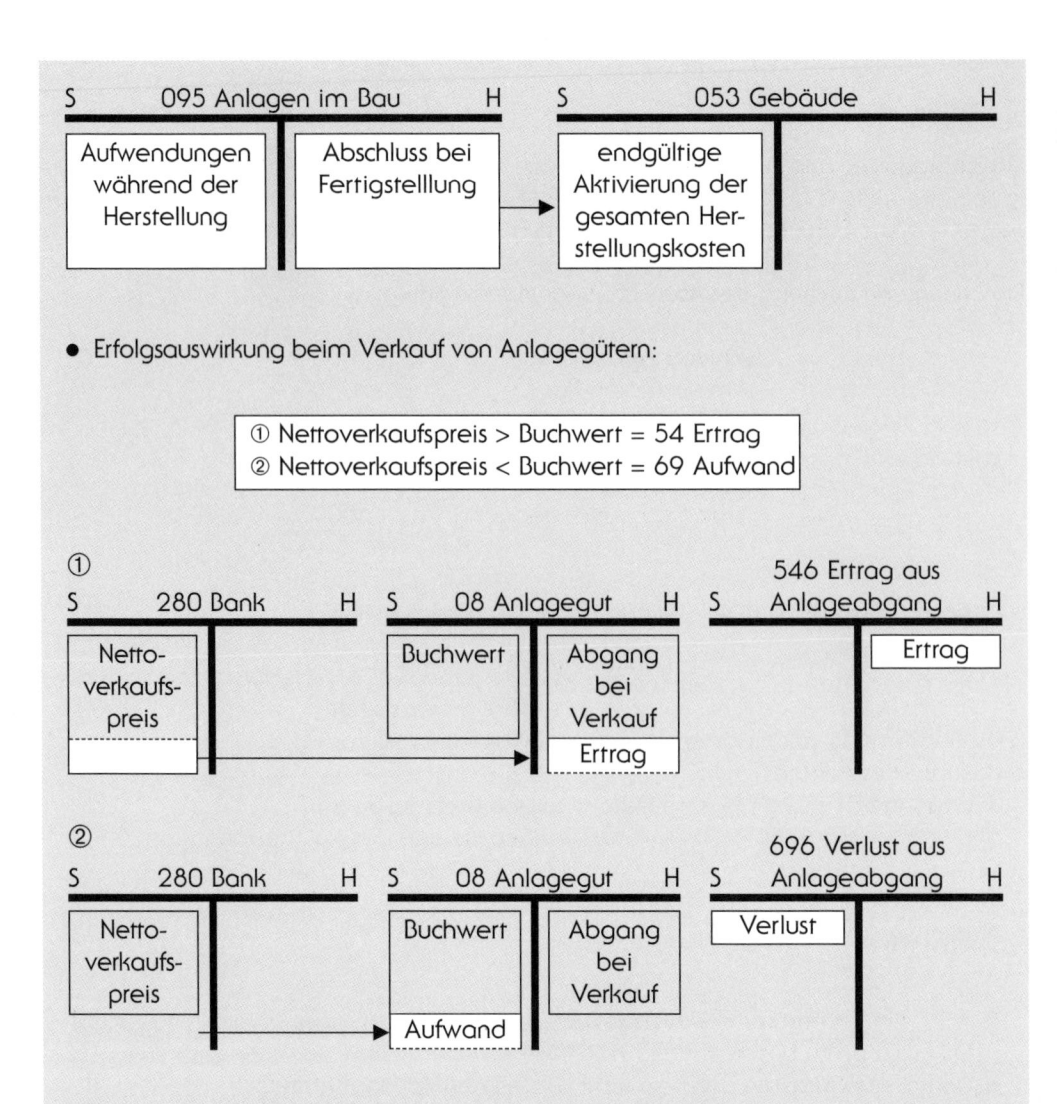

- Erfolgsauswirkung beim Verkauf von Anlagegütern:

> ① Nettoverkaufspreis > Buchwert = 54 Ertrag
> ② Nettoverkaufspreis < Buchwert = 69 Aufwand

①

| S | 280 Bank | H | S | 08 Anlagegut | H | S | 546 Ertrag aus Anlageabgang | H |

| Nettoverkaufspreis | | Buchwert | Abgang bei Verkauf Ertrag | | Ertrag |

②

| S | 280 Bank | H | S | 08 Anlagegut | H | S | 696 Verlust aus Anlageabgang | H |

| Nettoverkaufspreis | → | Buchwert Aufwand | Abgang bei Verkauf | Verlust |

AUFGABEN

68. Anschaffung einer Verpackungsmaschine. Die Lieferfirma stellt uns in Rechnung: Nettopreis 100.000,– EUR, Versandkosten 4.000,– EUR, Versicherungen 1.200,– EUR, Montagekosten 11.000,– EUR. Außerdem fallen für Fundamentierungsarbeiten 6.000,– EUR an. Alle Rechnungen werden unter Abzug von 2 % Skonto durch die Bank überwiesen, Umsatzsteuer 16 %.
   1. Ermitteln Sie die aktivierungspflichtigen Anschaffungskosten!
   2. Buchen Sie den Rechnungseingang und -ausgleich!

69. Kauf eines LKW für den Betrieb 60.000,– EUR netto abzüglich 3 % Skonto. Überführungskosten betragen 450,– EUR netto, USt = 16 %.
    1. Ermitteln Sie die Anschaffungskosten!
    2. Wie lauten die Buchungssätze, wenn die entsprechenden Zahlungen mit Bankscheck vorgenommen werden?

70. Die Herbert Troup AG lässt ein Verwaltungsgebäude erstellen. Mit dem Bau wurde bereits im Oktober begonnen. Entsprechend dem Baufortschritt wurde im November eine Abschlagszahlung von 85.000,– EUR + 13.600,– EUR USt fällig und im Dezember wurde eine weitere Abschlagszahlung von 100.000,– EUR + 16.000,– EUR USt durch Bank überwiesen. Nach der Fertigstellung im März des folgenden Jahres erhalten wir die Endabrechnung über den Restbetrag von 120.000,– EUR + 19.200,– EUR USt.
    1. Buchen Sie sämtliche Abschlagszahlungen!
    2. Führen Sie die Buchung am Bilanzstichtag (31.12.) durch!
    3. Aktivieren Sie auf dem entsprechenden Konto das Verwaltungsgebäude nach der Fertigstellung!

71. Barkauf einer Rechenmaschine am 17.5. für 400,– EUR netto + 64,– EUR USt. Führen Sie die Buchungen am 17.5. und am Bilanzstichtag (31.12.) durch!

72. Zielkauf einer Schreibtischlampe 70,– EUR + 11,20 EUR USt = 81,20. Führen Sie die Buchung durch!

73. Ein gebrauchter Buchungsautomat mit einem Buchwert von 10.000,– EUR wird gegen Bankscheck verkauft, und zwar für:
    a) Nettopreis 7.000,– + 16 % USt
    b) Nettopreis 12.000,– + 16 % USt
    Ermitteln Sie die Erfolgsauswirkungen und buchen Sie auf die entsprechenden Konten!

Buchungen im Zahlungsbereich

ANZAHLUNGEN

Durch die Anzahlung entsteht entweder eine Forderung gegenüber dem Lieferer oder eine Verbindlichkeit gegenüber dem Kunden, je nachdem, ob es sich um geleistete oder erhaltene Anzahlungen handelt. **Anzahlungen** werden gefordert bei **Großaufträgen,** z. B. Großreparaturen, **Sonder-** und **Spezialanfertigungen** von Anlagegütern, und bei **Aufträgen mit langfristiger Fertigung.** Bei einer Anzahlung handelt es sich um eine Forderung bzw. Verbindlichkeit, die in der Lieferung eines noch ausstehenden Sachwertes besteht. Die **eigene Anzahlung** beinhaltet daher eine **Forderung auf Lieferung,** während die **erhaltene Anzahlung** eine **Schuld auf Lieferung** bedeutet.

Anzahlungen sind umsatzsteuerpflichtig. Der Unternehmer, der sie erhält, muss eine Anzahlungsrechnung mit gesondertem Ausweis der USt ausstellen (§§ 13, 15 UStG).

GELEISTETE ANZAHLUNGEN

Durch die **Anzahlung** entsteht für den Industriebetrieb eine **Forderung,** für die aber im Gegensatz zu den Forderungen aus Lieferungen und Leistungen kein Geldeingang zu erwarten ist, sondern ein **Sachwert.** Wir müssen deshalb auf einem speziellen Konto „**23 Geleistete Anzahlungen**" buchen.

BEISPIEL 70

Für einen Großauftrag zur Lieferung von Rohstoffen zum Bruttowert von 104.400,– EUR (90.000,– + 14.400,–) leisten wir ein Viertel Anzahlung. Die Restzahlung ist bei Lieferung fällig. Die Zahlungen erfolgen über Bankkonten.

Buchungen:
1. **Buchung nach Eingang der Anzahlungsrechnung:**
  23 Geleistete Anzahlungen 22.500,–
  260 Vorsteuer   3.600,–   an 280 Bank   26.100,–

2. **Beim Jahresabschluss (31.12.):**
  801 Schlussbilanzkonto   22.500,–   an 23 Geleistete Anzahlungen   22.500,–

3. **Bei Rechnungseingang (Erhalt der Endabrechnung):**
  200 Rohstoffe   90.000,–
  260 Vorsteuer   10.800,–   an 23 Geleistete Anzahlungen   22.500,–
                                           44 Verbindlichkeiten   78.300,–

(Vorsteuer: 14.400,– minus 3.600,– = 10.800,–)

4. Bei Rechnungsausgleich:
44 Verbindlichkeiten   78.300,-   an 280 Bank   78.300,-

ERHALTENE ZAHLUNGEN

Hier entsteht eine **Verbindlichkeit** gegenüber dem **Kunden**. Im Gegensatz zu den Verbindlichkeiten aus Lieferungen und Leistungen muss diese Schuld nicht zurückbezahlt werden, sondern eine Lieferung vonseiten des Industriebetriebes bildet die Gegenleistung. Erhaltene Anzahlungen sind deshalb auf einem eigenen Konto „**43 Erhaltene Anzahlungen**" zu buchen.

BEISPIEL 71

Für einen erhaltenen Großauftrag im Bruttowert von 69.600,- EUR (60.000,- + 9.600,-) zahlt der Kunde bei Auftragserteilung ein Drittel durch Banküberweisung an. Der Rest ist nach Lieferung fällig.

Buchungen:
1. **Bei Eingang der Anzahlung:**
280 Bank   23.200,-   an   43 Erhaltene Anzahlungen 20.000,-
                              480 Umsatzsteuer   3.200,-

2. **Beim Jahresabschluss:**
43 Erhaltene Anzahlungen 20.000,-   an 801 SBK   20.000,-

3. **Bei Rechnungsstellung (Erstellung der Endabrechnung):**
24 Forderungen   46.400,-
43 Erhaltene Anzahlungen 20.000,-   an 500 Umsatzerlöse   60.000,-
                                        480 Umsatzsteuer   6.400,-
(Umsatzsteuer: 9.600,- minus 3.200,- = 6.400,-)

ANZAHLUNGEN AUF ANLAGEN

Für Sonderanfertigungen und auch für Aufträge mit langfristiger Fertigung müssen Anzahlungen auf Anlagen, d. h. Vorauszahlungen geleistet werden. Diese **Anzahlungen auf Anlagen** sind direkt in der **Klasse 0** zu aktivieren:

● 090 Anzahlungen auf Anlagen

Anzahlungen auf Anlagen sind im Sachanlagevermögen gesondert auszuweisen. Nach Lieferung der Anlagen werden sie auf das Anlagekonto umgebucht.

BEISPIEL 72

Ein Unternehmen erhält von uns einen Großauftrag zum Bau eines Fließbandes, lt. Kostenvoranschlag beträgt der Nettopreis der Anlage 300.000,– EUR. Lt. Vertrag ist ein Drittel des Nettopreises des Fließbandes zuzüglich 16% USt als Anzahlung sofort bei Auftragserteilung zu überweisen.

Buchungen:
1. Buchungen der Anzahlung:
090 Anzahlungen auf Anlagen 100.000,–
260 Vorsteuer 16.000,– an 280 Bank 116.000,–

2. Buchung bei Lieferung und Rechnungsausgleich:
  07 Maschinen 300.000,–
260 Vorsteuer (48.000,– – 16.000,–) 32.000,– an 090 Anz. a. A. 100.000,–
                                                    280 Bank 232.000,–

Anzahlungen auf Anlagen sind **gesondert im Sachanlagevermögen** der Bilanz **auszuweisen** (§ 151 AktG).

ÜBERBLICK

- Anzahlungen an Lieferer = 23 **Geleistete Anzahlungen** (Aktivkonto)
- Anzahlungen von Kunden = 43 **Erhaltene Anzahlungen** (Passivkonto)

> **Anzahlungen** sind **gesondert** zu **bilanzieren:**
> – eigene Anzahlungen → aktivieren
> – erhaltene Anzahlungen → passivieren

- **Anzahlungen auf Anlagen** sind **direkt** in der **Klasse 0** zu **aktivieren:**

> 090 Anzahlungen auf Anlagen

Geleistete Anzahlungen auf Anlagen sind als Vorleistungen auf schwebende Verträge auf dem o. g. Konto „090 Anzahlungen auf Anlagen" zu aktivieren. Bei Lieferung und Erteilung der Endrechnung sind sie dann aufzulösen. Der Lieferer ist verpflichtet, eine Rechnung mit gesondertem Ausweis der USt über diese Anzahlung zu erteilen. Liegt die Rechnung vor und wurde die Zahlung geleistet, kann die USt als Vorsteuer verrechnet werden.

Buchungen im Zahlungsbereich

AUFGABEN

74. Einkauf von Rohstoffen im Gesamtwert von netto 120.000,- EUR + 16% USt. Vorauszahlung durch Banküberweisung in zwei Raten zu je einem Drittel des Nettowertes + 16% USt. Die Restzahlung erfolgt bei Lieferung durch Banküberweisung. 1. Buchen Sie alle Vorgänge dieses Geschäftsfalles aus der Sicht des Kunden!
2. Buchen Sie die Vorgänge aus der Sicht des Lieferers!

75. Bestellung einer Maschine (Sonderanfertigung) am 15.10. Festpreis: 45.000,- EUR. Zahlungsbedingungen: ein Drittel bei Bestellung, ein Drittel bei Lieferung, ein Drittel 60 Tage Ziel. Die Maschine wird am 14. 2. des folgenden Jahres geliefert. Die Zahlungen erfolgen über ein Bankkonto. 16% USt
   1. Buchung am 15.10.
   2. Buchung am 31.12.
   3. Buchung am 14. 2.

WERTPAPIERE

Zum Anlegen liquider Mittel kann der Betrieb Wertpapiere kaufen und sie später bei Bedarf wieder verkaufen. Kauf und Verkauf von Wertpapieren werden von den Banken durchgeführt. Diese wenden sich im Auftrag ihrer Kunden an die Börse. Dabei können neben den **Dividendenpapieren (Aktien, Investmentanteile)** auch **Zinspapiere** (festverzinsliche Wertpapiere, z. B. Anleihen, Obligationen, Pfandbriefe) gehandelt werden. Beim Erwerb der Wertpapiere spielt es eine große Rolle, ob diese **langfristig** (Wertpapiere des Anlagevermögens) oder **kurzfristig** (Wertpapiere des Umlaufvermögens) angelegt werden. **Wertpapiere** können erworben werden:

- als **Anlagevermögen**
  zum **Zwecke der Beteiligung** an einem anderen Unternehmen
  130 Beteiligungen
  zur **langfristigen Anlage** von Geldern
  150 Wertpapiere des Anlagevermögens
- als **Umlaufvermögen**
  zur vorübergehenden Verwendung liquider Mittel oder zur Spekulation
  270 Wertpapiere des Umlaufvermögens

KAUF VON WERTPAPIEREN

Beim **Kauf** sind die **Wertpapiere** mit ihren **Anschaffungskosten** zu **aktivieren**. Dazu gehören auch die Anschaffungsnebenkosten.

Anschaffungskurs Kurswert	Höhe und Berechnungsgrundlage der Spesen	
+ Anschaffungsnebenkosten	bei Aktien	bei Obligationen
Maklergebühr (Courtage)	0,8‰ vom Kurswert	0,75‰ vom Nennwert
Bankprovision	1 % vom Kurswert	0,5 % vom Kurswert
= Anschaffungskosten	1,08 % insgesamt	–

BEISPIEL 73

Kauf von 30 Stück Kuntze-W-Aktien zur kurzfristigen Anlage; Nennwert 100,– EUR, Kurs 170,– EUR je Stück, Spesen werden nach vorstehenden Angaben berechnet:

Kurswert		5.100,— EUR
Maklergebühr	4,08 EUR	
Bankprovision	51,— EUR	55,08 EUR → Anschaffungsnebenkosten (1,08 %)
Banklastschrift Anschaffungskosten		5.155,08 EUR

Buchung:
270 Wertpapiere des Umlaufvermögens 5.155,08 an 280 Bank 5.155,08

BEISPIEL 74

Kauf von festverzinslichen Wertpapieren:
Festverzinsliche Wertpapiere werden mit Zinsscheinen ausgegeben. Der Inhaber der Wertpapiere gibt halbjährlich einen **Zinsschein** ab und bekommt eine Zinsgutschrift. Dabei gibt es für die Zinsscheine verschiedene Fälligkeitstermine:
J/J – die Zinsscheine sind am **1.1. und 1.7.** fällig;
M/S – die Zinsscheine sind am **1.3. und 1.9.** fällig;
A/O – die Zinsscheine sind am **1.4. und 1.10.** fällig.
Kauft ein Unternehmer festverzinsliche Wertpapiere, z. B. Obligationen, innerhalb eines Halbjahres, so wird der laufende Zinsschein, d. h. der demnächst fällige Zinsschein, an ihn ausgehändigt. Da er nun die gesamten Zinsen für das Halbjahr erheben kann, aber nur vom Kauftag an einen Anspruch hat, lässt sich der Verkäufer von ihm die Zinsen für die Zeit bis zum Abschluss des Kaufes vergüten.
Zinstermin J/J, Kauf am 27.4. (Schlusstag) Valutatag: 2. Börsentag nach Schlusstag

1.1.	118 Tage (kein Schaltjahr)		63 Tage	30.6.
	Verkäuferanspruch	29.4. Valutatag	Käuferanspruch	

- Dem Verkäufer stehen die Stückzinsen, bis einschließlich des Tages vor dem Valutatag, zu. Dem Käufer jedoch ab Valutatag (Tag der Erfüllung).

Buchungen im Zahlungsbereich

Beim **Kauf mit Zinsscheinen erhöhen** sich also die **Anschaffungskosten** um die vom Verkäufer beanspruchten Zinsen. (Zinsberechnung: act/act d. h. Monate genau, Jahr 365 bzw. 366 Tage)

Kauf von 1.500,– EUR 4% Obligationen, J/J, zu 102% am 27.4. mit laufendem Zinsschein.

Kurswert (102% von 1.500,– EUR)	1.530,—
+ Nebenkosten (Maklergebühren, Bankprovision)	8,77
= Anschaffungskosten	1.538,77
+ Stückzinsen (4% von 1.500,–/ 118 Tage)	19,40
= Banklastschrift	1.558,17

Buchung:
150 Wertpapiere des Anlagevermögens 1.538,77
751 Zinsaufwendungen   19,40 an 280 Bank 1.558,17

VERKAUF VON WERTPAPIEREN

Beim **Verkauf** werden die **Spesen** vom Kurswert **abgezogen**. Der dann bleibende Verkaufswert wird im Haben des Kontos Wertpapiere gebucht.

BEISPIEL 75

Verkauf von 25 Stück Weiss-O-Aktien, Nennwert 100,– EUR, Kurs 280,– EUR je Stück, Spesen werden nach den vorstehenden Angaben berechnet:

Kurswert	7.000,— EUR
– Spesen (1,08%)	75,60 EUR
= Bankgutschrift	6.924,40 EUR

Buchung:
280 Bank 6.924,40 an 270 Wertpapiere des Umlaufvermögens 6.924,40

BEISPIEL 76

Verkauf von 1.500,– EUR 4% Obligationen, J/J, zu 104% am 29. 8. mit laufendem Zinsschein.

Verkaufskurs (104% von 1.500,– EUR)	1.560,—
+ Stückzinsen (4% von 1.500,–/61 Tage)	10,03
– Verkaufskosten (Maklergebühren, Bankprovision)	8,93
= Gutschriftsanzeige der Bank	1.561,10

Buchung:

```
280 Bank    1.561,10  an  150 Wertpapiere des Anlagevermögens  1.551,07
                          571 Zinserträge                           10,03
```

BEWERTUNG VON WERTPAPIEREN

Da An- und Verkaufskurse in der Regel auseinander fallen, weisen die Wertpapierkonten **Bestände** und **Erfolge** (Kursgewinne oder Kursverluste) **aus**. Wertpapierkonten sind **gemischte Konten** (Bestandserfolgskonten). Die **Erfolge** (= Kursdifferenzen) aus Wertpapiergeschäften werden beim Abschluss ermittelt, indem der Wertpapierbestand und die Verkäufe den Wertpapierkäufen gegenübergestellt werden. Folgende **Bewertungskriterien** sind zu beachten (vgl. Kap. „Bewertungsgrundsätze", S. 109 ff.):

– **Wertpapiere des Umlaufvermögens** sind nach dem **Niederstwertprinzip** zu bilanzieren.
  Anschaffungskosten > Tageswert → Bewertung zum Tageswert
  Anschaffungskosten < Tageswert → Bewertung zu Anschaffungskosten
– **Wertpapiere des Anlagevermögens** müssen beim nachhaltigen Fallen des Tageswertes unter die Anschaffungskosten zum Tageswert bilanziert werden. Bei vorübergehender Wertminderung **kann** der niedrigere Tageswert angesetzt werden (gemildertes Niederstwertprinzip).
– Die **Anschaffungsnebenkosten** sind **anteilig** zu berücksichtigen.

ÜBERBLICK

- **Wertpapiere in der Bilanz:**
  - bei Beteiligungsabsicht → 130 **Beteiligungen**
  - bei langfristiger Anlage → 150 **Wertpapiere des Anlagevermögens**
  - bei kurzfristiger Anlage → 270 **Wertpapiere des Umlaufvermögens**

- Anschaffungskosten = Anschaffungskurs
  + Provision
  + Maklergebühr
  ──────────────────
  = Anschaffungskosten

- **Bewertung:**
Wertpapiere des Umlaufvermögens = strenges Niederstwertprinzip
Wertpapiere des Anlagevermögens = gemildertes Niederstwertprinzip

Anschaffungskosten > Tageswert = Tageswert
Anschaffungskosten < Tageswert = Anschaffungskosten

AUFGABEN

76. a) Kauf von 40 Stück Effka-Aktien zur kurzfristigen Anlage zum Stückkurs von 150,- EUR durch die Bank. Nebenkosten lt. Gebührentabelle.
    b) Kauf von 10.000,- EUR 6%-Obligationen, J/J, zu 99% am Valutatag 1.9.
    c) Verkauf von 10.000,- EUR 6%-Obligationen, J/J, zu 98% am Valutatag 1.10.
    1. Bilden Sie die Buchungssätze!
    2. Ermitteln Sie den Kursverlust bei den festverzinslichen Wertpapieren b) und c) und buchen Sie!

77. Kauf von 600 UDO-Aktien zur Beteiligung durch die Bank. Nennwert je Stück 100,- EUR. Stückkurs 200,- EUR. Nebenkosten 1.620,- EUR. Am Bilanzstichtag beträgt der Stückkurs der Beteiligung 250,- EUR.
    1. Buchen Sie die Anschaffung!
    2. Begründen Sie die Bewertungsentscheidung!

78. a) Kauf von 5.000,- EUR 6%-Pfandbriefe, J/J, zu 85% = 4.250,- EUR Valutatag 1.4. zuzüglich 75,62 EUR Stückzinsen; Kaufkosten 36,- EUR.
    b) Bankgutschrift der Halbjahreszinsen am 1.7. über 148,77 EUR (181 Tage).
    c) Verkauf aller Pfandbriefe zu 90% = 4.500,- EUR am 30.8. zuzüglich 50,96 EUR Stückzinsen. Verkaufskosten 38,- EUR. Buchen Sie auf den Konten 280, 270, 578!

Buchungen im Leistungsbereich

Das Ergebnis des Betriebsprozesses sind die erstellten Sachgüter und Dienste. Buchungstechnisch werden sie als Erträge in der Kontenklasse 5 erfasst.
Die **Gesamtleistung** setzt sich zusammen aus:
1. **Umsatzerlöse für abgesetzte Leistungen**
    a) **Umsatzerlöse** für **eigene Erzeugnisse** (Konto 500)
    b) **Umsatzerlöse** für **Waren** (Konto 510)
    c) Sonstige Umsatzerlöse (Konto 519)
2. **Lagerleistungen**
    Bestandsmehrung der fertigen und unfertigen Erzeugnisse (Kontengruppe 52)
3. **Innerbetriebliche Eigenleistungen** (Kontengruppe 53) Anlagegüter für die eigene Nutzung und auch werterhöhende Reparaturen.

In den folgenden Kapiteln werden die buchungstechnischen Einzelheiten wie Buchungen im Verkaufsbereich, Lagerleistung (Bestandsveränderungen) und aktivierte innerbetriebliche Eigenleistungen behandelt.

BUCHUNGEN IM VERKAUFSBEREICH

Neben dem Nettowert (reiner Warenwert) und der Umsatzsteuer sind beim Verkauf von Erzeugnissen besondere Buchungen vorzunehmen, die die Umsatzerlöse verändern. So sind beim Verkauf Transport- und Verpackungskosten für ausgehende Sendungen zu erfassen. Nachlässe wie Rabatte, Boni und Skonti an Kunden vermindern die Umsatzerlöse. Rücksendungen und Gutschriften an Kunden verringern ebenfalls die Umsatzerlöse.

NEBENKOSTEN FÜR TRANSPORT UND VERPACKUNG

Beim Verkauf von Fertigerzeugnissen entstehen sehr oft Nebenkosten für den Transport und für die Verpackung. Je nachdem, ob der Industriebetrieb oder der Kunde diese Kosten trägt, muss man zwei verschiedene Buchungen unterscheiden:

• **Kosten trägt der Industriebetrieb** bei Lieferung „frei Haus"; in diesem Falle sieht der Kontenrahmen zur Erfassung der Aufwendungen folgende Konten vor:

```
614 Frachten (Vertriebsaufwand)
604 Verpackungsmaterial
```

BEISPIEL 77

Wir zahlen auf Grund einer Lieferung „frei Keller" die Fracht direkt an den Spediteur, netto 200,– EUR + 16% USt Bankscheck.

Buchung:
614 Ausgangsfrachten   200,–
260 Vorsteuer   32,–   an 280 Bank   232,–

• **Kosten trägt der Kunde**, d. h., werden die Frachtkosten dem Kunden weiterberechnet (z. B. bei Lieferung „ab Werk"), sind sie wie die damit verbundenen Umsatzerlöse zu behandeln.

Buchung bei Weiterberechnung der Transportkosten:
24 Forderungen a. LL   232,–   an   50 Umsatzerlöse   200,–
                                    480 Umsatzsteuer   32,–

RÜCKSENDUNGEN VON KUNDEN

Wenn ein **Kunde Fertigerzeugnisse** an den Industriebetrieb **zurückschickt**, so **vermindern** sich unsere **Umsatzerlöse**. Gleichzeitig ist die Umsatzsteuer anteilig zu **berichtigen**.

BEISPIEL 78

Zielverkauf von Fertigerzeugnissen für netto 2.000,– EUR + 320,– EUR Umsatzsteuer. Der Kunde stellt fest, dass es sich um eine Falschlieferung handelt.

Buchung:
1. Ausgangsrechnung
240 Forderungen a. LL   2.320,–   an 500 Umsatzerlöse   2.000,–
                                       480 Umsatzsteuer   320,–

2. Falschlieferung (Rücksendung)
500 Umsatzerlöse   2.000,–
480 Umsatzsteuer   320,–   an 240 Forderungen   2.320,–

BEISPIEL 79

Wir verkaufen Fertigerzeugnisse auf Ziel für netto 3.000,– EUR + 480,– EUR Umsatzsteuer. Ein Teil dieser Fertigerzeugnisse ist beschädigt und wird vom Kunden zurückgeschickt. Der Nettowert der zurückgesandten Fertigerzeugnisse beträgt 1.000,– EUR.

Buchung:
1. Ausgangsrechnung
240 Forderungen a. LL   3.480,–   an 500 Umsatzerlöse   3.000,–
                                       480 Umsatzsteuer   480,–

2. Buchung der Rücksendung mit Berichtigung der Umsatzsteuer
500 Umsatzerlöse   1.000,–
480 Umsatzsteuer   160,–   an 240 Forderungen   1.160,–

S	240 Forderungen		H
500, 480	3.480,–	500, 480	1.160,–

S	500 Umsatzerlöse		H
240	1.000,–	240	3.000,–

S	480 Umsatzsteuer		H
240	160,–	240	480,–

NACHLÄSSE AN KUNDEN

Dem Kunden gewährte **Preisnachlässe** auf Grund von Mängelrügen, **Boni** sowie **Skonti** sind echte **Erlösschmälerungen**. Für diese Minderungen, die auch unmittelbar auf dem Konto 500 gebucht werden können, werden zur besseren Übersicht gesonderte Unterkonten der Erlöskonten eingerichtet:

- 5001 Erlösberichtigungen für Fertigerzeugnisse
- 5101 Erlösberichtigungen für Handelswaren

BEISPIEL 80

Wir gewähren einem Kunden, dem wir Erzeugnisse zum Nettopreis von 4.000,- EUR + 640,- EUR USt verkauft hatten, wegen Mängelrüge einen Preisnachlass von 15 %.

Nettobuchung
Der **Preisnachlass** wird vom **Nettobetrag** berechnet und gebucht, die **Umsatzsteuer** sofort berichtigt.

Buchung:
1. **Ausgangsrechnung**
   240 Forderungen a. LL   4.640,-   an 5000 Umsatzerlöse   4.000,-
                                          480 Umsatzsteuer   640,-

2. **Nettobuchung des Preisnachlasses**
   5001 Erlösberichtigungen   600,-
   480 Umsatzsteuer   96,-   an 240 Forderungen   696,-

3. **Umbuchung des Unterkontos 5001 beim Abschluss**
   5000 Umsatzerlöse   600,-   an 5001 Erlösberichtigungen   600,-

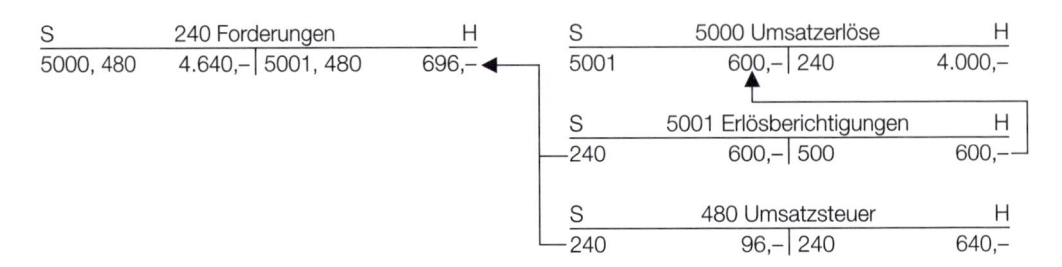

```
S        240 Forderungen        H         S       5000 Umsatzerlöse       H
5000, 480  4.640,- | 5001, 480  696,-  ←   5001      600,- | 240       4.000,-

                                           S    5001 Erlösberichtigungen   H
                                           240        600,- | 500         600,-

                                           S       480 Umsatzsteuer        H
                                           240         96,- | 240          640,-
```

Bruttobuchung
Der **Preisnachlass** wird vom **Bruttobetrag** berechnet und gebucht, die **Umsatzsteuerberichtigung** erfolgt **später** am **Monatsende**.

Buchung:
1. **Ausgangsrechnung**
   240 Forderungen a. LL   4.640,-   an 5000 Umsatzerlöse   4.000,-
                                          480 Umsatzsteuer   640,-

2. **Bruttobuchung des Preisnachlasses**
   5001 Erlösberichtigungen   696,-   an 240 Forderungen   696,-

3. Steuerberichtigung am Monatsende

Diese Steuerberichtigung wird nur einmal im Monat vom Gesamtbetrag der Nachlässe (Erlösberichtigungen) berechnet und gebucht. Im Beispiel muss daher noch der im Soll des Kontos „5001 Erlösberichtigungen" ausgewiesene Bruttonachlass von 696,– EUR um den Umsatzsteueranteil von 96,– EUR korrigiert werden.

480 Umsatzsteuer   96,–   an 5001 Erlösberichtigungen   96,–

4. Umbuchung des Unterkontos 5001 beim Abschluss

5000 Umsatzerlöse   600,–   an 5001 Erlösberichtigungen   600,–

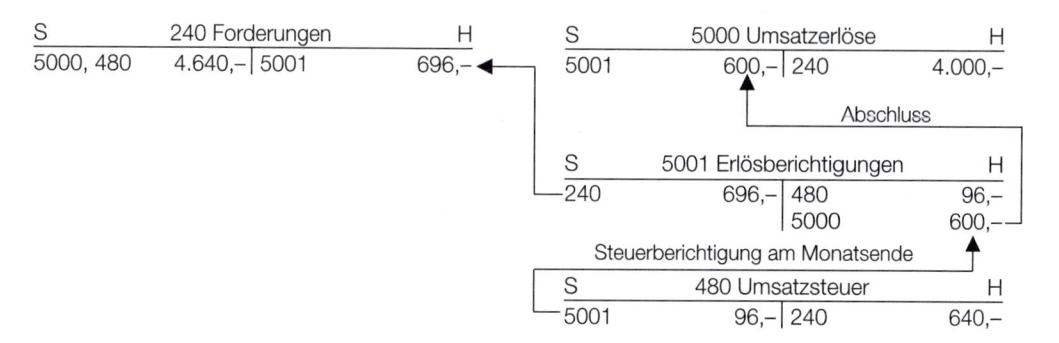

S	240 Forderungen	H		S	5000 Umsatzerlöse	H
5000, 480	4.640,–	5001	696,–	5001	600,–	240	4.000,–

Abschluss

S	5001 Erlösberichtigungen	H
240	696,–	480	96,–
		5000	600,–

Steuerberichtigung am Monatsende

S	480 Umsatzsteuer	H
5001	96,–	240	640,–

HANDELSWAREN

Beschäftigt sich ein Industriebetrieb neben der Herstellung eigener Erzeugnisse auch mit dem **Handel fertig bezogener Waren,** die er ohne Be- oder Verarbeitung im eigenen Betrieb weiterverkauft, so spricht man von Handelswaren. Sie werden beim Einkauf auf dem Konto „**228 Handelswaren**" gebucht. Die Erlöse aus dem Verkauf von Handelswaren sind auf dem Konto „**510 Umsatzerlöse für Waren**" auszuweisen. Um den Erfolg aus dem Verkauf von Handelswaren ermitteln zu können, muss den Verkaufserlösen der Einstandspreis der verkauften Waren gegenübergestellt werden. Der Verkauf zum Einstandspreis **(Wareneinsatz)** wird durch sog. Befundrechnung **(mittels Inventur)** ermittelt. Der Wareneinsatz stellt Aufwand dar und wird auf dem Aufwandskonto „**608 Aufwendungen für Waren**" gebucht.

BEISPIEL 81

Das Konto Handelswaren weist einen Anfangsbestand von 120.000,– EUR aus. Folgende Geschäftsfälle sind zu buchen:
a) Zieleinkauf von Handelswaren, netto 20.000,– + 16% USt
b) Barkauf von Handelswaren, netto 10.000,– + 16% USt
c) Zielverkäufe von Handelswaren, netto 70.000,– + 16% USt
Der Schlussbestand lt. Inventur beträgt 90.000,– EUR

Buchungen:
1. **Anfangsbestand:** 228 Handelswaren 120.000,– an 80 EBK 120.000,–

2. **Geschäftsfälle**
   a) 228 Handelswaren   20.000,–
      260 Vorsteuer   3.200,–   an   44 Verbindlichkeiten   23.200,–
   b) 228 Handelswaren   1.000,–
      260 Vorsteuer   1.600,–   an 288 Kasse   11.600,–
   c) 240 Forderungen   81.200,–   an 510 Umsatzerlöse für Waren   70.000,–
                                         480 Umsatzsteuer   11.200,–

3. **Schlussbestand lt. Inventur:** 801 SBK 90.000,– an 228 Handelswaren 90.000,–

4. **Ermittlung des Wareneinsatzes durch Befundrechnung:**

Anfangsbestand an Handelswaren	120.000,–
+ Einkäufe	30.000,–
	150.000,–
– Schlussbestand lt. Inventur	90.000,–
Wareneinsatz (Verkauf zum Einstandspreis)	60.000,–

Buchung:
608 Aufwendungen für Waren 60.000,– an 228 Handelswaren 60.000,–.

5. **Ermittlung des Erfolges:**

Umsatzerlöse für Waren	70.000,–
– Wareneinsatz (Verkauf zum EP)	60.000,–
Handelswarenrohgewinn	10.000,–

6. **Abschlussbuchungen**
   802 Gewinn und Verlust   60.000,– an 608 Aufwendungen f. W. 60.000,–
   510 Umsatzerlöse für W   70.000,– an 802 Gewinn und Verlust 70.000,–

```
S        228 Handelswaren        H      S     608 Aufwendungen für Waren    H
80     120.000,– | 608    60.000,–  →  228    60.000,– | 802     60.000,–
44      20.000,– | 801    90.000,–
288     10.000,–
       ─────────
       150.000,–          150.000,–

S      802 Gewinn und Verlust    H      S      510 Umsatzerlöse für W       H
608     60.000,– | 510   70.000,– ←   802    70.000,– | 240     70.000,–
Wareneinsatz      Umsatzerlöse W

S          801 SBK              H
228     90.000,– |
```

ÜBERBLICK

- Nebenkosten für Transport und Verpackung sind
  → bei Lieferung „frei Haus" auf den Aufwandskosten
  614 Frachten
  604 Verpackungsmaterial
  → bei Lieferung „ab Werk" auf dem Konto
  500 Umsatzerlöse
  zu buchen.

- Rücksendungen = Rückbuchungen.
  Umsatzsteuerberichtigung!

- Nachlässe sind Erlösberichtigungen und bedingen eine entsprechende Umsatzsteuerkorrektur.

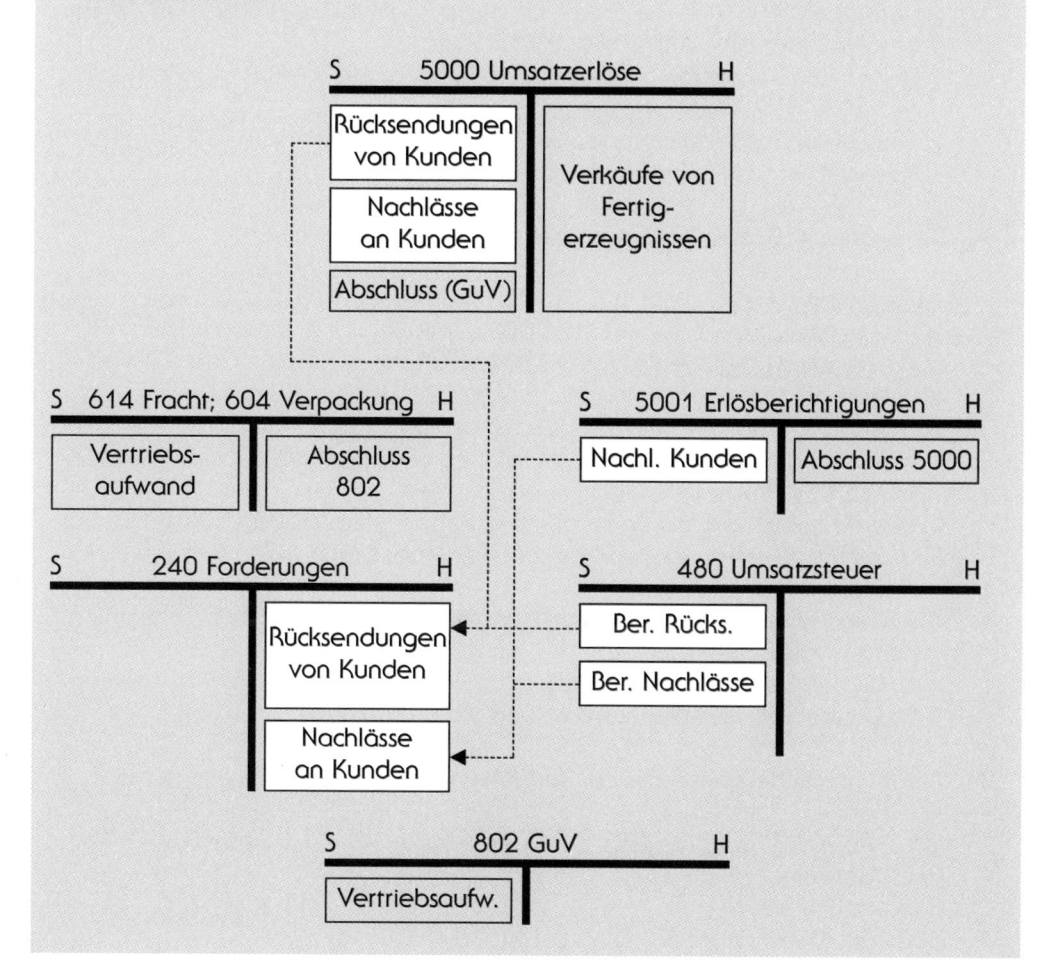

```
S         5000 Umsatzerlöse         H
  | Rücksendungen von Kunden |
  | Nachlässe an Kunden      |   Verkäufe von Fertigerzeugnissen
  | Abschluss (GuV)          |

S  614 Fracht; 604 Verpackung  H        S   5001 Erlösberichtigungen   H
  | Vertriebs- | Abschluss |              | Nachl. Kunden | Abschluss 5000 |
  | aufwand    | 802       |

S      240 Forderungen       H           S       480 Umsatzsteuer       H
  | Rücksendungen von Kunden |              | Ber. Rücks.    |
  | Nachlässe an Kunden      |              | Ber. Nachlässe |

              S       802 GuV       H
                | Vertriebsaufw. |
```

- Handelswaren → Einkauf über Handelswaren (aktiv. Bestandskonto)
  → Verkauf über 510 Umsatzerlöse für HW (Erfolgskonto)
  → Wareneinsatz über 608 Aufwendungen für Waren (Erfolgskonto)
  → Ermittlung des Wareneinsatzes über Befundrechnung
  → Anfangsbestand + Einkäufe – Endbestand lt. Inventur

AUFGABEN

79. Bilden Sie die Buchungssätze zu den nachfolgenden Geschäftsvorfällen!
    1. Einkauf von Rohstoffen auf Ziel, ab Werk, netto 2.300,– EUR + 16 % USt
    2. Fracht und Rollgeld auf diesen Einkauf werden bar bezahlt, netto 170,– EUR + 16 % USt
    3. Verkauf von Fertigerzeugnissen auf Ziel, frei Haus, netto 950,– EUR + 16 % USt
    4. Dem Spediteur wird die Fracht für die ausgelieferten Waren (Fall 3) bar bezahlt, netto 80,– EUR + 16 % USt.
    5. Einkauf von Rohstoffen auf Ziel, frei Haus, netto 1.900,– EUR + Leihemballagen 200,– EUR + 16 % USt
    6. Verkauf von Fertigerzeugnissen auf Ziel, frei Haus, netto 120,– EUR + 16 % USt.
    7. Paketgebühr (zu Fall 6) bar 8,– EUR.

80. Die Konten 480, 5000, 5001 weisen folgende Beträge aus:

	Soll	Haben
480 Umsatzsteuer	93.000,– EUR	107.500,– EUR
5000 Umsatzerlöse	25.000,– EUR	975.000,– EUR
5001 Erlösberichtigungen	7.000,– EUR	–

    Vor dem Abschluss sind folgende Geschäftsfälle zu berücksichtigen (Nettobuchung):
    1. Verkäufe von Fertigerzeugnissen auf Ziel, Listenpreis 40.000,– EUR abzüglich 25 % Rabatt + 16 % USt
    2. Einem Kunden wird ein Bonus gutgeschrieben, netto 4.000,– EUR + 16 % USt
    3. Gutschrift an einen Kunden wegen einer Mängelrüge, netto 2.000,– EUR + 16 % USt
    4. Rücksendung von Fertigerzeugnissen vom Kunden wegen Falschlieferung, netto 1.000,– EUR + 16 % USt
       a) Buchen Sie die Geschäftsfälle!
       b) Ermitteln Sie den Nettoumsatz und die Umsatzsteuer!

81. Am Monatsende gehen aus der Buchführung u. a. folgende Werte hervor:

	Soll	Haben
2002 Nachlässe durch Lieferer	–	1.740,– EUR
260 Vorsteuer	8.725,– EUR	–
480 Umsatzsteuer	–	15.600,– EUR
5001 Erlösberichtigungen	2.784,– EUR	–

Nachlässe und Erlösberichtigungen wurden nach dem Bruttoverfahren gebucht. Der Umsatzsteuersatz betrug 16%.
1. Führen Sie die Abschlussbuchungen durch!
2. Ermitteln Sie die Zahllast!

82. Das Konto „228 Handelswaren" weist zum 31.12. im Soll 120.000,– EUR aus. Die Erlöse aus Handelswaren auf dem Konto 510 betragen 150.000,– EUR. Der Schlussbestand lt. Inventur zum 31.12. beträgt 20.000,– EUR.
1. Richten Sie die Konten 228, 510, 802, 801 ein!
2. Ermitteln Sie den Erfolg aus dem Ein- und Verkauf von Handelswaren!
3. Nennen Sie jeweils den Buchungssatz einschließlich der Abschlussbuchungen!

LAGERLEISTUNGEN

Bisher sind wir davon ausgegangen, dass alle während eines Geschäftsjahres hergestellten Fertigerzeugnisse auch verkauft wurden. Bestände an fertigen sowie unfertigen Erzeugnissen lagen weder zu Beginn noch am Ende der Rechnungsperiode vor. Am Jahresende gab es deshalb auch keinen Schlussbestand. Wenn also **Herstellungs-** und **Absatzmenge** der Erzeugnisse innerhalb einer Rechnungsperiode **übereinstimmen**, fallen auch keine **Lagerleistungen** an, und der betriebliche Erfolg ergibt sich aus der Gegenüberstellung der Herstellungsaufwendungen und Umsatzerlöse dieser Rechnungsperiode. In der Praxis kommt aber dieser Fall nicht vor. Die Betriebe haben in einer Rechnungsperiode entweder mehr hergestellt als verkauft (**Mehrbestand**) oder mehr verkauft als hergestellt (**Minderbestand**). Diese Veränderungen der Erzeugnisbestände müssen am Ende eines Geschäftsjahres bei der Ermittlung des Erfolges berücksichtigt werden. In der Industriebuchführung werden diese Bestandsveränderungen auf dem Konto „**52 Bestandsveränderungen**" festgehalten.

BESTANDSMEHRUNG

Bei einem **Mehrbestand** ist der **Schlussbestand höher** als der **Anfangsbestand**. Das Industrieunternehmen hat in Höhe des Mehrbestandes eine Leistung erstellt, die jedoch nicht verkauft wurde. Es wurden demnach noch keine Umsatzerlöse erzielt, d. h., es wurde auf Lager produziert und dadurch die Ertragskraft erhöht. Da das Konto 802 Gewinn und Verlust die gesamten Aufwendungen der laufenden Rechnungsperiode erfasst, die Umsatzerlöse sich aber nur auf die in dieser Rechnungsperiode verkauften Erzeugnisse beziehen, ist der Mehrbestand als ein weiterer Teil der Gesamtleistung zu berücksichtigen.

BEISPIEL 82

Anfangsbestand an Fertigerzeugnissen 100.000,– EUR. Schlussbestand lt. Inventur beträgt 130.000,– EUR. Der Bestand hat sich um 30.000,– EUR erhöht. Nur dieser Mehrbestand darf in die Erfolgsrechnung übernommen werden. Er wird auf dem Konto **„52 Bestandsveränderungen"** gebucht.

S	22 Fertige Erzeugnisse		H		S	52 Bestandsveränderungen		H
AB	100.000,–	801	130.000,–		802	30.000,–	22	30.000,–
52	30.000,–							

S	801 SBK		H		S	802 GuV		H
22	130.000,–						52	30.000,–

Buchungen:
1. **Schlussbestand lt. Inventur**
   801 Schlussbilanzkonto   130.000,– an 22 Fertige Erzeugnisse   130.000,–

2. **Mehrbestand**
   22 Fertige Erzeugnisse   30.000,– an 52 Bestandsveränderungen 30.000,–

3. **Abschluss Konto 52 Bestandsveränderungen**
   52 Bestandsveränderungen 30.000,– an 802 Gewinn und Verlust   30.000,–

BESTANDSMINDERUNG

Bei einem **Minderbestand** ist der **Schlussbestand niedriger** als der **Anfangsbestand**.

Das Unternehmen hat in Höhe des Minderbestandes mehr Bestände verbraucht, d. h. verkauft, als im laufenden Geschäftsjahr produziert wurden. Es wurden **Lagerbestände abgebaut** und somit von der im letzten Jahr aufgebauten Ertragskraft gezehrt. Die Aufwendungen der laufenden Rechnungsperiode sind somit um die der Bestandsminderung entsprechenden Aufwendungen der Vorperiode zu erhöhen. Der Minderbestand verursacht daher einen Aufwand, der in der Erfolgsrechnung zu erfassen ist.

BEISPIEL 83

Anfangsbestand an Fertigerzeugnissen 80.000,– EUR. Der Schlussbestand lt. Inventur beträgt 60.000,– EUR. Das bedeutet, dass Güter im Wert von 20.000,– EUR, deren Produktion im vergangenen Jahr stattfand, in diesem Jahr verkauft wurden. In diesem Falle liegt ein Minderbestand vor.

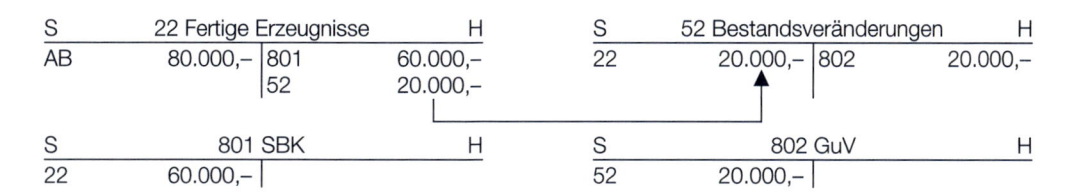

Buchungen im Leistungsbereich

S	22 Fertige Erzeugnisse	H		S	52 Bestandsveränderungen	H
AB	80.000,-	801 60.000,-		22	20.000,-	802 20.000,-
		52 20.000,-				

S	801 SBK	H		S	802 GuV	H
22	60.000,-			52	20.000,-	

Buchungen:

1. **Schlussbestand lt. Inventur**
   801 Schlussbilanzkonto 60.000,– an 22 Fertige Erzeugnisse 60.000,–

2. **Minderbestand**
   52 Bestandsveränderungen 20.000,– an 22 Fertige Erzeugnisse 20.000,–

3. **Abschluss Konto 52 Bestandsveränderungen**
   802 Gewinn und Verlust 20.000,– an 52 Bestandsveränderungen 20.000,–

ÜBERBLICK

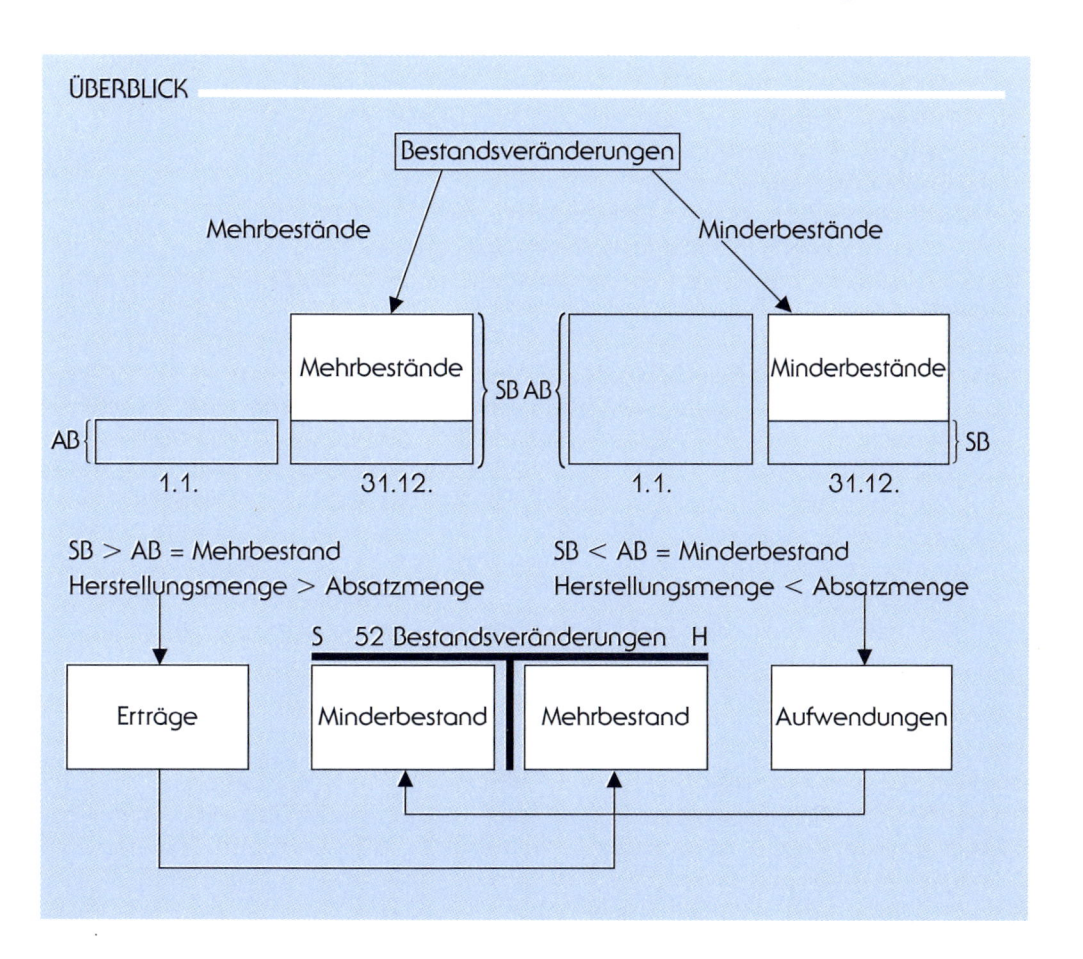

Bestandsveränderungen

Mehrbestände — Minderbestände

SB > AB = Mehrbestand
Herstellungsmenge > Absatzmenge

SB < AB = Minderbestand
Herstellungsmenge < Absatzmenge

S 52 Bestandsveränderungen H

Erträge | Minderbestand | Mehrbestand | Aufwendungen

AUFGABEN

83. Die Aufwendungen eines Industriebetriebes betrugen im abgelaufenen Jahr 850.000,– EUR, die Umsatzerlöse 1.200.000,– EUR. Die Bestände lt. Inventur haben sich wie folgt verändert:

	Anfangsbestand	Schlussbestand
Unfertige Erzeugnisse	80.000,–	20.000,–
Fertige Erzeugnisse	40.000,–	50.000,–

Welcher Erfolg wurde erzielt?

84. Die nachstehenden Konten weisen folgende Zahlen aus:

	Soll	Haben
Rohstoffaufwendungen	38.500,–	–
Hilfsstoffaufwendungen	16.000,–	–
Betriebsstoffaufwendungen	9.000,–	–
Abschreibungen auf Anlagen	22.000,–	–
Umsatzerlöse	–	125.000,–
Fertige Erzeugnisse	11.000,–	–
Unfertige Erzeugnisse	3.000,–	–
Bestandsveränderungen	–	–
Gewinn und Verlust	–	–
Schlussbestand lt. Inventur für Fertigerzeugnisse	13.000,–	
Schlussbestand lt. Inventur für Unfertige Erzeugnisse	–	

Schließen Sie die Konten ab und ermitteln Sie im Konto Gewinn und Verlust den Erfolg!

85. Buchen Sie nachstehende Beträge auf folgende Konten:

	Sollsumme	Habensumme	SB lt. Inventar
Rohstoffe	130.000,–	53.000,–	22.500,–
Hilfsstoffe	42.000,–	23.000,–	11.000,–
Betriebsstoffe	28.000,–	16.500,–	4.500,–
Unfertige Erzeugnisse	–	–	17.500,–
Fertige Erzeugnisse	18.300,–	–	–
Umsatzerlöse	–	88.500,–	–

Ermitteln Sie den Stoffverbrauch, die Bestandsveränderungen, die Gesamtleistung sowie den Erfolg des Industriebetriebes!

86. Die Gewinn- und Verlustrechnungen eines Industriebetriebes weisen folgende Zahlen aus:

	Vorjahr		Laufendes Geschäftsjahr	
	Soll	Haben	Soll	Haben
Konto 500	–	3.600.000,–	–	4.100.000,–
Konto 51	–	120.000,–	–	140.000,–
Konto 510	–	16.500,–	–	17.100,–
Konto 52	47.500,–	–	–	61.400,–
Konto 53	–	90.600,–	–	81.100,–

a) Ermitteln Sie für die beiden Geschäftsjahre jeweils die Gesamtleistung!
b) Wo liegen die wesentlichen Veränderungen in der Gesamtleistung beider Jahre?

INNERBETRIEBLICHE EIGENLEISTUNGEN

Innerbetriebliche Eigenleistungen sind **alle Leistungen, die im eigenen Betrieb** erstellt und genutzt werden. Technische Umbauten von Anlagen, Einbauten, Transportvorrichtungen und andere maschinelle Anlagen werden häufig mit eigenen Arbeitskräften durchgeführt und bedeuten meist eine erhebliche Wertsteigerung des Sachanlagevermögens. Sie müssen daher mit ihren **Herstellungskosten** bewertet und auf den entsprechenden Anlagekonten aktiviert werden. Die Herstellungskosten ergeben sich aus:

Fertigungsmaterial
+ ... % Materialgemeinkosten
Fertigungslöhne
+ ... % Fertigungsgemeinkosten

= aktivierungspflichtige Herstellungskosten

Zum Ausgleich der Herstellungskosten, die auf den Aufwandskonten der Klassen 6 und 7 gebucht wurden, muss die Eigenleistung als Ertrag auf dem Konto

> 53 Andere aktivierte Eigenleistungen

gebucht werden. Die **Buchung bei Aktivierung** der Eigenleistung lautet:

> 070 Maschinen an 53 Aktivierte Eigenleistungen

Abschlussbuchung:
53 Aktivierte Eigenleistungen an 802 GuV

Abgrenzungsrechnung

AUFGABE DER ABGRENZUNGSRECHNUNG

Die Hauptbereiche des industriellen Rechnungswesens sind die **Geschäftsbuchführung** und die **Betriebsbuchführung** (Kosten- und Leistungsrechnung).
Die **Geschäftsbuchführung** ist **unternehmensbezogen** und weist durch Gegenüberstellung aller **Aufwendungen** und **Erträge** den **Gesamterfolg** der Unternehmung aus. Im **IKR** bildet die Geschäftsbuchführung mit den **Kontenklassen 0 bis 8** den **Rechnungskreis I**. Die Geschäftsbuchführung erfasst alle Aufwendungen und Erträge einer Abrechnungsperiode, ohne Rücksicht darauf, ob sie **betriebsbedingt** oder **betriebsfremd** sind.
Die **Betriebsbuchführung** oder Kosten- und Leistungsrechnung ist **betriebsbezogen**. Sie erfasst die eigentliche betriebliche Tätigkeit und weist durch Verrechnung der **Kosten** mit den **Leistungen** das **Betriebsergebnis** aus. Im **IKR** bildet die Kosten- und Leistungsrechnung mit der **Kontenklasse 9** den **Rechnungskreis II**.

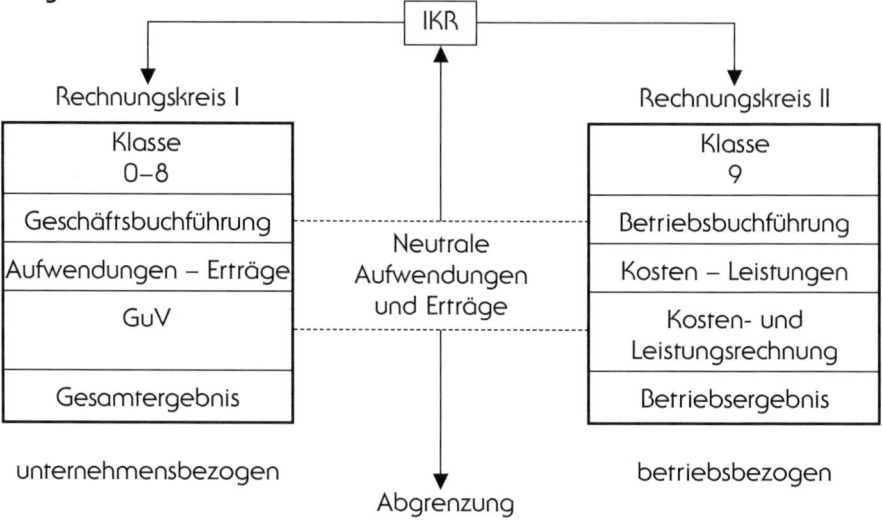

	IKR	
Rechnungskreis I		**Rechnungskreis II**
Klasse 0–8		Klasse 9
Geschäftsbuchführung	Neutrale Aufwendungen und Erträge	Betriebsbuchführung
Aufwendungen – Erträge		Kosten – Leistungen
GuV		Kosten- und Leistungsrechnung
Gesamtergebnis		Betriebsergebnis
unternehmensbezogen	Abgrenzung	betriebsbezogen

In der **Geschäftsbuchführung** (Rechnungskreis I) wird der gesamte Wertezufluss einer Abrechnungsperiode als **Ertrag** und der gesamte Werteverzehr als **Aufwand** bezeichnet. Die Differenz zwischen Ertrag und Aufwand ergibt das **Gesamtergebnis** (vgl. Kap. „Sachliche Abgrenzung der Aufwendungen und Erträge", S. 68 ff.). In der **Kosten- und Leistungsrechnung** wird der Wertezufluss aus der betrieblichen Tätigkeit als **Leistung** und der betriebliche Werteverzehr als **Kosten** bezeichnet. Die Differenz zwischen Leistungen und Kosten ist das **Betriebsergebnis**.

Abgrenzungsrechnung

Die wesentliche Aufgabe der Kosten- und Leistungsrechnung (KLR) im **Rechnungskreis II** besteht darin, die anfallenden Kosten vollständig und richtig zu erfassen und sie mit den Leistungen zu verrechnen. Die **Abgrenzungsrechnung** hat die Aufgabe, aus den in der Geschäftsbuchführung des Rechnungskreises I erfassten **gesamten Aufwendungen** und **Erträgen** die **neutralen** herauszufiltern, damit in die **Betriebsergebnisrechnung** nur die **betrieblichen Aufwendungen** (Grundkosten) als Kosten und die **betrieblichen Erträge** als Leistungen einfließen.

Für das Verständnis der Kosten-/Leistungsrechnung ist eine kurze Klärung der Begriffe Aufwendungen und Kosten sowie Erträge und Leistungen erforderlich:

Die **Aufwendungen** sind der **gesamte Werteverzehr** in einem Unternehmen an Gütern, Diensten und Abgaben während einer Abrechnungsperiode. Nach der Verursachung lassen sich die Aufwendungen in **betriebliche** (betriebsbezogene) Aufwendungen und **neutrale** (unternehmensbezogene) Aufwendungen einteilen. Die **betrieblichen** Aufwendungen entstehen bei der betrieblichen Leistungsherstellung. Sie stellen in der KLR die **Kosten** dar. Die neutralen Aufwendungen haben mit dem geplanten Betriebszweck nichts zu tun und sind von den betrieblichen Aufwendungen in der KLR abzugrenzen. **Neutrale** Aufwendungen sind entweder **betriebsfremd** (z. B. Verluste aus Wertpapiergeschäften), **außerordentlich** (z. B. Verluste aus Abgang von Anlagegegenständen) oder **periodenfremd** (z. B. Nachzahlungen).

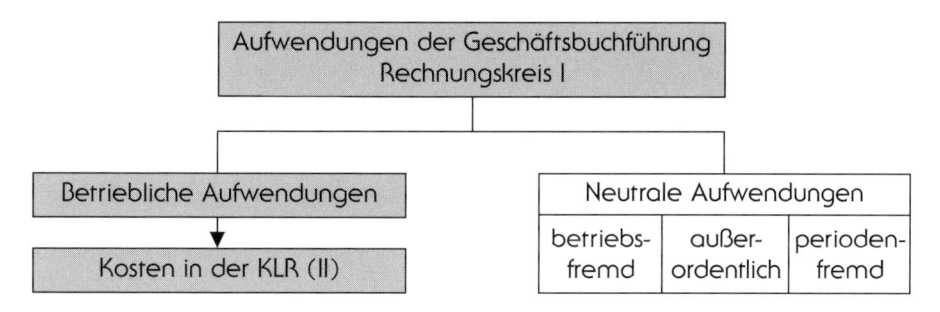

```
        Aufwendungen der Geschäftsbuchführung
                  Rechnungskreis I
        ┌──────────────────┴──────────────────┐
   Betriebliche Aufwendungen         Neutrale Aufwendungen
              │                    ┌─────────┬──────────┬──────────┐
              ▼                    │ betriebs-│ außer-   │ perioden-│
      Kosten in der KLR (II)       │ fremd   │ ordentlich│ fremd   │
```

Die **Erträge** sind der **gesamte** erfolgswirksame **Wertezufluss** in einem Unternehmen innerhalb einer Abrechnungsperiode. Nach der Entstehung lassen sich die Erträge in **betriebliche** und **neutrale** Erträge einteilen. Die **betrieblichen** Erträge sind das Ergebnis der eigentlichen betrieblichen Leistungserstellung. Sie werden in der KLR als **Leistungen** bezeichnet. Zu den Leistungen des Betriebes zählen die Umsatzerlöse, Lagerleistungen und aktivierten Eigenleistungen. Die neutralen Erträge haben mit dem eigentlichen Betriebszweck nichts zu tun und sind von den Leistungen (KLR) abzugrenzen. **Neutrale** Erträge sind entweder **betriebsfremd** (z. B. Mieterträge, Zinserträge, Erträge aus Wertpapiergeschäften), **außerordentlich** (z. B. Erträge aus dem Verkauf von Anlagegegenständen) oder **periodenfremd** (z. B. Rückerstattungen).

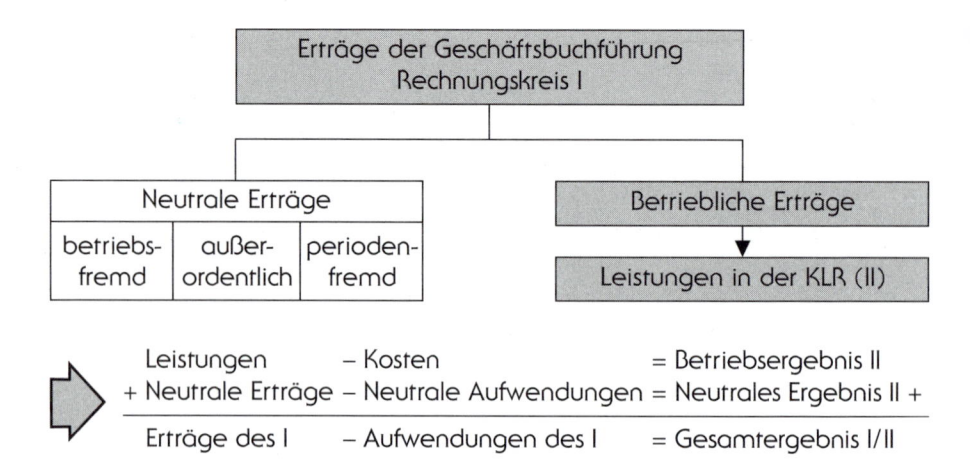

```
┌─────────────────────────────────────────────┐
│     Erträge der Geschäftsbuchführung        │
│            Rechnungskreis I                 │
└─────────────────────────────────────────────┘
              │
     ┌────────┴────────────────────┐
┌─────────────────────────┐   ┌──────────────────────┐
│   Neutrale Erträge      │   │ Betriebliche Erträge │
├────────┬────────┬───────┤   └──────────┬───────────┘
│betriebs│außer-  │perio- │              ▼
│-fremd  │ordent- │den-   │   ┌──────────────────────┐
│        │lich    │fremd  │   │ Leistungen in der    │
└────────┴────────┴───────┘   │      KLR (II)        │
                              └──────────────────────┘
```

⇨   Leistungen   − Kosten   = Betriebsergebnis II
  + Neutrale Erträge − Neutrale Aufwendungen   = Neutrales Ergebnis II +
    ───
    Erträge des I   − Aufwendungen des I   = Gesamtergebnis I/II

UNTERNEHMENSBEZOGENE ABGRENZUNGEN

Aufgabe der Abgrenzungsrechnung ist es, die **neutralen** Aufwendungen und Erträge aus den gesamten **Aufwendungen** und **Erträgen** der Geschäftsbuchführung (Rechnungskreis I) **herauszufiltern**, um sie von der KLR (Rechnungskreis II) fernzuhalten. Die Abgrenzungsrechnung ermöglicht es somit, im **Rechnungskreis II** sowohl das **betriebliche** als auch das **neutrale** Ergebnis zu ermitteln und beide Ergebnisse voneinander abzugrenzen.

Im **Rechnungskreis II** werden **neutrales** Ergebnis und **Betriebsergebnis** getrennt ausgewiesen. Die Summe der beiden Ergebnisse ergibt das Gesamtergebnis, welches mit dem Gesamtergebnis des Rechnungskreises I übereinstimmt.

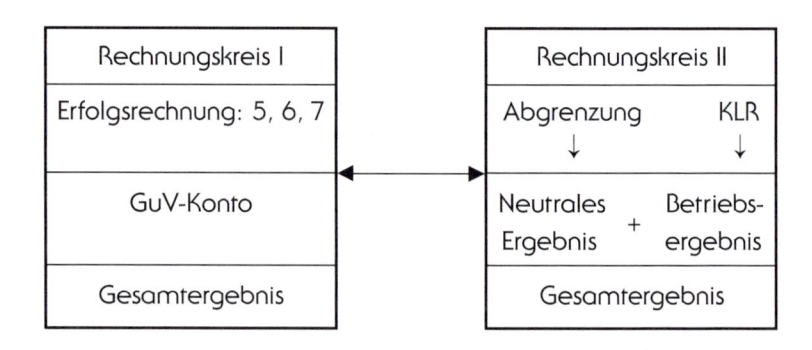

Rechnungskreis I	Rechnungskreis II	
Erfolgsrechnung: 5, 6, 7	Abgrenzung ↓	KLR ↓
GuV-Konto	Neutrales Ergebnis +	Betriebs- ergebnis
Gesamtergebnis	Gesamtergebnis	

Die **Abgrenzungsrechnung** kann **buchhalterisch** über die Kontenklasse **9** des IKR oder **tabellarisch** durchgeführt werden. In der Praxis hat sich die tabellarische Form durchgesetzt, für die die **Ergebnistabelle** verwendet wird:

Abgrenzungsrechnung

Ergebnistabelle

Rechnungskreis I			Rechnungskreis II			
Erfolgsbereich			Abgrenzungsbereich		Kosten- und Leistungsbereich	
Geschäftsbuchführung/ Klasse 5, 6, 7			Unternehmensbezogene Abgrenzungen Gruppe 90		Betriebsergebnisrechnung Gruppe 92	
Klasse 5, 6, 7	Aufwendungen 6–7	Erträge 5	neutrale Aufwendungen	neutrale Erträge	Kosten	Leistungen
Abgrenzung = Abstimmung	Gesamtergebnis		= Ergebnis aus unternehmensbezogenen Abgrenzungen		+ Betriebsergebnis	

BEISPIEL 84

Aus der Gewinn- und Verlustrechnung der Fa. Troup e. K., Kleiderfabrikation, ist eine Ergebnistabelle zur Ermittlung des Gesamtergebnisses, des Abgrenzungsergebnisses und des Betriebsergebnisses zu erstellen!

S	Aufwendungen		Gewinn und Verlust	Erträge	H
600	Aufwendungen für Rohstoffe	300.000,–	500 Umsatzerlöse		1.720.500,–
620	Löhne	798.000,–	51 Umsatzerlöse HW		200.000,–
630	Gehälter	401.000,–	52 Mehrbest. an UE		42.000,–
64	Sozialabgaben	185.100,–	53 Eigenleistung		31.500,–
652	Abschreibung an Maschinen	92.500,–	560 Erträge aus Finanzanlagen		8.200,–
740	Abschreibung an WP d. AV	31.200,–	57 Zins-Diskonterträge		4.100,–
696	Verluste a. Anlageab.	55.600,–	540 Erträge aus Vermietung		5.200,–
700/770	Gewerbesteuer	22.400,–	578 Kursgew. Verk. v. WP		1.900,–
670	Aufwendungen für Miete	4.900,–			
687	Aufwendungen für Werbung	12.200,–			
	Jahresgewinn	110.500,–			
		2.013.400,–			2.013.400,–

Ergebnistabelle

	Rechnungskreis I		Rechnungskreis II			
IKR	Erfolgsbereich		Abgrenzungsbereich		Kosten- und Leistungsbereich	
	Geschäftsbuchführung Klasse 5, 6, 7		Unternehmensbezogene Abgrenzungen Gruppe 90		Betriebsergebnisrechnung Gruppe 92	
Konto-Nr.	Aufw.	Erträge	neutrale Aufw.	neutrale Erträge	Kosten	Leistungen
500		1.720.500,–				1.720.500,–
51		200.000,–				200.000,–
52		42.000,–				42.000,–
53		31.500,–				31.500,–
560		8.200,–		8.200,–		
57		4.100,–		4.100,–		
540		5.200,–		5.200,–		
578		1.900,–		1.900,–		
60	300.000,–				300.000,–	
620	798.000,–				798.000,–	
630	401.000,–				401.000,–	
64	185.100,–				185.100,–	
652	92.500,–				92.500,–	
740	31.200,–		31.200,–			
696	55.600,–		55.600,–			
700/770	22.400,–				22.400,–	
670	4.900,–				4.900,–	
687	12.200,–				12.200,–	
	1.902.900,– 110.500,–	2.013.400,–	86.800,–	19.400,– 67.400,–	1.816.100,– 177.900,–	1.994.000,–
	2.013.400,–	2.013.400,–	86.800,–	86.800,–	1.994.000,–	1.994.000,–
	Gesamtgewinn 110.500,– = Neutraler Verlust 67.400,– + Betriebsgewinn 177.900,–					

Abstimmung der Rechnungskreise I und II
1. Gesamtergebnis im Rechnungskreis I   110.500,–
2. Neutrales Ergebnis (II)   – 67.400,–
3. Betriebsergebnis (II)   + 177.900,–
4. Gesamtergebnis im Rechnungskreis II   110.500,–

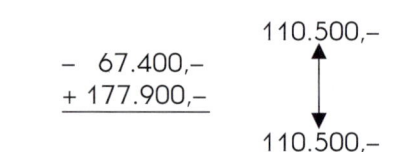

BETRIEBSBEZOGENE ABGRENZUNGEN

Es gibt bestimmte Aufwendungen der Geschäftsbuchführung, die zwar betriebsbezogen sind, deren Höhe oder Berechnungsmethode jedoch nicht den Anforderungen der Kosten- und Leistungsrechnung entspricht. Sie bedürfen

einer **kostenrechnerischen Korrektur**. Diese Korrektur geschieht in einem **zweiten Filter** der **Abgrenzungsrechnung**, den **„Kostenrechnerischen Korrekturen"**. Zu den korrekturbedürftigen Aufwendungen der Geschäftsbuchführung zählen z. B. die Abschreibungen auf Sachanlagen. So wird die Höhe der Abschreibungen auf Sachanlagen in der Geschäftsbuchführung weitgehend von steuerlichen Erwägungen bestimmt. Dies führt zu nicht verursachungsgerechten und schwankenden Abschreibungsbeträgen. In der Kosten- und Leistungsrechnung sollten die Abschreibungsbeträge jedoch gleich bleibend sein und die tatsächliche Wertminderung der Anlagen berücksichtigen, um einen möglichst aussagefähigen Kostenvergleich vornehmen zu können. In der KLR erscheinen daher statt der bilanzmäßigen die kalkulatorischen Abschreibungen. Den **tatsächlichen Aufwendungen** werden in der **KLR** die ermittelten **kalkulatorischen Kosten** gegenübergestellt. Die **Differenz** ergibt das zweite neutrale Teilergebnis, das **„Ergebnis aus kostenrechnerischen Korrekturen"**. In der KLR kennen wir kostenrechnerische Korrekturen durch:
- Kalkulatorische Kosten
- Verrechnungspreise
- periodengerechte Verteilung der Kosten

Für das Verständnis der kalkulatorischen Kosten ist es notwendig, die Begriffe **Grundkosten**, **Anderskosten** und **Zusatzkosten** zu klären.

Grundkosten sind die **betrieblichen Aufwendungen** der Geschäftsbuchführung und decken sich daher mit der KLR. Diese Kostenarten werden als **aufwandsgleiche Kosten** oder Grundkosten bezeichnet.

Anderskosten sind Kosten, denen auch ein Aufwand in der Geschäftsbuchführung gegenübersteht, die aber für die KLR ungeeignet sind und deshalb mit einem anderen Wert in der KLR angesetzt werden. Dazu gehören die **kalkulatorischen Abschreibungen** auf das Anlagevermögen und die **kalkulatorischen Wagnisse**. Diese Kosten sind **aufwandsungleiche Kosten**.

Zusatzkosten liegt kein Aufwand in der Geschäftsbuchführung zugrunde, da mit ihnen **keine Geldausgaben** verbunden sind. Die **Zusatzkosten** stellen jedoch einen leistungsbedingten Werteverzehr dar und **müssen** deshalb in der **KLR berücksichtigt werden**. Zu diesen Kosten zählen der **kalkulatorische Unternehmerlohn** bei Einzelunternehmungen und Personengesellschaften, die **kalkulatorischen Zinsen** und die **kalkulatorische Miete**. Bei den Zusatzkosten handelt es sich um **aufwandslose Kosten**.

Kalkulatorische Kostenarten	
Anderskosten	**Zusatzkosten**
• Kalkulatorische Abschreibungen • Kalkulatorische Wagnisse	• Kalkulatorischer Unternehmerlohn • Kalkulatorische Eigenkapitalzinsen • Kalkulatorische Miete

Kalkulatorische Kosten berühren lediglich den **Rechnungskreis II** und sorgen dafür, dass nur der Werteverzehr eingebracht wird, der tatsächlich entstanden ist. Schwankungen der Kosten, die durch **unterschiedliche Abschreibungen, Fremdkapitalzinsen** und **unregelmäßig** anfallende **Wagnisverluste** entstehen, werden durch **kalkulatorische Kosten,** die immer konstant sind, ausgeschaltet. Die **Verrechnung des Materialverbrauchs** in der **KLR** zu konstanten **Verrechnungspreisen** gleicht der Verrechnung kalkulatorischer Kosten. Durch feste Verrechnungspreise werden Preisschwankungen im Kostenvergleich ausgeschaltet. In der **KLR** ist der **Kostenanfall periodengerecht** zu erfassen. Das wird erreicht, indem man eine unregelmäßig auftretende Ausgabe der Geschäftsbuchführung in der KLR zu gleichen Beträgen auf die Monate verteilt, für die sie anfällt. Beispiel: Vor- und Nachverteilung von Versicherungsprämien.

Die **kostenrechnerischen Korrekturen beeinflussen** lediglich das **Betriebsergebnis** und das **neutrale** Ergebnis, **nicht** aber das **Gesamtergebnis** der Unternehmung. Aufwendungen der Geschäftsbuchführung, die zwar betrieblich sind, jedoch mit anderen Werten in der KLR anzusetzen sind, werden in den Abgrenzungsbereich „Kosten- und leistungsrechnerische Korrekturen" übernommen. Ihnen werden die entsprechenden Kosten aus der KLR gegenübergestellt.

Ergebnistabelle

Rechnungskreis I	Rechnungskreis II		
Erfolgsbereich	Abgrenzungsbereich		Kosten- und Leistungsbereich
Geschäfts-buchführung Klasse 5, 6, 7	Unternehmens-bezogene Ab-grenzungen Gruppe 90	Kosten- und leistungsrechn. Korrekturen Gruppe 91	Betriebsergebnis-rechnung KLR Gruppe 92
Aufwendungen / Erträge	neutrale Aufw. / neutrale Erträge	Aufwendungen / Erträge	Kosten / Leistungen
Gesamtergebnis =	Ergebnis aus unternehmens-bezogenen Abgrenzungen +	Ergebnis aus betriebs-bezogenen Abgrenzungen +	Betriebsergebnis

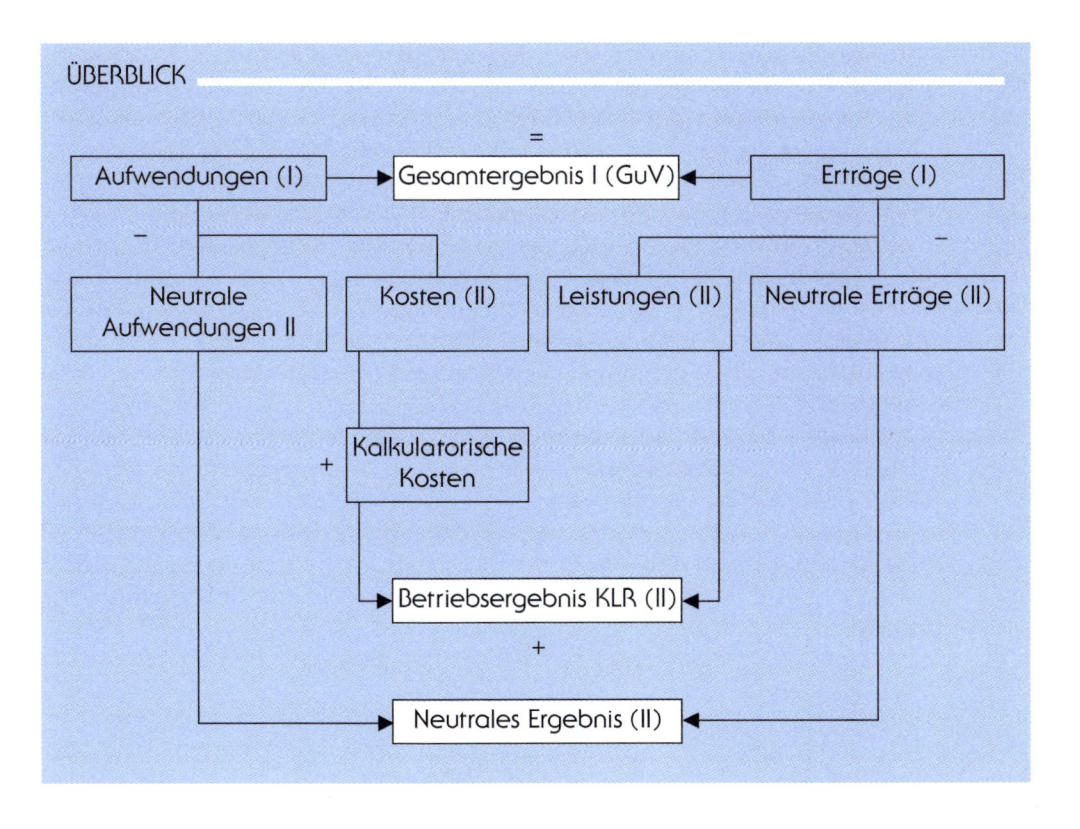

Abgrenzungsrechnung

ÜBERBLICK

```
                              =
Aufwendungen (I) ──► Gesamtergebnis I (GuV) ◄── Erträge (I)
      │                                              │
      −                                              −
      │                                              │
┌─────────────┬──────────────┐        ┌──────────────┬─────────────┐
│  Neutrale   │  Kosten (II) │        │ Leistungen   │  Neutrale   │
│Aufwendungen │              │        │    (II)      │ Erträge(II) │
│     II      │              │        │              │             │
└─────────────┴──────┬───────┘        └──────┬───────┴─────────────┘
                     │                       │
              + ┌────┴─────────┐             │
                │ Kalkulator.  │             │
                │   Kosten     │             │
                └──────┬───────┘             │
                       │                     │
                       └──► Betriebsergebnis KLR (II) ◄──┘
                                    +
                          Neutrales Ergebnis (II)
```

ZUSAMMENFASSENDES BEISPIEL 85

Die Gewinn- und Verlustrechnung der Dr. Kuntze & Co. KG. weist folgende Beträge aus:

500 Umsatzerlöse	883.000,–
52 Mehrbestand an Fertigerzeugnissen	32.100,–
53 Andere aktivierte Eigenleistungen	37.600,–
56 Erträge aus Wertpapieren des Anlagevermögens	9.800,–
571 Zinserträge	14.130,–
546 Erträge aus dem Abgang von Anlagegegenständen	57.300,–
548 Erträge aus der Auflösung von Rückstellungen	21.400,–
540 Erträge aus Vermietung und Verpachtung	5.100,–
60 Aufwendungen für Roh-, Hilfs- und Betriebsstoffe	143.100,–
620 Löhne	211.200,–
630 Gehälter	114.300,–
640 Soziale Abgaben	51.600,–
652 Abschreibungen auf Sachanlagen	81.500,–
695 Abs. auf Forderungen	18.600,–
696 Verluste aus dem Abgang von Anlagegegenständen	8.900,–
751 Zinsaufwendungen	1.890,–
70 Betriebssteuern	24.100,–

616 Reparaturen   21.200,-
692 Versicherungen, Beiträge   21.200,-
  69 Sonstige Aufwendungen (periodenfremd)   2.750,-

Aus der Kosten- und Leistungsrechnung liegen folgende Angaben vor:
Der Stoffverbrauch wird wegen der schwankenden Anschaffungskosten
zu festen Verrechnungspreisen angesetzt. Der so bewertete Verbrauch von
Roh-, Hilfs- und Betriebsstoffen beträgt   130.000,-
Der kalkulatorische Unternehmerlohn beträgt   65.000,-
Die kalkulatorischen Zinsen für das betriebsnotwendige Kapital betragen 19.700,-
Für Garantieverpflichtungen werden als kalkulatorische Wagniszuschläge
in Ansatz gebracht   15.600,-
Die kalkulatorischen Abschreibungen betragen auf die Sachanlagen   75.600,-
Unter den Löhnen sind gezahlte Urlaubslöhne   37.800,-
Davon kamen in der KLR zur Verrechnung   41.500,-

Das Gesamtergebnis der Unternehmung, das neutrale Ergebnis und das Betriebsergebnis
sind in der Ergebnistabelle zu ermitteln!

Ergebnistabelle

Konto-Nr.	Rechnungskreis I – Erfolgsbereich/GB		Rechnungskreis II – Abgrenzungsbereich				KLR Betriebsergebnisrechnung Gruppe 92	
			Unternehmensbez. Abgr. Gruppe 90		Kostenrechn. Korr. Gruppe 91			
	Aufwendungen	Erträge	Neutrale Aufwendungen	Neutrale Erträge	Aufwendungen lt. GB	Verr. Kosten lt. KLR	Kosten	Leistungen
50		883.000,-						883.000,-
52		32.100,-						32.100,-
53		37.600,-						37.600,-
56		9.800,-		9.800,-				
571		14.130,-		14.130,-				
546		57.300,-		57.300,-				
548		21.400,-		21.400,-				
540		5.100,-		5.100,-				
60	143.100,-				▶ 143.100,-	130.000,- ◀	130.000,-	
620	173.400,-						173.400,-	
Urlaubslöhne	37.800,-				▶ 37.800,-	41.500,- ◀	41.500,-	
630	114.300,-						114.300,-	
640	51.600,-						51.600,-	
652	81.500,-				▶ 81.500,-	75.600,- ◀	75.600,-	
695	18.600,-		18.600,-					
696	8.900,-		8.900,-					
751	1.890,-				▶ 1.890,-	19.700,- ◀	19.700,-	
70	24.100,-						24.100,-	
616	21.200,-						21.200,-	
692	21.200,-						21.200,-	
69	2.750,-		2.750,-					
Untern.-löhne						65.000,- ◀	65.000,-	
Wagn.						15.600,- ◀	15.600,-	
	700.340,- 360.090,-	1.060.430,-	30.250,- 77.480,-	107.730,-	264.290,- 83.110,-	347.400,-	753.200,- 199.500,-	952.700,-
	1.060.430,-	1.060.430,-	107.730,-	107.730,-	347.400,-	347.400,-	952.700,-	952.700,-
	Gesamtgewinn: 360.090,-	=	Ergebnis aus unternehmensbezogenen Abgrenzungen: 77.480,-	+	Ergebnis aus kostenrechnerischen Korrekturen: 83.110,-	+	Betriebsgewinn: 199.500,-	

Abgrenzungsrechnung

Abstimmung der Rechnungskreise I und II
1. Gesamtergebnis im Rechnungskreis I   360.090,–
2. Ergebnis aus unternehmensbezogenen Abgrenzungen   77.480,–
3. Ergebnis aus kostenr. Korrektur   83.110,–
4. Neutrales Ergebnis (Zeile 2 + 3)   160.590,–
5. + Betriebsergebnis   199.500,–
6. Gesamtergebnis im Rechnungskreis II   360.090,–

Hinweise zur Abgrenzungstabelle aus dem AKA-Stoffkatalog (AKA = Aufgabenstelle für Abschluss- und Zwischenprüfungen der IHK): In der Praxis werden Aufwendungen und Erträge der Gruppen 90, 91 und 92 unterschiedlich zugeordnet. Die Prüfungsaufgaben enthalten deshalb Informationen, die zu eindeutigen Lösungen führen.
Grundsätzlich werden jedoch der Gruppe 90 ausschließlich die betriebsfremden Aufwendungen und Erträge zugeordnet. Die übrigen neutralen Aufwendungen und Erträge werden in der Gruppe 91 erfasst.

Bewertung zum Jahresabschluss

Im Kapitel „**Jahresabschluss der Unternehmung**" wurden die wichtigsten Grundsätze und Regeln der handelsrechtlichen Bewertungsvorschriften behandelt. Da die Handelsbilanz auch für die Steuerbilanz maßgeblich ist – soweit nicht steuerrechtliche Vorschriften zu einer anderen Bewertung zwingen –, konnte im Kapitel über „Bewertungsgrundsätze" auf Bewertungsprobleme in der Steuerbilanz verzichtet werden.

In diesem Kapitel soll in einer **Bewertungsübersicht** auf die Bewertungsmaßstäbe in Handels- und Steuerbilanz hingewiesen und diese sollen an einer zusammenfassenden Aufgabe kurz problematisiert und dargestellt werden.

Für die Bewertung in der Bilanz kommen folgende **Wertmaßstäbe** in Betracht:

Anschaffungskosten: vgl. Kap. „Wertansätze in der Bilanz", S. 111
Herstellungskosten: vgl. Kap. „Wertansätze in der Bilanz", S. 111
Tageswert: vgl. Kap. „Wertansätze in der Bilanz", S. 111
Teilwert

Teilwert ist ein **steuerlicher** Wertbegriff, der im §6 EStG so definiert wird:
„Teilwert ist der Betrag, den ein Erwerber des ganzen Betriebes im Rahmen des Gesamtkaufpreises für das einzelne Wirtschaftsgut ansetzen würde; dabei ist davon auszugehen, dass er den Betrieb fortführt."

In der Rechtsprechung entspricht der Teilwert im Zeitpunkt der Beschaffung den Anschaffungs- bzw. Herstellungskosten des Anlagegutes, beim Umlaufvermögen und nicht abnutzbaren Anlagevermögen in der Regel dem Tageswert zum Bilanzstichtag. Eine allgemein gültige Regel für die Berechnung des Teilwertes gibt es nicht, da es sich hier um einen fiktiven Wert handelt, der sich kaum berechnen lässt.

Bewertungsübersicht:

1. Das abnutzbare Anlagevermögen ist zu den **fortgeführten Anschaffungs- bzw. Herstellungskosten** anzusetzen.
   Die Abschreibung ist **planmäßig** vorzunehmen. **Außerplanmäßige Abschreibungen** können vorgenommen werden, um die Anlagegegenstände mit einem noch niedrigeren Wert, der steuerlich zulässig ist (z. B. bei **Sonderabschreibungen**), anzusetzen.
2. Das nicht abnutzbare Anlagevermögen (Grund und Boden, Finanzanlagen) ist zu den **Anschaffungskosten** zu bewerten. Bei **vorübergehender Wertminderung** kann der niedrigere Wert zum Bilanzstichtag angesetzt werden (**gemildertes Niederstwertprinzip**). Er muss jedoch bei **dauernder Wertminderung** berücksichtigt werden (**strenges Niederstwertprinzip**).
3. Für das **Umlaufvermögen** gilt das **strenge Niederstwertprinzip**.
4. **Forderungen** sind mit dem **wahrscheinlichen** Wert anzusetzen. Es sind **Einzel- und Pauschalwertberichtigungen** vorzunehmen. Uneinbringliche Forderungen sind direkt abzuschreiben.

Bewertung zum Jahresabschluss

5. **Rückstellungen** sind nur in Höhe des Betrages anzusetzen, der nach vernünftiger kaufmännischer Beurteilung notwendig ist.
6. **Besitzwechsel** sind zum Bilanzstichtag **mit** dem **Barwert** anzusetzen (wegen des Höchstwertprinzips nicht dagegen Schuldwechsel!).
7. **Verbindlichkeiten** sind mit dem höheren Rückzahlungsbetrag (Höchstwertprinzip!) anzusetzen. Das Damnum bzw. Disagio (Abgeld) ist planmäßig abzuschreiben.
8. Alle übrigen Vermögens- und Kapitalposten sind mit dem **Nennwert** in die Bilanz einzusetzen.
9. **Privatentnahmen** und **Privateinlagen** sind grundsätzlich mit dem **Tageswert** (Teilwert) anzusetzen.

Grundsätzlich gilt für die Handels- und Steuerbilanz das **Imparitätsprinzip** als Ausdruck **kaufmännischer Vorsicht**:
– Nicht realisierte Gewinne dürfen nicht ausgewiesen werden!
– Nicht realisierte Verluste müssen ausgewiesen werden!

BEWERTUNG DER VORRÄTE

Grundsätzlich gilt für die Bewertung der Vorräte der Bewertungsgrundsatz der **Einzelbewertung**; (§ 252 [1] Ziffer 3 HGB).

Da die Einzelbewertung der Vorräte sehr schwierig ist – der Einkauf erfolgt zu verschiedenen Zeitpunkten und zu unterschiedlichen Preisen – erlaubt der Gesetzgeber bei gleichartigen Vorräten die **Sammel- oder Gruppenbewertung** in Form einer **Durchschnittsbewertung** oder **Verbrauchsfolgebewertung** (§§ 249 [4], 256 HGB).

BEISPIEL 86

	Menge	Anschaffungskosten je Einheit	Gesamtwert
1. 1. Anfangsbestand	4.000 Stück	40,– EUR	160.000,– EUR
10. 3. Zugang	10.000 Stück	50,– EUR	500.000,– EUR
20. 5. Zugang	8.000 Stück	55,– EUR	440.000,– EUR
20. 7. Zugang	20.000 Stück	40,– EUR	800.000,– EUR
10.12. Zugang	5.000 Stück	45,– EUR	225.000,– EUR
	47.000 Stück		2.125.000,– EUR

Endbestand am 31.12.   8.000 Stück

a) Durchschnittsbewertung gemäß § 240 (4) HGB

$$\text{Durchschnittliche Anschaffungskosten} = \frac{\text{Warenwert des AB und der Zugänge}}{\text{Menge aus AB + Zugänge}}$$

$$\frac{2.125.000}{47.000} = 45{,}21 \text{ EUR}$$

Wertansatz: Endbestand 8.000 Stück à 45,21 = 361.680,– EUR

b) Verbrauchsfolgebewertung gemäß § 256 HGB

Die zeitliche Reihenfolge der Zu- und Abgänge bildet die Grundlage für die Bewertung von gleichartigen Vorräten bei unterschiedlichen Anschaffungskosten. Nach der unterstellten Verbrauchsfolge sind die Lifo-, Fifo- und Hifo-Methode zu unterscheiden:

Lifo-Methode

„Last in – first out" – Waren, die zuletzt eingekauft worden sind, werden zuerst wieder verbraucht oder verkauft. Mit dieser Annahme wird gleichzeitig unterstellt, dass der Schlussbestand aus dem Anfangsbestand sowie den ersten Zugängen zu bewerten ist.

Die Bewertung nach o. g. Beispiel:

4.000 Stück zu 40,– EUR	=	160.000,—	EUR
4.000 Stück zu 50,– EUR	=	200.000,—	EUR
8.000 Stück Endbestand	=	360.000,—	EUR
Bilanzansatz pro Stück	=	45,—	EUR

Fifo-Methode

„First in – first out" – Waren, die zuerst eingekauft worden sind, werden zuerst wieder verbraucht oder verkauft. Der Endbestand stammt daher aus den letzten Zugängen und ist dementsprechend zu bewerten.

5.000 Stück zu 45,– EUR	=	225.000,—	EUR
3.000 Stück zu 40,– EUR	=	120.000,—	EUR
8.000 Stück Endbestand	=	345.000,—	EUR
Bilanzansatz pro Stück	=	43,125	EUR

Hifo-Methode

„Highest in – first out" – Die am teuersten eingekauften Waren werden zuerst wieder verbraucht oder verkauft. Der Endbestand wird somit mit den niedrigsten Preisen bewertet.

8.000 Stück zu 40,– EUR	=	320.000,—	EUR
Bilanzansatz pro Stück	=	40,—	EUR

Handelsrechtlich sind **alle Sammelbewertungsverfahren** zulässig, sofern ihre Ergebnisse nicht gegen das **Niederstwertprinzip** verstoßen.
Steuerrechtlich ist nur die **Durchschnittsbewertung** zulässig.
Die Lifo-Methode darf in Ausnahmefällen angewandt werden, z. B. bei Koks oder Sand, bedingt durch die Art der Lagerung.

5. Kapitel

Buchen nach Belegen (Industrie)

Belegarten und Belegbearbeitung

Die Aufgabe der Finanzbuchhaltung ist die lückenlose Aufzeichnung aller Geschäftsfälle, welche
- die Vermögenswerte (Aktiva) und Schulden (Passiva) des Unternehmens verändern (siehe Bestandsvorgänge) bzw.
- die Höhe des Eigenkapitals als Aufwendungen und Erträge verändern (siehe Erfolgsvorgänge).

Als Nachweis für die Richtigkeit der Buchführung sowie ihre formelle Ordnungsmäßigkeit ist jedem Geschäftsfall ein **Beleg** zugrunde zu legen, sachlich geordnet und lückenlos als Bindeglied zwischen Geschäftsfall und Buchung. Die Belege sind fortlaufend zu nummerieren und geordnet zehn Jahre vom Ende des Kalenderjahres aufzubewahren (§§ 257 Abs. 1; § 257 Abs. 4 HGB; § 147 Abs. 1 AO). Bei Mikrofilmablage ist die jederzeitige Wiedergabe sicherzustellen, d. h., die Daten müssen durch Bildschirm oder Ausdruck lesbar gemacht werden können (§ 239 Abs. 4 und § 257 Abs. 3 HGB; § 147 Abs. 2 AO).

Belegarten

externe Belege (Fremdbelege)	interne Belege (Eigenbelege)
z. B. • Eingangsrechnungen • Ausgangsrechnungen • Schecks • Überweisungen • Lastschriften • Mängelrügen • Frachtbriefe etc.	z. B. • Materialentnahmescheine • Lohn- und Gehaltslisten • Belege über Privatentnahmen • Belege zu vorbereitenden Abschluss- und Abschlussbuchungen etc.

Zur Belegbearbeitung gehören:
- Überprüfung der Belege auf sachliche und rechnerische Richtigkeit
- Belegsortierung und Nummerierung
- Vorkontierung der Belege
- Buchung im Grundbuch und Hauptbuch
- Ablage und Aufbewahrung

Beleggeschäftsgang

BEISPIEL 87

Die Firma Heinrich Meier e.K., Apparatebau, erstellt zum 5. Dezember 20..
eine vorläufige Summenbilanz (= Summen der Umsätze aller Sachkonten des
Hauptbuches) nach dem folgenden Kontenplan:
Anmerkung: Die Saldensummen der Kundenkonten (Debitoren) und Lieferer-
konten (Kreditoren) entsprechen den Salden der Hauptbuchkonten Forderungen aus LL und Verbindlichkeiten aus LL.

Konten	Soll	Haben
0700 Technische Anlagen und Maschinen	770.000,–	50.000,–
0800 Betriebs- und Geschäftsausstattung	270.000,–	20.000,–
2000 Rohstoffe	370.000,–	230.000,–
2002 Nachlässe	–	–
2020 Hilfsstoffe	45.000,–	–
2100 Unfertige Erzeugnisse	27.500,–	–
2200 Fertige Erzeugnisse	86.300,–	–
2400 Forderungen aus LL	750.800,–	625.800,–
2450 Besitzwechsel	–	–
2600 Vorsteuer	16.500,–	2.500,–
2800 Bank	157.000,–	62.000,–
2900 Aktive Jahresabgrenzung	–	–
3000 Eigenkapital	–	500.000,–
4250 Darlehen	200.000,–	800.000,–
4400 Verbindlichkeiten aus LL	85.000,–	245.000,–
4800 Umsatzsteuer	8.500,–	43.500,–
4830 Verbindlichkeiten gegenüber Finanzbehörden	–	–
4840 Verbindlichkeiten gegenüber Sozialversicherungsträgern	–	–
5000 Umsatzerlöse	18.400,–	658.200,–
5001 Erlösberichtigungen	–	–
5200 Bestandsveränderungen	–	–
6000 Aufwendungen für Rohstoffe	230.000,–	–
6020 Aufwendungen für Hilfsstoffe	–	–
6300 Gehälter	110.000,–	–
6400 Soziale Abgaben	24.000,–	–
6520 Abschreibungen auf Sachanlagen	–	–
6700 Mieten	8.000,–	–
6750 Kosten des Geldverkehrs	–	–
6800 Büromaterial	15.000,–	–
7510 Zinsaufwendungen	45.000,–	–
	3.237.000,–	3.237.000,–

Bis zum 31. Dezember sind noch die folgenden Belege zu buchen.

Beleg 1: Eingangsrechnung

Metallwerke AG

Metallwerke AG, Lübecker Landstrasse 56, 22761 Hamburg

Heinrich Meier e. K.
Apparatebau
Jahnstrasse 1

65138 Frankfurt am Main   *Rechnung Nr. 75*

Ihr Zeichen/Ihre Bestellung vom: Unser Zeichen: Datum:
Ma/28. November 20 ..   *Ki/Schr*   *07. Dezember 20 ..*

Wir sandten Ihnen für Ihre Rechnung auf Ihre Gefahr gemäß umseitiger Vertragsbedingungen:

Artikel:	Menge:	Preis/Einheit:	Gesamtpreis/EUR:
Stahlblech	*8.000 kg*	*7,50 EUR* *+ 16% Umsatzsteuer*	*60.000,00 EUR* *9.600,00 EUR* *69.600,00 EUR*

Lieferungsbedingung: frei Haus

Zahlungsbedingung: innerhalb von 10 Tagen 3% Skonto, 60 Tage Ziel

Telefon	Telefax	Geschäftszeit	Commerzbank AG
040/4 58 95	040/4 59 73	07:30–18:30	5684-89
			(BLZ 200 400 00)

Beleg 2: Wechsel

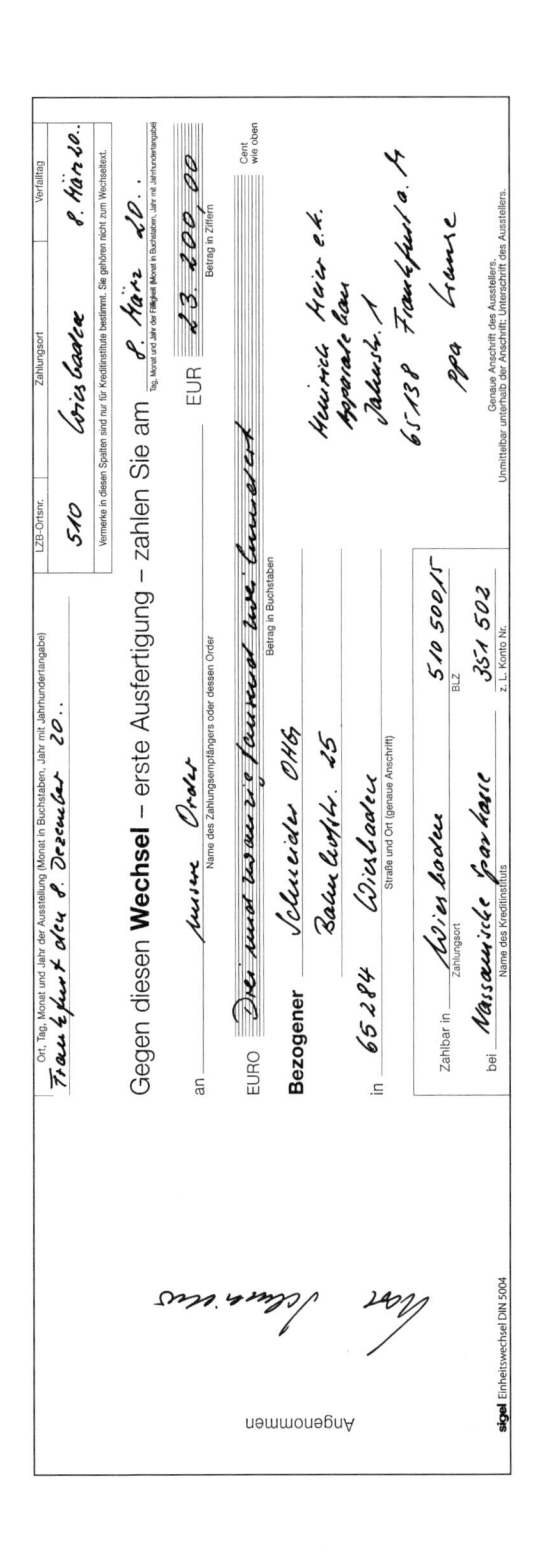

Buchen nach Belegen

Beleg 3: Überweisung (Lastschrift)

Überweisungsauftrag/Zahlschein

(Name und Sitz des beauftragten Kreditinstituts): POSTBANK
(Bankleitzahl): 500 1006 0

Benutzen Sie bitte diesen Vordruck für die Überweisung des Betrages von Ihrem Konto oder zur Bareinzahlung. Den Vordruck bitte nicht beschädigen, knicken, bestempeln oder beschmutzen.

Empfänger: Name, Vorname/Firma (max. 27 Stellen): METALLWERKE AG
Konto-Nr. des Empfängers: 5684-89
Bankleitzahl: 20040000
bei (Kreditinstitut): COMMERZBANK AG
DM od. EUR: EUR
Betrag: 67.512--
Kunden-Referenznummer - noch Verwendungszweck, ggf. Name und Anschrift des Auftraggebers - (nur für Empfänger): RECHNUNG NR. 75 ABZUEGLICH
noch Verwendungszweck (insgesamt max. 2 Zeilen à 27 Stellen): 3 % SKONTO
Kontoinhaber/Einzahler: Name (max. 27 Stellen, keine Straßen- oder Postfachangaben): HEINRICH MEIER e.K.
Konto-Nr. des Kontoinhabers: 24053
18

Datum: 10. Dez. 20..
Unterschrift: ppa. Krause

Beleg 4: Kontoauszug

Konto-Nummer	Auszug	Blatt	Text/Verwendungszweck
24 053	86	1	*IHR DISPOKREDIT EUR 40.000
AR NR. 167 SCHNEIDER OHG, WIESBADEN, ABZ. 3% SKONTO			
ER NR. 75 METALLWERKE AG, FRANKFURT			
FA FRANKFURT, UMSATZSTEUER NOVEMBER			

POSTBANK, MAINZER LANDSTRASSE

HEINRICH MEIER
APPARATEBAU
JAHNSTRASSE 1
65138 FRANKFURT AM MAIN

Versand

* bei Sammelaus:

Konto-Auszug

Beleg 5: Materialentnahmeschein

Heinrich Meier e. K., Apparatebau			
Materialentnahmeschein:	Rohstoffe (X) Hilfsstoffe ( ) Betriebsstoffe ( )		
Menge:	15.000 kg	Datum: 11. 12. 20..	Nr. 147
Gegenstand:	Stahlblech 10 mm, DIN 4200/N4		
EUR/kg:	8,00 EUR		
Gesamt:	120.000,00 EUR	**Auftragsnummer:** 087	
an Kostenstelle:	Fertigung IV		
ausgegeben:	*Schneider*		

N	Wert		*	Umsätze	**	
95	10.12.		H	28.130,00 EUR	H	28.130,00 EUR
96	10.12.		S	67.512,00 EUR	S	−67.512,00 EUR
44	11.12.		S	21.000,00 EUR	S	−21.000,00 EUR
	Letzter Auszug		Alter Kontostand			
	8.12.		95.000,00 EUR		H	95.000,00 EUR
	Kontoauszug vom		Neuer Kontostand			
	14.12.		34.618,00 EUR			34.618,00 EUR
			** Lastschrift / Schuldensaldo = S Gutschrift / Guthabensaldo = H			

OSTBANK FRANKFURT

Unstimmigkeiten bitten wir unserer Revision mitzuteilen. Bitte beachten Sie auch die Rückseite.

Beleg 6: Ausgangsrechnung

Heinrich Meier e. K.
Apparatebau

Heinrich Meier e. K. Apparatebau, Jahnstrasse 1, 65138 Frankfurt

Schneider OHG
Bahnhofstraße 25

65284 Wiesbaden

Bankverbindung:
Postbank, Frankfurt
Konto-Nr. 24 053
BLZ: 500 100 60

Frankfurt, den 12. Oktober 20..

Rechnung Nr. 168

Ihre Bestellung vom 28. September 20..

Wir lieferten Ihnen auf Ihre Gefahr:

4 automatische Abfüllanlagen, einschließlich Installation sowie aller Nebenkosten zu je 45.000,00 EUR netto.

Gesamtpreis (netto)	180.000,00 EUR
+ 16 % USt	28.800,00 EUR
Gesamtpreis (brutto)	208.800,00 EUR

Zahlungsbedingung: 14 Tage 3 % Skonto, 60 Tage netto

Beleg 7: Mängelrüge

Heinrich Meier e. K.
Apparatebau

Heinrich Meier e. K. Apparatebau, Jahnstrasse 1, 65138 Frankfurt

Schneider OHG
Bahnhofstraße 25

65284 Wiesbaden

Bankverbindung:
Postbank, Frankfurt
Konto-Nr. 24 053
BLZ: 500 100 60

Frankfurt, den 16. Dezember 20..

Gutschrift Nr. 4

Sehr geehrter Herr Schneider,

wir bestätigen den Eingang Ihrer Mängelrüge vom 14. Dezember 20.. und schreiben Ihnen auf Ihrem Konto gut:

netto	20.000,00 EUR
+ 16% USt	3.200,00 EUR
brutto	23.200,00 EUR

Wir bitten Sie, den Fehler zu entschuldigen.

Mit freundlichen Grüßen

ppa. Schulte

Beleg 8: Gehaltsabrechnung

Heinrich Meier e. K., Apparatebau	
Gehaltsabrechnung	
Monat: Dezember	**Jahr:** 20..
Bruttogehälter – Lohnsteuer, Kirchensteuer, Solidaritätszuschlag – Sozialversicherung Arbeitnehmer	20.000,00 EUR 1.900,00 EUR 4.100,00 EUR
Nettogehälter Vorschussverrechnung	14.000,00 EUR –
Auszahlung	14.000,00 EUR

Beleg 9: Kontoauszug

Konto-Nummer	Auszug	Blatt	Text/Verwendungszweck
24 053	87	1	*IHR DISPOKREDIT EUR 40.000

GEHALTSZAHLUNG 12/20...
LASTSCHRIFTEINZUG MIETE DEZEMBER – FEBRUAR
DARLEHEN 145-56 ZINSEN 3.000,00 EUR, TILGUNG 2.000,00 EUR
RECHNUNGSABSCHLUSS PER 31. 12. 20... KONTOFÜHRUNGSGEBÜHR

POSTBANK, MAINZER LANDSTRASSE

Versand

HEINRICH MEIER
APPARATEBAU
JAHNSTRASSE 1
65138 FRANKFURT AM MAIN

* bei Sammelaus

Konto-Auszug

Beleg 10:

Buchungsanweisung an Finanzbuchhaltung	Datum: 31. Dezember 20..
Betreff: Abschreibungen auf Sachanlagen	

Text:
- Technische Anlagen und Maschinen
- Betriebs- und Geschäftsausstattung

Soll		*Haben*	
Konto	*Betrag*	*Konto*	*Betrag*

Beleg 11:

Buchungsanweisung an Finanzbuchhaltung	Datum: 31. Dezember 20..
Betreff: Umbuchungen	

Text:
- Nachlässe
- Erlösberichtigungen
- Bestandsveränderungen
- Rechnungsabgrenzung
- Vorsteuerverrechnung

Soll		*Haben*	
Konto	*Betrag*	*Konto*	*Betrag*

Wert		* Umsätze **		
97 25.12.		S	14.000,00 EUR	S −14.000,00 EUR
97 28.12.		S	3.000,00 EUR	S − 3.000,00 EUR
98 28.12.		S	5.000,00 EUR	S − 5.000,00 EUR
99 31.12.		S	120,00 EUR	S − 120,00 EUR
Letzter Auszug		Alter Kontostand		
14.12.		34.618,00 EUR	H	34.618,00 EUR
Kontoauszug vom		Neuer Kontostand		
31.12.		12.498,00 EUR		12.498,00 EUR

** Lastschrift / Schuldensaldo = S
Gutschrift / Guthabensaldo = H

OSTBANK FRANKFURT

Unstimmigkeiten bitten wir unserer Revision
mitzuteilen. Bitte beachten Sie auch die Rückseite.

Buchen nach Belegen

Zum 31. Dezember sind die folgenden Abschlussangaben zu berücksichtigen:

1. Abschreibungen:
   - Technische Anlagen — 80.000,– EUR
   - Betriebs- und Geschäftsausstattung — 30.000,– EUR

2. Endbestände laut Inventur:
   - Hilfsstoffe — 15.000,– EUR
   - Unfertige Erzeugnisse — 30.000,– EUR
   - Fertige Erzeugnisse — 45.000,– EUR

LÖSUNG

I. Umsatzbuchungen:

1. Beleg (Eingangsrechnung):
1. Rohstoffe   60.000,–
   Vorsteuer   9.600,–   an Verbindlichkeiten aus LL   69.600,–

2. Beleg (Wechsel):
2. Besitzwechsel   23.200,–   an Forderungen aus LL   23.200,–

3. Beleg (Überweisung):
3. Verbindlichkeiten aus LL   69.600,–   an Bank   67.512,–
                                              Nachlässe   1.800,–
                                              Vorsteuer   288,–

4. Beleg (Kontoauszug):
4. Bank   28.130,–
   Erlösberichtigungen   750,–
   Umsatzsteuer   120,–   an Forderungen aus LL   29.000,–

5. Umsatzsteuerzahllast November: Umsatzsteuerschuld   35.000,– EUR
                                             – Vorsteuer   14.000,– EUR
                                             = Zahllast   21.000,– EUR
   Umsatzsteuer   14.000,–   an Vorsteuer   14.000,–
   Umsatzsteuer   21.000,–   an Bank   21.000,–

5. Beleg (Materialentnahmeschein):
6. Aufwendungen für Rohstoffe   120.000,–   an Rohstoffe   120.000,–

6. Beleg (Ausgangsrechnung):
7. Forderungen aus LL   208.800,–   an Umsatzerlöse   180.000,–
                                              Umsatzsteuer   28.800,–

7. *Beleg (Mängelrüge):*
8. Umsatzerlöse 20.000,–
   Umsatzsteuer 3.200,– an Forderungen aus LL 23.200,–

8. *Beleg (Gehaltsabrechnung):*
9. Gehälter 20.000,– an Bank 14.000,–
   Verb. g. Finanzbehörden 1.900,–
   Verb. g. Sozialvers. 4.100,–
   Soziale Abgaben 4.100,– an Verb. g. Sozialvers. 4.100,–

9. *Beleg (Kontoauszug):*
10. Miete 3.000,– an Bank 3.000,–
11. Darlehen 3.000,–
    Zinsaufwendungen 2.000,– an Bank 5.000,–
12. Kosten des Geldverkehrs 120,– an Bank 120,–

II. Vorbereitende Abschlussbuchungen (Umbuchungen):

10. *Beleg (Buchungsanweisungen zum 31. Dezember):*
    Abschreibungen auf Sachanlagen 80.000,– an Technische Anlagen 80.000,–
    Abschreibungen auf Sachanlagen 30.000,– an BGA 30.000,–

11. *Beleg (Buchungsanweisungen zum 31. Dezember):*
    Aufwendungen für Hilfsstoffe 30.000,– an Hilfsstoffe 30.000,–
    Rohstoffe 1.800,– an Nachlässe 1.800,–
    Umsatzerlöse 750,– an Erlösberichtigungen 750,–
    Unfertige Erzeugnisse 2.500,– an Bestandsveränderungen 2.500,–
    Bestandsveränderungen 41.400,– an Fertige Erzeugnisse 41.400,–
    Aktive Jahresabgrenzung 2.000,– an Miete 2.000,–
    Umsatzsteuer 9.312,– an Vorsteuer 9.312,–

Die **Abschlussbuchungen** werden aus den Hauptbuchkonten ersichtlich
(s. Seite 230–232).

Buchen nach Belegen

S	0700 Technische Anlagen		H
	770.000,-		50.000,-
		Abs. SA	80.000,-
		SBK	640.000,-
	770.000,-		770.000,-

S	0800 BGA		H
	270.000,-		20.000,-
		Abs. SA	30.000,-
		SBK	220.000,-
	270.000,-		270.000,-

S	2000 Rohstoffe		H
	370.000,-		230.000,-
V	60.000,-	Auf. R.	120.000,-
		NL	1.800,-
		SBK	78.200,-
	430.000,-		430.000,-

S	2002 Nachlässe		H
Rst	1.800,-	Verb.	1.800,-

S	2020 Hilfsstoffe		H
	45.000,-	Auf. H.	30.000,-
		SBK	15.000,-
	45.000,-		45.000,-

S	21000 Unfertige Erzeugnisse		H
	27.500,-	SBK	30.000,-
BV	2.500,-		
	30.000,-		30.000,-

S	2200 Fertige Erzeugnisse		H
	86.300,-	BV	41.300,-
		SBK	45.000,-
	86.300,-		86.300,-

S	2400 Forderungen aus LL		H
	750.800,-		625.800,-
UE/	208.800,-	BW	23.200,-
		B/EB/U	29.000,-
		UE/U	23.200,-
		SBK	258.400,-
	959.600,-		959.600,-

S	2450 Besitzwechsel		H
Ford.	23.200,-	SBK	23.200,-

S	2600 Vorsteuer		H
	16.500,-		2.500,-
Verb.	9.600,-	Verb.	288,-
		USt	14.000,-
		USt	9.312,-
	26.100,-		26.100,-

S	2800 Bank		H
	157.000,-		62.000,-
Ford.	28.130,-	Verb.	67.512,-
		USt	21.000,-
		Geh.	14.000,-
		Miete	3.000,-
		ZA/D	5.000,-
		KGV	120,-
		SBK	12.498,-
	185.130,-		185.130,-

S	2900 Aktive Jahresabgrenzung		H
Mieten	2.000,-	SBK	2.000,-

S	Eigenkapital		H
SBK	541.030,-	Auf. H.	500.000,-
		SBK	41.030,-
	541.030,-		541.030,-

Beleggeschäftsgang

```
S            4250 Darlehen         H
         200.000,-      800.000,-
Bk         3.000,-
SBK      597.000,-
         800.000,-      800.000,-
```

```
S       4400 Verbindlichkeiten aus LL    H
              85.000,-           245.000,-
Bk/NL/V       69.600,-  Rst/V     69.600,-
SBK          160.000,-
             314.600,-           314.600,-
```

```
S           4800 Umsatzsteuer        H
             8.500,-      43.500,-
Ford.          120,-  Ford. 28.800,-
Vst         14.000,-
Bk          21.000,-
Ford.        3.200,-
Vst          9.312,-
SBK         16.168,-
            72.300,-      72.300,-
```

```
S     4830 Verbindlichkeiten g. FB    H
SBK      1.900,-  Geh.     1.900,-
```

```
S     4840 Verbindlichkeiten g. ST    H
SBK      8.200,-  Geh.     4.100,-
                  SA       4.100,-
         8.200,-           8.200,-
```

```
S           5000 Umsatzerlöse        H
            18.400,-     658.200,-
Ford.       20.000,- Ford. 180.000,-
EB             750,-
GuV        799.050,-
           838.200,-     838.200,-
```

```
S        5001 Erlösberichtigungen     H
Ford.       750,-  UE        750,-
```

```
S        5200 Bestandsveränderungen   H
FE       41.300,-  UfE       2.500,-
                   GuV      38.800,-
         41.300,-          41.300,-
```

```
S         6000 Aufw. f. Rohstoffe     H
         230.000,-  GuV   350.000,-
Rst      120.000,-
         350.000,-        350.000,-
```

```
S         6020 Aufw. f. Hilfsstoffe    H
Hst       30.000,-  GuV    30.000,-
```

```
S          6400 Soziale Abgaben       H
          24.000,-  GuV    28.100,-
ST         4.100,-
          28.100,-         28.100,-
```

```
S             6300 Gehälter           H
         110.000,-  GuV   130.000,-
Bk/FA/ST  20.000,-
         130.000,-        130.000,-
```

```
S            6700 Mieten              H
           8.000,-  AJA     2.000,-
Bk         3.000,-  GuV     9.000,-
          11.000,-         11.000,-
```

```
S        6250 Abschreibungen auf SA   H
TA        80.000,-  GuV   110.000,-
BGA       30.000,-
         110.000,-        110.000,-
```

```
S           6800 Büromaterial         H
          15.000,-  GuV    15.000,-
```

```
S        6750 Kosten des Geldverkehrs  H
Bk          120,-  GuV       120,-
```

```
S          7510 Zinsaufwendungen      H
          45.000,-  GuV    47.000,-
Bk         2.000,-
          47.000,-         47.000,-
```

S	802 Gewinn- und Verlustkonto		H
Bestandsveränderungen	38.800,–	Umsatzerlöse	799.050,–
Aufwend. f. Rohstoffe	350.000,–		
Aufwend. f. Hilfsstoffe	30.000,–		
Gehälter	130.000,–		
Soziale Abgaben	28.100,–		
Abs. auf Sachanlagen	110.000,–		
Mieten	9.000,–		
Kosten des GV	120,–		
Büromaterial	15.000,–		
Zinsaufwendungen	47.000,–		
Eigenkapital	41.030,–		
	799.050,–		799.050,–

S	Schlussbilanzkonto		H
Technische Anlagen	640.000,–	Eigenkapital	541.030,–
BGA	220.000,–	Darlehen	597.000,–
Rohstoffe	78.200,–	Verbindlichkeiten	160.000,–
Hilfsstoffe	15.000,–	Umsatzsteuer	16.168,–
Unfertige Erzeugnisse	30.000,–	Verb. FB	1.900,–
Fertige Erzeugnisse	45.000,–	Verb. ST	8.200,–
Forderungen	258.400,–		
Besitzwechsel	23.200,–		
Bank	12.498,–		
Aktive JA	2.000,–		
	1.324.298,–		1.324.298,–

6. Kapitel

Auswertung des Jahresabschlusses

Phasen des finanziellen Kreislaufs im Unternehmen

Der Geldkreislauf im Unternehmen lässt sich an Hand der Bilanz aufzeigen, wobei die folgenden Phasen unterschieden werden können:

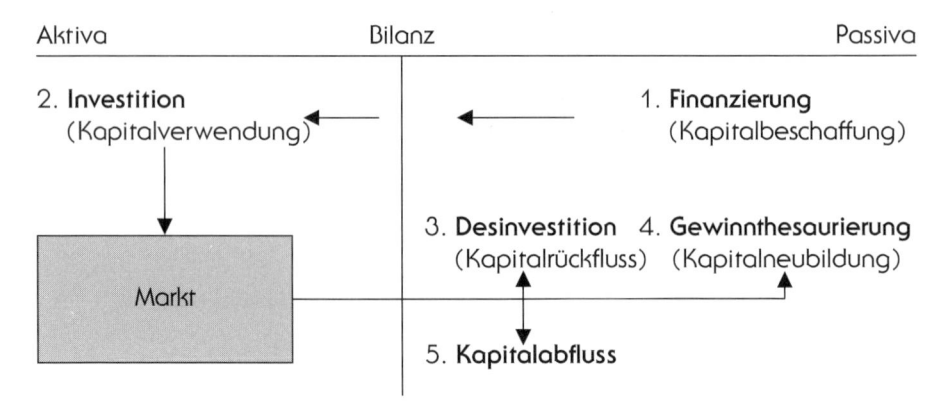

```
Aktiva                    Bilanz                          Passiva

2. Investition      ◄─────────────◄──     1. Finanzierung
   (Kapitalverwendung)                       (Kapitalbeschaffung)
        │
        │                        3. Desinvestition   4. Gewinnthesaurierung
        ▼                           (Kapitalrückfluss)  (Kapitalneubildung)
   ┌─────────┐                            ▲                 ▲
   │  Markt  │────────────────────────────┤                 │
   └─────────┘                            │
                                 5. Kapitalabfluss
```

1. Dem Unternehmen wird durch **Außenfinanzierung** entweder Eigen- oder Fremdkapital zugeführt (= Kapital zuführende Einnahmen).
2. Die finanziellen Mittel werden in Anlage- und Umlaufvermögen bzw. gewinnunabhängige Steuern investiert (= Kapital bindende Ausgaben).
3. Durch die Umsatzerlöse, den Verkauf von Anlagen bzw. die Auflösung von Beteiligungen fließen dem Unternehmen die gebundenen finanziellen Mittel wieder zu (= Kapital freisetzende Einnahmen).
   In den Absatzleistungen sind ebenso Gewinne enthalten, welche
4. im Wege der **Innenfinanzierung** wieder zur Kapitalerhöhung verwendet werden (= Kapital zuführende Einnahmen) oder aber
5. an die Kapitaleigner (z. B. Aktionäre) ausgeschüttet werden (= Kapital entziehende Ausgaben). Zu diesen Ausgaben gehören auch Privatentnahmen, Fremdkapitaltilgungen und Ausgaben für gewinnabhängige Steuern.

Diese finanzwirtschaftlichen Beziehungen werden stichtagsbezogen in der Bilanz dokumentiert. Aus ihr lassen sich somit Unterlagen über die Finanz- und Vermögenslage von Unternehmen gewinnen.

Bilanzanalyse und -kritik

Analyse (= Aufbereitung) und Kritik (= Beurteilung) des Zahlenmaterials gehören zur betriebswirtschaftlichen Auswertung des Jahresabschlusses. Da die absoluten Zahlen nur eine geringe Aussagekraft haben, kann die Auswertung grundsätzlich erfolgen
- in Form eines **Zeitvergleiches** mit Jahresabschlüssen der Vorperiode, um Entwicklungstendenzen aufzuzeigen oder
- in Form eines **Betriebs- oder Branchenvergleiches** mit Jahresabschlüssen branchengleicher Unternehmen, um die Stellung des eigenen Unternehmens im Markt zu bewerten.

BEISPIEL 88

Die Motorenbau AG hat zum 31. Dezember 20.. die folgende Bilanz vorgelegt (in TEUR):

Aktiva	Schlussbilanz		Passiva
Sachanlagen	2.500	gezeichnetes Kapital	1.500
Finanzanlagen	800	Kapitalrücklagen	200
Vorräte	1.900	Gewinnrücklagen	800
Forderungen	1.500	Bilanzgewinn	150
Bank	400	Rückstellungen	600
Kasse	50	langfristige Verbindlichkeiten	2.000
		kurzfristige Verbindlichkeiten	1.900
	7.150		7.150

Die Zuführungen zu den Gewinnrücklagen sind zum 31. Dezember bereits erfolgt, der Bilanzgewinn steht in voller Höhe zur Ausschüttung als Dividende zur Verfügung.
Von den Rückstellungen sind 40 % als langfristig anzusehen.

BEURTEILUNG DER FINANZIERUNG (MITTELHERKUNFT)

Vom Verhältnis zwischen Eigen- und Fremdkapital hängt die **finanzielle Stabilität** und die **Kreditwürdigkeit** des Unternehmens entscheidend ab. Eigenkapital macht unabhängig von Gläubigern und steht langfristig zur Verfügung. Zudem verursacht es keine laufenden Zinsbelastungen.

Zur Beurteilung der Kapitalstruktur können u. a. folgende Kennzahlen hinzugezogen werden:

Eigenkapitalquote $= \dfrac{\text{Eigenkapital} \times 100}{\text{Gesamtkapital}} = \dfrac{2.500 \times 100}{7.150} = 34{,}97\,\%$

Verschuldungsgrad $= \dfrac{\text{Fremdkapital} \times 100}{\text{Gesamtkapital}} = \dfrac{4.650 \times 100}{7.150} = 65{,}03\,\%$

Selbstfinanzierungsgrad $= \dfrac{\text{Gewinnrücklagen} \times 100}{\text{Gesamtkapital}} = \dfrac{800 \times 100}{7.150} = 11{,}19\,\%$

BEURTEILUNG DER KONSTITUTION (MITTELVERWENDUNG)

Die **Vermögensstruktur**, d. h. das Verhältnis von Anlagevermögen zu Umlaufvermögen ist bedingt durch die Ziele des Unternehmens, die Branche, den Automatisierungsgrad, die Fertigungsverfahren und die Betriebsgröße des Unternehmens.

Eine hohe **Anlagenintensität** bindet langfristig Kapital, verursacht hohe Fixkosten (z. B. Abschreibungen) und erhöht den Zwang zur Auslastung der personellen und maschinellen Kapazitäten. Zugleich sinkt die Anpassungsfähigkeit an die Veränderung von Marktdaten, etwa durch die Umschichtung des Sortiments.

Die Struktur des Umlaufvermögens als eigentlicher Gewinnträger dokumentiert den betrieblichen Umsatzprozess (Vorräte → Fertigerzeugnisse → Forderungen → liquide Mittel). Sie zeigt die Absatzlage und die Chance, dass Kapital bindende Ausgaben, z. B. für Rohstoffe, als Kapital freisetzende Einnahmen über den Markt wieder dem Unternehmen zufließen.

Zur Beurteilung der Vermögensstruktur können u. a. folgende Kennzahlen hinzugezogen werden:

Anlagevermögensintensität $= \dfrac{\text{Anlagevermögen} \times 100}{\text{Gesamtvermögen}} = \dfrac{3.300 \times 100}{7.150} = 46{,}15\,\%$

Umlaufvermögensintensität $= \dfrac{\text{Umlaufvermögen} \times 100}{\text{Gesamtvermögen}} = \dfrac{3.850 \times 100}{7.150} = 53{,}85\,\%$

Vorratsquote $= \dfrac{\text{Vorräte} \times 100}{\text{Gesamtvermögen}} = \dfrac{1.900 \times 100}{7.150} = 26{,}57\,\%$

BEURTEILUNG DER ANLAGENDECKUNG

Zur Feststellung, inwieweit das Anlagevermögen langfristig finanziert und damit die finanzielle Stabilität des Unternehmens gewahrt ist, können u. a. die folgenden Kennziffern hinzugezogen werden:

Anlagendeckungsgrad I $= \dfrac{\text{Eigenkapital} \times 100}{\text{Gesamtkapital}} = \dfrac{2.500 \times 100}{3.300} = 75,76\,\%$

Anlagendeckungsgrad II $= \dfrac{\text{Langfrist. Kapital} \times 100}{\text{Anlagevermögen}} = \dfrac{4.740 \times 100}{3.300} = 143,64\,\%$

Diese Fristengleichheit von Aktiv- und Passivseite der Bilanz entspricht der **„Goldenen Bilanzregel"**. Soll eine volle langfristige Deckung gegeben sein, so muss der Deckungsgrad II mindestens 100 % betragen. Im vorliegenden Fall wird darüber hinaus auch ein erheblicher Teil des Umlaufvermögens langfristig finanziert, z. B. die für die Aufrechterhaltung der Betriebsbereitschaft erforderlichen Mindestbestände des Vorratsvermögens.

BEURTEILUNG DER LIQUIDITÄT (ZAHLUNGSFÄHIGKEIT)

Die Zahlungsfähigkeit eines Unternehmens bestimmt sich aus dem Verhältnis der fälligen kurzfristigen Verbindlichkeiten zu den liquiden Mitteln. Der Grad der Liquidität lässt sich stichtagsbezogen durch entsprechende Kennziffern ermitteln:

Liquidität 1. Grades
(Barliquidität) $= \dfrac{\text{flüssige Mittel} \times 100}{\text{kurzfristige Verbindlichkeiten}}$

$= \dfrac{450 \times 100}{2.410} = 18,67\,\%$

Liquidität 2. Grades
(einzugsbedingte Liquidität) $= \dfrac{(\text{flüssige Mittel} + \text{Forderungen}) \times 100}{\text{kurzfristige Verbindlichkeiten}}$

$= \dfrac{1.950 \times 100}{2.410} = 80,91\,\%$

Liquidität 3. Grades
(umsatzbedingte Liquidität) $= \dfrac{\text{Umlaufvermögen} \times 100}{\text{kurzfristige Verbindlichkeiten}}$

$= \dfrac{3.850 \times 100}{2.410} = 159,75\,\%$

Da das „Cashmanagement" im Unternehmen nicht nur die Sicherung der optimalen Liquidität zum Ziel hat, sondern vielmehr ein Gleichgewicht zwischen Liquidität und Rentabilität, sollte nach einer Erfahrungsregel die Liquidität II eine volle Deckung der kurzfristigen Schulden ermöglichen.

Bedingt durch die Stichtagsbezogenheit der Analyse ist ein funktionsfähiges Liquiditätsmanagement bestrebt, die folgenden Bereiche zu berücksichtigen:
- Liquiditätsplanung durch kurz- und mittelfristige Gegenüberstellung der Zahlungsströme,
- Liquiditätsdisposition durch Steuerung der Zahlungsströme und
- Liquiditätskontrolle durch Soll-Ist-Vergleich von Planung und Disposition.

Analyse und Kritik der Erfolgsrechnung

Aus dem Vergleich aufeinander folgender Bilanzen ist zwar die Höhe des Jahreserfolges ersichtlich, nicht aber seine Bestimmungsfaktoren. Wirtschaftlichkeit und Rentabilität lassen sich durch die Auswertung der Erfolgsrechnung (GuV) ermitteln.

BEISPIEL 89

Die Motorenbau AG hat die folgende GuV-Rechnung zum 31. Dezember in Staffelform vorgelegt (in TEUR):

1. Umsatzerlöse		8.861
2. Bestandserhöhung		123
3. Gesamtleistung		8.984
4. Materialaufwand	4.500	
5. Personalaufwand	3.150	
6. Abschreibungen	580	
7. Sonstige betriebliche Aufwendungen	340	– 8.570
8. Erträge aus Beteiligungen	16	
9. Zinserträge	25	
10. Zinsaufwendungen	142	–101
11. Ergebnis der gewöhnlichen Geschäftstätigkeit		313
12. Außerordentliche Erträge	90	
13. Außerordentliche Aufwendungen	75	
14. Außerordentliches Ergebnis		+15
15. Steuern		–18
16. Jahresüberschuss		310
17. Einstellung in andere Gewinnrücklagen		–160
18. Bilanzgewinn		150

BEURTEILUNG DER RENTABILITÄT

Die Rentabilität eines Unternehmens ergibt sich aus dem Verhältnis des Gewinns/Verlustes zu Kapital und Umsatz. Dabei sind die außerordentlichen Aufwendungen und Erträge herauszurechnen (Bereinigter Jahresgewinn = Jahresüberschuss − Außerordentliches Ergebnis).

$$\text{Eigenkapitalrentabilität (Unternehmerrentabilität)} = \frac{\text{Gewinn} \times 100}{\text{Eigenkapital}} = \frac{295 \times 100}{2.500} = 11{,}8\%$$

Bei einem Kapitalmarktzins von z. B. 9% und einer entsprechenden Eigenkapitalverzinsung würde in diesem Fall das allgemeine Unternehmerwagnis mit 2,8% (11,8% − 9%) abgegolten.

$$\text{Gesamtkapitalrentabilität (Unternehmerrentabilität)} = \frac{(\text{Gewinn} + \text{Zinsen}) \times 100}{\text{Gesamtkapital}}$$

$$= \frac{(295 + 142) \times 100}{7.150} = 6{,}11\%$$

$$\text{Umsatzrentabilität} = \frac{\text{Gewinn} \times 100}{\text{Umsatzerlöse}} = \frac{295 \times 100}{8.861} = 3{,}33\%$$

CASHFLOW-ANALYSE

Der **Cashflow** (Kassenüberschuss) gibt an, in welchem Maße das Unternehmen aus eigener Kraft Mittel über den Markt selbst erwirtschaftet:

Jahresüberschuss	310
+ Abschreibungen auf Anlagen	450 (von 580)
+ Zuführung zu langfristigen Rückstellungen	−
Cashflow	760

$$\text{Cashflow in \% des Umsatzes} = \frac{\text{Cashflow} \times 100}{\text{Umsatz}} = \frac{760 \times 100}{8.861} = 8{,}58\%$$

Somit stehen 8,58% der Umsatzerlöse als Finanzierungsmittel frei zur Verfügung (= **Selbstfinanzierung**).

Auswertung des Jahresabschlusses

ÜBERBLICK

Auswertung der Bilanz:

Relationen Aktiva:

1. AV : UV
(Investition)
Informationen über:
- Kapitalstruktur
- Risikoübernahme
- Haftungskapital
- Liquiditätsbelastung

Aktiva	Bilanz	Passiva
I Anlagevermögen		III Eigenkapital
II Umlaufvermögen		IV Fremdkapital

Relationen Passiva:

2. EK : FK
(Finanzierung)
Informationen über:
- Vermögensaufbau
- Risikobehaftung
- Anpassungsfähigkeit

3. langfristiges Kapital : AV (Anlagendeckung)
   Informationen über:
   - Anlagenfinanzierung
   - Fixkostenbelastung
   - Flexibilität des Unternehmens

4. kurzfristiges FK : UV (Liquidität)
   Informationen über:
   - Schuldendeckung im kurzfristigen Bereich
   - Unter-/Überdeckung

Auswertung der GuV:

Betriebsergebnis
+ Finanzergebnis
= Ergebnis der gewöhnlichen Geschäftstätigkeit
+ Außerordentliches Ergebnis
= Jahresergebnis vor Steuern
– Steuern
= Jahresüberschuss nach Steuern

1. Gewinn : EK = EK-Rentabilität

2. (Gewinn + Zinsen) : Gesamtkapital
   = Gesamtkapitalrentabilität

3. Gewinn : Umsatz = Umsatzrentabilität

4. Cashflow : Umsatz
   = Cashflow in % vom Umsatz

Gewinn = Jahresüberschuss – Außerordentliches Ergebnis

Cashflow = Jahresüberschuss + Abschreibungen auf Anlagen + Zuführung zu langfristigen Rücklagen

AUFGABE

87. Die Motorenbau AG legt am Ende des nächsten Geschäftsjahres die folgende Bilanz und GuV-Rechnung vor (in TEUR).
Ermitteln Sie die entsprechenden Kennziffern für dieses Jahr, vergleichen Sie die Werte mit denen vom Vorjahr und analysieren Sie, worauf die Veränderungen zurückgeführt werden könnten.

Aktiva	Schlussbilanz		Passiva
Sachanlagen	3.260	Gezeichnetes Kapital	2.000
Finanzanlagen	800	Kapitalrücklagen	800
Vorräte	2.100	Gewinnrücklagen	1.000
Forderungen	1.600	Bilanzgewinn	100
Bank	800	Rückstellungen	800
Kasse	40	langfristige Verbindlichkeiten	1.800
		kurzfristige Verbindlichkeiten	2.100
	8.600		8.600

Umsatzerlöse		8.245	
Materialaufwendungen	3.700		
Personalaufwendungen	3.200		
Abschreib. (auf Sachanlagen 500)	600		
Sonst. betr. A	350	– 7.850	
Erträge aus Bet.	20		
Zinserträge	25		
Zinsaufw.	145	– 100	
Außerord. Erträge	80		
Außerord. Aufwendungen	60	+ 20	
Steuern		– 15	
Jahresüberschuss		300	
Einst. andere GRL		200	
Bilanzgewinn		100	

Von den Rückstellungen sind 50% langfristig. Der Bilanzgewinn soll in voller Höhe ausgeschüttet werden! Den langfristigen Rückstellungen wurden noch 160 TEUR zugeführt.

7. Kapitel

EDV-gestützte Buchführung

Konventionelle Buchführung

Zu den konventionellen Verfahren der doppelten Buchführung zählen die Übertragungsbuchführung und die Durchschreibebuchführung. Bei der **Übertragungsbuchführung** wird jeder Geschäftsfall zunächst im Grundbuch mit zeitlicher Zuordnung erfasst und danach ins Hauptbuch mit sachlicher Zuordnung übertragen. Zusätzlich sind die Personenkonten im Kontokorrentbuch einzurichten. Grund- und Hauptbuch werden getrennt geführt. In diesem Sinne ist jeweils doppelt zu buchen, ein Verfahren, das nur noch in Kleinstbetrieben denkbar ist.

Bei der **Durchschreibebuchführung** entfällt die Übertragung, da die Sachkonten des Hauptbuches, das Grundbuch sowie das Geschäftsfreundebuch in einem Arbeitsgang sowohl maschinell als auch manuell erstellt werden können (Loseblatt-Verfahren). Dadurch wird die chronologische Buchung im Grundbuch mit der sachlogischen Buchung im Hauptbuch und Geschäftsfreundebuch verknüpft, Buchungszeit und Buchungsaufwand können somit verringert werden. Allerdings lässt sich mit Hilfe der maschinellen Durchschreibebuchführung der Datenanfall selbst in kleineren Betrieben kaum noch wirtschaftlich bearbeiten.

Der Einsatz einer modernen EDV-Anlage mit den Vorteilen hoher Verarbeitungsgeschwindigkeit, hoher Speicherkapazität, dezentraler Dateneingabe und geringen Kosten ermöglicht es, Buchungsdaten
- rasch und lückenlos zu erfassen,
- automatisch und sicher zu verarbeiten,
- mit geringem Zeitaufwand vielfältig auszuwerten und zu speichern sowie
- jederzeit abzurufen.

Die dispositiven Tätigkeiten der Planung, Steuerung und Kontrolle werden dadurch aktueller und die Informationsbasis für betriebliche Entscheidungen wird erheblich verbessert, da das Maß an Ungewissheit abnimmt. Für Jahresabschlussarbeiten stehen stichtagsbezogen Summen- und Saldenbilanz zur Verfügung, was eben diese Arbeiten erleichtert.

Buchführung per Computer

Der Einsatz moderner EDV-Anlagen in allen Bereichen des betrieblichen Rechnungswesens erhöht dessen Informationswert und seine Funktion als Dispositionsgrundlage für betriebliche Entscheidungen. Den internen Abteilungen stehen Auswertungen und Protokolle jederzeit auf tagesaktuellem Stand zur Verfügung. Zudem werden Routinearbeiten leichter erledigt, die Anpassungsfähigkeit des Unternehmens an Datenänderungen verbessert und somit seine Wettbewerbsfähigkeit in Zeiten globalisierter Märkte gesteigert.
Auch bei der computergestützten Buchführung gelten die **„Grundsätze ordnungsmäßiger Buchführung (GoB)"**, etwa Vollständigkeit, Richtigkeit und ordnungsmäßige Aufbewahrung. Sie sind weder von Buchführungssystemen (z. B. doppelte Buchführung) noch von der Form der Buchführung (z. B. computergestützt) abhängig und müssen erfüllt sein, damit die Buchführung den handels- und steuerrechtlichen Bestimmungen entspricht. Ein sachverständiger Dritter soll sich aus ihr in kurzer Zeit ein vollständiges und richtiges Bild der wirtschaftlichen Lage des Unternehmens machen können (§ 238 Abs. 1 HGB; § 145 Abs. 1 AO). „Doppelt" kann mehrfach interpretiert werden:
- Buchung jeweils im Soll und im Haben,
- Zweifache Ordnung – zeitlich im Grundbuch, sachlich im Hauptbuch,
- Gewinnermittlung über GuV und Bilanz

Alle Geschäftsfälle sind lückenlos zu erfassen, die Speicherung – z. B. auf magnetisierbaren Datenträgern – erfüllt die Grundfunktion unter der Voraussetzung der jederzeitigen Ausdruckbereitschaft (§ 146 Abs. 5 AO). Hierfür gelten die „Grundsätze ordnungsmäßiger DV-gestützter Buchführungssysteme (GoBS)", die sich in vier Teilbereiche untergliedern.
- **Grundsätze ordnungsmäßiger Speicherbuchführung (GoS).** Dabei ist nach § 239,4 HGB und § 146,5 AO zu beachten:
    a) Buchungen im Grund- und Hauptbuch können auf maschinell lesbaren Datenträgern aufgezeichnet und gespeichert werden.
    b) Sie müssen nach § 261 HGB in angemessener Frist einzeln oder kumulativ (= verdichtet) auf Bildschirm etc. lesbar gemacht werden, auch zwischen den Bilanzstichtagen.
    c) Bei Handelsbriefen und weiteren Belegen ist das Bild der Urschrift erforderlich. Eröffnungsbilanz und Jahresabschluss müssen ausgedruckt werden (§ 257 Abs. 3 HGB).
- **Grundsätze ordnungsgemäßer Datenverarbeitungsdokumentation** mit den Erfordernissen sachlicher Richtigkeit, Vollständigkeit, formaler Richtigkeit und Nachprüfbarkeit.
- **Grundsätze ordnungsgemäßer Datensicherung,** die sich nach dem Datenschutzgesetz richten. Das heißt u. a., dass die Schutzmaßnahmen für personenbezogene Daten im Betrieb einzuhalten sind.

- **Grundsätze ordnungsgemäßer Mikroverfilmung.** Die Speicherung von Buchungsdaten auf Mikrofilmen ist nach § 257 Abs. 3 HGB und § 147 Abs. 2 AO zulässig. Folgende Punkte gilt es zu beachten: Die bildliche Wiedergabe der verfilmten Unterlagen muss mit der Urschrift übereinstimmen, das Ordnungsprinzip, nach dem die Bildträger aufgezeichnet werden, ist zu beschreiben, das Aufzeichnungsverfahren ist in den schriftlichen Arbeitsanweisungen festzuhalten. Die Verfilmung ist in einem Protokoll zu erfassen, die Bildträger sind sorgfältig und geordnet aufzubewahren, Originalunterlagen können mit Ausnahme von Bilanzen und GuV-Rechnungen vernichtet werden.

Die Installierung einer betriebsinternen EDV verursacht i.d.R. erhebliche Kosten. So kann es für kleinere Betriebe sinnvoll sein, die Buchführung auf externe Dienstleister zu übertragen (z. B. Datev), lediglich die Belege einzureichen oder die Geschäftsfälle mittels Datenfernübertragung (DFÜ) weiterzuleiten.

DATENEINGABE – DATENVERARBEITUNG – DATENAUSGABE

Entsprechend dem EVA-Prinzip der Arbeitsweise von EDV-Anlagen lassen sich drei Schritte unterscheiden:

Eingabebereich	→	Verarbeitungsbereich	→	Ausgabebereich

Dateneingabe über:
- Terminal oder PC
- Diskette
- Schriftenleser (Scanner)

Datenverarbeitung durch die Zentraleinheit:
- Hauptspeicher
- Steuerwerk
- Rechenwerk

Datenausgabe über:
- Bildschirm
- Schnelldrucker
- Plotter

Daten können direkt (**online**) über die Tastatur oder mit einem Belegleser in den Rechner (Zentraleinheit) oder indirekt (**offline**) über Datenträger (Diskette oder Tape) übertragen werden. Alternativ lassen sich Daten auch über eine **ISDN-Leitung** (Integrated Services Digital Network) im Online- oder Offline-Verfahren übermitteln; Ziel ist dabei, eine bessere Übertragungsqualität und höhere Übertragungsgeschwindigkeit zu erzielen.
Echtzeitverarbeitung (real-time-processing) wird durch Dialogverkehr zwischen Terminal und Rechner ermöglicht und liefert aktuelle Daten zur Entscheidungsfindung.

Die Zentraleinheit besteht aus dem Hauptspeicher (Zentralspeicher, interner Speicher), Rechenwerk und Steuerwerk. Wichtigster Bestandteil des Hauptspeichers ist der frei programmierbare **Arbeitsspeicher,** der über Adressen frei zugänglich ist und mit Arbeitsdaten und Arbeitsprogrammen geladen werden kann. Weiterhin gehören zum Hauptspeicher Mehrzweckregister, Fest-

speicher für die Aufnahme bestimmter Teile des Betriebssystems sowie Schnellpufferspeicher, die dem raschen Zugang zum Arbeitsspeicher dienen. Im **Rechenwerk** werden alle arithmetischen Rechenoperationen und logischen Operationen durchgeführt, d. h., es werden die Befehle im eigentlichen Sinne abgearbeitet. Das **Steuerwerk** überwacht und steuert die Einhaltung und Ausführung aller Programmschritte sowie den Informationsfluss. Hierzu gehören:
- interne Programmsteuerung (Befehlsausführung),
- Ein-/Ausgabe-Steuerung (Datenübertragung Zentraleinheit – Peripherie),
- Gerätesteuerung.

Die Ausgabe der Daten erfolgt über Bildschirm, Drucker oder Plotter, z. B. Grundbuch (Journal), Sach- und Personenkontenblätter, Offene-Posten-Listen, Bilanz und GuV-Rechnung, Umsatzsteuerauswertungen etc.
Zur **Datensicherung** sind Daten und Programme der Finanzbuchhaltung vor Übertragungsfehlern, Verfälschung, Vernichtung und Diebstahl zu schützen und auf externe Datenträger (Diskette, Festplatte, Streamer) zu kopieren.
Es sind Sicherungskopien (Backup) zu erstellen.
Schutzobjekt der Datensicherung sind die Daten selbst – im Gegensatz zum Datenschutz, bei dem Schutzobjekt die Rechte an den eigenen, personenbezogenen Daten sind.

Finanzbuchhaltungsprogramme

EDV-gestützte Buchführung erfordert die Installation entsprechender Software (Systemprogramme und Anwenderprogramme) auf der Festplatte des Rechners. Es gibt heute eine Vielzahl von Standardprogrammen für das betriebliche Rechnungswesen und dessen Teilbereiche, z. B. Finanzbuchhaltung, Kosten- und Leistungsrechnung, Statistik und Planungsrechnung.
Umfassende Programmpakete sind erhältlich als integrierte Systeme für die Teilgebiete Sachbuchhaltung, Debitorenbuchhaltung und Kreditorenbuchhaltung. Bei der Auswahl und der Beurteilung können u. a. die folgenden Kriterien herangezogen werden:
1. **Leistungsvolumen** (z. B. Kapazität, Zuverlässigkeit, Auswertungsfunktionen, Effizienz, Datenerfassung, Datenverwaltung, Aufrüstung durch leistungsfähige Module, Benutzerfreundlichkeit, Mehrplatzbetrieb etc.)
2. **Kompatibilität**, z. B. Anpassbarkeit über Programmierung, Verknüpfung von Hard- und Software verschiedener Hersteller etc.
3. **Kosten** für die technische Ausstattung, aber auch für Dienstleistungen wie Beratung, Systemanalyse, Schulungen, Pflegeverträge etc.
4. **Konditionengestaltung**, z. B. Rabattstaffelung, Skonti
5. **Zusatzleistungen** (z. B. Kundendienst, Schulung der Mitarbeiter, Programmpflege durch teilweise kostenlose Updates mit Erweiterungen und Verbes-

serungen, Angebote von Zusatzmodulen zum Nachrüsten erworbener Softwarepakete etc.
6. Spezielle **Anwendungskonzepte** und **individuelle Anpassungen**

Die Mehrzahl der angebotenen FiBu-Programme ist für den Einsatz in kleinen und mittleren EDV-Anlagen bestimmt. Die Hersteller der Hardware bieten oft auch die Software als Gesamtlösung für bestimmte Bereiche an.
Zu den bekanntesten Programmen zählen **Datev** (die DV-Organisation der steuerberatenden Berufe), die **KHK-Programme** (Standardsoftware mit hoher Benutzerfreundlichkeit, speziell entwickelt für die Belange kleiner und mittlerer Betriebe) sowie die Programme von **IBM**, **SNI** und **SAP**.
Anwendungsgebiete für Datev sind das kommerzielle Rechnungswesen, Steuerberechnung und -erklärung sowie betriebswirtschaftliche Beratung unter Nutzung von DFÜ und Datenfernverarbeitung über ein eigenes bundesweites Datennetz in einem dezentralen Rechnerverbund.
Um die Daten mittels eines Personalcomputers übertragen zu können, bedarf es eines **Modems** (Zusatzgerät zur Datenübertragung über eine analoge Leitung) oder eines **ISDN-Adapters** (Zusatzgerät zur Datenübertragung über eine digitale Leitung).
Die neuere Produktentwicklung schließt die Computerunterstützung der entscheidungsorientierten Beratung durch Steuerberater mit ein. Die Verarbeitung der Daten ist dabei autonom auf dem eigenen Rechner, im Rechenzentrum oder im Verbund beider möglich.
Die KHK-Programmpakete (PC-Handwerker für Windows, PC-Kaufmann für Windows und Professionelle Finanzbuchhaltung, Classic Line Version 8, Classic Line 97, Classic Line Windows) bieten alle Windows-Möglichkeiten, Aktionen mit Maus oder Tastatur durchzuführen und kaufmännische Aufgaben zu erledigen, insbesondere
- Finanzbuchhaltung
- Auftragsbearbeitung
- Lagerwirtschaft
- Kassenbuch
- Zahlungsverkehr etc.

KHK-Komplettlösungen enthalten auch meist eine automatisierte, verschiedene Programme integrierende Verarbeitungsmöglichkeit. Sie ist vor allem für Netzwerksysteme erforderlich. Demo-Versionen dieser Programme sind im Handel erhältlich.
Andere Marktführer für Finanzbuchhaltungsprogramme (z. B. CONTO von Topix auf Apple Macintosh, seit 1997 auch für Windows) bieten plattformübergreifende Lösungen für Windows mit Schnittstellen, die die Verbindung zu beliebigen Warenwirtschafts-, Auftragsverwaltungs- und Fakturasystemen ermöglichen.
Mehrplatzfähige Gesamtlösungen decken alle Bereiche der Finanzbuchhaltung ab. Sie bieten doppelte Buchführung nach den GoB mit integrierter Debitoren- und Kreditorenbuchhaltung sowie der Pflege offener Posten. Erweiterungen in

die Bereiche der Kosten- und Leistungsrechnung mit einem breiten Spektrum an betriebswirtschaftlichen Auswertungen sind möglich. Somit kann jeder Nutzer sich die seinen Bedürfnissen entsprechende Lösung gestalten. Schnittstellen, etwa zu Datev (Steuerberatung) oder Banken (automatisierter Zahlungsverkehr), bieten Offenheit in verschiedene Richtungen.

Folgende Ergänzungen zur eigentlichen Finanzbuchhaltung sind unter anderem erhältlich:
- Zahlungsverkehr mit Vorschlägen über Zahlungsform, Zahlungsfreigabe, Druck bzw. Erstellung der Datei, Überweisungen und Lastschriften über T-Online, Auslandszahlungsverkehr per DTA-Disketten, Magnetbandkassetten oder Magnetbändern, einschließlich Meldungen an die Bundesbank nach AWV,
- Kommunikation mit Banken über Online-Dienste, Importierung der Bankauszüge als Stapelbelege, Kompatibilität mit Online-Diensten, Datenträgeraustausch, Disketten-Clearing.

Unter **Electronic Banking** versteht man insgesamt die Ausführung von Bankgeschäften unter Nutzung moderner kommunikationstechnischer Einrichtungen. Hierzu gehören insbesondere:
- **Homebanking (Telebanking);** die elektronische Inanspruchnahme von Bankdienstleistungen unter Nutzung des Internets etwa zur Auftragserteilung oder zum Abruf von Konteninformationen. Voraussetzung ist der Zugang zum Internet über die Telefonleitung. Für den Zugang zu seinem Konto erhält der Kunde eine PIN (Persönliche Identifikationsnummer). Überweisungen werden mit einer TAN (Transaktionsnummer) ausgelöst.
- **Cashmanagement (Officebanking);** die elektronische Inanspruchnahme von Bankdienstleistungen mit elektronischer beleglöser Zahlungsverkehrsabwicklung mittels Datenträgeraustausch (DTA), Disketten-Clearing und Datenfernübertragung (DFÜ). Hierzu dient z. B. die angegebene spezielle PC-Software. Daten können damit mit geringem Aufwand in das System der Bank übertragen werden.
- **Datenbank- und Auswertungsservice;** Firmenkunden können diese Angebote der Kreditinstitute als Beratungs- und Planungshilfe nutzen.

Mit dem **Homebanking Computer Interface Standard (HBCI)** hat die Kreditwirtschaft gerade für kleinere Unternehmen einen Kommunikationsstandard entwickelt, dessen Einsatzmöglichkeiten über das Internetbanking hinausgehen und der zudem weitgehend vor Missbrauch schützt. Finanzbuchhaltungsprogramme und Warenwirtschaftssysteme können mit einer HBCI-Anbindung ausgestattet werden.

Beim **Internetbanking** kann der Firmenkunde gegenüber dem traditionellen Online-Banking nach dem Laden entsprechender Software auf dem PC Daten entweder direkt eingeben und an die Bank senden oder eine beliebige Anzahl von Transaktionen offline erfassen und gesammelt – kostengünstiger! – in einer einzigen Online-Verbindung senden. Der Online-Kunde ist multibank- und multikontenfähig. Die Nutzung erfolgt jedoch wegen ungelöster Sicherheitsfragen zur Zeit noch in eingeschränktem Maße. Hardwarebezogene Verschlüsselungstechniken sollen künftig eine höhere Sicherheit gewährleisten. Insgesamt bieten die öffentlichen Computernetze bzw. die kommerziellen Online-Dienste die Möglichkeit, das Dienstleistungsangebot der Banken sowie deren Anlage- und Finanzierungsalternativen auf elektronischem Weg kennen zu lernen und ggf. zu nutzen:

- Lohn- und Gehaltsbuchhaltung,
- Anlagenbuchhaltung mit Pflege eines Anlagenspiegels, monatliche oder jährliche Abschreibungen, Auswertungen (z. B. Inventurverzeichnisse),
- Abwicklung von Mahnverfahren inklusive Mahnvorschlagsliste aufgrund der offenen Posten, mit integrierter Textverarbeitung für gestaffelte Mahnschreiben, Serienbriefe etc.,
- Kosten- und Leistungsrechnung mit Kostenstellen- und Kostenträgerrechnung.

Bei **Mehrplatzfähigkeit** ist die Finanzbuchhaltungssoftware auch für umfangreiche Buchhaltungen im Netz größerer Betriebe geeignet. Sie kann dann von mehreren Anwendern auf mehreren Rechnern parallel genutzt werden. Die angebotenen Lösungen sind zudem als sog. Programmfamilien modular konzipiert.

BEREICHE DER FINANZBUCHHALTUNG UND DATENFLUSS

Für die Bereiche der Finanzbuchhaltung ist von der Standardsoftware üblicherweise der folgende Datenfluss zu bearbeiten:

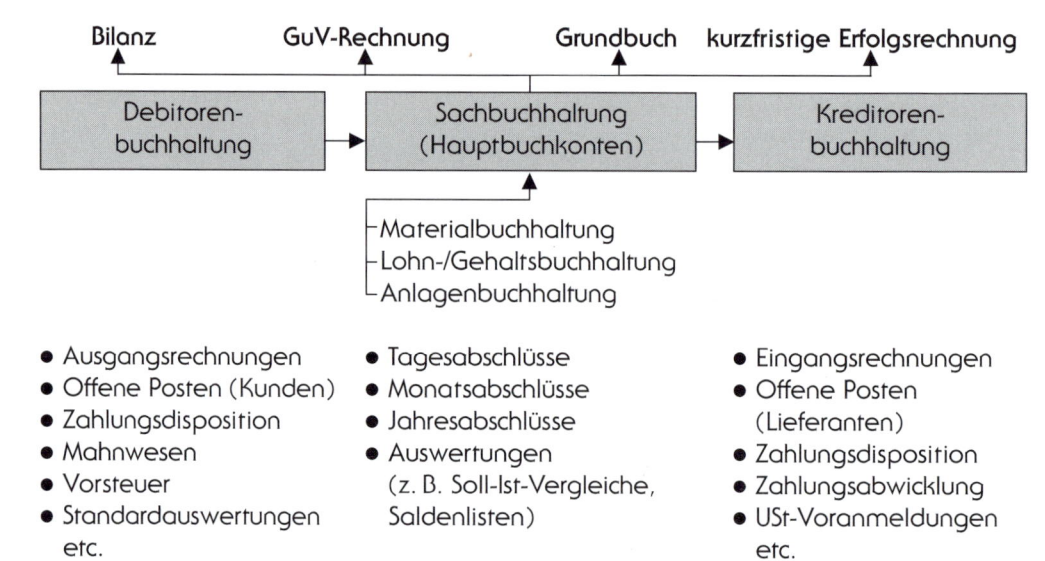

Bilanz	GuV-Rechnung	Grundbuch	kurzfristige Erfolgsrechnung
Debitorenbuchhaltung	Sachbuchhaltung (Hauptbuchkonten)		Kreditorenbuchhaltung

Zur Sachbuchhaltung gehören:
- Materialbuchhaltung
- Lohn-/Gehaltsbuchhaltung
- Anlagenbuchhaltung

• Ausgangsrechnungen	• Tagesabschlüsse	• Eingangsrechnungen
• Offene Posten (Kunden)	• Monatsabschlüsse	• Offene Posten (Lieferanten)
• Zahlungsdisposition	• Jahresabschlüsse	• Zahlungsdisposition
• Mahnwesen	• Auswertungen (z. B. Soll-Ist-Vergleiche, Saldenlisten)	• Zahlungsabwicklung
• Vorsteuer		• USt-Voranmeldungen
• Standardauswertungen etc.		etc.

Bei Verwendung einer entsprechenden Software lassen sich die folgenden **Arbeitsschritte** unterscheiden:
1. Installation des Programmes nach Bildschirmanleitung auf der Festplatte des Rechners. Regelmäßig wird eine durchgängige Online-Hilfe geboten.
2. Einrichtung der erforderlichen Sachkonten für die Unternehmung: Kontenplan zur Stammdatenverwaltung (Kontonummer – Kontobezeichnung – Kontenart).
   Möglichkeiten:
   - Einrichtung eines eigenen Kontenplanes, z. B. auf der Basis des IKR, oder
   - Übernahme angebotener Kontenrahmen mit Ergänzung um individuelle Konten. So stehen bei der KHK-Finanzbuchhaltung verschiedene, aus dem Datev-Spezialkontenrahmen (SKR) abgeleitete Kontenrahmen zur Verfügung, je nach Betriebsgröße und Rechtsform. Der SKR 03 entspricht dabei dem Prozessgliederungsprinzip, der SKR 04 dem Abschlussgliederungsprinzip.
3. Einrichtung der erforderlichen Personenkonten (Debitoren und Kreditoren).
4. Buchungen im Grundbuch als Einzelnachweis der Hauptbuchbuchungen auf den jeweiligen Konten, automatische Erstellung des Grundbuches auf Endlospapier mit Angabe von Belegnummer, Buchungstext, Konten, Datum, Beträgen. Die Buchungen müssen auch bei Speicherbuchhaltung durch Einzel-, Sammel- oder Dauerbelege nachgewiesen werden:
   - Aufruf des Programmes, Öffnen der Datei
   - Buchungseingabe nach vorsortierten Belegen in vorgegebener Erfassungsmaske, komplett tastaturbedienbar, mit Aufforderung über ein entsprechendes Menü und Korrektur- sowie Sicherungsmöglichkeit; je nach Aufgabe
     a) entweder Dialogbuchen von Einzelbuchungen mit Kontrolle durch Saldenabgleich (Belegerfassung und Buchung fallen zeitlich zusammen) oder
     b) Stapelbuchen für Massendatenerfassung mit Korrektur- und Ergänzungsmöglichkeit (Belegerfassung und Buchung fallen zeitlich auseinander).
     Daten können auch über Datenträger (z. B. Diskette) oder DFÜ in den Rechner eingegeben werden. Die Geschäftsfälle sind ordnungsgemäß gebucht, wenn sie nach einem Ordnungsprinzip zeitgerecht erfasst und mit Zuordnungsmerkmalen (Kontenfunktion) und Identifizierungsmerkmalen (Belegfunktion) auf einem Datenträger gespeichert sind.
   - Erstellung eines Protokolls zur Eingabenkontrolle vor der Übertragung der Buchungen auf die entsprechenden Konten
   - Speicherung der Buchungssätze in einer Erfassungsdatei (etwa monatlich)
   - Buchungserfassung, belegorientiert mit automatischer Gegenbuchung.
5. Buchungsverarbeitung auf den Sachkonten des Hauptbuches.
6. Tägliche Datensicherung auf externen Datenträgern (z. B. Diskette bei kleineren Datenbeständen), zusätzliche Sicherung vor dem Jahresabschluss.

7. Regelmäßige Auswertungen, z. B. Summen- und Saldenlisten, Offene-Posten-Listen, vorläufige GuV-Rechnungen, Bilanzen etc.
8. Kontenabschluss evtl. automatisch durch das System selbst (monatlich und jährlich).

Grundlage der Finanzbuchhaltung sind die **Stammdaten** (Kontenplan, Steuersätze, Kundenstammdaten, Liefererstammdaten etc.). Sie bleiben über einen längeren Zeitraum unverändert oder ändern sich nur relativ langfristig. Hierzu gehören auch Ordnungsbegriffe, unter denen auf Daten zugegriffen werden kann (z. B. Gehaltsgruppen). Bei der Einrichtung der Finanzbuchhaltung werden die Stammdaten eingegeben und bei Bedarf aktualisiert.

Dagegen ändern sich die **Bewegungsdaten** mit jedem Geschäftsfall. Zu erfassen sind an Hand vorsortierter Belege: Buchungsdatum, Belegnummer, Konten, Buchungstext, Betrag. Gebucht wird aufgrund der vorkontierten Belege in chronologischer Reihenfolge.
Belege können auch innerhalb des EDV-Systems direkt auf Datenträgern hergestellt werden. Das Verfahren des Zustandekommens solcher Belege ist zu dokumentieren (= Grundsätze ordnungsmäßiger Speicherbuchführung).

Der eigentliche **Buchungsvorgang** wird vom Rechner durchgeführt, die Buchungen werden über Terminals eingegeben. Vor der Übertragung der Buchungen auf die Sachkonten des Hauptbuchs wird ein Buchungserfassungsprotokoll zur Kontrolle der Eingaben ausgedruckt. Zudem muss eine tägliche **Datensicherung** auf der Ebene des Betriebssystems erfolgen. Danach erfolgt die Verarbeitung der Buchungen auf den Konten, dokumentiert durch das auszudruckende Journal (Grundbuch). Ein automatischer Ausdruck von Monatsabschluss, Umsatzsteuer-Voranmeldung, Jahresabschluss sowie der Offene-Posten-Listen ist über Bildschirm oder Drucker möglich.
Journal und Hauptbuch werden speicherintern geführt. Alle Daten können bei Dialogbetrieb jederzeit über Bildschirm sichtbar gemacht werden und somit als Entscheidungsgrundlage dienen.
Der **Schutz der Daten** vor unerwünschten Zugriffen mit benutzerspezifischen Zugriffsrechten auf Funktions- und Kontenebene ist möglich.

Computergestützte Warenwirtschaftssysteme

Der Einsatz der elektronischen Datenverarbeitung hat auch im Handel Bedeutung erlangt. Gewinnung, Übertragung und Verarbeitung von Informationen wird zunehmend vom Computer übernommen. Im wesentlichen Teilbereich des Handels, der Warenwirtschaft, werden EDV-gestützte Warenwirtschaftssysteme als Steuerungs- und Informationsinstrumente eingesetzt, die den Weg der Waren vom Einkauf über die Lagerung bis zum Verkauf erfassen und durch Auswertungen hinsichtlich der Wirtschaftlichkeit der Leistungserstellung ständig kontrollieren.

Mithilfe entsprechender Standardsoftware werden im Gegensatz zu manuellen Methoden warenwirtschaftliche Daten schneller und zuverlässiger als bisher verarbeitet und damit die Informationsgrundlagen für betriebliche Entscheidungen verbessert, z. B. durch artikelbezogene Erfassungen, Berechnungen und Auswertungen.

Auswertungsprogramme dienen insbesondere
- als Grundlage preispolitischer Dispositionen,
- als Grundlage der Sortimentspolitik,
- als Grundlage des Bestandsmanagements,
- als Grundlage der Kontrolle von Umsatz-, Gewinn- und Kostenentwicklung,
- als Grundlage der Planung des Personaleinsatzes.

Dieser Nutzen durch die gewonnenen Informationen (soft-savings) steht im Vordergrund. Aber auch die Kostenvorteile des EDV-Einsatzes (hard-savings) überhaupt sind beachtlich.

ÜBERBLICK

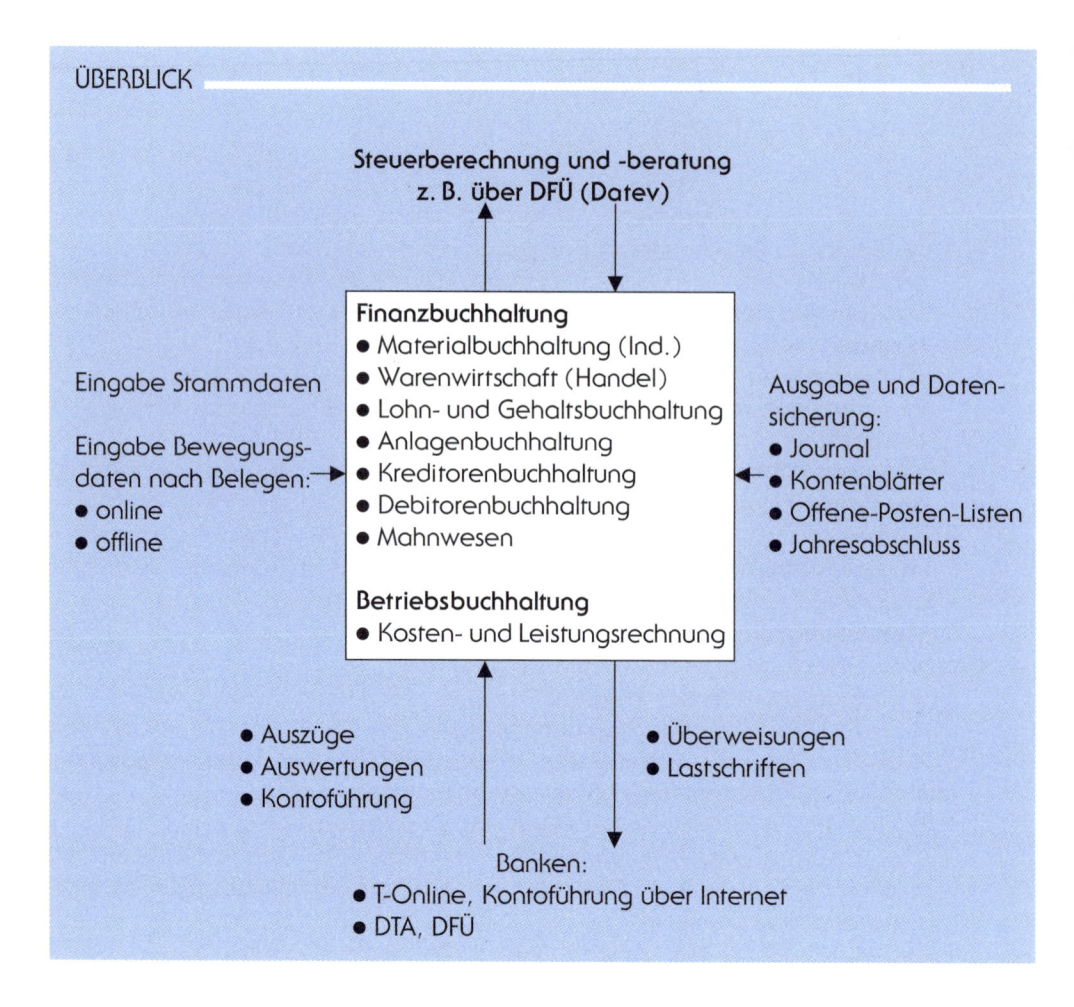

Steuerberechnung und -beratung z. B. über DFÜ (Datev)

Eingabe Stammdaten

Eingabe Bewegungsdaten nach Belegen:
- online
- offline

Finanzbuchhaltung
- Materialbuchhaltung (Ind.)
- Warenwirtschaft (Handel)
- Lohn- und Gehaltsbuchhaltung
- Anlagenbuchhaltung
- Kreditorenbuchhaltung
- Debitorenbuchhaltung
- Mahnwesen

Betriebsbuchhaltung
- Kosten- und Leistungsrechnung

Ausgabe und Datensicherung:
- Journal
- Kontenblätter
- Offene-Posten-Listen
- Jahresabschluss

- Auszüge
- Auswertungen
- Kontoführung

- Überweisungen
- Lastschriften

Banken:
- T-Online, Kontoführung über Internet
- DTA, DFÜ

Anhang

(Lösungen)

Lösungen:
1. a) = Betriebsbuchhaltung
   b) = Betriebsbuchhaltung
   c) = Geschäftsbuchhaltung
   d) = Geschäftsbuchhaltung
   e) = Betriebsbuchhaltung
2. c), d), e)
3. Inventur (Vorgang) Inventar (Verzeichnis – drei Teile)
4. a) (P) b) (P) c) (A) d) (A) e) (P)
5. Inventar siehe Beispiel

A	Bilanz		P
Geschäftsausstattung	198.000,–	Eigenkapital	108.000,–
Waren	160.000,–	Darlehen	250.000,–
Forderungen	54.000,–	Verbindlichkeiten	89.000,–
Postbank	13.000,–		
Bank	14.000,–		
Kasse	8.000,–		
	447.000,–		447.000,–

6. Vermögen 447.000,– = Eigenkapital 108.000,– + Fremdkapital 339.000
   Eigenkapital 108.000,– = Vermögen 447.000,– – Fremdkapital 339.000
   Fremdkapital 339.000,– = Vermögen 447.000,– – Eigenkapital 108.000
7. AB Passivkonten Haben
   ZG Aktivkonten Soll
   AG Aktivkonten Haben
   EB Passivkonten Soll
   AG Passivkonten Soll
   AB Aktivkonten Soll
   EB Aktivkonten Haben
   ZG Passivkonten Haben
8. a) Kasse an Postbankkonto
   b) Darlehen an Bank
   c) Geschäftsausstattung an Kasse
   d) Forderungen an Warenverkauf
   e) Bank an Forderungen

9. a) Bank an Kasse
   b) Bank an Darlehen
   c) Waren an Verbindlichkeiten
   d) Verbindlichkeiten an Kasse
                         Bank
   e) Verbindlichkeiten an Darlehen
   f) Kasse an Eigenkapital
10. a) Warenverkauf auf Ziel
    b) Tilgung des Darlehens durch Banküberweisung
    c) Wareneinkauf auf Ziel
    d) Kauf von Einrichtungsgegenständen durch Banküberweisung
    e) Einlage des Inhabers durch Banküberweisung
    f) Kunde zahlt bar
    g) Tilgung des Darlehens durch Postbanküberweisung
11. a) EV b) BV c) BV d) EV e) BV f) BV g) EV h) EV
12. a) Bank   6.000,-   an Provisionserträge   6.000,-
    b) Kosten Werbung/Reisen   4.000,-   an Kasse   4.000,-
    c) Bank   3.000,-   an Zinserträge   3.000,-
    d) Allg. Verwaltungskosten 1.000,-   an Kasse   1.000,-
    e) Bank   500,-   an Mieterträge   500,-

S		GuV		H
AVK	1.000,-	PE		6.000,-
Werbung	4.000,-	Zinserträge		3.000,-
Eigenkapital	4.500,-	Mieterträge		500,-
	9.500,-			9.500,-

13. a) Wareneingang   6.500,-   an Verbindlichkeiten   6.500,-
    b) Bank   13.000,-   an Forderungen   13.000,-
    c) Mietaufwand   9.000,-   an Bank   9.000,-
    d) Bank   14.000,-   an Zinserträge   14.000,-
    e) Darlehen   8.000,-   an Bank   8.000,-
    f) BGA   2.500,-   an Kasse   2.500,-
    g) Postbank   800,-   an Kasse   800,-
    h) Gehälter   1.200,-   an Bank   1.200,-
    i) Kasse   1.000,-   an Bank   1.000,-
    j) Verbindlichkeiten 4.300,-   an Bank   4.300,-

S		GuV		H
Gehälter	1.200,-	Zinserträge		14.000,-
Miete	9.000,-			
EK	3.800,-			
	14.000,-			14.000,-

A	Schlussbilanz		P
Grundstücke	120.000,-	Eigenkapital	83.800,-
GA	87.500,-	Darlehen	202.000,-
Waren	6.500,-	Verbindlichkeiten	98.200,-
Forderungen	121.000,-		
Bank	19.500,-		
Postbank	800,-		
Kasse	28.700,-		
	384.000,-		384.000,-

14.

S	301 Wareneingang		H
Verbindlichkeiten	6.000,-	GuV	11.000,-
Kasse	5.000,-		
	11.000,-		11.000,-

S	801 Warenverkauf		H
GuV	15.500,-	Forderungen	9.000,-
		Bank	6.500,-
	15.500,-		15.500,-

S	141 Vorsteuer		H
Verbindlichkeiten	960,-	USt	1.760,-
Kasse	800,-		
	1.760,-		1.760,-

S	181 Umsatzsteuer		H
VS	1.760,-	Forderungen	1.440,-
SBK	720,-	Bank	1.040,-
	2.480,-		2.480,-

15. a) 301   4.000,-
       141   640,-   an   17   4.640,-
    b) 13   6.000,- an   10   6.000,-
    c) 10   8.700,- an   801   7.500,-
                            181   1.200,-
    d) 13   6.960,- an   801   6.000,-
                            181   960,-
    e) 17   3.200,- an   15   3.200,-
    f) 301   2.000,-
       141   320,-   an   15   2.320,-

S	GuV		H
WE	10.000,-	WV	13.500,-
EK	3.500,-		

A	Schlussbilanz		P
Geschäftsausstattung	40.000,-	EK	103.500,-
Warenbestände	56.000,-	Verbindlichkeiten	71.440,-
Forderungen	82.700,-	Umsatzsteuer	1.200,-
Kasse	14.480,-	Bank	17.040,-
	193.180,-		193.180,-

16.		141	960,-	an	301	960,-
		801	1.200,-	an	181	1.200,-
17.	a)	037	300,-			
		141	48,-	an	15	348,-
	b)	10	5.800,-	an	801	5.000,-
					181	800,-
	c)	45	2.000,-			
		141	320,-	an	13	2.320,-
	d)	15	116,-	an	033	100,-
					181	16,-
	e)	481	300,-			
		141	48,-	an	15	348,-
	f)	301	4.000,-			
		141	640,-	an	13	4.640,-
	g)	037	150,-			
		141	24,-	an	137	174,-
	h)	462	200,-			
		141	32,-	an	15	232,-
18.	a)	15	4.500,80	an	10	4.640,-
		808	120,-			
		181	19,20	an	10	4.640,-
	b)	17	696,-	an	306	600,-
					141	96,-
	c)	17	13.920,-	an	307	12.000,-
					141	1.920,-
	d)	17	9.280,-	an	13	9.094,20
					308	185,80
	e)	308	25,60	an	141	25,60
	f)	806	3.500,-			
		181	560,-	an	10	4.060,-
19.		181	960,-	an	807	960,-
		307	896,-	an	141	896,-

20. a) 161   986,-   an   871   850,-
                             181   136,-
    b) 43   648,-   an   171   696,-
        141   48,-
    c) 15 6.000,-   an   162 6.000,-
    d) 161   150,-   an   15   150,-
    e) 161   232,-   an   482   200,-
                             141   32,-

21.

	K	L	n. A.	n. E.
a)		x		
b)	x			
c)	x			
d)		x		
e)			x	
f)			x	
g)		x		
h)		x		

22. Nach dem Großhandelskontenrahmen: b) c)
23. Siehe entsprechendes Kapitel.
24. a) 17   3.500,-   an   176   3.500,-
    b) 13   5.827,50
        213   172,50   an   153   6.000,-
    c) 153   5.000,-   an   10   5.000,-
    d) 176   5.200,-
        486   34,-   an   13   5.234,-
    e) 153   4.600,-   an   801   4.000,-
                              181   600,-
    f) 10   115,-   an   261   115,-
    g) 154   4.000,-   an   153   4.000,-
    h) 15   3.500,-   an   153   3.500,-
    i) 213   92,-   an   17   92,-
25.   402   2.280,-   13   1.394,37
                              191   396,57
                              192   489,06
       404   489,06   an   192   489,06
26.   402   2.275,-   13   1.386,94
                              191   100,07
                              192   487,99
                              195   40,-
                             2421   260,-
       404   487,99   an   192   487,99

27.

	Lohn-steuer	Sol.-zuschl.	Kirchen-steuer	Sozialver-sicherung	Netto-gehalt	AG-Anteil
Müller	89,66	–	0,06	484,77	1.685,51	484,77
Kunz	347,58	19,11	27,80	487,99	1.392,52	487,99
Schulz	319,41	10,09	14,68	491,21	1.454,61	491,21

```
        402    6.825,-    an    13    4.532,64
                                191     828,39
                                192   1.463,97
        404    1.463,97   an   192   1.463,97

28. a)  181    6.700,-    an    13    6.700,-
    b)  161    5.600,-
        423    2.300,-    an    13    7.900,-
    c)  421    3.760,-
        422    2.100,-    an    15    5.860,-
    d)  191   14.700,-    an    13   14.700,-
```

29.

	GuV	SBK	EK
a)			x (falls auf Konto 161 gebucht, und keine juristische Person)
b)	x		
c)		x	
d)		x	
e)	x		
f)	x		
g)		x	

30. c) g)   31. b), e) f)

32.

	S.F.	S.V.	ARAP	PRAP
a)		x		
b)				x
c)			x	
d)	x			

33.
a) Miete   800,-   an Sonstige Verbindlichkeiten   800,-
b) Sonstige Forderungen   760,-   an Zinserträge   760,-
c) Gebühren, Beiträge   240,-   an Sonstige Verbindlichkeiten   240,-
d) ARAP   270,-   an Kfz-Steuer   270,-
e) Zinsaufwendungen   400,-   an Sonstige Verbindlichkeiten   400,-
f) ARAP   1.600,-   an Miete   1.600,-
g) Sonstige Forderungen   1.500,-   an Zinserträge   1.500,-
h) ARAP   150,-   an AVK   150,-
i) Mieterträge   600,-   an PRAP   600,-
j) ARAP   300,-   an Zinsaufwendungen   300,-
k) ARAP   200,-   an Versicherungen   200,-
l) Steuern   870,-   an Sonstige Verbindlichkeiten   870,-

34. AVK   4.500,-   an Rückstellungen   4.500,-
  a) Rückstellungen   4.500,-   an Bank   3.900,-
                                            Erträge aus der Auflösung
                                            von Rückstellungen   600,-
  b) Rückstellungen   4.500,-
     Periodenfremde
     Aufwendungen   600,-   an Bank   5.100,-
  c) Rückstellungen   4.500,-   an Bank   4.500,-

36. Siehe entsprechendes Kapitel.

37.

Anteile	4 %	Rest	Gesamt
A 40.000,-	1.600,-	4.000,-	5.600,-
B 20.000,-	800,-	4.000,-	4.800,-
C 50.000,-	2.000,-	4.000,-	6.000,-
	4.400,-	12.000,-	16.400,-

    GuV   5.600,-   an Kapital A   5.600,-
    GuV   4.800,-   an Kapital B   4.800,-
    GuV   6.000,-   an Kapital C   6.000,-
    Kapital A   43.600,-   an SBK   43.600,-
    Kapital B   23.300,-   an SBK   23.300,-
    Kapital C   55.500,-   an SBK   55.500,-
38. Ergebnisverwendung   600.000,-   an gesetzliche GRL   20.000,-
                                            andere GRL   240.000,-
                                            Bilanzgewinn   340.000,-

    Folgejahr:
    Ergebnisverwendung   340.000,-   an Sonstige Verb.   64.000,-
                                            Bank   256.000,-
                                            Gewinnvortrag   20.000,-
    Übrige Buchungen siehe entsprechendes Kapitel.
39. Siehe entsprechende Kapitel.
40. a)   26.340,- EUR   d)   18.000,- EUR
    b)   16.600,- EUR   e)   482.900,- EUR
    c)   60.000,- EUR   f)   42.000,- EUR
41. a) –   d) nicht realisierte Gewinne
    b) –   e) nicht realisierte Gewinne
    c) nicht realisierte Verluste   f) nicht realisierte Verluste
42. Siehe entsprechendes Kapitel.
43. 8.500,- EUR 100 % – 20 – 16 (20 % v. 80) – 12,8 (20 % v. 64)
         = 51,2 % = 4.352,- EUR
         = 100 % = 8.500,- EUR

44. a) 580.000,– EUR + 25.000,– EUR = 605.000,– EUR
    b) Anschaffungskosten   605.000,– EUR
       – Grundstückswert   117.000,– EUR (780 x 150,– EUR)

       Gebäudewert   488.000,– EUR
       – 40 % (20 x 2 %)   195.200,– EUR

       Gebäudewert nach 20 Jahren   292.800,– EUR
       + Grundstückswert   117.000,– EUR

       Buchwert   409.800,– EUR
    c) Abschreibungen auf Sachanlagen 9.760,– an
                                      Bebaute Grundstücke 9.760,–.
       Abschreibungen auf Sachanlagen 9.760,– an
                                      WB zu Sachanlagen 9.760,–

45.   lineare Abschreibung: degressive Abschreibung:
    Anschaffungswert   50.000,–   50.000,–
    – AfA   4.000,–   8.000,–

    = Buchwert   46.000,–   42.000,–
    – AfA   4.000,–   6.720,–

    = Buchwert   42.000,–   35.280,–
    – AfA   4.000,–   5.644,80

    = Buchwert   38.000,–   29.635,20
    – AfA   4.000,–   4.741,63

    = Buchwert   34.000,–   24.893,57
    – AfA   4.000,–   3.982,97

    = Buchwert nach 5 Jahren 30.000,–   20.910,60

46. Abschreibungen auf Sachanlagen   6.000,–
                                       an Bebaute Grundstücke   6.000,–
    Abschreibungen auf Sachanlagen   20.000,–   an Fuhrpark   20.000,–
    Abschreibungen auf Sachanlagen   8.000,–   an BGA   8.000,–

S	Bebaute Grundstücke		H
EBK	210.000,–	Abs.	6.000,–
		SBK	204.000,–
	210.000,–		210.000,–

S	Fuhrpark		H
EBK	60.000,–	Abs.	20.000,–
		SBK	40.000,–
	60.000,–		60.000,–

S	BGA		H
EBK	32.000,–	Abs.	8.000,–
		SBK	24.000,–
	32.000,–		32.000,–

47.

S	EWB zu Sachanlagen		H
SBK	292.000,-	EBK	258.000,-
		Abs.	6.000,-
		Abs.	20.000,-
		Abs.	8.000,-
	292.000,-		292.000,-

48. EWB zu Sachanlagen 4.200,- an BGA 4.200,- (in allen drei Fällen)
   a) Kasse   11.368,- an Erlöse aus Anlageabgängen 9.800,-
                                              Umsatzsteuer   1.568,-

   Erlöse aus Anlage-
   abgängen   9.800,- an BGA   9.800,-
   b) Kasse   6.960,- an Erlöse aus Anlageabgängen 6.000,-
                                              Umsatzsteuer   960,-

   Erlöse aus Anlage-
   abgängen   6.000,- an BGA   9.800,-
   Verluste aus Vermögens-
   abgängen   3.800,-
   c) Kasse   12.992,- an Erlöse aus Anlageabgängen 11.200,-
                                              Umsatzsteuer   1.792,-

   Erlöse aus Anlage-
   abgängen   11.200,- an BGA   9.800,-
                                              Erträge aus Vermögensabgängen 1.400,-

49. 10.10.: Zweifelhafte Forderungen 37.120,- an Forderungen   37.120,-
    31.12.: Einstellung in EWB   19.200,- an EWB
                                                    zu Forderungen 19.200,-

50. Bank   18.560,-
    Abschreibungen auf Forderungen   16.000,-
    Umsatzsteuer   2.560,- an Zweifelhafte
                                                            Forderungen 37.120,-

51. a) Abschreibungen auf Forderungen 40.000,-
       Umsatzsteuer   6.400,- an Forderungen   46.400,-
       Einstellung in EWB   32.000,- an EBW zu Forderungen 32.000,-
       Forderungen, für die eine PWB zu bilden ist:
       Bestand   600.000,- EUR
       – uneinbringliche Forderungen   40.000,- EUR
       – Zweifelhafte Forderungen   80.000,- EUR
                                           480.000,- EUR
       3 % von 480.000,- EUR =   14.400,- EUR
       – Bestand   12.000,- EUR
                                            2.400,- EUR

       Zuführungen zu PWB   2.400,- an PWB zu Forderungen   2.400,-

b) Bestand 696.000,- EUR
   - uneinbringliche Forderungen 46.400,- EUR
   - EWB 32.000,- EUR
   - PWB 14.400,- EUR
   = Bilanzausweis 603.200,- EUR

52. Abschreibungen auf Forderungen 16.000,-
    Umsatzsteuer 2.560,- an Forderungen 18.560,-
53. Abschreibungen auf Forderungen 21.000,-
    Umsatzsteuer 3.360,- an Forderungen 24.360,-
54. Bank 10.440,- an periodenfremde
                                Erträge 9.000,-
                                Umsatzsteuer 1.440,-
55. 1.000.000,- EUR
56. 1. Rohstoffe 20.000,- an Verbindlichkeiten 20.000,-
    2. Löhne 5.000,- an Kasse 5.000,-
    3. Rohstoffaufwendungen 4.000,- an Rohstoffe 4.000,-
    4. Hilfsstoffe 7.000,- an Verbindlichkeiten 7.000,-
    5. Hilfsstoffaufwendungen 2.000,- an Hilfsstoffe 2.000,-
    6. SBK an Rohstoffe
    7. Verbindlichkeiten 5.000,- an Bank 5.000,-
    8. Kasse 12.000,- an Umsatzerlöse 12.000,-
    9. SBK an Rohstoffe
    10. Umsatzerlöse an GuV
57. 1. Bank 7.000,- an Forderungen 7.000,-
    2. Rohstoffe/Hilfsstoffe/Betriebsstoffe
       9.000,-/3.000,-/1.000,- an Verbindlichkeiten 13.000,-
    3. Löhne 3.200,- an Kasse 3.200,-
    4. Rohstoffaufwendungen 18.000,- an Rohstoffe 18.000,-
       Hilfsstoffaufwendungen 7.000,- an Hilfsstoffe 7.000,-
       Betriebsstoffaufwendungen 4.000,- an Betriebsstoffe 4.000,-
    5. Steuern 1.000,- an Bank 1.000,-
    6. Forderungen 40.000,- an Umsatzerlöse 40.000,-
    7. Verbindlichkeiten 26.000,- an Bank 26.000,-
    8. Bank 23.000,- an Forderungen 23.000,-
    9. Kasse 1.500,- an Bank 1.500,-
    10. Bürokosten 800,- an Kasse 800,-

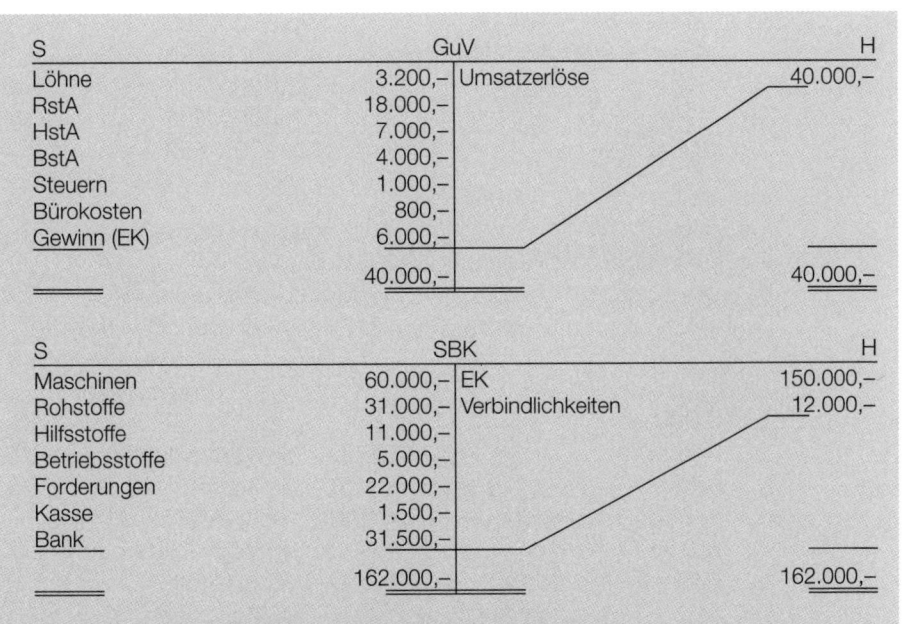

S	GuV		H
Löhne	3.200,-	Umsatzerlöse	40.000,-
RstA	18.000,-		
HstA	7.000,-		
BstA	4.000,-		
Steuern	1.000,-		
Bürokosten	800,-		
Gewinn (EK)	6.000,-		
	40.000,-		40.000,-

S	SBK		H
Maschinen	60.000,-	EK	150.000,-
Rohstoffe	31.000,-	Verbindlichkeiten	12.000,-
Hilfsstoffe	11.000,-		
Betriebsstoffe	5.000,-		
Forderungen	22.000,-		
Kasse	1.500,-		
Bank	31.500,-		
	162.000,-		162.000,-

58. Der Kontenrahmen bildet für alle Unternehmen die einheitliche Grundlage zur Schaffung betriebsindividueller Kontenpläne.
59. Über GuV: alle Konten der Klassen 5, 6 und 7
    über SBK: alle Konten der Klassen 0 bis 4
60. 1. 200/202/203/260 an 44   6. 288 an 50/480
    2. 280 an 24   7. 3001 an 288/542/480 (G.schafter: 300)
    3. 751 an 280   8. 280 an 24
    4. 620 an 288   9. 240 an 500/480
    5. 480/770 an 280   10. 652 an 07
61. 1. Bank an Kasse = Bareinzahlung auf dem Bankkonto
    2. Verbindlichkeiten an Postbank = Postüberweisung an Lieferer
    3. Steuern an Bank = Banküberweisung der Gewerbesteuer
    4. Versicherungen an Bank = Banküberweisung von Versicherungsprämien
    5. Gehälter an Kasse = Gehaltszahlung bar
    6. Bank an Forderungen = Banküberweisung eines Kunden
    7. Rohstoffe an Verbindlichkeiten = Rohstoffeinkäufe auf Ziel
62.   202   2.600,-
         2021   280,-
         260   460,80   an   44   3.340,80
63.   44   1.740,-   an   2000   1.500,-
                                   260   240,-
64. 1. 2000   5.000,-
         260   800,-   an   44   5.800,-
          44   580,-   an   2000   500,-
                                   260   80,-

2. 2000   6.000,–
   2001   310,–
   260   1.009,60   an   44   7.319,60
   Listenpreis   7.200,–
   – 16²/₃ % R.   1.200,–
                       ─────────
                       6.000,–
   + Bezugskosten   310,–
                       ─────────
                       6.310,–
   – Nachlässe   450,–
                       ─────────
   Anschaffungskosten 5.860,– netto
   USt 16 %   937,60
                       ─────────
                       6.797,60

3. 2000   5.000,–
   260   800,–   an   44   5.800,–
   2001   200,–
   260   32,–   an   288   232,–

4. 202   20.900,–
   2021   600,–
   260   3.440,–   an   44   24.940,–

5. 44   8.120,–   an 2.000   7.000,–
                        260   1.120,–

65. Nachlässe für Hilfsstoffe 6.786,– brutto
    6.786,– : 7,25 (Faktor für 16 % USt) = 6.786,–
    Vorsteuerberichtigung: 936,– EUR Buchung: 2022 936,– an 260   936,–

66. Die gesonderte Erfassung der Bezugskosten auf den entsprechenden Unterkonten erlaubt eine ständige Überwachung der Wirtschaftlichkeit der Kosten beim Rohstoffeinkauf. Die Aussagefähigkeit der Buchführung wird erhöht.

67. Jede nachträgliche Minderung dieses Wertes auf Grund von Rücksendungen muss zur entsprechenden Minderung auf Konto „260 Vorsteuer" führen.

68. 1. Nettopreis   100.000,– EUR
       + Versand   4.000,– EUR
       + Versicherungen   1.200,– EUR   Anschaffungsnebenkosten
       + Montage   11.000,– EUR
       + Fundament   6.000,– EUR
                         ──────────────
                         122.200,– EUR
       – 2 % Skonto   2.444,– EUR   Anschaffungskostenminderung
                         ──────────────
       zu aktivieren   119.756,– EUR

2.	08	122.200,–			
	260	19.552,–	an	44	141.752,–
	44	141.752,–	an	280	138.916,96
				08	2.444,–
				260	391,04

69. 1. 58.650,–
    2.   084   60.450,–
        260   9.672,– an 44   70.122,–
        44   70.122,– an 084 1.800,–
                                  260   288,–
                                  280 68.034,–

70. 1.   095   85.000,–
        260   13.600,– an 280   98.600,–
        095 100.000,–
        260   16.000,– an 280 116.000,–
   2. Buchung am 31.12.: 801 185.000,– an 095 185.000,–
   3. 095 120.000,–
        260   19.200,– an 280 139.200,–
     Nach Fertigstellung bzw. Inbetriebnahme:
        053 305.000,– an 095 305.000,–

71. 17.5.:
        089   400,–
        260   64,– an 288   464,–
   31.12.:
        654   400,– an 089   400,–

72. 680   70,–
    260   11,20 an 288   81,20

73. a) Buchwert 10.000,–
     Nettowert   7.000,–

     Verlust   3.000,–
     Buchung:
        280   8.120,– an 541   7.000,–
                                      480   1.120,–
        541   7.000,– an 086 10.000,–
        696   3.000,–

    b) Buchwert 10.000,–
     Nettowert 12.000,–

     Ertrag   2.000,–
     Buchung:
        280   13.920,– an 541 12.000,–
                                    480   1.920,–
        541   12.000,– an 086 10.000,–
                                    546   2.000,–

74 1. aus der Sicht des Kunden:
    Anzahlungen:
        23   40.000,-
        260   6.400,-   an   280   46.400,-
        23   40.000,-
        260   6.400,-   an   280   46.400,-

    Endabrechnung:
        200   120.000,-   an   23   80.000,-
        260   6.400,-   an   280   46.400,-
    2. aus der Sicht des Lieferers:
    Anzahlungen:
        280   46.400,-   an   43   40.000,-
                                   480   6.400,-
        280   46.400,-   an   43   40.000,-
                                   480   6.400,-

    Endabrechnung:
        280   46.400,-
         43   80.000,-   an   500   120.000,-
                                   480   6.400,-

75. 15.10.:
        090   15.000,-
        260   2.400,-   an   280   17.400,-
     31.12.:
        801   15.000,-   an   090   15.000,-
     14.02.:
         07   45.000,-
        260   4.800,-   an   090   15.000,-
                                   280   17.400,-
                                    44   17.400,-

76. a) 270   6.064,80   an   280   6.064,80
    b) 270   9.957,-
        751   103,56   an   280   10.060,56
    c) 1. 280   9.898,02   an   270   9.743,50
                                   546   154,52
        2. Kursverlust: 213,50 Buchung: 746 213,50 an 270   213,50

77. 1. 130   121.296,-   an   280   121.296,-
    2. Bilanzstichtag: Bewertung zum Kurs von 200 + Nebenkosten: 121.296,-

78. a) 270   4.286,-
        751   75,62   an   280   4.361,62
    b) 280   148,77   an   578   148,77
    c) 280   4.512,-   an   270   4.461,04
                                   578   50,96
        270   176,-   an   578   176,-

79.	1.	2000	2.300,-			
		260	368,-	an	44	2.668,-
	2.	2001	170,-			
		260	27,20	an	288	197,20
	3.	24	1.102,-	an	50	950,-
					480	152,-
	4.	614	80,-			
		260	12,80	an	288	92,80
	5.	2000	1.900,-			
		2001	200,-			
		260	336,-	an	44	2.436,-
	6.	24	139,20	an	50	120,-
					480	19,20
	7.	614	8,-	an	288	8,-
80	a) 1.	24	34.800,-	an	5000	30.000,-
					480	4.800,-
	2.	5001	4.000,-			
		480	640,-	an	24	4.640,-
	3.	5001	2.000,-			
		480	320,-	an	24	2.320,-
	4.	5000	1.000,-			
		480	160,-	an	24	1.160,-

b)

S	5000 Umsatzerlöse		H
Su	25.000,-	Su	975.000,-
24	1.000,-	24	30.000,-
5001	13.000,-		
802	966.000,-		

S	5001 Erlösberichtigungen		H
Su	7.000,-	5000	13.000,-
24	4.000,-		
24	2.000,-		

S	480 Umsatzsteuer		H
Su	93.000,-	Su	107.500,-
24	640,-	24	4.800,-
24	320,-		
24	160,-		
801	18.180,-		

Nettoumsatz: 966.000,-
Umsatzsteuer: 18.180,-

81. 1. 2002   240,−   an   260   240,−   Steuerberichtigung
     2. 480   384,−   an   5001   384,−   Faktor 7,25 für 16%
     3. 480   8.485,− an   260   8.485,−
     4. 480   6.731,− an   801   6.731,−

S	260 Vorsteuer		H
Su	8.725,−	2002	240,−
		480	8.485,−

S	480 Umsatzsteuer		H
5001	384,−	Su	15.600,−
260	8.485,−		
801	6.731,−		

Zahllast: 6.731,−

82. 801   20.000,−   an   228   20.000,−
     608   100.000,− an   228   100.000,−
     802   100.000,− an   608   100.000,−
     608   150.000,− an   802   150.000,−
     Rohgewinn: 50.000,− EUR

83.
S	21 Unfertige Erzeugnisse		H
80	80.000,−	52	60.000,−
		801	20.000,−

S	22 Fertige Erzeugnisse		H
80	40.000,−	801	50.000,−
52	10.000,−		

S	52 Bestandsveränderungen UE/FE		H
21	60.000,−	22	10.000,−
		802	50.000,−

S	87 Gewinn und Verlust		H
Aufw.	850.000,−	Ums.	1.200.000,−
52	50.000,−		
EK	300.000,−		

Erfolg: Gewinn 300.000,− EUR

84.

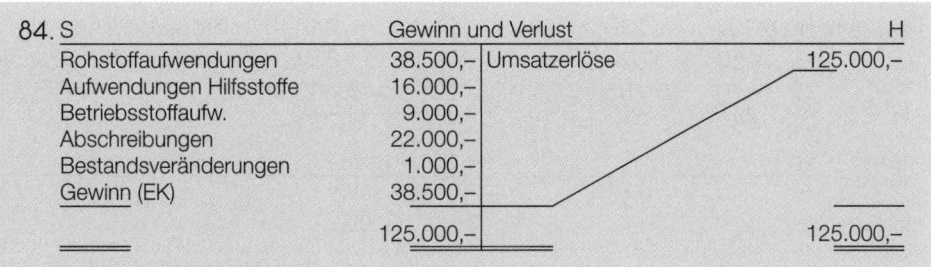

S	Gewinn und Verlust		H
Rohstoffaufwendungen	38.500,-	Umsatzerlöse	125.000,-
Aufwendungen Hilfsstoffe	16.000,-		
Betriebsstoffaufw.	9.000,-		
Abschreibungen	22.000,-		
Bestandsveränderungen	1.000,-		
Gewinn (EK)	38.500,-		
	125.000,-		125.000,-

Gewinn: 38.500,- EUR

85. Stoffverbrauch = 69.500,-
    Bestandsminderung = 800,-
    Erfolg = 18.200,-
    Gesamtleistung = 87.700,-

86. a) 3.779.60,- / 4.399.600,-
    b) Höhere Umsätze bei Fertigerzeugnissen
       Bestandserhöhung bei unfertigen und fertigen Erzeugnissen

87. Eigenkapitalquote = 44,19 % (+ 9,22 %)
    Verschuldungsgrad = 55,81 % (− 9,22 %)
    Selbstfinanzierungsgrad = 11,63 % (+ 0,44 %)
    Anlagenintensität = 47,21 % (+ 1,06 %)
    Umlaufvermögensanteil = 52,79 % (− 1,06 %)
    Vorratsquote = 24,42 % (− 2,15 %)
    Anlagendeckungsgrad I = 93,60 % (+ 17,84 %)
    Anlagendeckungsgrad II = 147,78 % (+ 4,14 %)
    Liquidität 1. Grades = 32,31 % (+ 13,64 %)
    Liquidität 2. Grades = 93,85 % (+ 12,94 %)
    Liquidität 3. Grades = 174,62 % (+ 14,87 %)

Insgesamt hat sich die Finanzierung durch die Ausgabe junger Aktien gegen Bareinzahlung und die damit verbundene Erhöhung des gezeichneten Kapitals sowie der Kapitalrücklagen verbessert und ist sicherer als im Vorjahr.

Eigenkapitalrentabilität = 7,37 % (− 4,43 %)
Gesamtkapitalrentabilität = 4,94 % (− 1,17 %)
Umsatzrentabilität = 3,40 % (+ 0,07 %)
Cashflow in % vom Umsatz = 11,64 % (+ 3,06 %)

Register

Halbfette Zeilenzahlen, wie z. B. **226 ff.**, verweisen auf eine ausführliche Darstellung des Begriffs; *kursive* Seitenzahlen, wie z. B. *84*, zeigen an, dass der Begriff in einem Kapitelüberblick vorkommt.

Abgaben 61 ff., *84*
Abgabenordnung AO 12 ff.
Abgeld 215
Abgrenzung 204
Abgrenzung
betriebsbezogene **208 ff.**
- der Aufwendungen **68–72**
- der Erträge **68–72**
unternehmensbezogene 70 f.
 206 ff.
Abgrenzungsrechnung **204–213**
Abnutzung 152
Absatz-
-leistungen 155
-märkte 11
-menge 21, *201*
-plan 11
Abschlagszahlungen 82 f.
Abschluss-
-angaben 139
-buchungen 33 f., 141
-gliederungsprinzip 159, *168*
-tabelle 159, **166 f.**
Abschreibung 114 f., 133 f., 179 f.
Abschreibung
- arithmetisch-degressive 117,
 121 f., *134*
- auf Forderungen **127 ff.**
- auf Sachanlagen **115 ff.**, 179, 209
- außerplanmäßige 114 f., 123,
 134, 179, 214
- degressive 117, **119 ff.**, *134*
- digitale 117, **121 f.**, *134*
- direkte 124, 129, *133 f.*
geometrisch-degressive 117, **119 ff.**,
 134
-indirekte **124 ff.**, 131. *133 f.*
- kalkulatorische 209
- lineare **117 ff.**, *134*
- planmäßige 114 ff.
- progressive 117
- vom Anschaffungswert **117 f.**, *134*
- vom Buchwert **119 ff.**, *134*
Abschreibungsmethoden **117 ff.**
-plan 119, 121 ff., *134*
-quote 117 f.
-satz 117 f.,120
-ursachen 115
Absetzungen für Abnutzung (AfA)
 115, 118, 214
Abzugsverfahren 79
AktG 12, 19, 88, 97, 102, 104 f.,
 123, 129, 133 f., 159, 161, 177,
 186
Aktien 187 f.
Aktiengesellschaft (AG) 12, 46,
 102 ff., *107*

Aktiv-Passiv-Mehrung 22 f., 26, *29*
Aktiv-Passiv-Minderung 22 f., 26, *29*
Aktiva 19, *20*
Aktivkapital 18
Aktivkonten 24 ff., *29*, *95*
Aktivtausch 22 f., 26, *29*
Akzept 73, *78*
Anderskosten *209*
Anfangsbestand 138, 199 f.
Anlage-
-güter, Anschaffung **177 f.**
-güter, Verkauf **180 f.**
-kartei 37, *38*
-vermögen 15 f., 19, *20*, **102 f.**,
 110, *112*, 114 f., *133*, 187, 214
Anlagendeckungsgrad I 237
Anlagendeckungsgrad II 237
Anlagen im Bau 70, **178 f.**, *181*
Anlagenintensität 236
Anlagevermögensintensität 236
Anleihen 187
Anschaffung von Anlagegütern **177 f.**
Anschaffungs-
-kosten 56, 109, 111, *112*, 114,
 117 ff., 170, 177 ff., *181*, **187 f.**,
 190, 214
-kostenminderungen 173, 174 f.,
 177 f., *181*
-kurs 188, *190*
-nebenkosten 170 f., *174 ff.*,
 177 f., *181*, 190
-preis 170 f., *177 f.*, 177 f., *181*
-wert 110, *112*, 117 ff.
-wertprinzip 109
Anzahlungen **184 f.**, *186*
Anzahlungen
- auf Anlagen 185 f., *186*
- eigene 184, *186*
- erhaltene 184, **185**, *186*
- geleistete 184 f., *186*
Arbeitgeberanteil zur
 Sozialversicherung 79, 82
Arbeitnehmer-
-anteil zur Sozialversicherung 79, 82 f.
-sparzulage 83
Arbeitslosenversicherung 81
Aufbewahrung der
 Buchführungsunterlagen 13
Aufwand 204
Aufwandskosten 99
Aufwendungen 11, 31 f., *38*, 89 ff.,
 97 f., 151 f., *156 f.*, 204 ff., *211*
Aufwendungen
- Abgrenzung **68–72**
- außerordentliche 69 ff.
- betriebliche 69, 205
- betriebsfremde 69 f.

- für Wareneinsatz 195 f., *198*
- neutrale 69, 72, *204 ff.*, *211*
- soziale 79, 82
Ausfallrisiko 127, 130
Ausgaben 89 ff., 150, 152, *156 f.*
Ausgaben, Kapital bindende 234
Ausgaben, Kapital entziehende 234
Ausgleichsabgaben 56
Außenfinanzierung 234
Aussteller 73 ff., *78*

Bank 33
Bankprovision 188 ff.
Barliquidität 237
Barwert 75, 215
Befundrechnung 195 f., *198*
Beleg 13, 33 f., *38*
Belegarten 218
Belegbearbeitung 218
Beleg, externer 218
Beleg, interner 218
Belegsicherung 33
Beschaffungs-
-bereich **170–183**
-märkte 11
-plan 11
Besitz-
-teile 16
-wechsel 74 ff., *78*, 215
-wechselbuch 37
Bestände 190
Bestands-
Erfolgskonten 190
-konten 35 f., 46, 50, *168*, 170,
 173
-konten, aktive 24, *158*
-konten, passive 24, 33
-mehrung **199 f.**
-minderung **200 f.**
-rechnung 154
-veränderungen 46 ff., 199 ff., *201*
-vorgänge 25 f., *29*, 31, 46, 218
Besteuerung 12
Beteiligungen 187, *190*
Betrieb 11
Betriebs-
-abrechnung 72
-buchführung 159 f., *168*, 204
-buchhaltung 10 f., *14*
-ergebnis 71 f., 204 ff.,. 210, *211*
-prozess 150
-stoffe 150 f., 153, *156 f.*, 170 f.,
 173, *174 f.*
-übersicht **137–147**, 166
-vergleich 159, 235
-vermögensvergleich 16, 67
Bewegungsdaten 252

Register

Bewertung
- der Aktiva *114 f.*
- der Passiva **132 f.**
- in der Bilanz **108–136**, *113 f.*
- Wahlrecht für die 108
- zum Jahresabschluss **214–216**
Bewertungsgrundsätze **109 ff.**, *112*
-methode 108
-prinzipien *112*
Bezogener 73 ff., 77, *78*
Bezugs-
-kosten 56, *62*, 170 f.
-preis 45
Bilanz 10, 13, *14*, **17 ff.**, *20*, *29*, *38*, 102 ff., 109 f., *112*
Bilanz
- Aktiva 19, *20*, 103, 109 f., *114 f.*
- Aktivseite 18 f., 102, 109 f., *112*
- Bewertung **108–136**, *133 f.*
- Passiva 19, *20*, 103, 109 f., *132 f.*
- Passivseite 18 f., 102, 109 ff., *112*
-Wertansätze 111, *112*
- Wertbewegungen **22 ff.**
Bilanz-
-analyse **235–237**
-bewertung *133*
-buch 37, *38*, 139
-gewinn 103 ff., *107*
-gleichung 18, *20*
-kritik **235–237**
-verlust 103, 105
Bilanzierung 127, 129
Boni **59–62**, *63*, 172, 193
Börsenwert 111, *112*
Branchenvergleich 235
Bruttobetrag 194
Bruttobuchung 60 ff., *63*, 76, 173 f., 194
Bruttogehalt 82 f., *84*
Bruttoverfahren **46 ff.**, 51 f., *53*, 59, 61
Buchführung
- Aufgaben **10–11**, *14*
- der Industrie **149–216**
- des Großhandels **41–86**
doppelte **15–39**, *38*
- einfache 15
- gesetzliche Grundlagen **12–13**, *14*
- Grundlagen **9–39**
- handelsrechtliche Vorschriften **12**, *14*
- ordnungsmäßige 13
- steuerrechtliche Vorschriften 12 f., *14*
- Teilgebiete **10–11**, *14*
Buchführungs-
-pflicht, abgeleitete 12, *14*
-pflicht, originäre 12 f., *14*
-unterlagen 13
Buchhalternase 19
Buchinventur 15
Buchung
- der Steuern **85–86**
- von Kosten **153 ff.**
- von Leistungen **153 ff.**
Buchungen
auf Konten **25 ff.**
- im Beschaffungsbereich **170–183**
- im Leistungsbereich **191–203**
- im Personalbereich **79–84**, *84*
- im Sachanlagenbereich **177**
- im Verkaufsbereich 192
- im Wechselverkehr **73–79**, *78*
- im Zahlungsbereich **184–191**
- laufende 34, 140
Buchungssatz 28, *29*, *38*
Buchwert 178 f., *182*

Cashflow 239
Cashmanagement 238, **249**
Courtage 188

Datenfernübertragung (DFÜ) 246, 249
Datenschutzgesetz 245
Datensicherung 247, 251, 252
Datev 246, **248**, 249
Desinvestition 234
Disagio 110, 215
Diskont 75 f.
Diskontabrechnung 76
Diskontierung 74 ff.
Dividende *107*
Dividendenpapiere 187
Doppik, Prinzip der 33
Durchlaufsteuern 85
Durchschnittsbewertung 111
Durchschreibebuchführung 244

Echtzeitverarbeitung 246
Eigenkapital 16 ff., *20*, 31 f., *38*, 64, 67, 72, 104, 109 f., *133*, *133*
Eigenkapitalquote 236
Eigenkapitalrentabilität 239
Eigenkapitalvergleich 16
Eigenleistungen 153, 205
Eigenleistungen
-aktivierte 203
-innerbetriebliche 191, **203**
Einkaufs-
-bereich 170
-preis 56
Einkommensteuer 85
Einkommensteuergesetz (EStG) 13, 16, f., 214
Einnahmen 89 ff., 150, 152, *156 f.*
- Kapital freisetzende 234
- Kapital zuführende 234
- von Arbeitskräften 152
- von Gütern 150
- von Leistungen 150
Einstandspreis 45, 47, 49, *53*, *56*
Einzelkosten 151, 153
Einzelunternehmen 85, 100
Einzelwertberichtigungen 214
Electronic Banking 249
Entnahme 49

Erfolg *156 f.*, 190
Erfolgs-
-bilanz 137, 143
-konten 31 f., 35 f., 46, 68, *156 f.*, 168
-vorgänge 31, *38*, 45 f., 218
Ergebnis, neutrales 72, 210, *211*
Ergebnistabelle 72, 206ff., 210, *212 f.*
Erinnerungswert 118 f., 121 ff.
Erläuterungsbericht 88
Erlösschmälerungen 193 ff., *197*
Eröffnungs-
-bilanz 27, *29*, 33, 35, 37, 139, 245
-buchungen 33 f.
Ertrag 204
Erträge 31 f., *38*, 89 ff., 150, 152, *156 f.*, 191, 204 ff., 211
Erträge
- Abgrenzungen **68–72**
- außerordentliche 69 ff.
- betriebliche 69, 205 ff.
- betriebsfremde 69 f.
- neutrale 69, 72, 205 f., *211*
Erzeugnisse, eigene 191
EVA-Prinzip 246

Fälligkeit 19
Falschlieferungen 171
Fertigerzeugnisse 152 f., 155, *156 f.*, 193 f., *197*
Fertigung von Gütern 150 f.
Festwerte 10
Finanzamt 49 ff., *54*
Finanzanlagen 114, **177**
Finanzbuchhaltung 10, *14*, 218
- Bereiche der **250 ff.**
Finanzbuchhaltungsprogramme **247–252**
- Beurteilungskriterien 247
- Datenfluss 250 ff.
Finanzierung 19, 234, 235
Finanzierungskosten 177, *191*
Finanzplan 11
Fixkosten 153
Flüssigkeit 19
Forderungen 15, 114, 127 ff., *133*, 214
Forderungen
- Abschreibungen auf **127 ff.**
- einwandfreie 127
- sonstige 82, **90 f.**, *95*
- uneinbringliche 127
Frachten 56, 192, *197*
Fremdkapital 19, *20*, *38*

Garantierückstellungen 97
Gebäude 85
Gegenbuchung 36
Gegenkonto 36
Gehälter 79 f., 152
Gehaltsabrechnung 82
Geldkreislauf 234
Gemeinkosten 151, 153

273

Gesamterfolg 204
Gesamtergebnis 71, 204, 206 ff., 210, 211
Gesamtkapitalrentabilität 239
Gesamtleistung 105, 123
Geschäfts-
-bericht 88
-buchführung 151, 159 ff., *168*, 204 ff.
-buchhaltung 10, 42, 159
-fälle *29*, 33, 138 f.
Gesellschaft mit beschränkter Haftung (GmbH) 12, 107
Gewerbesteuer 85
Gewerbesteuergesetz (GewStG) 13
Gewinn 16, 32, 109, *112*
Gewinn-
-thesaurierung 234
-und Verlustkonto 32, 47 f., *53*, 68 f., 71, 156 f., 168
-und Verlustrechnung 10, *14*, 32, 48, 53, 71 f., 88 f.
-verteilung 65 ff., **100–108**, *107*
-vortrag 105 f.
Gläubigerschutz 99, 109, 130
GmbHG 12
Goldene Bilanzregel 237
Großaufträge 184
Großhandel **41–86**
Großhandelskontenrahmen (GKR) **42–44**, 140
Großreparaturen 70
Grundbuch 33 ff., *38*, 138, 140, 244, 252
Grunderwerbssteuer 85 f.
Grundkapital 103 f., *107*
Grundkosten 209
Grundsatz
- der Bilanzidentität 18
- der Vorsicht 18
- der Bilanzkontinuität 18, 120
- der Einzelbewertung 110 f., *112*, 126, 131
- der kaufmännischen Vorsicht 109, *112*, 130, 215
- der Klarheit 13
- der Unternehmensfortführung 18
- der Wahrheit 13
Grundsätze ordnungsgemäßer Buchführung (GoB) 245
Grundsätze ordnungsgemäßer DV-gestützter Buchführungssysteme (GoBS) 245
Grundsteuer 85 f.
Grundstücke, bebaute 86
Grundstücks-
-aufwendungen 70 f., 85 f.
-erträge 70 f.
Gruppenbewertung 111
Gutschriften **170** f., *174* f.
Gutschriften
- an Kunden **58**, *63*
- von Lieferern **57**, *63*

Haben 24 ff., *29*
Handels-
-bilanz 108 ff., 214 f.
-gesetzbuch (HGB) 12, 14 ff., 22, 88, 100 f., 110
-waren 171, 173, *175*, 191, 193, **195** f., *198*
Händler *54*
Hauptbuch 35 f., *38*, *138*, 144 ff., 244, 251, 252
Hauptbuchkonten 36
Haus-
-aufwendungen 70 f., 85 f.
-erträge 70 f.
Herstellungs-
-kosten 109, 111, *112*, 114, 178 ff., 203, 214
-menge 199, *201*
Hilfsstoffe 150 ff., *156* f., 170 ff., 173, *174* f.
Höchstwertprinzip 109 f., *112*, 215
Homebanking (Telebanking) 249
Homebanking Computer Interface Standard (HBCI) 249

Imparitätsprinzip 109, *112*, 123, 215
Indossamente 78
Industrie **149–216**
Industriekontenrahmen (IKR) **159–169**, 204
Inkasso 75
Innenfinanzierung 234
Input 31, 150, 152, *156* f.
Internetbanking 249
Inventar 13, 15, **16** f., *20*, *38*
Inventur **15**, 16, *20*, 37, *195* f., *198*
Inventur
- körperliche 15
- permanente 15, *20*, 37
- verlegte 15, *20*
Inventurbilanz 137, 143
Investition 19, 234
Investitionsplan 11
Investmentanteile 187
ISDN-Adapter 248
ISDN-Leitung 246

Jahres-
-abschluss **87–147**, 159, 166 f., **214–216**
-erfolg **89–96**, *95*
-fehlbetrag 105
-überschuss 105 f.
Journal 34, *38*, 252

Kalkulations-
-faktor (Kf) 45
-zuschlag 45
Kapital *20*, 22 f., *29*, 109 f.
Kapital-
-abfluss 234
-gesellschaft (KG) 85 f.
-konten 24

-konten, feste *107*
-konten, starre 104
-konten, variable 100 f., *107*
Kaufleute 12
Kfz-
-Kosten 85
-Steuer 85
KHK-Programme 248
Kinderzahl 79 f.
Kirchensteuer 79 f., 82 f., *84*, 85
Kommanditgesellschaft (KG) **101** f.
Kommanditisten 101
Komplementäre 101
Konkursverfahren 127
Konstitution 236
Konten 24 ff., *29*, 142 f.
Konten
- Buchungen auf **25** ff.
- der Kostenarten 68 f., 71, 79, 86
- gemischte 190
- ruhende 44
Konten-
-abschluss 25, *29*
-arten 160
-eröffnung 25, *29*
-gruppen 44, 160
-klassen des GKR **42** ff.
-klassen des IKR 159 ff., **162** ff., *168*, 204
-plan 43, 160
-rahmen 42 f.
-rahmen der Industrie (IKR) **159–169**, 204
-rahmen des Großhandels (GKR) 33, **42–44**
-unterarten 160
Kontokorrent-
-buch 35, *38*
-konto 36
Körperschaftsteuer 85
Körperschaftsteuergesetz (KStG) 13
Korrekturbuchungen 169
Korrekturen, kostenrechnerische 69 f., 209
Kosten 11, 68 ff., 72, 79, 150 ff., *156* f., 205 ff., *211*
Kosten
- aufwandsgleiche 209
- aufwandslose 209
- aufwandsungleiche 209
- im Industriebetrieb 151 f.
- kalkulatorische 209 f., *211*
- variable 153
Kosten-
-arten 152
-artenrechnung 11
-stellenrechnung 11
-trägerrechnung 11
- und Leistungsrechnung 10 f., 151, 159, 161, *168*, 204 ff.
Krankenversicherung 81
Kredit-
-geschäfte 159

Register

-institut 75 f.
-risiko 127, 129 f.
-würdigkeit 235
Kunden 57 f., 185
Kunden-
-boni 59 f., 63
-skonto 62, 63
Kurs-
-differenzen 56
-gewinne 190
-verluste 190
-wert 188 f.

Lagebericht 88
Lager-
-buch 37, 38
-karteikarte 154
-leistungen 153, 191, 199, 205
Leihemballagen 56
Leistungen 48 ff., 68 ff., 72, 150, 152 ff., 156 f., 204 ff., 211
Leistungen
- im Industriebetrieb 153
- vermögenswirksame 83, 84
Leistungs-
-abschreibung 117, 122 f., 134
-bereich **191–203**
-erstellung 31
Lieferer 54, 56 f., 171 ff.
Lieferer-
-boni 59 f., 63
-skonti 61, 63
Lieferung
- ab Werk 192
- frei Haus 57, 192, 197
- mangelhafte 171 f.
Lieferungen 48 ff.
Liquidität 237
Liquidität
- einzugsbedingte 237
- umsatzbedingte 237
Löhne 79 f., 150, 152
Lohnsteuer 79 f., 82 ff., 84
Lohnsteuer-
-karte 79
-tabelle 80

Maklergebühr 188 ff., 190
Marktwert 111, 112
Materialentnahmescheine 153
Mehrbestand 199 ff., 201
Mehrplatzfähigkeit 250
Mehrwert 54
Mengenrabatte 59
Miete, kalkulatorische 209
Mikrofilmablage 218
Mikroverfilmung 246
Minderbestand 199, 201
Minderungen 172 f.
Modem 248

Nachlässe 58, **172 f.**, 172 f., 177
Nachlässe an Kunden 58, **193 ff.**, 197

Nebenbücher 36 f., 38
Nebenkosten 56, 79
Nebenkosten
- des Geldverkehrs 77, 85
- für Transport **192**, 197
- für Verpackung **192**, 197
Nennwert 75, 114, 132 f., 133, 188, 215
Nettobetrag 194
Nettobuchung 60 ff., 63, 76, 173, 194
Nettogehalt 82, 84
Nettoverfahren 46, 48, 50 f., 53, 59, 61
Nettoverkaufspreis 180 f., 182
Nettowert 170
Nichtkaufmann 12
Niederstwertprinzip 139 f., 112, 126, 190, 190
Niederstwertprinzip
- gemildertes 110, 112, 114, 190, 190, 214
- strenges 110, 112, 114, 214
Nominalwert 114
Nutzungsdauer 117 ff.

Obligation 187 ff.
Offene Handelsgesellschaft (OHG) 66, 85, **100 f.**, 107
Offene-Posten-Buchhaltung 37
Offene-Posten-Liste 251, 252
Output 31, 150, 152

Passiva 19, 20
Passivkapital 18
Passivkonten 24 ff., 29, 95
Passivtausch 22 f., 26, 29
Pauschalwertberichtigung 129 ff., 133 ff., 214
Periodenabgrenzung 89
Personal-
-bereich **79–84**, 84
-kosten 82 f., 84
-plan 11
Personengesellschaften 85
Pfandbriefe 187
Planungsrechnung 10 f., 14
Preisnachlässe 172 ff., 193 f.
Prinzip der Inkonsequenz 109
Privateinlagen 16, 64, 67, 67, 215
Privatentnahmen 16, 64 ff., 67, 215
Privatkonto **64–68**, 67
Produktionsplan 11
Programmpakete 247
Protest-
-erhebung 77
-wechsel 77 f.
Prozessgliederungsprinzip 159

Rabatte **59–62**
Realisationsprinzip 109, 112
Rechnungs-
-abgrenzung, aktive 94 f., 95

-abgrenzung, passive 93 f., 95
-abgrenzungsposten **93 ff.**, 103
-kreis I 151, 159, 168
-kreis II 151, 159, 168
-wesen, betriebliches **10 f.**, 14
Reingewinn 53
Reinvermögen 16 f., 20
Rentabilität 239
Rentenversicherung 81
Rest-
-buchwert 119, 121 ff.
-wert 118, 120, 122, 124, 133
Rohaufwand 105
Rohertrag 105
Rohgewinn 47 f., 53
Rohstoffe 150 f., 153 ff., 156 ff., 170 ff., 174 f.
Rückbuchungen 172, 174 f., 197
Rücklagen **104**
Rücklagen
- freie 103 ff., 107
- freiwillige 107
- gesetzliche 103 ff., 107
- offene 103 ff.
- stille 104, 109
Rückrechnungen 78, 154
Rücksendungen
- an Lieferer 57, 63, **171 f.**, 174 f.
- von Kunden 58, 63, **192 f.**, 197
Rückstellungen **97–99**, 99, 103, 133, 215
Rückzahlungsbetrag 111, 112, 132

Sachanlagen 114, **177**
Sachanlagen, Abschreibung auf **115 ff.**
Sachanlagevermögen 186
Saldenbilanz 137, 142 ff.
Saldo 32, 36, 47 f., 156 f.
Schluss-
-bestand 199 ff.
-bilanz 27, 29, 33, 35 ff., 88, 139
-bilanzkonto 168
Schrottwert 118
Schulden 15 ff., 20, 92 f., 95, 97 f., 110, 133
Schulden
- auf Lieferung 184
- Überbewertung 104, 110
Schuldwechsel 74, 78
Schuldwechselbuch 37
Schutz der Gläubiger 10
Selbstfinanzierung 239
Selbstfinanzierungsgrad 236
Skonti **59–62**, 63, 172, 193
Sicherungskopien 247
Sonderabschreibungen 214
Sonderrabatte 59
Sozialabgaben 152
Sozialversicherung 79, 82 f., 84
Spesen 188 f.
Stammdaten 252
Stammkapital 104

275

Statistik 10 f., *14*
Steuer
- für Grundstücke 85 f.
- indirekte 50
Steuer-
-berichtigung 60 ff. 174
-bilanz 108 ff., 214 f.
-klasse 79 f.
-korrektur 59, *63*, 76 f., *98*
-rückstellungen 97
-schuld 49 ff.
-schuldner 50
-träger 50
Steuern 79, **85–89**
Stichtagsinventur 15, *20*
Stoffeverbrauch 154
Stornobuchung 171
Stückzinsen 189
Summenbilanz 137, 142, 219

Tageswert 110 f., *112*, *133*, 190, 214 f.
Teilhafter 101
Teilwert 123, 214 f.
Traglast 49
Transportkosten 170
Tratte 73, *78*
Treuerabatte 59

Überbewertung van Schulden 104, 110
Übertragungsbuchführung 244
Umbuchungen 137, 142, 173 f. 195
Umlaufvermögen 16, 19, *20*, 102 f., 110, *112*, 114, 126, 214
Umlaufvermögensintensität 236
Umsatz-
-erlöse 153, 155, *156* f., 191 ff., *197*, 199, *205*
-rabatte 59
Umsatzrentabilität 239
Umsatzsteuer 48 ff., 52, *54*, 57 ff., 127, 128 ff. 170, 180, 185, *186*, 192 ff., *197*
Umsatzsteuerberichtigung 193 ff., *197*
Umsatzsteuergesetz (UStG) 13, 48, 64, 76, 184
Umsatzsteuerkonten *54*
umsatzsteuerpflichtig 56 f., 77, 78, 184
Unfallversicherung 81
Unterbewertung 115
Unterbewertung van Vermögen 104, 109
Unterkonten *67*, 170, 173
Unterkonten
- der Warenkonten **56–58**, 62
Unternehmerlohn, kalkulatorischer 209

Verbindlichkeiten **90** f., *95*, 101, 103, 185, 215
Verbraucher 49 f., *54*
Verbrauchsabgaben 56
Verbuchung der Abschreibungen 124 ff., *134*
Vergleichsverfahren 127 f.
Verkauf von Anlagegütern **180** f., *182*
Verkaufs-
-bereich 192
-kurs 189
-preis 45, 47, 49, *53* f.
Verluste 16, 32, 109, *112*
Vermittlungsgebühren 170
Vermögen 16 ff., *20*, 22 f., *29*, *38*, 90, 94, *95*, 109 f.
Vermögens-
-bildungsgesetz 83
-konten 24
-mehrung 31
-minderung 31
-steuern 70
-struktur 236
-teile 16
-vergleich 32
Verpackungs-
-kosten 57
-material 192, *197*
Verrechnungspreise 209 f.
Verschuldungsgrad 236
Verzehr
- von Gütern 150 ff., *156* f.
- von Leistungen 150 ff., *156* f.
Vollhafter 101
Voranmeldezeitraum 50 f.
Vorauszahlungen 185
Vorkontierung *38*
Vorräte 114, *133*
Vorratsquote 236
Vorratsvermögen 15, 126
Vorschuss 82
Vorsichtsprinzip 97
Vorsteuer 49 ff., *54*, 173 f., *174* f., *184*, *186*
Vorsteuer-
-abzug 49 ff.
-berichtigung 173, *174* f.
-überhang *54*, 59

Wagnisse, kalkulatorische *209*
Waren
-bestandskonto *53*
-einkauf 56, *62*
-eingangskonto **46 ff.**, *53*, *62*
-einsatz 47 ff., *53*, 191 f., *198*
-endbestand 46
-erfolgskonto *53*
-konten **45–55**, *53*, **56–68**, *62*
-umsatz 47 ff., *53*

-verkauf *62*
-verkaufskonto **46 ff.**, *53*, *62*
Warenwirtschaftssysteme, computergestützte 253
Wechsel 73 ff., *78*
Wechsel-
-bücher 37, *38*
-inkasso 75
-nehmer 75
-steuer 85
-verkehr **73–79**, *78*
Wert-
-ansätze **111**, *112*
-berichtigungen 103, 133, *133*
-berichtigungen auf Anlagen 124 f., *133* f.,
-berichtigungen auf Forderungen 129, 131 f., *133* f.
-bewegungen in der Bilanz 22 ff.
-fortschreibung 15
-maßstäbe 214
-minderung 108, *112*, 114 ff., *133*, 152
-minderung, dauernde 214
-minderung, vorübergehende 214
-papiere **187** f.
-papiere, Bewertung **190**, *190*
-papiere des Anlagevermögens 187, 190, *190*
-papiere, festverzinsliche 187 f.
-papiere, Kauf **187 ff.**
-papiere, Verkauf **189** f.
-rückrechnung 15
-schwankungen 108
-zuwachs 11, 31, 69
Werteverzehr 11, 31, 69, 115, 122, 204 f.
Wertezufluss 204 f.
Wiederbeschaffungswert 111
Wiederverkäuferrabatte 59
Wirtschaftsgüter, geringwertige (GWG) 124, **179** f.

Zahllast 49 ff., *54*, 59
Zahlungsbereich **184–191**
Zeitabschreibung 117
Zeitrechnung 10
Zeitvergleich 161, 235
Zinsen, kalkulatorische 209
Zins-
-aufwendungen 70
-erträge 70
-gutschrift 188
-papiere 187
-schein 188 f.
Zölle 56, 170
Zusatzkosten 209
Zweikreissystem des IKR 159